A CLÁUSULA DE DESVIO NO DIREITO DE CONFLITOS

DAS CONDIÇÕES DE ACOLHIMENTO DE CLÁUSULA DE DESVIO GERAL IMPLÍCITA NO DIREITO PORTUGUÊS

MARIA JOÃO ESTEVES DE MATIAS FERNANDES
Assistente da Faculdade de Direito da Universidade Católica Portuguesa

A CLÁUSULA DE DESVIO NO DIREITO DE CONFLITOS

DAS CONDIÇÕES DE ACOLHIMENTO DE CLÁUSULA DE DESVIO GERAL IMPLÍCITA NO DIREITO PORTUGUÊS

A CLÁUSULA DE DESVIO NO DIREITO DE CONFLITOS

I

DAS CONDIÇÕES DE ACOLHIMENTO DE CLÁUSULA
DE DESVIO GERAL IMPLÍCITA NO DIREITO PORTUGUÊS

AUTOR

MARIA JOÃO ESTEVES DE MATIAS FERNANDES

EDITOR

EDIÇÕES ALMEDINA, SA

Avenida Fernão de Magalhães, n.º 584, 5.º Andar
3000-174 Coimbra
Tel.: 239 851 904
Fax: 239 851 901
www.almedina.net
editora@almedina.net

PRÉ-IMPRESSÃO • IMPRESSÃO • ACABAMENTO

G.C. – GRÁFICA DE COIMBRA, LDA.

Palheira – Assafarge
3001-453 Coimbra
producao@graficadecoimbra.pt

Maio 2007

DEPÓSITO LEGAL

259285/07

Os dados e as opiniões inseridos na presente publicação
são da exclusiva responsabilidade do(s) seu(s) autor(es).

Toda a reprodução desta obra, por fotocópia ou outro qualquer processo,
sem prévia automatização escrita do Editor,
é ilícita e passível de procedimento judicial contra o infractor.

O texto que agora se publica corresponde, no fundamental, ao trabalho que submeti, como dissertação de mestrado em Ciências Jurídicas, junto da Universidade Católica Portuguesa.

As correspondentes provas públicas decorreram, em Julho de 2004, perante júri constituído pelos Senhores Professores Luís A. Carvalho Fernandes, Maria Helena Brito e Rui de Moura Ramos. A todos devo reconhecimento. À Senhora Professora Doutora Maria Helena Brito, que assumiu o encargo da arguição, por, no desempenho minuciosíssimo da missão, não ter perdido a oportunidade para colocar em relevo as deficiências do trabalho sob escrutínio. Ao Senhor Professor Doutor Rui de Moura Ramos, pela forma empenhada como contribuiu para o enriquecimento da discussão. Ao Senhor Professor Doutor Luís A. Carvalho Fernandes, que presidiu ao júri, pelas palavras de bondade e estímulo que repetidamente me dirigiu ao longo de todo o tempo por que se prolongou a investigação.

Não foi o único.

Começa por ser enorme a dívida para com o Senhor Professor Doutor António A. Ferrer Correia. Não invoco a honra de ter sido sua *orientada* pela simples razão de que ele era bom demais para ter recusado o pedido que lhe endereçei. Mas guardo o privilégio.

Nota de profundíssima gratidão é também a devida à Direcção da Faculdade de Direito, primeiro, e da Escola de Lisboa da Faculdade de Direito da Universidade Católica, depois, na pessoa dos seus sucessivos Directores, Professores Doutores Germano Marques da Silva e Rui Medeiros, pela generosidade com que acederam a pedido de prorrogação do prazo de entrega da dissertação.

Não menos vivamente, retenho as expressões de amizade por parte daqueles com quem mais de perto dividi angústias e que ajudaram a tornar menos árduo o caminho. Lembro, em particular, a ajuda competentíssima e sempre disponível do Luís; assim como o conforto das palavras da Ana, do Rui, do Henrique e da Graça.

Enfim, nomeio aqueles para quem vai todo o agradecimento que em palavras não cabe. Mãe, Pai e Pedro: vós sabeis.

Fevereiro de 2007

"Es mache mäßigen Eindruck, wenn das Gesetz Anknüpfungen nennt, dann aber ängstlich die engere Verbindung vorgehen läßt nach dem Motto: «Drum prüfe wer sich ewig bindet, ob sich nicht noch was besseres findet»"

G. KEGEL

"Why codify, if flexibility is desired?"

P. BELLET

"The Law, like the traveler, must be ready for the morrow. It must have a principle of Growth."

J. B. CARDOZO

"(…) putting into one's written law a binding rule and then authorising one to disregard it, if the court does not like the result, is a proposition not everybody may like to take seriously. (…) a presump dise (…)."

K. NADELMANN

PLANO DO ESTUDO

PARTE PRIMEIRA

PONTO DE PARTIDA:
O PROBLEMA, SUA DEFINIÇÃO E PRESSUPOSTOS

CAPÍTULO I. A EMERGÊNCIA DO PROBLEMA
A PARTIR DE CASUÍSTICA EXTRAÍDA DA JURISPRUDÊNCIA

§1.º Exemplificação Problematizante
§2.º Delimitação do Problema

CAPÍTULO II. A VALIDAÇÃO DA POSSIBILIDADE
DO PROBLEMA: OS PRESSUPOSTOS DO PROBLEMA

§3.º A Superação do Modelo Subsuntivo de Aplicação do Direito
§4.º O Carácter Não Absoluto da Regra de Conflitos
§5.º A Permeabilidade do Sistema de Direito Internacional Privado
Português ao Princípio da Conexão Mais Estreita

PARTE SEGUNDA

UMA RESPOSTA NO HORIZONTE:
A FIGURA DA CLÁUSULA DE DESVIO

CAPÍTULO I. A CLÁUSULA DE DESVIO

§6.º Breve Introdução à Figura.
§7.º Fixação de Terminologia
§8.º Estabelecimento de uma Tipologia de Base

CAPÍTULO II. A CLÁUSULA DE DESVIO EM ALGUNS SISTEMAS DE DIREITO INTERNACIONAL PRIVADO: EXCURSO POR MODELOS JUSPOSITIVOS (LEGAIS, DOUTRINAIS E JURISPRUDENCIAIS) DE RESPOSTA

§ 9.º Sistemas Estaduais de Direito Internacional Privado
§10.º Sistemas de Direito Internacional Privado de Fonte Supra-Estadual

PARTE TERCEIRA

ENSAIO DE RESPOSTA EM FACE DO SISTEMA DE DIREITO PORTUGUÊS

CAPÍTULO ÚNICO. O ACOLHIMENTO, PELO SISTEMA, DA FIGURA DA CLÁUSULA DE DESVIO GERAL IMPLÍCITA

§11.º As Coordenadas do Sistema de Direito Português, em Geral
§12.º As Coordenadas do Sistema de Direito Internacional Privado, em Particular
§13.º A Auscultação do (Aferível) Sentimento da Doutrina Internacional-
-privatística Pátria em Face de Pontos de Vista Anteriormente Aventados
§14.º Tomada de Posição em Face de Eventual Futura Revisão do Código Civil Português

PARTE PRIMEIRA

PONTO DE PARTIDA: O PROBLEMA, SUA DEFINIÇÃO E PRESSUPOSTOS

CAPÍTULO I. A EMERGÊNCIA DO PROBLEMA A PARTIR DE CASUÍSTICA EXTRAÍDA DA JURISPRUDÊNCIA

§ 1.° EXEMPLIFICAÇÃO PROBLEMATIZANTE

Considerem-se as seguintes hipóteses:

– Seja, à cabeça, o caso *Willi Forst Film G.m.b.H. c. Reichenbach*, decidido pelo Tribunal Federal suíço em 9 de Outubro de 1951[1]. Interessado na produção de filmes em Inglaterra, o actor Willi Forst, austríaco, mandata o suíço Reichenbach, advogado domiciliado em Zurique, para a conclusão, naquele país, de vários contratos. A dívida do mandante relativa às remunerações do mandatário é assumida pela Willi Forst Film G.m.b.H., sociedade com sede em Viena cuja vinculação tem lugar pela assinatura do seu sócio único, o actor Willi Forst. Não tendo ocorrido uma escolha de lei pelas partes e suscitada que veio a ser a questão de saber qual o direito regulador da validade da assunção de dívida, o Tribunal Federal, desconsiderando os argumentos da recorrente, confirma a decisão da instância cantonal e determina a sujeição daquele negócio à lei reguladora do contrato de mandato. Aspecto pelas duas instâncias feito valer é o de que os dois negócios se apresentam, na perspectiva dos neles envolvidos, como uma

---

[1] Reprodução do aresto, não publicado, pode encontrar-se em M. GUTZWILLER [1953: 323-327] e em M. KELLER, C. SCHULZE e M. SCHAETZLE [1976/1977: 381 ss]. A seu respeito, consulte-se, entre outros: H. DIETZI [1973: 64-65]; C. CAMPIGLIO [1985: 55 e nota 29]; A. MARQUES DOS SANTOS [1991a: 443-445]; M. KELLER e D. GIRSBERGER [1993: 122 e 135]; S. SCHREIBER [2001: 144-145 e nota 648].

unidade ("eine Einheit"). Mais ainda, que, no quadro dessa unidade, o lugar central é ocupado pelo contrato de mandato. Tudo a determinar – entendem – que, ao arrepio da regra, o negócio de assunção de dívida não seja *in casu* valorado como negócio autónomo, antes submetido ao estatuto do contrato de mandato. Semelhante linha de raciocínio desembocou no afastamento da lei austríaca normalmente competente e na aplicação, em seu lugar, da lei suíça, direito com o qual, no entender do Tribunal Federal, a relação entre as partes, cujo centro de gravidade era o mandato, mantinha a relação mais estreita;

– Tome-se o caso *Richner c. Ringwald*, decidido pelo Tribunal Federal suíço a 18 de Dezembro de 1951[2]. Confirmando o sentido da decisão da primeira instância[3], o Tribunal Federal afasta-se da lei do Estado onde o prestador de serviços desenvolvera a sua actividade e aplica, no lugar dela, a lei suíça, que reputa muito mais intensamente ligada à situação. No aviso do tribunal, o isolamento da conexão que a situação mantém com a Etiópia – país em cuja capital o autor desempenhara as funções de porteiro de hotel – contrasta, por forma evidente, com a intensidade das ligações que a prendem à Suíça. Ademais de nacionais deste país e de nele terem a sua residência habitual à data da celebração do contrato, as partes tinham desenvolvido em território suíço os actos preparatórios da celebração do contrato. Mais tendo Richner transferido para a Suíça parte significativa da remuneração, era previsível, também para a contraparte, o regresso do prestador a território da Confederação. Tudo a apontar, considerou o Tribunal Federal, para a irrazoabilidade de as partes poderem legitimamente contar com a aplicação de ordenamento jurídico de Estado

---

[2] Não tendo sido publicado na colectânea que *oficialmente* compendia os arestos do Tribunal Federal, o texto da decisão examinanda é consultável em M. GUTZWILLER [1953: 346 ss] e em M. KELLER, C. SCHULZE e M. SCHAETZLE [1976/1977: 120 ss]. A seu respeito, cfr.: J.-F. AUBERT [1962: 44]; H. DIETZI [1973: 62 ss]; F. KNOEPFLER [1982: 123, nota 32; 124]; C. DUBLER [1983: 99, 111, 121 e 127]; C. CAMPIGLIO [1985: 53]; A. MARQUES DOS SANTOS [1991a: 446-448]; S. SCHREIBER [2001: 143, nota 645].

[3] A primeira instância justificara a aplicação do direito helvético "(...) weil alles dafür spreche, dass die Parteien ihre Rechtsbeziehungen dem ihnen bekannten heimatlichen und nicht dem ihnen völig fremden abessinischen Recht unterwerfen wollten." (cfr. M. GUTZWILLER [1953: 346] e H. DIETZI [1973: 64]).

Ponto de partida: o problema, sua definição e pressupostos 15

longínquo de África cujo conteúdo, ademais e como fez questão de sublinhar, ignoravam;

– Veja-se o caso *Müller c. Kistler und Obergericht des Kantons Zürich*, decidido pelo Tribunal Federal suíço a 10 de Junho de 1952[4]. A braços com a determinação do estatuto regulador de contrato de mútuo e fazendo seus já o princípio da submissão unitária da formação e dos efeitos da relação jurídica ao direito com o qual o contrato apresenta a conexão mais estreita, já a doutrina da prestação característica, o tribunal seria, ordinariamente, conduzido à aplicação da lei alemã, enquanto lei do país onde o mutuante possuía domicílio à data da celebração do contrato. Outra, porém, veio a ser a solução acolhida. Invocando máxima decisória de aresto por si proferido escassas semanas antes[5], o tribunal coloca em evidência o carácter tão-só casual ou fortuito (*zufällig*) das ligações que a situação apresentava com a Alemanha, do mesmo passo que sublinha a intensidade das que a prendiam à Suíça. Em consequência, afasta-se do alemão e aplica, em seu lugar, o direito suíço. Determinante aos olhos do tribunal foi a circunstância de, já aquando da celebração do contrato – ocorrida na Alemanha, onde residiam as partes –, mutuante e mutuário partilharem da intenção, conhecida da contraparte e, no caso do mutuário, atestada por pedido de autorização de estadia, de regressarem à Suíça. Neste país possuía residência habitual, havia já mais de sete anos, a família do mutuante. Também neste país, nos termos de acordo entre as partes, deveria ter lugar a restituição do empréstimo: concedida em *Reichsmark*, a quantia mutuada era de reembolsar, na Suíça, em francos suíços[6];

---

[4] Publicado em ATF/BGE 78 II: 190 ss. Reproduzido em *Journal des Tribunaux*, 1953, I, 22 ss, assim bem como em M. KELLER, C. SCHULZE e M. SCHAETZLE [1976/1977: 33 ss e 97 ss]. A seu respeito, cfr.: J.-F. AUBERT [1962: 44]; H. DIETZI [1973: 65-66]; P.H. NEUHAUS [1976: 192 e nota 518]; F. KNOEPFLER [1982: 123, nota 32; 124]; C. DUBLER [1983: 106]; C. CAMPIGLIO [1985: 51 e 57]; P. LAGARDE [1986: 99 e 212, nota 239]; R. MEYER [1994: 306]; S. SCHREIBER [2001: 143-144].

[5] Faz-se referência à decisão, não publicada, proferida pelo Tribunal Federal, a 20 de Maio de 1952, no caso *Hirschler c. Vidoni*.

[6] Por elucidativa, transcreve-se a seguinte passagem do aresto [ATF/BGE 78 II: 191]: "Indessen können einmal gegebene konkrete Umstände die räumliche Verknüpfung des Rechtsverhältnisses mit einem anderen Lande nahelegen. So hat das Bundesgericht

16   *A Cláusula de Desvio no Direito de Conflitos*

– Atente-se no caso *R. Huber c. B. AG*, decidido pelo *Amtsgericht* de Lucerna em 31 de Outubro de 1980[7]. Entre a filial suíça de uma sociedade de direito norte-americano, a B. AG., e R. Huber, nacional suíço, é celebrado contrato pelo qual este se obriga à prestação de serviços, como corretor, na Arábia Saudita. À data da celebração do contrato, assim como durante a sua execução, R. Huber possuía domicílio naquele país árabe. As partes acordam que o preço da corretagem, estabelecido em francos suíços, deve ser depositado numa conta aberta junto de instituição bancária suíça. Mais é por elas convencionado pacto atributivo de jurisdição em favor dos tribunais suíços. Confrontada com a questão da determinação da *lex contractus*, a instância jurisdicional faz notar que, atenta a falta de designação pelas partes, *in casu* aplicável deveria ser a lei saudita, enquanto lei do país onde a execução da prestação característica do contrato tivera lugar.

---

in einem jüngst behandelten Fall (Armenrechtsentscheid vom 20. Mai 1952 i. S. Hirschler c. Vidoni) auf das Wohnsitzrecht des Darleihers zur Zeit der Darlehenshingabe nicht abgestellt, weil damals beide Parteien schon fest entschlossen waren, das betreffende Land zu verlassen, zugleich das künftige Domizil wenigstens des Borgers bekannt und dort auch das Darlehen zurückzahlbar war, weshalb das Recht dieses Landes als massgeblich erachtet wurde. Analoge Überlegungen drängen sich hier auf. Die Familie des Darleihers, eines aus Polen geflüchteten Schweizers, lebte seit 1945 in der Schweiz. Er selbst hielt sich allein deshalb in Konstanz auf, weil er sein aus Polen gerettetes Vermögen in Reichsmark angelegt hatte und nur in Deutschland zur Bestreitung seines Unterhalts verwenden konnte. Nach eigenen Angaben in der Beschwerdeantwort hatte er denn auch in Konstanz lediglich Wohnsitz im Sinne des Art. 24 Abs. 2 ZGB. Mittlerweile ist er, wie längst beabsichtigt war, in die Schweiz zurückgekehrt. Anderseits war auch der Aufenthalt des Borgers in Konstanz nicht auf dauernden Verbleib angelegt. Vielmehr erwartete er die Einreiseerlaubnis in die Schweiz, die seither erteilt worden ist. Dergestalt mussten beide Parteien von Anfang an mit der Rückzahlung des Darlehens in der Schweiz rechnen, und es ist dann später auch eine dahingehende Vereinbarung getroffen worden. Das alles in Betracht gezogen ergeben sich nähere räumliche Zusammenhänge mit der Schweiz (dem Heimatstaat des Darleihers, dem künftigen bzw. jetzigen Wohnsitzstaat beider Parteien und dem vorgesehenen Rückzahlungsort) als mit Deutschland, zu welchem Staat das Rechtsverhältnis eine mehr zufällige Beziehung aufweist (…).".

[7] Decisão não publicada. Para uma referência aos factos que lhe serviram de base, assim como ao teor de algumas das suas passagens, cfr.: F. KNOEPFLER [1982: 118-119]; C. DUBLER [1983: 55-56, 97, 111, 183 e 184]; P. LAGARDE [1986: 99]; A. MARQUES DOS SANTOS [1991a: 400, nota 1305]; R. MEYER [1994: 307 e 308]; S. SCHREIBER [2001: 146].

Ponto de partida: o problema, sua definição e pressupostos 17

Nisso não se queda, porém. Prosseguindo, logo faz valer que a intensidade dos laços pela situação mantidos com a Suíça é de molde a justificar a evicção da lei ordinariamente competente e a aplicação, no lugar desta, do direito suíço. Foram as seguintes as considerações então aduzidas: "In diesem Fall käme man zur Anwendung des saudiarabischen rechts, da die typische Hauptleistung vom Mäkler in Saudiarabien erbracht worden ist. Diese normegemässe Anknüpfung spielt aber nur "in der Regel". Wenn es nämlich die Umstände des Einzelfalles erheischen, so greift die Ausweichklausel Platz; danach ist das Recht desjenigen Landes anwendbar, mit dem der Vertrag eine "noch engere Verknüpfunf" als mit dem regelgemäss verwiesenen recht aufweist". A verdade impõe registar que algumas passagens da decisão analisanda tornam legítima a dúvida acerca da pureza das «motivações localizadoras» do tribunal[8].

---

[8] Assim, designadamente, quando se afirma que "[die Ausweichklausel soll dort angewandt werden, wo es die Parteien versäumt haben, ein Recht zu wählen, und wo die objektive Anknüpfung zu einem unbefriedigenden Resultat führen würde. Dies wäre vorliegend bei der Anwendung des allen Beteiligten unbekannten und nach dem allgemeinen Rechtsgefühl der Schweizer weitgehend fremdartigen Rechtes der Fall. Die vorliegende Streitsache würde geradezu der Ausweichklsausel rufen, sofern in der grundsätzlichen Weise angeknüpft würde.".

§ 2.º DELIMITAÇÃO DO PROBLEMA

1. Se foram bem escolhidas – e escolhidas foram, de facto, para servirem de ponto de apoio à consecução da tarefa de delimitação do objecto do presente estudo –, as hipóteses relatadas já deixam adivinhar o tópico nuclear da presente investigação. Explicitemo-lo, seja como for.

Pois bem. Tomou-se como objecto de investigação problema enunciável por meio da interrogação seguinte: dadas as coordenadas do Direito português, assistirá a aplicador a possibilidade legítima de evicção da lei ordinariamente designada pela norma de conflitos quando, a partir do conjunto das circunstâncias do caso concreto, seja manifesto que a situação plurilocalizada analisanda mantém com aquele direito uma conexão pouco significativa ao passo que, com outro, a ligação é manifestamente mais estreita? Por certo, a resposta é afirmativa quando autorização brote, inequívoca, de preceito de direito legislado cuja letra acolha, em termos expressos, semelhante faculdade. Mas quando assim não suceda? O Direito português reconhecerá juridicidade à operação que consiste em, abstracção feita de autorização legislativa expressa, o aplicador do direito actuar desvio relativamente à indicação conflitual ordinária e, em consequência, conferir aplicação a lei que não é a *prima facie* competente, por ser aquela, que não esta, a que respeita ao país com o qual a situação plurilocalizada se encontra mais estreitamente conexa?

2. Por isso que em qualquer tarefa de definição vai envolvido trabalho de delimitação – é dizer, de explicitação de limites ou fronteiras –, definir o objecto de estudo é, também, enunciar aquilo que esse objecto... não é.

Isso presente, compete esclarecer que a presente investigação se moverá no âmbito circunscrito do Direito de Conflitos (Internacional Privado). Excluídas do escopo do estudo quedam, assim, questões atinentes ao domínio da Competência Internacional e, muito em particular, as suscitadas pela figura do *forum non conveniens*. Por várias ordens de motivações. À cabeça, limitações subjectivas. Depois, a natureza de estudo como o presente, a inibir o tratamento conjunto de matérias constitutivas, cada uma delas de per si, do conteúdo de trabalhos autónomos. Mas não só. A acrescer a essas, razão definitiva que é a de, sem prejuízo dos nexos funcionais que entrelaçam o Direito de Conflitos ao Direito da Competência Internacional[9] – P. LAGARDE vai ao ponto de afirmar que "[u]n système de droit international privé dont les règles de conflit seraient inspirées par le principe de proximité manquerait de cohérence s'il n'en était pas de même de ses règles de conflit de juridictions."[10] – a acrescer àquelas, dizíamos, justificação definitiva que é a de, sem prejuízo dos nexos funcionais que entrelaçam o Direito de Conflitos ao Direito da Competência Internacional, assistir razão de ser ao tratamento autónomo de problemas, mesmo se «paralelos», emergentes de cada um dos dois referidos domínios problemáticos. Simples derivação, afinal, "(...) [d]a diversidade irredutível dos dois [âmbitos], tão bem traduzida nos interesses diversos em que há que atentar quando se abordam, num enfoque que respeite a teleologia última do DIP, as questões de competência judiciária como as de competência legislativa."[11-12].

3. Não é ainda tudo pelo que respeita à delimitação negativa do âmbito da exposição.

Recuando ao momento em que, reflectindo sobre tema apropriado para objecto de investigação, nos fixámos na figura da cláusula de desvio, é fácil recordar as principais etapas do plano então arquitectado: num pri-

---

[9] A este respeito, cfr., entre nós, o estudo recente de L. LIMA PINHEIRO [2002b: *maxime* 315-332]. Cp. R. MOURA RAMOS [1991a: 89-212]; D. MOURA VICENTE [2001a: 23-26].

[10] [1986: n.º 119].

[11] R. MOURA RAMOS [1991a: 214].

[12] É também a perspectiva de P. RÉMY-CORLAY [1997], a qual, tendo empreendido estudo doutoral subordinado à epígrafe *Étude critique de la clause d'exception dans les conflits de lois (Application en droit des contrats et des délits)*, não hesita em afirmar que "(...) d'une part le mécanisme équivalent à la clause d'exception dans les conflits de juridictions – c'est-à-dire celui du *forum non conveniens* – doit recevoir une définition distincte car il ne peut avoir les mêmes objectifs; d'autre part l'admission de ce procédé ne conduit nécessairement ni à l'exclusion ni à l'admission de la clause d'exception dans les conflits de lois." (p. 10).

Ponto de partida: o problema, sua definição e pressupostos 21

meiro momento, a delimitação do problema; num segundo, a consideração das respostas que para esse problema houvessem sido ensaiadas em diferentes sistemas de Direito Internacional Privado; em etapa derradeira, a perspectivação do problema no quadro particular do sistema de Direito português. Tratar-se-ia, neste terceiro andamento, para além do mais, de considerar tanto o «modo de actuar» da cláusula de desvio (a *dinâmica*), como o seu «modo de ser» (a *estática*). Por outras palavras, de enfrentar já a explicitação do âmbito, pressupostos e consequências da actualização da cláusula de desvio, já a demarcação de fronteiras com outros institutos ou mecanismos do Direito Internacional Privado, *maxime* com aqueles que, como se verá também suceder com a cláusula de desvio, actuam sobre as soluções a que a aplicação do sistema das normas de conflitos especiais conduziria em linha recta (consoante afirma A. CASTANHEIRA NEVES, "[d]istinguir é necessariamente (...) afirmar uma razão de diferença no fundo de uma razão de coerência.")[13].

Pois bem. Seja porque o tema cujo tratamento nos propusemos é vasto e exigente – e, com efeito, não releva ele da teoria geral do Direito Internacional Privado? –, seja porque a concisão não é a nossa virtude primeira – e, em verdade, não é o caso de podermos, à maneira de Padre António Vieira, invocar a falta de tempo para não termos sido breves –, revelou-se impossível conter o projecto atrás delineado dentro da medida canónica das duas centenas de páginas. Ultrapassado em muito este limiar, decidimo-nos, então, por seguir conselho amigo: submeter a escrutínio, como trabalho de investigação, tão-só uma parte do texto – sensivelmente, metade – em que vinhamos trabalhando. Com a seguinte implicação: a remissão para subsequente trabalho académico dos temas e tópicos cuja apresentação, pelas razões apresentadas, agora se decidiu sacrificar. No essencial, tais temas e tópicos são reconduzíveis ao que atrás designámos por «modo de actuar» e por «modo de ser» da cláusula de desvio. No plano original, o seu tratamento competiria aos Capítulos II e III da Parte Terceira.

---

13 [1967: 96]. O Autor acrescenta que "(...) uma distinção, ainda quando pensada em geral, ou qualquer que seja o seu tipo de natureza, só tem sentido na base dos dois pressupostos exigidos com lógica necessidade: exige-se tanto uma razão de diferença (pela qual os termos a distinguir e distintos se justifiquem autónomos ou relativamente irredutíveis um perante o outro), como uma razão de coerência (aquela em que haverá de pensar-se uma qualquer unidade entre os termos, a possibilitar-lhes a própria relação por que se diferenciem." (*ibidem*).

4. Eis, pois, naquilo que ele é e naquilo que ele não é, o objecto da nossa investigação. Isso estabelecido, do que se trata antes mesmo de se avançar para a tarefa que consiste em carrear elementos que permitam, no final, resposta fundamentada à interrogação formulada em 1. *supra*, é de recuar na ordem problemática e fundar criticamente o problema, perguntando pelo seu sentido e possibilidade. A exigência deriva de razão que se surpreende sem dificuldade. Tal como foi apresentada, a *nossa* pergunta-problema só ganha sentido na medida em que se dêem por verificados os dados que a interrogação, no seu enunciado, leva implícitos. Assim acontecendo, é como ficou dito: cumpre levar a efeito a explicitação dos antecedentes ou pressupostos sobre cujo pano de fundo – e só assim – se entende recortar e ganhar validade o *nosso* problema. Uma única advertência merece ser feita: a que põe em destaque que a indicação das enunciadas condições de possibilidade do problema não compromete, antes deixa intocado, o sentido da resposta final. Não fica assim excluída, por esta via metodológica, qualquer direcção do possível.

CAPÍTULO II. A VALIDAÇÃO DA POSSIBILIDADE DO PROBLEMA: OS PRESSUPOSTOS DO PROBLEMA

§ 3.º A SUPERAÇÃO DO MODELO SUBSUNTIVO DE APLICAÇÃO DO DIREITO

1. Seja embora verdade que "(...) na história cultural as sobrevivências são um fenómeno conhecido e [que] há mortos que morrem devagar."[14], representaria esforço vão aquele que, hoje, se dirigisse a abrir as portas a paradigma superador do modelo de jurisdição que, dominante por bem mais de um século e correlato do modelo de juridicidade do normativismo legalista, remetia o juiz para o lugar de operador cuja missão, alicerçada na racionalidade do esquema lógico-subsuntivo, se consumia na aplicação lógica das normas do sistema jurídico aos factos. Faz-se referência ao carácter vão de um tal esforço pela simples mas decisiva razão de que, muito por mérito do movimento metodológico reformador que, iniciado nos fins do século dezanove, se prolongou pelas primeiras décadas do seguinte – pensa-se, para além de no movimento do direito livre, na jurisprudência dos interesses, na jurisprudência da valoração, na tópica de T. VIEHWEG, na teoria da argumentação, bem como nas propostas particulares de K. ENGISH, K. LARENZ, F. MÜLLER, W. FIKENTSCHER, J. ESSER e, entre nós, A. CASTANHEIRA NEVES –, as portas do modelo superador da aplicação subsuntiva do Direito se encontram, já hoje e também entre nós, ostensivamente escancaradas. Disso cientes, não se curará da caracterização mais ou menos pormenorizada daquele modelo subsuntivo nem, tão pouco, da explicitação da bondade

---

[14] A. CASTANHEIRA NEVES [1998: 324].

das ponderações subjacentes à respectiva superação. Contra o pano de fundo de debate que pode dar-se por encerrado, as linhas subsequentes circunscrevem-se à consecução de bem modesto propósito: tornar aparente como a superação do modelo subsuntivo de aplicação das normas jurídicas se constitui em verdadeira e própria condição de possibilidade da *pergunta-problema* atrás delimitada e objecto nuclear deste trabalho; dito de outro modo, tornar aparente como a adesão aos corolários – *rectius*, a alguns corolários – implicados na referência à superação do modelo subsuntivo de aplicação do Direito se apresenta, tal adesão, como efectiva condição fundante do sentido daquela *pergunta-problema* e, nessa medida, como verdadeira e própria condição da respectiva possibilidade.

2. Com não ser difícil, a demonstração consegue ser breve. Será suficiente começar por atentar em que, abstracção feita da resposta que mais lhe convenha – esta variará de sistema para sistema e, no interior mesmo de cada sistema, de domínio material para domínio material –, tal *pergunta-problema* se abre à possibilidade de conclusão que, pelo menos em determinados termos, é negadora do respeito pelo resultado a que a aplicação de regra (de conflitos) conduz e, tanto, ainda que o problema *sub iudice* (aparentemente) apresente as dimensões integrantes da previsão daquela regra. Ora, eis o que apenas é equacionável quando se adira à validade de algumas das notas distintivamente associadas à superação do modelo subsuntivo. Seja, de entre estas, a negação de que os sistemas jurídicos se apresentam como conjuntos finitos ou acabados de proposições. Ou ainda, e também exemplificativamente, o reconhecimento de que os sistemas jurídicos só podem prover resposta ao juridicamente relevante uma vez que se afirmem como sistemas abertos.

3. Nem se pense que razão assiste a quem, esgrimindo contra a pertinência da demonstração ensaiada, possa fazer notar: *em primeiro lugar*, que o modelo subsuntivo é caracterizável pela assimilação da actividade de realização do Direito a operação de aplicação de normas a factos; *em segundo lugar*, que a natureza do objecto imediato das normas de conflitos de leis no espaço não é a de um puro facto, senão, diferentemente, a de um conteúdo jurídico, seja ele apresentado sob a forma de uma *questão de direito*, de *classes ou grupos de normas materiais de um ordenamento potencialmente aplicável* ou, ainda, de *situações juridicamente caracterizadas*. Certo, é indisputável caracterizar-se o

Ponto de partida: o problema, sua definição e pressupostos 25

modelo subsuntivo pela assimilação da actividade de realização prática do Direito a operação lógica de subsunção dos casos da vida aos *Tatbestände* de preceitos jurídicos genéricos. Certo também, a previsão das regras de conflitos não tem por objecto factos (na expressão de A. FERRER CORREIA, situações juridicamente incolores[15]). Resultará daí que a fundamentação da possibilidade da *pergunta-pergunta* que se constitui em objecto nuclear da presente investigação prescinde da superação do modelo subsuntivo de realização prática do Direito?

Certificou-se já a negativa. E, com efeito, não apenas é verdade que também no Direito Internacional Privado se parte de factos concretos, como certo é, acrescidamente, que no manejo e aplicação dos preceitos conflituais vai envolvido um duplo vaivém entre o facto operativo e a norma: o percurso entre a norma material e os factos, de uma parte; o percurso entre a norma de conflitos e os factos, com a mediação das normas materiais, de outra[16].

---

[15] [1973a: 211].
[16] Neste exacto sentido, cfr. L. LIMA PINHEIRO [1986: 115].

§ 4.° O CARÁCTER NÃO-ABSOLUTO DA REGRA DE CONFLITOS

1. *Indagar pela possibilidade de evicção da lei ordinariamente designada pela norma de conflitos quando a partir do conjunto das circunstâncias do caso concreto for manifesto que dada situação plurilocalizada mantém com aquele direito uma conexão pouco significativa ao passo que, com outro, a ligação é manifestamente mais estreita –* eis como, tendo por base casuística, se ensaiou a delimitação do problema que constitui o tópico nuclear da presente investigação.

A formulação do problema nesses termos delineada leva implícita – subjacente – determinada pré-compreensão acerca da natureza da regra de conflitos. Faz-se referência ao seu carácter não-absoluto. O carácter não-absoluto da norma de conflitos é, nestes termos, o segundo dos pressupostos que permite fundar o problema colocado, emprestando-lhe sentido. É da sua explicitação que de seguida se curará.

2. Destaque particular por toda a construção de um sistema de Direito Internacional Privado que põe em clara evidência o carácter não-exclusivo da regra de conflitos é devido, entre nós, a J. BAPTISTA MACHADO.

Opondo-se a concepção que vê na regra de conflitos o primeiro motor do Direito Internacional Privado, ponto de partida radical para a tarefa de determinação do direito aplicável às situações jurídicas plurilocalizadas e da qual essa determinação apenas depende, J. BAPTISTA MACHADO reserva à regra de conflitos um papel tão-só secundário e derivado no plano geral da construção do sistema de Direito Internacional Privado que é o seu. Remetida a uma função e a um lugar muito próprios, a regra de conflitos é pelo ilustre Professor entendida como simples norma destinada a fornecer um critério preferencial para prevenir ou resolver conflitos entre leis cujo título de atendibilidade resulta, antes do mais, da verificação de que as mesmas são ordens jurídicas com as quais os factos controvertidos se encontram em conexão por um qualquer índice de localização. E, assim sendo, leis cujo *âmbito de eficácia*, independentemente do operar de uma qualquer regra de conflitos, é traçado a partir da natureza da generalidade das normas jurídicas materiais como normas de conduta (*regulae agendi*), as quais, enquanto tais e sob pena de atentado insuportável à função ordenadora-estabilizadora do Direito, não consentem a sua aplicação a factos com que não se acham em contacto. Dentro desse esquema, apenas num momento posterior ou sucedâneo tem lugar a intervenção da regra de conflitos. Dirige-se ela à resolução do problema, secundário ou de segunda ordem, dos conflitos de leis: uma vez verificado que o *âmbito de eficácia possível* de determinada lei abrange factos que simultaneamente caem na esfera de eficácia de outras leis – uma vez detectado, portanto, o entrecruzamento entre os âmbitos de eficácia de várias leis –, cabe à regra de conflitos (*rectius*, a regras de conflitos especializadas) traçar os limites de aplicabilidade das várias leis em questão, recortando, para cada uma delas, o respectivo *âmbito de competência*[17]. Ao fazê-lo, muitas possibilidades de solução já se acham, atento o exposto, pré-determinadas. *Fundamento substancial da aplicabilidade*

---

[17] Aquilo que J. BAPTISTA MACHADO também apelidou, porventura em termos menos consagrados, de âmbito de eficácia ponderada (por resultar de uma coordenação entre os vários sistemas em concurso), qualificada (por na sua definição já não intervir apenas um factor material ou quantitativo – o contacto entre o facto e a situação jurídica – mas também um factor qualitativo – a perspectiva jurídica sob a qual os factos são regulados e, portanto, uma qualificação) ou especializada (por ser traçado a partir de regras de conflitos especializadas). A compreensão cabal da visão do Direito Internacional Privado sustentada por J. BAPTISTA MACHADO leva pressuposta a interiorização da distinção tripartida entre: 1.º – o âmbito de eficácia possível de uma lei (dado pela esfera de factos que com ela, através de um qualquer índice de localização, estão em contacto e que, sem que em tal vá envolvido qualquer atentado às regras jurídicas como regras de dever-ser, podem por ela ser impregnados); 2.º – o âmbito de competência de uma lei (ao contrário daquele primeiro, não se define por referência a factos, mas, ao invés, através da designação de determinado tipo de problema ou questão jurídica operada por uma regra de conflitos sob o pano de fundo do entrecruzamento dos âmbitos de eficácia de várias leis); 3.º – o âmbito de aplicação de uma lei, definido, este, pelo conjunto dos factos que preenchem as hipóteses legais das normas de dado ordenamento jurídico designadas como aplicáveis. Aos dois primeiros conceitos correspondem os dois planos que J. BAPTISTA MACHADO reconhece no Direito de Conflitos, respectivamente o dos limites do âmbito de eficácia das leis e o dos conflitos de leis, este último subordinado àquele.

de uma lei[18] é assim, para J. BAPTISTA MACHADO, a circunstância de ser ela uma das que mantém contactos com a situação plurilocalizada; de ser ela, o que o mesmo é dizer, uma das que «impregna» os factos da causa. Longe de constituir o *factor operativo da consequência do Direito Internacional Privado*[19] ou o título primário e único da aplicabilidade de uma determinada lei, a regra de conflitos é por aquele Autor compreendida como ocupando papel secundário relativamente a princípio cuja objectivação tem lugar através das seguintes três regras: uma lei não pode aplicar-se a factos que com ela não estejam em conexão; uma lei é aplicável a todos e quaisquer factos que apenas estejam em contacto com ela; uma lei é aplicável a quaisquer factos que com ela estejam conexos[20]. Na óptica de J. BAPTISTA MACHADO, semelhante princípio – que designa por *princípio da não transactividade*[21] e ao qual chega a referir-se como *regra de conflitos primária ou básica* – é, ele sim, o verdadeiro *prius* ou ponto de partida do Direito Internacional Privado, pelo que se torna lícito caracterizar este último, na tese do Professor de Coimbra, como um «direito de localização»[22] e, o que é mais, um «direito de reconhecimento» da eficácia de outros direitos – que não, pois, como um direito que fundamentalmente confere ou atribui eficácia a outros direitos[23].

---

[18] [1970: 47].

[19] *Idem.*

[20] Criticando a derivação das duas regras de feição positiva – as indicadas em último lugar – a partir da natureza preceptiva da lei como norma de dever-ser, cfr. A. FERRER CORREIA [1981: 227 e 228]; *idem* [1991: 284]. De acordo com o Autor, a única coisa que pode inferir-se a partir daquela natureza é que uma lei não pode aplicar-se a factos que com ela não tenham uma certa relação ou conexão espacial.

[21] E que no domínio do Direito Transitório ou Intertemporal encontra paralelo no princípio da irretroactividade ou da não retroconexão. Para uma defesa da tese da unidade essencial entre os postulados básicos do Direito Intertemporal e do Direito Internacional Privado, cfr. a Primeira Parte da já abundantemente glosada dissertação de doutoramento e, *maxime*, o segundo parágrafo da Secção IV, p. 145 ss, onde o Autor examina a possibilidade de uma teoria geral do direito de conflitos.

[22] J. BAPTISTA MACHADO [1970: 162].

[23] J. BAPTISTA MACHADO [1970: *maxime* 109 ss]. Transcrevem-se, por particularmente elucidativas, as seguintes passagens: – "Portanto – e este é o ponto fulcral – se o problema do âmbito de eficácia da l*ex fori*, bem como das leis estrangeiras, transcende, em certo sentido pelo menos, a vontade legislativa, se os seus dados se impõem ao legislador *ab extrinseco*, por força da «natureza das coisas», como se diz, haverá que reconhecer que, em larga medida, a delimitação do âmbito de aplicabilidade da *lex fori* e, correlativamente,

Valerá a pena concluir com a reprodução de passagem que, justamente da lavra de J. BAPTISTA MACHADO, é bem o espelho do papel subordinado que, na construção do seu sistema de Direito Internacional Privado, o Autor conferia à regra de conflitos. Atente-se nela: "(...) as Regras de Conflitos, por si mesmas, não são a expressão dos princípios e da teleologia essencial do DIP; representam, antes, simples critérios *instrumentais* de solução de conflitos que operam como que mecanicamente. No contexto do DIP, elas jogam num plano *subordinado*. Logo, a sua intervenção poderá ser facilmente excluída quando a referida teleologia essencial do DIP – que não é imanente às fórmulas daquelas regras nem se exprime nelas, mas antes as transcende e lhes é como que *exterior* – postular ou aconselhar uma solução diversa daquela que resultaria da aplicação delas. Assim – e cremos que só assim – se poderá explicar a facilidade com que no DIP vemos afastar a aplicação duma Regra de Conflitos (...). Estamos convencidos de que, em todas aquelas hipóteses em que se exclui a aplicação da Regra de Conflitos do foro para respeitar os valores fundamentais do DIP, se não trata, como correntemente se afirma, de um abandono da competência em princípio inerente ao sistema de Direito de Conflitos do foro, mas pura e simplesmente de aplicar este sistema *tal como ele é*: com o princípio inspirador da sua teleologia intrínseca a controlar o jogo desses mecanismos de funcionamento automático que são as Regras de Conflitos."[24].

---

a aplicação do direito estrangeiro não decorrem da «vontade» legislativa, mas duma realidade extrínseca que tem a sua força própria e é independente da lei positiva. Por outras palavras, em princípio, não é a *lex fori* que «dá força» (isto é, confere eficácia) à lei estrangeira, mas é esta que a possui por si mesma, em virtude da sua posição relativamente aos factos a regular (...)" (p. 68); "Esta regra de conflitos, por seu turno, nada mais faz do que declarar que, para a resolução de um problema ou questão jurídica de direito privado de certo tipo, se dará preferência à lei ligada aos factos por uma conexão de certo tipo. Não nos diz, por si mesma, quais são os factos concretos a que uma determinada lei se aplica; apenas contém como pressuposto necessário que, para que uma determinada lei seja aplicável à resolução duma questão jurídica concreta do tipo que ela define em abstracto no conceito-quadro, é preciso que essa questão concreta se levante a propósito de factos concretos que se achem ligados àquela lei por uma conexão do tipo que a mesma Regra de Conflitos determina. Mas acharem-se ou não os factos concretos em contacto com essa lei (caírem ou não estes factos no âmbito de eficácia desta lei), terem ou não os mesmos com a dita lei a conexão do tipo escolhido, isso em nada depende da Regra de Conflitos, pois não é esta que lança a ponte entre os factos da vida e a lei aplicável" (p. 124).

[24] [1982: 169-170].

Ponto de partida: o problema, sua definição e pressupostos 31

3. Se sobressai ou avulta, construção como a de J. BAPTISTA MACHADO não é a única a manter a natureza não absoluta da regra de conflitos. É dizer que é possível assentar em tal natureza trilhando caminho não coincidente com o desenvolvido pelo autor de *Âmbito de Eficácia e Âmbito de Competência das Leis*. De resto, não fosse assim e mal se compreenderia afirmação de R. MOURA RAMOS nos termos da qual é possível detectar, na doutrina internacionalprivatística nacional, acordo generalizado e de princípio quanto ao carácter ancilar da regra de conflitos[25]. Pois não sucede o caminho percorrido por J. BAPTISTA MACHADO não ser acompanhado, pelo menos em toda a linha, pelo universo das vozes que compõem o panorama doutrinal português (pensa-se, *verbis gratia*, nos autores que colocam o acento tónico na ideia de que as normas de conflitos constituem essencialmente o título que atribui relevância jurídica ao direito estrangeiro na ordem do foro, naqueles para quem a aplicação de direito estrangeiro encontra o seu fundamento precípuo em regras jurídicas do foro)? De onde a pergunta: que caminho é então esse que, ao lado do percorrido por J. BAPTISTA MACHADO, também põe em relevo o carácter não-absoluto da regra de conflitos?

A resposta, simples, encontramo-la em assaz divulgado ponto de vista de harmonia com o qual os todos unitários e ordenados que são os sistemas jurídicos integram, para além das normas e do mais que ao caso agora não vem, princípios.

Decerto, é inútil pretender que as regras de conflitos – pense-se nelas já como regras de regulamentação indirecta, já como bússolas que se limitam a indicar a lei que há-de fornecer o regime da situação plurilocalizada –, é inútil pretender, dizia-se, que as regras de conflitos não apresentam especificidades por relação com as normas ditas de direito material. Isso indisputável, o que outrossim é seguro é não serem as aludidas especificidades de molde a determinar que as regras de conflitos escapem ao carácter não-absoluto que o parágrafo precedente autoriza predicar da generalidade das normas jurídicas[26]. Se não também outras, inculcam-no as seguintes duas ordens de razões: *Primeira*. A de que vale para os sistemas de normas de conflitos – e, para o que ora importa, para

---

[25] R. MOURA RAMOS [1994: 279].

[26] É significativo, a este propósito, que H. BATIFFOL [1971] se tenha proposto captar as características específicas da regra de direito tomando como ponto de partida as regras de Direito Internacional Privado.

o português – a nota de harmonia com a qual, longe de formados por preceitos cujo teor "(...) não é mais fácil de justificar através de argumentos lógicos que a regra que manda circular pela direita ou pela esquerda"[27], os mesmos são constituídos por regras que, norteadas à tutela de valores e interesses, vão alicerçadas em princípios cuja função essencial "(...) est précisément de constituer un fonds commun par référence auquel [aquelas regras] prennent place, permettant soit de suppléer aux lacunes qu'elles peuvent comporter, soit de porter remède à un excès de réglementation."[28]; *Segunda*. A de que vale para os sistemas conflituais – e, porventura, para estes mais do que para quaisquer outros – a nota de harmonia com a qual a *sistematicidade* que os caracteriza não é de molde a autorizar concebê-los à maneira de sistemas fechados e axiomatizantes a partir de cujas prescrições formalmente prescritas fosse possível, mediante operações lógicas, colher a resposta adequada – justa – para toda a juridicamente relevante questão emergente de situação plurilocalizada. Com efeito, não apenas é verdade que, como em qualquer outro sistema jurídico, se manifesta no sistema das normas de conflitos a inarredável tensão entre o *sistema* e o *problema* – em palavras de R. MOURA RAMOS, "(...) também a ele [sistema de Direito Internacional Privado] está subjacente a dialéctica entre aquilo que a experiência histórica depositou e, ainda que provisoriamente, pode ser considerado como expressão do «justo», e as diferentes circunstâncias que se apresentam a reclamar a actuação da experiência jurídica.[29]" –, como parece

---

[27] A afirmação parcialmente reproduzida, pertencente a W. WENGLER, foi colhida em J. BAPTISTA MACHADO [1970: 184].

[28] H. MUIR WATT [1997: 408]. Cfr., exemplificativamente: W. WENGLER [1952/53]; G. KEGEL [1953]; H. BATIFFOL [1956]; W. WENGLER [1961a]; J. BAPTISTA MACHADO [1970: 161-173 e 174 ss]; A. FERRER CORREIA [1970c: 84 ss]; A. FERRER CORREIA [1972a: 9 ss]; A. FERRER CORREIA [1973a: 37ss]; J. BAPTISTA MACHADO [1973: 444-450]; H. BATIFFOL [1977]; G. KEGEL [1979]; H. BATIFFOL [1981b]; A. FERRER CORREIA [1981: 21 ss e 109 ss]; J. BAPTISTA MACHADO [1982: 43 ss]; L. LIMA PINHEIRO [1986]; B. OPPETIT [1987]; A. FLESSNER [1990]; P. HAY [1991: *maxime* 345 ss]; R. MOURA RAMOS [1991a: 254 ss]; P. HAMMJE [1994]; K. SCHURIG [1995]; L. LIMA PINHEIRO [2001a: 225ss]; D. MOURA VICENTE [2001a: 28 ss].

[29] [1991a: 260]. O Autor apresenta o instituto da reserva da ordem pública internacional como um afloramento "(...) do carácter aberto do sistema do DIP, isto é, da existência nele de uma parte inarticulada, de normas de conflitos ainda a encontrar, ainda não descobertas ou ainda não consciencializadas (...)".

Ponto de partida: o problema, sua definição e pressupostos 33

justo reconhecer que a referência a uma *sistematicidade aberta* ganha acuidade particular quando reportada, precisamente, ao sistema de Direito Internacional Privado. De uma parte, atento o carácter incompleto de muitos aspectos da sua regulamentação[30]. De outra, atento o carácter aberto dos próprios sistemas de normas materiais aos quais os sistemas conflituais vão referidos[31].

4. Asseverou-se que o carácter não-absoluto da regra de conflitos se constitui em condição de possibilidade do problema objecto nuclear da presente investigação. A exposição deteve-se, em conformidade, na explicitação de razões que logram se assente em tal carácter não-absoluto.

Eis porém que, aqui chegados, pode pensar-se em obtemperar que do assentimento à natureza não absoluta das regras de conflitos não resulta, qual imposição lógica, a aceitação, como possibilidade legítima, de que, actuando desvio relativamente à indicação conflitual ordinária, o operador confira aplicação a lei que não é a *prima facie* competente, por ser ela, que não esta, a que respeita ao país com o qual a situação plurilocalizada se encontra mais estreitamente conexa. E tanto – prosseguir-se-á – sem que em tal vá sequer implicado o desmentido da proclamação – de outro modo puramente retórica – do carácter não-absoluto da regra de conflitos. Pois não é que esta natureza se projecta em direcções cuja efectividade é incontroversa ou indisputável? Mais ainda, far-se-á notar ser o valor da segurança a, de per si, constituir obstáculo inultrapassável à aludida possibilidade de desvio ou afastamento.

O que fazer em face de eventual linha de argumentação? Pois bem. Afigura-se que as ordens de considerações alinhavadas não representam um golpe rude, muito menos fatal, no propósito de fundamentação da possibilidade lógica da pergunta-problema que constitui o tópico nuclear deste trabalho.

Por um lado, porque a aceitação de que o carácter não absoluto das regras de conflitos se projecta em direcções várias não compromete a possibilidade de que uma dessas direcções seja, precisamente, a que passa pela possibilidade de, em circunstâncias e termos determinados, ter lugar

---

[30] Em palavras de S. ALVAREZ GONZALÉZ [1995: 780], "(...) los ejemplos más simples ponen de manifiesto la insuficiencia de la pobreza normativa que puede imputarse sin duda a los sistemas autónomos de D.I.Pr.".

[31] Assinalando o ponto, cfr. R. MOURA RAMOS [1991a: 261].

a correcção daquele preceito. Por outro, porque a representação de que o Direito Internacional Privado está ao serviço de valores em que predominam os de segurança jurídica apenas prejudica a possibilidade de uma correcção que, tendo por objecto as regras de conflitos, seja levada a cabo irrestrita ou incondicionadamente; ajuridicamente, apetece dizer. Ora, nunca isso estaria em questão. Enfim – e o que é verdadeiramente decisivo –, porque estando apenas em causa, por ora, a fundamentação da possibilidade lógica da pergunta-problema a que tem vindo a fazer-se referência, tal fundamentação se alcança com a aceitação do valor não absoluto ou exclusivo das regras de conflitos.

§ 5.° A PERMEABILIDADE DO SISTEMA
DE DIREITO INTERNACIONAL PRIVADO PORTUGUÊS
AO PRINCÍPIO DA CONEXÃO MAIS ESTREITA

1. *Indagação, conduzida nos quadros do Direito português, acerca da legitimidade da evicção da lei designada pela regra de conflitos in casu pertinente quando a partir do conjunto das circunstâncias do caso seja evidente que a situação plurilocalizada aprecianda mantém com aquela lei uma conexão pouco significativa, ao passo que, com outro direito, a ligação é manifestamente mais estreita* – eis, compendiado em síntese breve, o objecto nuclear da presente investigação.

Desejavelmente, os §§ precedentes terão tornado manifesto como é verdade dizer-se que semelhante inquirição só ganha sentido contra o pano de fundo de uma construção que, para além das consequências associadas à superação do modelo subsuntivo de aplicação do Direito, assimile ainda, como específico dado a reter, o carácter não exclusivo da norma de conflitos. Existe, porém – e, justamente, faz-lhe referência a epígrafe deste § –, um derradeiro pressuposto nuclear de inteligibilidade do problema: a permeabilidade do sistema de Direito Internacional Privado português ao princípio da conexão mais estreita. Percebe-se por quê.

Ponderar a legitimidade de juízo corrector a operar por intérprete tendo por objecto a consequência jurídica *prima facie* disposta por regra de conflitos e comandado, tal juízo corrector, pelo propósito de assegurar que a avaliação de dada pretensão emergente de situação jurídico-privada internacional tenha lugar à luz da lei com a qual os factos mantêm, *real* ou *efectivamente*, a conexão mais significativa, não tem – não pode ter – o significado da abertura à faculdade de o aplicador, exorbitando da sua função e contravindo aos juízos de valor subjacentes a solução normativa determinada, frustrar o sentido funcional de uma escolha legal. Ora, manifestamente, ocorreria esta frustração e teria lugar aquela contravenção

36 A Cláusula de Desvio no Direito de Conflitos

caso, estribando-se na directriz da conexão mais estreita, intérprete-
-aplicador corrigisse solução normativa em cuja modelação não tivesse
intervindo, pela mão do legislador, a mencionada directriz localizadora.
Atinge-se assim, e sem dificuldade, o bem-fundado de afirmação recente:
para lá do mais que já ficou posto, a permeabilidade do sistema de Direito
Internacional Privado português ao princípio da conexão mais estreita
constitui-se em pressuposto nuclear de inteligibilidade do «nosso»
problema[32]. Fosse possível, a partir de pré-entendimento ou proto-
-compreensão, certificar que o conspecto de normas formalmente
prescritas pelo legislador português de conflitos houvera permanecido
imune a tal directriz e seria destituída de qualquer sentido – *senseless* –
indagação como a que nos propomos.

Revela-se à vista, do mesmo passo, a tarefa que, acto contínuo, é
imperativo tomar em mãos. Sem surpresa, é ela a que consiste em aus-
cultar a influência – se alguma – que a directriz da conexão mais estreita
desempenhou no modo como o legislador português se desembaraçou da
missão de determinação da lei aplicável às situações jurídico-privadas
internacionais. Por outras palavras, a que se exprime na necessidade de
aferir da medida – eventualmente, nula – em que aquela directriz influenciou a escolha dos elementos de conexão das regras de conflitos ou, por
qualquer outro modo, moldou o caminho que, *ex* sistema conflitual
português, conduz à indicação da lei aplicável a questões emergentes de
situações plurilocalizadas. Duas notas apenas, antes de mergulharmos
nela.

Primeira nota: Estando exclusivamente em causa – pelo menos, para
já – a fundamentação da possibilidade da pergunta-problema objecto da
presente investigação, o cumprimento da tarefa não exige, longe disso,
levar a cabo prospecção exaustiva de todas as (eventuais) expressões da
função indicativa do princípio da conexão mais estreita.

Segunda nota: Por isso que a relação entre a *função indicativa* e a
função correctiva[33] do vector da conexão mais estreita não se impõe ao

---

[32] Neste sentido, cfr. S. SCHREIBER [2001: 21]: "Voraussetzung für die
Entwicklung einer Ausweichklausel, die die Durchsetzung des Prinzips der engsten
Verbindung sicherstellen soll, war, die engste Verbindung eines Rechtsverhältnisses
überhaupt zum Anknüpfungsgrundsatz zu erheben.".

[33] Fazem uso da terminologia: P. LAGARDE [1986]; R. BARATTA [1991]; J. CUNHAL
SENDIM [1993].

espírito como necessariamente biunívoca – embora esta pressuponha aquela, a inversa não parece forçosa –, à eventual identificação de expressões daquela função indicativa em determinado sector de regulamentação conflitual não se segue, qual imposição lógica, que possa ou tenha de receber actualização, no mesmo domínio, aqueloutra função correctiva. Não vai nisto qualquer contradição. É questão de manter distintas – como devem ser mantidas –: (i) por uma parte, as condições de possibilidade ou de sentido da pergunta-problema que circunscreve o tema central da presente investigação; (ii) por outra, as condições de actualização de mecanismo que, no caso de resposta afirmativa àquela pergunta-problema, se destina ao *afinamento* de elemento de conexão determinado.

2. A locução «princípio da conexão mais estreita» regista valor análogo. Atestou-o, entre nós e em momento ainda não muito distante no tempo, L. LIMA PINHEIRO, a quem pertence a observação de que "[a] ideia de conexão mais estreita surge em vários planos e com diversos significados."[34]. As implicações perfilam-se óbvias pelo que ao projecto delineado diz respeito. Visando auscultar-se a permeabilidade do sistema pátrio de Direito de Conflitos à directriz da conexão mais estreita, é mister assentar em que acepção se toma – *rectius*, importa tomar, para os efeitos da presente exposição – esta última. Está-se em crer ajudar à consecução da tarefa a consideração das afirmações que, agrupadas por conjuntos, se reproduzem acto contínuo. Entre (inúmeras) outras possíveis, as seguintes:

A

– "Antes de tudo, importa reconhecer que o princípio básico do sistema – isto é, a própria ideia da conexão dominante, do contacto mais estreito ou mais significativo (como, aliás, as ideias congéneres da «sede» ou do «centro de gravidade» das relações jurídicas) – tem um valor puramente heurístico. É sem dúvida para a determinação desse ponto de contacto *óptimo* que, dentro da concepção tradicional, devemos caminhar. No entanto, nada ficamos a saber, só por empregarmos a palavra mágica, acerca do tipo de razões a que importa recorrer a fim de descortinar, para

---

[34] [1998: 846]. Cfr., igualmente, L. LIMA PINHEIRO [2001a: 242-243].

cada espécie de questões jurídicas, isso a que chamamos a conexão mais estreita ou mais significativa."[35].

– "(...) é sempre para a descoberta da conexão mais estreita ou mais rica de sentido (tendo em conta a índole da matéria considerada e a especial intencionalidade normativa própria do direito internacional privado) que deve tender-se. Trata-se, pois, de um princípio geral, a que podem reconduzir-se as várias normas de conflitos do sistema, mas cuja mera enunciação não basta para a resolução das questões concretas. Como acertadamente observou Almeno de Sá, ele não é mais do que um indicador, que postula uma actividade de *mediação*. Como a fórmula savigniana da *sede* da relação jurídica, como a ideia de que o direito aplicável deve corresponder ao *centro de gravidade* da mesma relação (v. Gierke), assim o princípio da conexão mais estreita não nos põe de imediato no caminho da solução do problema. Tal função só pode justamente competir à *intenção normativa central* do direito internacional privado e aos interesses cujo peso se faz sentir nos seus diferentes capítulos. É à voz daquela intenção e destes interesses que o legislador fixa para cada sector normativo a conexão determinante; e o mesmo terá de valer para o juiz, quando o legislador nele delegue a escolha desta conexão."[36];

– "Pode dizer-se, usando uma fórmula muito em voga, que eles [os critérios e juízos de valor constituindo, no seu todo, a justiça conflitual], se reconduzem à ideia de que a resolução de qualquer questão jurídica deve ser pedida à lei que esteja ligada à situação da vida pelos vínculos mais significativos, pela conexão mais estreita."[37];

– "(...) a tarefa atribuída ao DIP não consiste em procurar a regulamentação mais justa, a mais adequada aos traços característicos de certa relação jurídica, mas sim o sistema de direito que tenha com a situação factual a vinculação mais estreita."[38];

– "O princípio de proximidade (...) como étimo fundante de toda a regulamentação."[39];

---

[35] A. FERRER CORREIA [1979a/1982: 258].
[36] A. FERRER CORREIA [1979b/1982: 292-293].
[37] A. FERRER CORREIA [1981: 101].
[38] A. FERRER CORREIA [1987-1988/1989: 421, nota 25].
[39] R. MOURA RAMOS [1991 a: 172, nota 195].

Ponto de partida: o problema, sua definição e pressupostos   39

– "Concebendo-se a justiça do direito internacional privado em termos de requerer a sujeição de cada questão jurídica à disciplina da ordem jurídica que com ela apresente os laços mais estreitos, e entendendo-se a regra de conflitos como o elemento a quem cabia (*sic*) traduzir essa relação de mais estreita proximidade entre cada ordenamento e as diversas questões que a vida jurídica pode suscitar, é o modelo da regra de conflitos bilateral que aparece como o mais adequado para traduzir uma tal escolha."[40].

B

– "Les principes concurrents (...) sont en eux-mêmes parfaitement admissibles. Leur coexistence avec le principe de proximité confirme simplement le caractère pluraliste de tout système de droit international privé, pas simplement le fameux pluralisme des méthodes (règles de conflits de lois, règles mtérielles, lois de police), mais aussi le pluralisme des fondements des règles de conflit elles-mêmes. / (...) / Ces principes concurrents sont le principe de souveraineté, la finalité matérielle donnée à certaines règles de conflit et l'autonomie de la volonté."[41];

– "(...) since we have obviously abandoned the premise that choice of law rests on one single methodological principle – the "Grundsatz der engsten Beziehung" in a purely geographical sense – and since we apparently accept different rationales for different types of conflicts rules, (...)."[42];

– "(...) il meccanismo del collegamento più stretto non può essere accostato alle norme di diritto internazionale privato aventi finalità materiale (...)."[43];

– "A tese clássica (...) considera que, numa situação plurilocalizada, a disciplina jurídica das questões que possam ser suscitadas há-de encontrar-se numa das ordens jurídicas estaduais com que a relação de facto se acha conectada. O problema central desta

---

[40] R. MOURA RAMOS [1991a: 224].
[41] P. LAGARDE [1986: 49].
[42] Th. DE BOER [1990b: 37].
[43] R. BARATTA [1991: 184].

construção é pois o da determinação desse ordenamento a que se há-de ir buscar uma tal solução, determinação a levar a cabo por um processo próprio, consubstanciado numa regra de estrutura algo peculiar, a regra de conflitos. Tal regra elege o ordenamento com o qual a situação apresenta uma relação mais estreita, aquele em que por isso se pode pretender que ela se encontra predominantemente localizada, e fá-lo retendo no seu enunciado um dos elementos factuais da situação em causa, que a liga a uma das ordens jurídicas nacionais em presença, assim a designando como aplicável. A estrutura de tal regra pode ser mais complexa, <u>como outras e concorrentes podem ser</u> (...) <u>as motivações que em cada caso guiam a eleição da lei competente.</u>"[44].

– "O princípio da conexão mais estreita é o valor primário do sistema das regras de conflitos (...)"[45];

– "La solution [a contida no artigo 45.º, número 3, do Código Civil], qui correspond à celle prônée aux États-Unis par la *center gravity approach*, confirme le caractère localisateur de la grande majorité des règles de conflit du Code Civil portugais. Et apparaît comme une conséquence du principe de proximité qui en constitue le fondement."[46];

– "Reforçando o classicismo do sistema (...) a escolha da lei obedece no fundamental à ideia que recentemente foi designada por princípio de proximidade, sendo reduzido o número de regras inspirado por considerações materiais."[47];

– "Segundo a ideia de conexão mais estreita, que é a mais geral das directrizes do Direito Internacional Privado ao nível da escolha das conexões, deve ser aplicada a lei com que a pessoa ou pessoas em causa estão mais intimamente ligadas ou familiarizadas. Esta ideia ganha especial importância nas matérias que afectam a totalidade ou uma parte importante da esfera jurídica das pessoas, ligando-se ao princípio da personalidade dos indivíduos."[48].

---

[44] R. MOURA RAMOS [1991a: 83-84] (sublinhado meu).

[45] R. MOURA RAMOS [1991a : 404].

[46] R. MOURA RAMOS [1994: 121].

[47] R. MOURA RAMOS [1987/1995: 91-92].

[48] L. LIMA PINHEIRO [2002c: 29].

C

- "En réponse au reproche d'abstraction adressée à l'école savignienne spécialement, mais non exclusivement, par les Américains, l'époque contemporaine a vu se développer, principalement dans l'Europe occidentale, le principe qu'un rapport de droit doit être régi par la loi du pays avec lequel il entretient les liens les plus étroits et qu'un litige doit être rattaché, autant que possible, au for le plus proche."[49];
- "(...) à la démarche abstraite de Savigny, le principe de proximité substitue-t-il une démarche *concrète*, fondée sur l'examen des différents éléments de la situation dans son ensemble."[50];
- "En éliminant très largement les critères subsidiaires rigides, le principe de proximité a permis aux partisans d'un système conflictualiste de répondre à ceux qui lui reprochent de déboucher sur des solutions qui, pour être prévisibles, sont souvent abstraites, artificielles et sans plus aucun contact avec la realité. Mais le danger corrélatif d'un réalisme excessif est de détruire à l'inverse toute règle de conflit et de se contenter d'un rattachement au coup par coup de chaque rapport de droit à la loi du pays avec lequel il présente les liens les plus étroits."[51];
- "A evolução do direito internacional privado europeu nas últimas décadas tem sido marcada pela adopção de «mecanismos» tendentes à flexibilização do sistema conflitual. Esta tendência metodológica, que para alguns autores é actualmente a mais significativa, assume particular expressão no recurso ao princípio da conexão mais estreita, através do qual se visa transferir para o intérprete-aplicador a escolha – tendo em conta as circunstâncias do caso concreto e a teleologia própria do direito internacional privado – da ligação mais significativa entre a questão jurídica e um determinado ordenamento, e que, por isso, irá constituir o título de aplicação desse sistema jurídico à situação plurilocalizada."[52];

---

[49] P. LAGARDE [1986: 27].
[50] P. LAGARDE [1986: 30] (itálico no original).
[51] P. LAGARDE [1986: 39].
[52] J. CUNHAL SENDIM [1993: 311-312].

– "O princípio da proximidade surge como um modo de flexibilização do método conflitual clássico, como um modo de reacção às críticas que lhe foram dirigidas pelos autores norte-americanos. A adopção deste princípio não marca nenhuma ruptura com aquele método porquanto as normas de conflitos de leis, tal como foram preconizadas por Savigny, indicam tendencialmente a lei que está mais próxima de uma determinada questão privada internacional."[53].

A lição que deriva das passagens reproduzidas emerge clara: são (pelo menos) três os significados que a literatura internacionalprivatística associa à locução "princípio da conexão mais estreita".

Num primeiro plano – aquele em que se situam as afirmações agrupadas sob A. *supra* e que L. LIMA PINHEIRO apoda de "generalíssimo"[54] –, a ideia de conexão mais estreita sintetiza a justiça do Direito Internacional Privado. Qual prisma de refracção, vão em si cristalizados os vários elementos de valoração que, em cada sector normativo, conduzem o legislador ou o intérprete à fixação da conexão determinante. Tomado nesta acepção *fraca* ou *muito ampla* – entenda-se: enquanto sintetiza os vários elementos de valoração que exprimem a justiça da conexão –, o princípio da conexão mais estreita surge (necessariamente) como *princípio federador* (P. LAGARDE) ou *étimo fundante* (R. MOURA RAMOS) dos sistemas de conflitos de leis. Com a seguinte implicação: todas as regras de conflitos dos sistemas de Direito Internacional Privado – aí compreendidas as do português, mesmo as que nele corporizam o princípio da autonomia da vontade em Direito Internacional Privado – são susceptíveis de a ele serem reconduzidas, de dele serem vistas como expressão, de dele aparecerem como concretização[55]. É tomando-o nesta acepção que a Lei austríaca de 15 de Junho de 1978 faz referência, no seu §1, ao "princípio da conexão mais forte" (*Grundsatz der stärksten Beziehung*), do qual, nos termos da sua segunda proposição, (precisamente) todas as regras de conflitos nela contidas devem ser vistas como expressão.

Bem menos compreensiva é a acepção em que os trechos agupados sob B *supra* surgem a considerar o princípio da conexão mais estreita.

---

[53] M F. PROENÇA MANSO [1998: 126, nota 305].
[54] [1998: 846].
[55] Cfr. L. LIMA PINHEIRO [1998: 847].

Diferente de aparecer a sintetizar a justiça do Direito Internacional Privado; diferente, pois, de aparecer como directriz de que todas as regras de conflitos são tributárias, tal princípio é ali tomado como expressão do conteúdo de justiça subjacente à conexão de certas – e apenas de certas – normas de conflitos, quais sejam, as por P.-M. PATOCCHI crismadas de *regras de conflitos localizadoras (règles de rattachement localisatrices)*. Estas são aquelas – e apenas aquelas – cuja consequência jurídica vai moldada por uma ideia de localização. Dá-se a palavra ao Autor suíço: "Là où la règle de rattachement subordonne l'application de la loi d'un Etat à l'existence d'un lien entre la situation internationale et l'Etat, c'est ce lien, la localisation, qui confère à la loi son titre d'application; en d'autres termes, la localisation fournit le *motif* de l'application de la loi. On dira dans ces cas que la règle de rattachement est localisatrice."[56]. Mera expressão do conteúdo de justiça subjacente à formulação de certas regras de conflitos, o princípio da conexão mais estreita é, agora – entenda-se: tomado na acepção vertente –, apenas um – embora, porventura, o mais destacado – de entre os fundamentos das normas conflituais integrantes dos sistemas de Direito Internacional Privado: o que subjaz às regras de conflitos dirigidas à designação "(...) não da *melhor* lei, mas da *melhor colocada* para intervir – em razão, claro está, da *localização dos factos*, ou *da relação dela com as pessoas* a quem estes respeitam."[57].

Mas é ainda outra – mais restrita e duvida-se que justa – a acepção em que, não raro, emprego é feito da locução «princípio da conexão mais estreita». Desalcandorado do patamar implicado pelo núcleo conceitual do termo «princípio», desvirtuado da sua condição específica de *directriz* ou *máxima rectora*, o princípio da conexão mais estreita é agora assimilado – degradado, apetece dizer – à condição de «cláusula geral» (de conexão mais estreita). Ou, quando menos, à de regra escrita que lança mão da técnica legislativa que é a cláusula geral. Dúvidas houvesse e dissipá-las-ia o regresso às passagens ou excertos de passagens anteriormente reproduzidas, nomeadamente aquelas segundo as quais, no que representa inflexão de monta relativamente à *démarche* abstracta e automática imposta pelo modelo savigniano, o «princípio da conexão mais estreita» transfere para o intérprete-aplicador a escolha da conexão mais signifi-

---

[56] [1985: 232].
[57] A. FERRER CORREIA [1981: 23] (itálicos no original).

44   *A Cláusula de Desvio no Direito de Conflitos*

cativa entre a questão *sub iudice* e um determinado ordenamento. Mas não só. Também aquelas – não reproduzidas – nos termos das quais contra o «princípio da conexão mais estreita» depõe larga dose de incerteza jurídica ou, não menos significativas, aqueloutras debatendo-se em torno da questão de saber se o «princípio da conexão mais estreita» consubstancia, ou não, vera regra de conflitos[58]. Descontado o recurso a terminologia não uniforme – *conexão mais forte, conexão mais significativa, die stärkste Beziehung, die engste Beziehung, collegamento piú stretto, relations plus étroites, most significant relationship, strongest connection, most real connection, conexion más estrecha, conexion más fuerte* –, as afirmações doutrinais ora visadas referem-se a um tipo de solução conflitual que, radicada no abandono mais ou menos tardio de critério particular de escolha fixado pelo legislador, investe o operador jurídico de margem de discricionariedade na individualização da lei com a qual a questão *sub iudice* mantém a conexão mais estreita. São dela depositárias: (i) já aquelas regras que, renunciando à enunciação de um qualquer factor de conexão, se cingem a estatuir a aplicação do sistema que mantém com a situação visada a conexão mais estreita, assim *abandonando* ao operador a missão de determinar, em concreto, qual a lei aplicável; (ii) já aqueloutras que, privilegiando um factor de conexão rígido, recorrem, em via subsidiária – entenda-se: na previsão da impossibilidade de concretização daquele elemento de conexão –, ao conceito de conexão mais estreita; (iii) já, outrossim, as que, designando a lei *prima facie* aplicável mercê do recurso a factor de conexão em princípio relevante, consentem na aplicação de outra lei quando se mostre que é com ela que a situação *sub iudice* se encontra mais fortemente conexionada. Não nos deteremos, nesta oportunidade, na explicitação das razões por que, segundo opinião assaz divulgada, a pulverização deste tipo de soluções conflituais se constitui como a mais significativa tendência metodológica do Direito Internacional Privado europeu recente. Tão-pouco é nosso objectivo prestar contas, aqui e agora, das motivações com base nas quais é possível considerar que, tendo nas propugnadas pelo Autor do *System des heutigen römischen Rechts* o seu mais remoto precedente histórico, as soluções conflituais acima (muito sumariamente) caracterizadas vão daquelas separadas por ponte construída sobre o que já foi apelidado de "progressiva «desmate-

---

[58] Exemplicativamente, R. Baratta [1991: 182 ss].

Ponto de partida: o problema, sua definição e pressupostos   45

rialização» da noção de localização"[59]. Atenta a linha de rumo fixada, circunscrevemo-nos à reiteração de que, em nosso juízo, é menos adequado imputar a princípio o alcance de «regra» ou de «elemento constitutivo de regra». Inerentemente, que será menos avisado equiparar o princípio da conexão mais estreita a regra de conflitos que lança mão da cláusula geral de conexão mais estreita. Pelas mesmas razões por que o princípio da autonomia da vontade em Direito Internacional Privado não se confunde com as regras que, eventualmente, o incorporam; ou que o princípio dos direitos adquiridos não é assimilável às normas que, num determinado sistema, lhe dão, também eventualmente, expressão. De acordo com bem conhecida e muito corrosiva afirmação de O. KAHN--FREUND, as regras que lançam mão da cláusula geral de conexão mais estreita consubstanciam a dissolução da norma de conflitos no princípio que lhe subjaz[60]. Pois bem. Mal-parafraseando o Autor, apetece dizer que a equiparação metonímica do princípio da conexão mais estreita à cláusula com esse nome exprime a degradação do princípio nas normas – *rectius*, em algumas normas – que lhe conferem – bem ou mal, o ponto não vem agora ao caso – suporte.

3. Apostados em apurar da medida – se alguma – em que o princípio da conexão mais estreita desempenhou papel efectivo no modo como o

---

[59] R. MOURA RAMOS [1991a : 224].

[60] [1973: 614]. No mesmo sentido vão as afirmações segundo as quais as regras que lançam mão da cláusula geral da conexão mais estreita – *maxime* aquelas que se cingem a estatuir a aplicação do sistema que tenha com o problema em análise a relação mais estreita – consubstanciam autênticas «give-it-up fomulas» (A. EHRENZWEIG), meras «non-rules»(F. K. JUENGER, G. KEGEL, R. MOURA RAMOS) ou «leerformel» (G. KEGEL) que, constituindo expressão de "impressionismo jurídico" (Y. LOUSSOARN), "(...) in reality (...) mean nothing except, perhaps, that the answer is not ready at hand." (H. JESSURUN D'OLIVEIRA). Em sentido convergente, cfr., ainda, A. FERRER CORREIA [1981: 102]: "(...) nada se ganha (...) em declarar que na resolução dos conflitos de leis se há-de tender para a determinação do sistema jurídico mais próximo da situação a regular ou que com ela se mostre mais estreitamente coligado./ Se bem cuidamos, a ideia de conexão mais estreita ou mais significativa tem um valor puramente heurístico. É sem dúvida para a descoberta desse elemento de conexão óptimo que devemos tender em cada caso; simplesmente, nada ficamos a saber, só por empregarmos a mágica fórmula, acerca do que deva ser feito concretamente nesse sentido – acerca do tipo de razões que nos hão-de pôr no caminho certo disso a que precisamente se chamou o elemento ou factor de conexão mais significativo. E é esta a questão axial."

legislador português se desembaraçou da tarefa de determinação da lei aplicável às situações jurídico-privadas internacionais, fomos confrontados com o valor análogo da ideia de conexão mais estreita. Inerentemente, com a necessidade de tomar posição acerca do plano em que, para os efeitos da presente exposição, é devido considerá-la. Que posicionamento adoptar?

Tendo-se vindo gradualmente desenhando, a resposta surge, agora, clara: na nossa mira estão (eventuais) soluções conflituais levando por "(...) underlying principle [o de que] the seat of the legal relationship or its center of gravity must be ascertained without any predisposition to a particular substantive law result, but purely on the basis of the geographical information the neutral facts of the case convey."[61]. O mesmo é dizer que nos importa o princípio da conexão mais estreita enquanto expressão do conteúdo de justiça subjacente à conexão das regras de conflitos localizadoras, para insistir em terminologia cara a P.-M. PATOCCHI. Isto dito, o que parece elementar admitir é a possibilidade – quando menos, lógica – de que, tomado nesse plano e com esse significado, o princípio da conexão mais estreita possa ir na base quer de soluções conflituais cuja justiça se encontra cristalizada em factor de conexão rígido, quer de soluções que lançam mão do conceito indeterminado de conexão mais estreita.

4. Acaso bastasse, o argumento de autoridade satisfaria – e largamente – o objectivo visado. Com efeito, abundam afirmações certificadoras de que, tomado na acepção em que, para os efeitos da presente exposição, importa tomá-lo, o princípio da conexão mais estreita é, entre nós, o principal responsável pela iluminação das escolhas conflituais. Reproduzem-se algumas de entre as mais significativas:

> – "Les remarques que nous avons fait jusqu'à présent semblent aller dans le sens d'une adhésion du système portugais de droit international privé au modèle des *jurisdiction-selecting rules*. En effet, nous avons déjà suggéré que le choix opéré par la règle de conflit est un choix entre ordres juridiques et non pas, comme le soutenait David Cavers, entre dispositions de droit maté-

---

[61] Th. DE BOER [1990b: 30].

Ponto de partida: o problema, sua definição e pressupostos 47

riel. D'autre part, un tel choix obéissant surtout à des considérations de nature localisatrice, sauf dans la mesure (...) où des considérations à caractère matériel sont prises en compte, il semble que le paradigme de la catégorie de règles citée est celui qui préside à la conception générale du droit international privé portugais."[62];

– "La solution [a contida no artigo 45.°, número 3, do Código Civil], qui correspond à celle prônée aux États-Unis par la *center gravity approach*, confirme le caractère localisateur de la grande majorité des règles de conflit du Code Civil portugais. Et apparaît comme une conséquence du principe de proximité qui en constitue le fondement."[63].

Sendo por demonstração, que não – ou não só – por afirmação, que cumpre levar a termo a empresa projectada, felizmente ocorre que o espírito inquieto pela consciência de um tal imperativo é, e quase de pronto, tranquilizado pela observação de que o sistema de Direito Internacional Privado português oferece vários e persuasivos sinais da influência da directriz localizadora em que, em determinada acepção, se analisa o princípio da conexão mais estreita.

5. Parece significativo, à cabeça, que o legislador português se tenha desembaraçado da tarefa de determinação da lei aplicável às várias questões de direito através do recurso, em número esmagador de casos, a regras de conflitos rigorosamente bilaterais (sendo ainda de notar que a regra de conflitos unilateral contida no artigo 28.°, número 1, do Código Civil e cujo âmbito de aplicação é limitado pelo número 2 do mesmo artigo vem a ser bilateralizada, através de remissão condicionada, pelo número 3). É que, colhendo dos ensinamentos daquele – P. LAGARDE – a quem se deve reflexão sistemática sobre o princípio da conexão mais estreita – *principe de proximité*, na terminologia do Professor de Paris – e respectiva articulação com outros fundamentos das regras de conflitos, dir-se-á, pedindo de empréstimo palavras do próprio, que "(...) le principe de proximité est le seul qui puisse fonder dans sa plénitude la règle de conflit

---

[62] R. MOURA RAMOS [1998b: 103].
[63] *Idem*, 121.

bilatérale."[64], enquanto que "dans sa logique, le principe de souveraineté s'accommode beaucoup mieux d'un système unilatéraliste que d'un système bilatéraliste."[65].

Certo, a primeira das afirmações transcritas[66] não tem o sentido de excluir a possibilidade – abertamente consentida pelo próprio P. LAGARDE e por nós também ventilada em momento anterior – de as regras de conflitos bilaterais levarem subjacentes outros fundamentos que não o da conexão mais estreita; é ter presentes as regras que submetem os contratos à lei escolhida pelas partes, bem como aqueloutras que fazem depender de critérios materiais a competência das ordens jurídicas[67]. Isso reconhecido, não é menos certo ser seu mérito pôr em relevo aspecto cuja exactidão parece difícil de contestar. Enquanto indicam a lei competente para dirimir toda a questão jurídica concreta subsumível à categoria abstracta corres-pondente à sua previsão, pouco se importando com que essa lei seja a do mesmo país onde o problema se levanta ou uma lei estrangeira; enquanto, portanto, se limitam a definir a conexão determinante sem fazer acepção da identidade da lei a que conduzem, é bom de ver como é *co-natural* às regras de conflitos bilaterais que elas – e, tendencialmente, só elas – vão inspiradas pelo propósito neutro de atribuir competência à lei que, atento o seu posicionamento espacial face aos factos, é a melhor colocada para intervir (considerados, naturalmente, quer os fins a que o Direito Inter-nacional Privado, tomado como um todo, vai preordenado, quer, ainda, os

---

[64] P. LAGARDE [1986: 64]. Subscreve a afirmação R. MOURA RAMOS [1994: 284 e nota 35].

[65] P. LAGARDE [1986: 51]. Recorde-se que, para P. LAGARDE, "le principe de souveraineté commande l'application de la loi du for à certains rapports de droit (intéressant les nationaux de l'Etat du for, ou des biens situés sur son territoire, ou des délits qui y ont été commis) et il accompagne souvent cette revendication de compétence législative d'une revendication correspondante de compétence juridictionnelle exclusive (for de la nationalité, for de la situation de l'immeuble)." (*ibidem*).

[66] Para a consideração de algumas objecções eventualmente oponíveis à segunda delas, cfr. P. LAGARDE [1986: 51-56].

[67] Sem que nisso vá implicada a adesão sem reticências ao pensamento do Autor gaulês, refira-se que, pelo que respeita às regras que fazem depender de critérios materiais a competência das ordens jurídicas, P. LAGARDE [1986: 64] afirma que, verdadeiramente, as mesmas "(...) dissimulent sous l'apparence d'une règle de conflit des règles matérielles imposées dans l'ordre international.". Pelo que toca ao princípio da autonomia, é con-vicção do Autor que o mesmo se apresenta como complemento racional do princípio de proximidade (*ibidem*).

Ponto de partida: o problema, sua definição e pressupostos 49

principais interesses ou valores que se jogam no sector em causa). Ora, na medida em que, fiel à abordagem clássica, o legislador português arquitectou a designação da lei em cuja moldura hão-de procurar-se os preceitos materiais aplicáveis ao caso vertente por meio do recurso – amplamente preponderante – a regras de conflitos bilaterais, parece poder colher-se aí sinal bem significativo quanto à *disponibilidade* – para dizer o menos – do sistema português de Direito Internacional Privado para ser influenciado pelo princípio da conexão mais estreita. Acompanha-se, a este propósito e em toda a linha, o pensamento de R. MOURA RAMOS. Afirma o Autor: "Concebendo-se a justiça do direito internacional privado em termos de requerer a sujeição de cada questão jurídica à disciplina da ordem jurídica que com ela apresente os laços mais estreitos, e entendendo-se a regra de conflitos como o elemento a quem cabia traduzir essa relação de mais estreita proximidade entre cada ordenamento e as diversas questões que a vida jurídica pode suscitar, é o modelo da regra de conflitos bilateral que aparece como o mais adequado para traduzir uma tal escolha. Na verdade, o ter-se uma tal ideia de justiça conflitual e o professar-se a fé na função localizadora da regra de conflitos implica que o reconhecimento da competência de cada sistema jurídico seja feito depender apenas da localização dos factos a regular, em termos de se revelar perfeitamente irrelevante a identidade das várias leis em questão, nomeadamente a circunstância de uma delas ser ou não a *lex fori*. E só o sistema bilateral garante totalmente essa neutralidade da regra de conflitos em face das diversas ordens jurídicas em presença (...)."[68].

6. Afirmado que o inequivocamente preponderante recurso a regras de conflitos bilaterais diz bem, de per si, da *disponibilidade* do sistema de Direito Internacional Privado português para ser influenciado pelo princípio da conexão mais estreita, oferece-se ao espírito que só um exame das regras de conflitos permitirá captar a medida dessa influência (em face dos testemunhos de autoridade atrás referidos, não se põe já em causa que tal influência seja efectiva).

Ora, casos há em que a formulação legislativa fala por si. Assim, em particular, todos aqueles em que o legislador, lançando mão de cláu-

---

[68] [1991a: 224-225]. No mesmo sentido e do mesmo Autor, cfr. [1994: 284 e nota 35]. Cfr., ainda, L. LIMA PINHEIRO [2001a: 188-189].

50 A Cláusula de Desvio no Direito de Conflitos

sula geral, expressamente enunciou como título de aplicação de dado sistema jurídico o critério da conexão mais estreita. Conquanto em via tão-somente subsidiária, é o que se passa (de resto, por forma por A. FERRER CORREIA reputada próxima de solução que, em matéria de contratos internacionais, recebera acolhimento nos trabalhos preparatórios do Código Civil[69]):

– Em matéria de relações entre cônjuges, por via do disposto no artigo 52.°, número 2, *in fine*, do Código Civil, também aplicável,

---

[69] Sob a epígrafe "critério da razoabilidade", o artigo 35.° do Projecto da Parte Geral do Código, tal como saído da 1ª Revisão Ministerial, dispunha que na falta, imprecisão ou inatendibilidade de uma escolha da lei pelas partes, deveria receber aplicação "a lei que corresponde à solução mais razoável do conflito que entre as partes se tenha suscitado, conforme a natureza e as circunstâncias do negócio jurídico". Na ausência de contra-indicação resultante da natureza e das circunstâncias do acto, o artigo seguinte presumia a competência da lei do domicílio comum das partes e, na falta desta, a da lei do lugar da celebração, para os contratos onerosos, e, para os contratos unilaterais e gratuitos, a da lei do domicílio do obrigado ou daquele que atribui o benefício (cfr. *Boletim do Ministério da Justiça*, n.° 107, pp. 5 ss, p. 20). Note-se que semelhante "critério de razoabilidade" já constava do artigo 24.° do Anteprojecto FERRER CORREIA de 1951, o qual, porém, com um propósito de obviar à incerteza que lhe ia associado, formulava, a título exemplificativo, alguns critérios para certos tipos de casos (contratos celebrados em bolsas ou mercados públicos, contratos relativos a bens imóveis, contratos celebrados com Estados ou entes públicos estrangeiros para a realização de um fim de serviço público, contratos de adesão, contratos celebrados com pessoas que exercem uma profissão oficial ou oficializada e actos praticados por um empresário no exercício directo da sua empresa – cfr. *Boletim do Ministério da Justiça*, n.° 24, pp. 9 ss, pp. 41-42 e o comentário a pp. 43 ss, onde pode ler-se: "(...) sujeitar a variedade e a extrema complexidade das situações da vida, correspondentes à qualificação de negócios obrigacionais, no quadro rígido de um critério único e inflexível, é pretensão a que de há muito renunciou a melhor doutrina. Ao passo que classificar esgotantemente a massa das relações obrigacionais (...) em tantas espécies ou tipos bem definidos quantos os precisos para fazer corresponder a cada relação a lei devida, a lei mais ajustada à situação típica dos interesses – *the proper law of the contract* – se não constitui ambição de todo irrealizável (como provàvelmente...), ao menos constitui de certeza ambição irrealizada por enquanto"). No Anteprojecto que o mesmo Autor viria a assinar, em 1964, com a colaboração de J. BAPTISTA MACHADO, a incerteza acima aludida é apontada como justificação para que os subscritores daquele trabalho de preparação legislativa tenham optado por não lhe conferir assento, reputando-o de "menos aconselhável.". Porém, admitindo a possibilidade de tal entendimento não vir a triunfar, não deixou de ter sido proposta, em alternativa à regra do então artigo 26.°, um texto no qual se podia ler: "Quando as partes se não tenham submetido a uma legislação determinada, ou a sua intenção seja duvidosa, ou não deva ser considerada, atende-se

Ponto de partida: o problema, sua definição e pressupostos   51

por força do artigo 55.°, número 1, do mesmo diploma, à separação judicial de pessoas e bens e ao divórcio. Apurada a ausência de nacionalidade e de residência habitual comuns das partes, aquela disposição manda atender ao direito do país com o qual a vida familiar se ache mais estreitamente conexa;

– em matéria de filiação adoptiva, atento o disposto no artigo 60.°, número 2, do Código Civil. Dele resulta que, se a adopção for realizada por marido e mulher ou o adoptando for filho do cônjuge do adoptante, a constituição da filiação adoptiva vai subordinada ao visto de autorização – que, assim, concorre com o da lei indicada pelo número 4 do mesmo artigo – da lei nacional comum dos cônjuges e, na falta desta, da lei da respectiva residência habitual comum; porém, averiguada que seja a impossibilidade de concretização dos referidos elementos de conexão, atender-se-á, então, à lei do país com o qual a vida familiar se ache mais estreitamente conexa;

– em matéria de contratos de mediação e de representação, em virtude dos artigos 6.°, terceiro parágrafo, e 11.°, também terceiro parágrafo, da Convenção sobre a Lei Aplicável aos Contratos de Mediação e à Representação, concluída na Haia em 14 de Março de 1978[70];

---

ao elemento de conexão que corresponda à solução mais razoável do conflito de leis, conforme a natureza e as circunstâncias do negócio jurídico. / Nos negócios relativos à constituição, transferência ou extinção de direitos sobre imóveis, esse elemento é representado pela situação da coisa." (cfr. *Boletim do Ministério da Justiça*, n.° 136, p. 17 ss, p. 30).

[70] Protestar-se-á não ser adequado fazer referência a disposições com origem em fonte internacional quando se trata, como no caso vertente, de proceder a exame do sistema do Direito de Conflitos português. Sucede, todavia, ser-se sensível a considerações expendidas por M.H. Brito em sede da respectiva dissertação de doutoramento. Escreveu a Autora [1999: 633]: "Estes «sistemas» (ou «subsistemas») não podem ser considerados estanques. Não existe entre eles, é certo, a interdependência que caracteriza os elementos de um sistema em sentido técnico, mas não deixam de influenciar-se e de ajustar-se mutuamente, embora de modo não simétrico. O processo de elaboração, aprovação e recepção de actos internacionais implica o envolvimento e a influência nesses actos da perspectiva do direito interno; em sentido inverso, as normas de conflitos de fonte interna são afectadas na sua eficácia pela entrada em vigor de normas de conflitos de fonte internacional sobre as matérias correspondentes; além disso, é hoje impensável a alteração do direito de conflitos de fonte interna que não tenha em conta os mais significativos

– em matéria contratual, atento o disposto no artigo 4.°, números 1 e 5, da Convenção de Roma de 1980 sobre a Lei Aplicável às Obrigações Contratuais[71];

– em matéria de contrato individual de trabalho, função do disposto na parte final do número 2 do artigo 6.° da referida Convenção de Roma sobre a Lei Aplicável às Obrigações Contratuais[72];

– em sede de arbitragem comercial internacional, na medida em que se entenda identificar o "direito mais apropriado ao litígio" a que faz referência o artigo 33.°, número 2, da Lei n.° 31/86, de 29 de Agosto, com aquele com o qual a relação controvertida apresenta a conexão mais estreita;

– em matéria de contratos de seguro, atento o consignado no número 2 do artigo 191.° do Decreto-Lei n.° 94-B/98, de 17 de Abril;

– ainda em matéria de contrato de trabalho, em virtude dos números 2 e 4 da Lei 99/2003, de 27 de Agosto.

7. A valia das disposições elencadas – atenta, naturalmente, a respectiva instrumentalidade face ao insistentemente proclamado propósito de auscultação da permeabilidade do sistema português de Direito Internacional Privado à directriz localizadora da conexão mais estreita – não faz esquecer que, entre nós, a fórmula vaga e elástica da "conexão mais estreita" apenas é utilizada em número diminuto de casos enquanto se sabe como, por contraste, constituem a esmagadora maioria os critérios normativos cujo perfil, na esteira da abordagem clássica, é o de *hard and fast rules*. Também quanto a estas, porém, é possível testemunhar da respectiva porosidade àquela directriz localizadora. É o que se procurará pôr a claro passando em exame breve algumas das soluções

---

instrumentos jurídicos do comércio jurídico internacional.". Navegando nesta linha de rumo, a conclusão a que a Autora chega é a de que "(...) a referência ao sistema de direito internacional privado em vigor no ordenamento português inclui, ao lado das normas de conflitos de fonte interna, as normas de conflitos de fonte internacional." E particulariza [1999: 634]: "(...) no domínio do direito dos contratos, o sistema de direito internacional privado português não pode hoje em dia deixar de integrar a Convenção de Roma sobre a lei aplicável às obrigações contratuais e a Convenção da Haia sobre a lei aplicável aos contratos de intermediação e à representação.".

[71] Veja-se a nota anterior.

[72] Vale o referido na penúltima nota.

Ponto de partida: o problema, sua definição e pressupostos   53

entre nós consagradas com referência à determinação da lei pessoal das pessoas singulares não apátridas[73].

Abundam as asserções certificadoras de que critério normativo como o sedeado no artigo 31.°, número 1, do Código Civil, leva subjacente um bem transparente propósito de tutela do interesse de cada qual em ver regidas matérias como são o estado individual, a capacidade, as relações de família e as sucessões *mortis causa* – matérias, portanto, cujo carácter marcadamente pessoal é incontroverso – por lei que cada um possa reputar *sua*[74]. Em palavras de A. FERRER CORREIA, uma lei "(...) em que dalgum modo os indivíduos se reconheçam, por ser a do povo com que se identificam, cujo projecto de vida adoptam, em cujas concepções religiosas e ético-jurídicas fundamentais acreditam.". Na expressão de J. BAPTISTA MACHADO, "(...) a lei que melhor se adapta às tendências, aos hábitos, à índole e às necessidades do indivíduo."[75].

À partida, difícil imaginar melhor para dizer da porosidade do aludido artigo 31.°, número 1, à directriz da conexão mais estreita.

Sabe-se bem, no entanto, como, para além de motivações jurídicas, a opção preferencial pela conexão nacionalidade ou domicílio leva subjacente considerações de natureza política, atinentes ao interesse egoísta dos Estados. Na expressão de A. FERRER CORREIA, "o facto está bem averiguado, e se importa não sobrestimar o seu alcance, seria grosseiro erro de método minimizá-lo."[76]. Pensa-se, naturalmente, na compreensível tendência dos países de grande emigração para preservar a ligação dos seus filhos às origens – o que fazem privilegiando a conexão "nacionalidade" – e na não menos justificável orientação dos países de imigração para reter o critério do domicílio, assim promovendo a assimilação dos estrangeiros (para além do mais).

---

[73] Refira-se que, desenvolvendo a análise no campo particular do Direito Internacional Privado matrimonial português, J. CUNHAL SENDIM [1993] logrou a demonstração de que os factores de conexão retidos pelos números 1 e 2 do artigo 52.° se apresentam "(...) como que concretizações do princípio da conexão com a lei que apresente laços mais estreitos com a vida familiar." (*idem*, 330). *Ad abundantiam*, não deixa de pôr em relevo que "(...) sendo o recurso à cláusula geral (prevista no número 2, in fine, do artigo 52.°) realizado subsidiariamente, parece razoável supor que a mesma opção fundamental subjaz à escolha de todas as conexões." (*ibidem*).

[74] A. FERRER CORREIA [1973a: 45 e 417].

[75] [1982: 194].

[76] [1954: 109].

À influência daquela primeira tendência não terá escapado a solução acolhida no artigo 31.°, número 1, do Código Civil, cujo precedente no Anteprojecto de 1951 – o artigo 2.°, I, deste trabalho de preparação legislativa – levava o seguinte comentário: "(...) parece que as considerações particulares da Nação portuguesa continuam a aconselhar, senão a exigir, a sujeição ao Direito português, em toda a esfera do chamado estatuto pessoal, dos portugueses domiciliados no estrangeiro; ao passo que não tornam vivamente desaconselhável – ao contrário do que sucede em outros lugares – a solução de respeitar aos estrangeiros residentes no país a sua condição jurídica pessoal, tal como a definam as leis da respectiva nacionalidade."[77-78].

Mas se assim se passam as coisas – leia-se: se realistas motivações de natureza política e sociológica chegam para fundamentar a opção pelo princípio da nacionalidade –, constituirá erro palmar dar por seguro ou garantido – ao menos liminarmente – que o critério do artigo 31.°, número 1, do Código Civil, vá iluminado pela directriz localizadora da conexão mais significativa. Não lhe irá subjacente, ao invés, a influência *isolada* daquele que, por si crismado *principe de souveraineté*, P. LAGARDE identificou como concorrente directo do princípio da conexão mais estreita e sobre o qual, consoante procurou evidenciar, repousarão, em matéria de estatuto pessoal, várias regras de sistemas nacionais de Direito Internacional Privado[79]?

Crê-se bem que não.

Ocorre dizer, em primeiro lugar, o óbvio: se considerações relevando do plano político podem chegar para legitimar a opção pelo princípio da nacionalidade, subsiste não poderem elas excluir que outras, de tipo diferente, ditem, concorrencialmente, aquela preferência. Ora, justamente, eis que o sistema português de Direito Internacional Privado parece comportar sinais da influência dessas outras razões, aqui sintetizadas na directriz da conexão mais estreita. Veja-se por que assim se entende.

Sabe-se bem como, abstracção feita dos respectivos *títulos políticos*, inexistem razões *científicas* que, para o conjunto de matérias que integram

---

[77] *Boletim do Ministério da Justiça* [24 (1951): 14].

[78] Para uma apresentação das razões abonadoras do princípio da nacionalidade e do princípio do domicílio, assim bem como das desvantagens que se lhes opõem, cfr., entre nós e relativamente recente no tempo, L. LIMA PINHEIRO [2002c: 33-36].

[79] [1986: 31 e 106 ss].

Ponto de partida: o problema, sua definição e pressupostos 55

o estatuto pessoal[80], determinem a superioridade da conexão naciona-lidade sobre a conexão domicílio, ou vice-versa. Qualquer dos critérios se defende com boas razões. É dizer que, atento o propósito de assegurar que determinadas matérias – como são as do estatuto pessoal – sejam reguladas por lei que os indivíduos possam tomar como *sua*, nenhum dos critérios leva primazia sobre o outro. Ambos são factores de conexão respeitantes às pessoas e, ademais, caracterizados pela constância ou perdurabilidade.

Razão assiste, pois, a quem entende que, no domínio demarcado pelas matérias que integram o estatuto pessoal dos indivíduos – e excepção feita, por razões que dispensam explicitação, ao caso dos apátridas –, o princípio da conexão mais estreita não postula nem consente a sobreavaliação de um dos aludidos critérios de conexão sobre o outro. Certificou-o P. LAGARDE, a quem pertence a afirmação de que"(...) le principe de proximité ne permet pas de choisir, a priori et abstraitement, entre le rattachement à la nationalité et le rattachement au domicile."[81].

Detenhamo-nos nesta última proposição. Fundados nela, um passo à frente parece consentido.

Com efeito, se na esfera delimitada pelas matérias do estatuto pes-soal a «fidelidade» ao princípio da conexão mais estreita leva pressuposta a renúncia à pretensão de liquidar a «rivalidade» entre nacionalidade e domicílio erigindo em critério único de solução qualquer um dos dois critérios de conexão contrastantes, o que daí resulta, e com grau de evi-dência assinalável, é que testemunho precioso da eficácia irradiadora daquele princípio e da permeabilidade dos sistemas de Direito Interna-cional Privado à sua influência deve ser reconhecido em eventual caminho de compromisso e de conciliação adoptado pelos ordenamentos jurídicos nas matérias do estatuto pessoal dos indivíduos.

Ora, precisamente, eis que tal caminho *per mezzo* foi a via privile-giada pelo legislador português. Refere-se ao facto, em termos muito sugestivos, J. BAPTISTA MACHADO: "A nossa lei optou pelo critério da

---

[80] Apenas *brevitatis causa* é feita referência a «matérias do estatuto pessoal.". Como recentemente recordou L. LIMA PINHEIRO [2002c: 28], "[o] estatuto pessoal não é (...) um âmbito de matérias, mas o conjunto das proposições jurídico-materiais que são chamadas, pelas normas de conflitos relevantes, a título de lei pessoal.".

[81] P. LAGARDE [1986: 31]. Convergentemente, R. MOURA RAMOS [1994: 284]; L. LIMA PINHEIRO [2001a: 243]; L. LIMA PINHEIRO [2002c: 30]

nacionalidade. Com isto, porém, não retirou todo o valor ou relevância ao critério do domicílio. Só que esta relevância ficou em estado de latência, para vir ao de cima em múltiplas hipóteses (...). "[84].

E não apenas naqueles casos – porventura evidentes mas, em qualquer caso, bem significativos – em que, atenta a impossibilidade de concretização do critério da nacionalidade primariamente retido, o legislador fez apelo subsidiário à residência habitual (assim, nos artigos 52.º, número 2, 53.º, número 2, 55.º, número 1, 56.º, número 2, 57.º, número 1, e 60.º, número 2, todos do Código Civil). Para além desses, outros existem cujo significado não pode olvidar-se e a cuja menção, portanto, não pode escapar-se. Pensa-se, acrescidamente:

– Na relevância concedida à lei da residência habitual quanto aos negócios jurídicos celebrados, em conformidade com esta lei, no país da residência habitual, quando esta se repute competente (artigo 31.º, número 2, do Código Civil);

– em tema de reenvio e em matéria de estatuto pessoal, na solução legislativa (cfr. artigo 17.º, número 2, do Código Civil) de não admitir a remissão da lei pessoal para qualquer outra lei – excepção feita à *lex rei sitae*, mas isto já como decorrência do número 3 do mesmo artigo 17.º – se o interessado tiver residência habitual no nosso país ou em país cujo Direito Internacional Privado considere competente o direito material do Estado da sua nacionalidade. A relevância da lei da residência habitual do interessado é aqui evidente: da consulta ao Direito Internacional Privado respectivo resulta a paralisação do reenvio – e a consequente persistência na aplicação do direito interno da lei pessoal do interessado – quando este mesmo direito seja o tido por aplicável no país daquela residência habitual;

---

[82] [1982: 210]. Acerca da "competência subsidiária da "lex domicilii" e da relevância da residência habitual no DIP português", cfr. A. FERRER CORREIA [1975: 157 ss]. Pronunciando-se *de iure condendo*, L. LIMA PINHEIRO [2002c: 36] e D. MOURA VICENTE [2001b: 147] sustentam a conveniência de, nas matérias do estatuto pessoal, a articulação entre os dois elementos de conexão passar pela introdução de uma autonomia conflitual limitada: a lei pessoal seria a da nacionalidade, a menos que o interessado, residindo habitualmente há pelo menos cinco anos em outro Estado, tivesse designado o direito deste Estado.

Ponto de partida: o problema, sua definição e pressupostos

– ainda em tema de reenvio e sempre em matéria de estatuto pessoal, na circunstância de o legislador ter aceite o retorno à *lex fori* precisamente quando a situação se encontra ligada ao nosso país por um vínculo tão relevante quanto é, no domínio em causa, a residência habitual do interessado (cfr. artigo 18.º, número 2, primeira parte, do Código Civil). A força desta circunstância ressalta clara a partir do confronto entre o regime associado à primeira hipótese do número 2 do artigo 17.º, por um lado, e a consequência disposta em caso de verificação da hipótese contemplada na primeira parte do número 2 do artigo 18.º A lei portuguesa é, em ambos os casos, a lei da residência habitual do interessado. Todavia, só no segundo deles o legislador português consentiu em que a referência efectuada pela *sua* regra de conflitos tivesse o alcance de uma referência global. Furtou-se a fazê-lo naquela primeira hipótese de transmissão de competência, sendo que, se o fizera, a harmonia internacional de decisões resultaria parcialmente alcançada atenta a circunstância de a lei designada pela lei pessoal se considerar competente. O que explica semelhante diferença de procedimento legislativo? A resposta parece encontrar-se na relevância que o sistema de Direito Internacional Privado português reconhece à conexão "residência habitual": conferindo--lhe eficácia para paralisar a transmissão de competência quando o direito material da *lex patriae* seja o mandado aplicar pelas regras de conflitos da lei da residência habitual (cfr. artigo 17.º, número 2); aceitando a aplicação da lei material da residência habitual do interessado quando tal legislação, sendo a do foro, seja (também) reputada aplicável pelo Direito Internacional Privado da *lex patriae* (cfr. a primeira hipótese do artigo 18.º, número 2);

– no facto de, em alternativa à hipótese prevista na primeira parte do número 2 do artigo 18.º – em cuja fundamentação, como se viu, vai implicada, de forma *directa*[83], a relevância da lei da residência habitual –, o legislador apenas ter consentido no regresso à *lex fori* prescrito pelo Direito de Conflitos da lei pessoal quando nesse regresso convier, concordantemente, o Direito Internacional Privado da lei da residência habitual do interessado. Expressão do

---

[83] O qualificativo é de J. BAPTISTA MACHADO [1982: 210].

princípio de que, no domínio do estatuto pessoal, "(...) se deve exigir o acordo da *lex domicilii* para que se possa entender que há uma harmonia de decisões capaz de justificar aquilo a que chamamos o reenvio", a solução acolhida na segunda parte do número 2 do artigo 18.º ilustra, desta feita, um caso de *relevância indirecta*[84] da lei da residência habitual[85];

– no entendimento doutrinal[86] de que, sem embargo da não verificação de uma das condições primordiais do artigo 17.º, número 1 – a que se analisa na exigência de que o terceiro sistema convocado se repute competente –, o reenvio será de admitir se na aplicação daquela terceira lei convierem a lei da nacionalidade e a lei da residência habitual. Semelhante modo de entender leva subjacente uma orientação favorável ao respeito pelo acordo entre os dois sistemas precipuamente qualificados – a *lex patriae* e a *lex domicilii* – sempre que em causa esteja uma matéria pertencente ao domínio do estatuto pessoal. Nessa exacta medida, ele diz bem da relevância que a doutrina portuguesa – conquanto, neste preciso ponto, não a letra expressa da lei – reconhece, naquele domínio do jurídico, à lei da residência habitual. Note-se que, para além do resto – assim, a razoabilidade intrínseca da solução e a respectiva conformidade com os princípios que se inferem a partir dos preceitos legislados –, tal entendimento parece encontrar um ponto de apoio valioso na analogia com a solução consagrada na segunda parte do número 2 do artigo 18.º;

– na importância que o elemento de conexão "residência habitual" pode assumir na dilucidação dos problemas suscitados pela referência da norma de conflitos a um sistema plurilegislativo (cfr. artigo 20.º, número 2, *in fine*, do Código Civil);

---

[84] Novo qualificativo de J. BAPTISTA MACHADO [1982: 210].

[85] Para uma leitura e justificação diferenciadas dos diferentes requisitos a que a lei sujeita a aceitação do reenvio na hipótese de transmissão de competência e na hipótese de retorno – maior exigência da segunda parte do número 2 do artigo 18.º ou, ao invés, menor exigência da segunda parte do número 2 do artigo 17.º – cp. A. FERRER CORREIA [1973a: 417-418]; J. BAPTISTA MACHADO [1982: 204-208]; A. MARQUES DOS SANTOS [1989: 164 e 171].

[86] A. FERRER CORREIA [1972a: 45-46]; A. FERRER CORREIA [1973a: 420-422]; J. BAPTISTA MACHADO [1982: 206 e, mais enfaticamente, 212]; A. FERRER CORREIA [1981: 216-218]; R. MOURA RAMOS [1994: 285].

Ponto de partida: o problema, sua definição e pressupostos   59

– na respectiva importância na resolução dos conflitos positivos de nacionalidades estrangeiras (cfr. o artigo 28.º da Lei n.º 37/81, de 3 de Outubro).

8. Tornados aparentes sinais da permeabilidade do sistema português de Direito Internacional Privado à influência da directriz localizadora em que, em determinada acepção, se analisa o princípio da conexão mais estreita, por certo que seria possível ir mais longe e, supondo que eles existem – a dúvida sistemática cara a todo o espírito que se pretenda científico não autoriza, em rigor, mais do que a suposição – supondo que eles existem, dizia-se, (por certo que seria possível) pôr a claro outros testemunhos da aludida influência. Reafirma-se, porém, ideia noutro momento já feita valer: não estando em causa mais do que a fundamentação da possibilidade da pergunta-problema que constitui o objecto da presente investigação, o cumprimento da tarefa não exige que se vá mais além. Confirmada a penetração do sistema português de Direito Internacional Privado pela directriz localizadora da conexão mais estreita, dá-se por verificada a terceira condição que, por razões oportunamente alinhavadas, constitui efectivo pressuposto do sentido daquela pergunta-problema. Com ela, a permissão para se seguir em frente.

PARTE SEGUNDA

UMA RESPOSTA NO HORIZONTE:
A FIGURA DA CLÁUSULA DE DESVIO

CAPÍTULO I. A CLÁUSULA DE DESVIO

§ 6.º BREVE INTRODUÇÃO À FIGURA

Apresentada como testemunho – mais um – da evolução do Direito Internacional Privado (sobretudo europeu) no sentido de uma progressiva flexibilização, a resposta afirmativa à questão-problema atrás enunciada tem sido veiculada – pela doutrina, pela jurisprudência e, mesmo, pelo legislador – mediante apelo à intermediação de figura baptizada com denominação que, em conformidade com o sentido da esmagadora maioria das designações estrangeiras, encontra correspondência, no nosso idioma, na locução «cláusula de excepção». Não raro associada a doutrina pelo grego G. MARIDAKIS formulada[87], em causa está mecanismo corrector

---

[87] Com efeito, parece dever-se-lhe a paternidade da primeira proposta doutrinal de cláusula de excepção (circunscrita embora ao domínio do estatuto pessoal). Foi na segunda metade da década de cinquenta do século transacto – mais exactamente, a 1 de Fevereiro de 1956 –, em sede do Relatório Provisório sobre reenvio que, na qualidade de *rapporteur*, o Professor grego [1957a] apresentou durante sessão do Instituto de Direito Internacional a decorrer em Amesterdão. Propondo a rejeição do reenvio – consoante entendeu dizer, "[l]es risques qu'encourent les hommes de voir leurs rapports annulés a posteriori sont infinement plus nombreux si l'on admet le renvoi en tant que système que si l'on le repousse." (p. 46) –, o Autor não deixou de ascrescentar que "[i]l est désirable que les règles de d.i.p. stipulant que l'état de la personne physique et ses rapports de famillle et de succéssion sont régis d'après le droit en vigueur dans l'Etat de la nationalité ou du domicile (résidence habituelle) souffreront une exception dans les cas où les circonstances particulières imposent le droit d'un autre Etat comme étant le plus approprié." (p. 53). A justificação da proposta não deixa dúvidas, entretanto, quanto ao exacto perfil da cláusula de excepção por si sugerida. Lê-se a pp. 47 do referido Relatório: "Comme les règles de droit en général, les règles de droit international privé sont formulées en considération de ce qui advient communément. Et ce qui advient communément, c'est qu'une catégorie de

dos juízos conflituais cristalizados na letra das regras de conflitos que encontra justificação no propósito de assegurar que, em concreto, a avaliação de pretensão emergente de situação jurídico-privada internacional tenha lugar à luz de sistema que, pela sua posição relativamente aos factos, é o mais bem colocado para intervir. Espécie de «instância de verdade»[88] das indicações conflituais alicerçadas sobre o princípio da conexão mais estreita, o seu escopo é o de assegurar que tal directriz localizadora não

---

rapports de vie apparaît rattachée par un certain élément à un certain Etat. La règle de d.i.p. désigne cet Etat comme celui dont les règles qui gouvernent la vie en commun doivent être appliquées. Il n'est pourtant pas exclu qu'un rapport de vie, parmi ceux qui appartiennent à la catégorie des rapports juridiques dont traite la règle de d.i.p., tout en se rattachant à l'Etat énoncé dans cette règle de d.i.p., se rattache aussi, plus étroitement, en vertu d'éléments spéciaux, à un autre Etat. La règle de d.i.p. aurait manqué à sa mission de faire la Justice si elle était aussi appliquée audit cas, où il est démontré que le rapport de vie se rattache plus étroitement à un autre Etat. Si les liens généraux engendrés par les éléments spéciaux ne prévalent point, la règle de d.i.p. formulée dans l'abstrait et en considération du moyen terme, aura failli à sa mission, faute de discerner le droit «exact» (*akribès dékaion*), selon l'expression d'Aristote, approprié à la circonstance considérée. Le rapport de vie doit être subordonné, quant au fond, au droit de l'Etat qui apparaît le plus indiqué par les circonstances." (p. 47). Escrevendo décadas mais tarde, A. E. Von OVERBECK [1982a: 194] asseverou que as afirmações do Professor grego "(...) pourraient encore maintenant servir d'exposé de motifs à l'appui d'une clause échappatoire.". De notar é, todavia, que, ao que não terão sido alheias as observações muito críticas de alguns destacados membros e associados do Instituto de Direito Internacional – assim, R. AGO, G.C. CHESHIRE, A. MAKAROV, T. PERASSI, P. VALLINDAS, J. de YANGUAS MESSÍA e H. KELSEN –, do Relatório Definitivo por G. MARIDAKIS apresentado em 20 de Abril de 1957 já não constava proposta de teor igual, ou sequer semelhante, ao daquela de que conta se deu. O autor do Código Civil grego, porém, voltaria à carga em sede do Curso que proferiu na Academia da Haia, cerca de meia dúzia de anos mais tarde. De novo apoiado nos clássicos, sobretudo Platão e Aristóteles, escreveu ele, desta feita [1962: 414]: "Le juge ne serait pas à la hauteur de sa mission si, par l'application inflexible de la règle de droit international privé, il refusait de régler le rapport selon le droit du pays auquel ce rapport se rattache le plus étroitement. Si les points de rattachement crées par les éléments spéciaux ne prévalent pas, la règle de droit international privé, formulée dans l'abstrait et en considération du moyen terme, cesse de remplir son rôle, puisqu'elle n'assure pas l'application au cas d'espèce du droit precis, du droit «convenant». Se fondant sur les principes généraux du droit et tenant compte des injonctions de l'équité, le juge adapte la loi abstraite à la mesure imposée par les circonstances particulières et soumet le rapport à la loi de l'Etat que les faits mêmes désignent comme plus indiqué.".

[88] A sugestiva expressão, pelo Autor utilizada com referência ao artigo 14.º do Projecto suíço, é de P. LAGARDE [1986: 97- 98].

saia posta em crise pelas especificidades de uma particular hipótese que à previsão do legislador escapou. Pressuposto, em termos universais, que o factor de conexão eleito pela regra de conflitos é, uma vez concretizado, referenciador do sistema de direito com o qual a situação mantém a conexão mais estreita, apura-se que os factos infirmam a *verdade* daquela designação conflitual por isso que, *in casu*, é com outra lei que se encontram mais proximamente conexionados. Actualizando-se, a cláusula de excepção reage à inadaptação do critério geral em face das especificidades da hipótese singular. Como? Determinando o afastamento da lei individualizada pelo elemento de conexão *prima facie* retido pelo legislador e impondo a aplicação, no lugar dela, do direito com o qual, a despeito da previsão normativa geral e abstracta, os factos mantêm, *in casu*, a conexão mais significativa.

Eis assim, a traço rápido, noção sumária do mecanismo de que se cura. Nela convêm, de forma muito generalizada, os autores[89]. Que, note-se,

---

[89] Sejam várias definições descortináveis na literatura. De: A. E. VON OVERBECK [1982a: 187]: "disposition permettant au juge de déroger à une règle de conflit, pour appliquer en lieu et place de la loi désignée par cette dernière une autre loi avec laquelle l'affaire a des liens plus étroits."; C.E. DUBLER [1983: 28]: "Une clause d'exception proprement dite fait intervenir le pouvoir modérateur du juge afin que la situation juridique en cause soit soumise à la loi présentant les liens les plus étroits."; P. LAGARDE [1985b: 787]: "[mécanisme] qui, lorsque dans une espèce donnée la loi désignée par la règle de conflit du for ne correspond pas à la localisation concrète de la situation, et que cette situation présente des liens plus étroits avec un autre pays, permet au juge d'écarter la règle de conflit du for et d'appliquer la loi de ce pays."; D. KOKKINI-IATRIDOU / E. FROHN [1989: 215]: "A rule which enables the court to apply a law other than the designated by the the relevant rule of private international law, namely the law with which the case has the closest connection" (tradução de K. Boele-Woelki [1994b: 257, nota 101]; R. MOURA RAMOS [1991a: 404-405]: "Com este instrumento o que se obtém é assim uma valoração aberta dos interesses na fase da determinação da lei aplicável, afastando-se desta forma a prevalência dos critérios pré-fixados e rígidos. / Não que a utilização de mecanismos de correcção no domínio do DIP fosse uma novidade. Simplesmente, os que até agora se conheciam não agiam para lograr a concretização do valor primário do sistema de regras de conflitos – o princípio da conexão mais estreita – mas para obter a consagração de outros valores de diferente natureza. (...). Diferentemente, o que agora está em causa é tão-só, com (*sic*) acertadamente o sublinha DUBLER, o fazer intervir o poder moderador do juiz para que a situação jurídica em causa seja afinal sujeita à lei que com ela apresente a conexão mais estreita."; C. CAMPIGLIO [1992: 244]: "(...) la clausola d'eccezione racchiude (...) l'indicazione per il giudice di discostarsi dalle norme di conflitto poste dal legislatore, in tutti i casi in cui sia ravvisabile un ordinamento che con la fattispecie

presenta una connessione più stretta di quanto non presenti l'ordinamento richiamato dalla norma di conflitto applicabile."; H. BATIFFOL / P. LAGARDE [1993: 410]: "(...) la justice du droit international privé a-t-elle (...) inventer le concept de la «clause d'exception», qui permet d'écarter la loi désignée par la règle de conflit lorsque cette loi ne correspond pas à la localisation véritable de la situation. Ces clauses sont l'un des outils essentiels de ce qui est parfois appelé le principe de proximité."; D. KOKKINI-IATRIDOU [1994: 4-5]: "La clause d'exception est une règle d'origine conventionnelle, législative ou jurisprudentielle ayant pour but d'attribuer au juge le pouvoir (discrétionnaire) de corriger une ou plusieurs règles de conflits de lois."; F. KNOEPFLER / P. SCHWEIZER [1995: 150]: "La clause échappatoire au sens étroit tend uniquement à faire triompher le principe de proximité, lorsque, en raison des circonstances particulières de l'espèce, la règle de conflit désignerait un for ou un droit dont les liens avec la cause seraient par trop ténus."; A. MARQUES DOS SANTOS [1995: 447]: "A cláusula de excepção tem carácter conflitual – isto é, intervém no domínio dos conflitos de leis –, corrige a regra de conflitos que conduz à aplicação de uma lei estrangeira (em favor da lei do foro ou de outra lei estrangeira), reveste natureza excepcional, actua casuisticamente, em função das circunstâncias do caso concreto, e postula que a conexão entre a situação *sub iudice* e a lei normalmente competente, segundo a regra de conflitos, seja manifestamente fraca, ao passo que existe uma ligação patentemente mais forte com outra ordem jurídica, em princípio não convocada pelo direito de conflitos para regular a questão."; K. KREUZER [1996: 72]: "Il s'agit de normes qui corrigent, adaptent des règles de conflit (impératives ou dispositives), si et dans la mesure où leur application mène à des solutions (effets) inacceptables. Elles constituent quasiment des règles de conflit «extraordinaires» qui donnent pouvoir (discrétionnaire) au juge de corriger, exceptionnellement et *modo legislatoris*, le mécanisme de la règle de conflit ordinaire."; P. RÉMY-CORLAY [1997: 2]: "La «clause d'exception» ou «clause échappatoire» permet au juge d'écarter la loi normalement compétente pour appliquer la loi qui «présente les liens les plus étroits» avec le cas qui lui est soumis."; D. COUSSIEU [2000: 6]: "La clause d'exception se greffe à la règle de conflit, en la prolongeant, dans le but de perfectionner l'opération de localisation du litige et d'assurer une résolution plus concrète de celui-ci, accentuant ainsi le rôle répartiteur de la règle de conflit. La clause d'exception va corriger la règle de rattachement du for en substituant à la loi matérielle qu'elle désigne celle d'un Etat avec lequel la situation présente des liens plus étroits."; *idem*, pp. 16-17: "La fonction essentielle d'une clause d'exception est de corriger la règle de conflit si dans un cas concret elle semble inappropriée au vu des circonstances particulières de la cause. La légitimité de son intervention réside donc dans le fait que la règle de conflit est trop abstraite et englobe une grande variété de situations qui peuvent être assez différentes entre elles. La clause d'exception peut affiner la règle de conflit si la proximité de l'espèce exige concrètement son rattachement à un ordre juridique manifestement plus proche."; G. KEGEL / K. SCHURIG [2000: 258]: "Oft kann sich der Normgeber nicht zu einer konkreten Entscheidung durchringen. Aber reden will er, und

já entram a divergir, e de forma acentuada, acerca do significado que a tal mecanismo é de atribuir no quadro geral do Direito de Conflitos: indício de sintomatologia patológica ou, ao contrário, manifestação fisiológica de saúde jurídica?

Vindo a tratar-se, em etapa futura, de considerar algumas das respostas que para esse problema foram, a diversos níveis, historicamente ensaiadas no quadro de diferentes sistemas de Direito Internacional Privado, do que ora se trata é de tomar em mãos duas tarefas cujo cumprimento se afigura ancilar à apresentação daquelas respostas. Prendendo--se uma com a fixação de terminologia de base – afinal, *initium doctrinae sit consideratio nominis* (EPÍCTETO) –, respeita a outra ao estabelecimento de tipologia fundamental por obediência à qual terá então lugar a apresentação dos atrás referidos modelos juspositivos de resposta. Enfrentemo-las, pois, acto contínuo.

---

deswegen spricht er eine Leerformel aus, eine *non-rule* (Ehrenzweig): massgeben soll die «*engste Verbindung*" des Falls mit einer Rechtsordnung (gelten soll das Recht des Staates, mit dem der Fall «*most closely connected ist*»). Wenn hierauf auch konkrete Entscheidungen gestützt werden können, haben wir es mit einer Generalklausel zu tun. Erlaubt diese, aufgestellte Anknüpfungsregeln im Eizelfall *beiseite zu schieben*, so spricht man von einer Ausweichklausel."; J. KROPHOLLER [2001: 26-27]: "Eine Klausel, die auf die engste Verbindung verweist, (…) kann eine Anknüpfung *korrigieren*. In diesen Fällen wird die Formel typischerweise als sog. *Ausweichklausel* (auch *Ausnahme-* oder *Berichtigungsklausel* gennant) in eine Kodifikation eingebracht, um die Gerichte darauf hinzuweisen, dass sie von den zu Regeln verdichteten Anknüpfungen abweichen dürfen, um das kollisionsrechtliche Ziel zu verwirklichen, die engste Verbindung über das anwendbare Recht entscheiden zu lassen."; L. LIMA PINHEIRO [2001a: 301]: "(...) proposição que permite afastar o Direito primariamente aplicável de um Estado, quando a situação apresenta uma ligação manifestamente mais estreita com outro Estado."; S. SCHREIBER [2001: 7]: "Ausweichklauseln sind Kollisionsnormen, welche es ermöglichen, unter dem Gesichtspunkt der engeren Verbindung des Sachverhalts zu einer anderen Rechtsordnung als der nach der Regelanknüpfung berufenen, von der Regelanknüpfung abzuweichen."; K. SIEHR [2002: *Glossarium des IPR*, p. 2]: "Ausnahmeklausel: Klausel, die es erlaubt, von einer gesetzlich vorgesehenen Anknüpfung abzuweichen, wenn der konkrete Sachverhalt einen sehr viel engeren Zusammenhang mit einer anderen Rechtsordnung aufweist: art. 15 Abs. 1 IPRG.".

§ 7.° FIXAÇÃO DE TERMINOLOGIA

1. Já se disse de como a resposta afirmativa ao problema que constitui o tópico nuclear desta investigação tem sido veiculada mediante apelo à intermediação de figura baptizada com denominação que, em conformidade com o sentido da esmagadora maioria das designações estrangeiras, encontra correspondência, no nosso idioma, na locução *cláusula de excepção*. É assim que, em termos inequivocamente preponderantes, os autores de língua francesa se referem a uma *clause d'exception*[90], os autores de língua alemã a uma *Ausnahmeklausel*[91], os autores de língua holandesa à *exceptieclausule*[92], enquanto nas línguas inglesa, castelhana e italiana também figuram, respectivamente, as designações *exception clause*[93], *cláusula de exceptión*[94] e *clausola d'eccezione*[95]. São também os internacionalprivatistas pátrios a reservarem acolhimento privilegiado para a fórmula *cláusula de excepção*.

Facto é, porém, que a terminologia está longe de ser unívoca.

---

[90] *Inter alia*, cfr. P. BELLET [1979: 9]; C. E. DUBLER [1983: *maxime* 34-36]; F. KNOEPFLER [1982]; A. E. von OVERBECK [1982 a: 186 ss]; P. M. PATOCCHI [1985: 75]; P. LAGARDE [1986: 97 ss]; R. MEYER [1994]; A. BUCHER [1995: *maxime* 82 ss]; F. KNOEPFLER / P. SCHWEIZER [1995: 149 ss]; B. DUTOIT [1997]; F. PARIS [1998]; D. COUSSIEU [2000].

[91] *Inter alia*, cfr. I. SCHWANDER [1975: 57 ss]; K. SIEHR [1979a: 25]; F. STURM [1987b: 7]; M. MÄCHLER-ERNE [1996]; A. SCHNYDER / M. LIATOWITSCH [2000: 69 ss]; I. SCHWANDER [2000: *maxime* 172 ss]; K. SIEHR [2001: 133, 137, 178, 244, 269 s, 272 s, 428, 495, 566].

[92] *Inter alia*, cfr. D. KOKKINI-IATRIDOU / E.N. FROHN [1989]; J.C. SCHULTSZ [1994: 30 ss].

[93] *Inter alia*, cfr. S. McCAFFREY [1989: 251].

[94] *Inter alia*, cfr. L. F. CARRILLO POZO [1994: 90].

[95] *Inter alia*, cfr. C. CAMPIGLIO [1985]; R. BARATTA [1991: 227 ss]; C. CAMPIGLIO [1992].

70   A Cláusula de Desvio no Direito de Conflitos

Com efeito, possível é verificar que, exprimindo-se em língua francesa, os autores lançam mão, não raras vezes, da designação *clause échappatoire*[96]; que na Alemanha, Áustria e Suíça a dispersão terminológica é deveras significativa pois que, ao lado do já referido *Ausnahmeklausel*, os autores se socorrem de termos como *Ausweichklausel*[97] e *Berichtigungsklausel*[98]; que, pelo que aos países anglo-saxónicos respeita, ocorre referência a uma *escape clause*[99], enquanto, na doutrina que se exprime em língua castelhana, a designação *cláusula de escape*[100] também perpassa.

Aconselharia a prudência, porventura, a que nos ativéssemos à convenção (também entre nós) maioritariamente sufragada. Facto é, segundo se julga, que algumas razões desabonam o emprego da fórmula «cláusula de excepção», termos em que, no lugar da mais divulgada, outra será – não originalmente, de resto – a terminologia proposta. Certo, não é o caso de se ignorar que, para além do terminológico, outros níveis de elaboração existem que, por mais relevantes, são credores de atenção privilegiada. Isso indisputável, insiste-se em considerar, seja como for, que "(...) no terreno do direito o rigor terminológico é um requisito indispensável, sem o qual não poderá haver rigor conceitual (...)"[101]. É a esta luz que os parágrafos subsequentes devem ser compreendidos. Percorramo-los.

2. Estando em causa assentar em nome de baptismo, sejam, antes do mais, as razões que, em nosso modo de entender, permitem colocar reservas ao emprego da fórmula «cláusula de excepção». Duas, fundamentalmente.

---

[96] Cfr. F. KNOEPFLER [1976: 45]; F. KNOEPFLER [1979: 37]; AE. von OVERBECK [1981: 82]; A. E. von OVERBECK [1982a: 187 e 194]; M. PELICHET [1987: 153 ss]; J.-M. JACQUET [1994: 50]; F. KNOEPFLER / P. SCHWEIZER [1995: 149 ss]; K. KREUZER [1996: 72].

[97] Entre outros: H. DIETZI [1973]; P.H. NEUHAUS [1977: 28]; A. E. von OVERBECK [1978a: 609]; F. STURM [1987b: 7]; B. von HOFFMANN [1999: 58]; G. KEGEL/K. SCHURIG [2000: 258]; S. SCHREIBER [2001: *maxime* 5-6]; J. KROPHOLLER [2001: 26-27; 108-109; 267; 284-285; 402; 451-452; 466-468; 491-492; 494-495; 501-502; 519-520; 532]; M. SCHWIMANN [2001]; P. MANKOWSKI [2003].

[98] Cfr. K. KREUZER [1982: 296]; K. KREUZER [1992: *maxime* 169].

[99] Cfr. K. NADELMANN [1985].

[100] Cfr. M.A. BENÍTEZ DE LUGO / F.J. ZAMORA CABOT [1980: 105]; L. F. CARRILLO POZO [1994: 90].

[101] A. MARQUES DOS SANTOS [1985: 11-12].

Uma resposta no horizonte: a figura da cláusula de desvio   71

Começa-se por anotar que, fazendo emprego do complemento determinativo «de excepção», a *designatio communis doctorum* sugere que a solução desviante consistente em aplicar *"a lei da conexão mais estreita"* está para a *solução conflitual ordinária* como a *excepção* está para a *regra*. Ora, nada de mais enganador. Divisa-se relação de excepcionalidade aí onde para subcategoria dada vale regime valorativamente antagónico ao que se dispõe para categoria mais ampla a que aquela subcategoria se reconduz[102]. Pois bem. Diferente de determinar a actualização de consequência jurídica de valoração contrária à que se desencadearia não fora a sua intervenção, o mecanismo aprisionado na fórmula "cláusula de excepção" logra, isso sim, o *afinamento* da solução conflitual ordinária (ocioso afirmá-lo, afinamento justificado em face dos pólos representados pelas circunstâncias do caso, por uma parte, e pela teleologia imanente à regra de conflitos, por outra). Não é outro o ponto de vista feito valer por autores vários, de A. HEINI[103] a R. MOURA RAMOS[104], passando por G. CONETTI[105] e L.F. CARRILLO POZO[106].

---

[102] Não indo mais longe, surpreendam-se os termos de harmonia com os quais a doutrina portuguesa define a categoria "normas excepcionais".

[103] [1983: 155-156].

[104] [1991a: 571-572, nota 429]. Escreve o Autor: ""Uma vez reconhecida a naturalidade com que a afirmação de um tal carácter instrumental [o da regra de conflitos] se impõe, a designação de *cláusula de excepção* pode até considerar-se algo enganadora, pois que longe de ser uma derrogação do mecanismo base do sistema conflitual ela é antes a técnica que possibilita a sua plena afirmação.".

[105] [1977: 266-267]: "La costruzione di eccezionalità non appare giustificata perché, se una tale modificazione della norma avviene, ciò si ha in quanto cosí operando l'interprete non si dacosta dal sistema ma meglio va si conforma: infatti a fondamento di un siffatto modo di operare la scelta del collegamento, anche al di là dell'apparente indicazione o ordine di preferenza posti dalla norma positiva, è ponibile l'esistenza di princípi generali che informano il sistema di d.i.p. nel suo insieme e che si manifestano appunto in valutazione sull'applicabilità del criterio di collegamento. L'inapplicabilità di un dato criterio e la sua sostituzione con un altro reputato piú idoneo rivelano l'operare, in un dato sistema, di princípi generali i quali altri non sono che la traduzione delle scelte di valore cui il legislatore si è ispirato nell'adottare certi collegamenti positivi considerandoli come in corrispondenza alla connessione che si valutava più intensa, e quindi più giusta, tra fattispecie e ordinamenti. La disapplicazione del criterio è il risultato di un confronto tra il manifestarsi concreto di tale collegamento e la valutazione generale sulla connessione piú giusta operata dal legislatore e ricavabile dal sistema delle norme di d.i.p..".

[106] [1994: 91-92]: "Talvez se deba esa confusión a una falacia del lenguage: en la medida en que la palabra excepción se hace eco de un apartarse de aquello que es el

Não é tudo. Segundo se entende, concorre para desaconselhar o *nomen iuris* examinando o salutar propósito de prevenir a confusão, por mais ténue possa ela ser, com instituto consagrado do Direito de Conflitos, a reserva ou excepção de ordem pública internacional[107].

Em contrário poderia observar-se que, com vantagem sobre todas as outras alternativamente excogitadas pelos autores, à nomenclatura mais divulgada assiste o mérito de sublinhar o carácter excepcional da oportunidade ou frequência da intervenção do mecanismo confinado nos seus limites. Dir-se-ia, assim, que, diferente de relevar de uma noção de *excepcionalidade material*, o sentido de excepcionalidade pressuposto na fórmula «cláusula de excepção» se relacionaria com a *oportunidade* ou *frequência* – excepcional – da intervenção do mecanismo de cujo baptismo se cura.

Eventual modo de discorrer não logra, porém, persuadir. À uma, porque sempre permanecem subsistindo os atrás apontados inconvenientes associados à *designatio communis doctorum*. Depois, porque, terminologicamente falando, não parece sequer evidente que a fórmula «cláusula de excepção» logre inculcar o aludido carácter excepcional da actuação do mecanismo baptizando. Em definitivo, porque, como quer que se entenda a propósito deste último ponto, exorbita a eficácia de um *nomen iuris* inculcar o carácter excepcional da intervenção do mecanismo a que respeita: a ser uma realidade, tal carácter excepcional derivará, antes – e tão-só –, da circunstância de serem particularmente apertados ou rigorosos os pressupostos de cuja verificação ou ocorrência a intervenção do mecanismo é feita depender.

Destarte desconsiderada a fórmula "cláusula de excepção", várias alternativas de designação se perfilavam, no horizonte, com alguma viabilidade. De entre elas optou-se por reter a expressão "cláusula de

---

principio general – en nuestro caso de la ley competente *prima facie* – para dar aplicación a un ordenamiento individualizado según principios distintos de los inspiradores de la regla general, quiere ello decir que el principio es aquello de lo que se aleja la cláusula (...). No es esta la situación (...).".

[107] Cfr. M. KELLER / D. GISBERGER [1993: 120-121]. Muito embora escrevendo em comentário a preceito, o artigo 15.º da Lei suíça de Direito Internacional Privado, subordinado à epígrafe "Ausnahmeklausel" ("clause d'exception"; "clausola d'eccezione"), os dois Autores invocam o propósito de prevenir qualquer forma de confusão com o instituto da excepção de ordem pública internacional para justificar a correspondente preferência pela designação "Ausnahmeklausel" ("cláusula de desvio").

Uma resposta no horizonte: a figura da cláusula de desvio   73

desvio", pondo-se de lado outras como "cláusula de correcção" e "cláusula escapatória". Razões várias ditaram estes abandonos e aquela preferência.

Pelo que à fórmula "cláusula escapatória" diz respeito, pensou-se, sobretudo, na conotação pejorativa que a língua portuguesa parece emprestar-lhe, enquanto a palavra "escapatória" aparece comummente tomada como "escusa, subterfúgio, artimanha ou escaparate"[108]. Ora, não se negando os riscos – reais – associados à possibilidade de distorção funcional do mecanismo de que se cura, verdade é que não são aqueles riscos a corporizar a *realidade profunda* desse expediente e, nessa medida, também não devem ser eles a moldar a respectiva designação. Como bem nota C. E. DUBLER, não é da essência de semelhante mecanismo perfilar- -se como meio destinado "(...) à ouvrir au juge une voie détournée pour déroger à la loi, lorsque l'application de celle-ci l'embarasse."[109].

Pelo que à fórmula "cláusula de correcção" diz respeito – descontada a designação afinal adoptada, aquela que, entre as várias alternativas, se perfilava como a mais apetecível –, pensou-se sobretudo em que a actualização do mecanismo de Direito Internacional Privado de que se trata não visa contestar, em termos absolutos, a aplicabilidade da norma de conflitos ordinária – a qual, nesse sentido, permanece incorrigida –, antes se limita, relativamente a determinadas hipóteses, a introduzir-lhe limitações. Esta ordem de razões levou a que, sobre ela, prevalência fosse dada, como já anunciado, à designação "cláusula de desvio"[110].

---

[108] Assim, sob a entrada *escapatória*, pode-se ler no *Dicionário da Língua Portuguesa Contemporânea da Academia das Ciências de Lisboa*, I vol., p. 1491: "Meio ou forma de se esquivar de uma situação embaraçosa ou de dificuldades; acto ou feito de se escapar. = DESCULPA, ESCAPADELA (...).".

[109] [1983: 36]. No mesmo sentido, P. RÉMY-CORLAY [1997: 2, nota 1]: "Nous emploierons désormais le terme «exception» plutôt qu'«échappatoire» car l'objet de cette thèse est justement de démontrer que la clause n'est pas un procédé à la disposition du juge pour «échapper» à la règle de conflit."; H. BATIFFOL/P. LAGARDE [1993: 410, nota 9].

[110] Cp., porém, M. MÄCHLER-ERNE [1996: 133]: "Kollisions- und materiellrechtliche Korrekturmöglichkeiten werden oft als «Ausweichklauseln» (...), rein kollisionsrechtlich als «Ausnahmeklausel» bezeichnet.".

§ 8.° ESTABELECIMENTO DE UMA TIPOLOGIA DE BASE

1. É por demais sabido como, ambicionando dominar o objecto de estudo, o cientista não recua perante a tentação de o submeter ao crivo de apertadas e mais ou menos complexas classificações. Presas de uma tal voragem catalogadora são também – e como não? – as cláusulas de desvio. Permite percebê-lo a perscrutação do conspecto doutrinal. Assim é que, olhos postos no direito historicamente – *maxime* pela mão do legislador – instituído, os internacionalprivatistas usam contrapor:

Por uma parte e assentando em critério atinente ao respectivo *âmbito* ou *domínio material de actuação*, cláusulas de desvio gerais a cláusulas de desvio especiais. Ditas gerais as referentes a uma pluralidade sectorial ou materialmente indefinida de normas de conflitos, recebem o epíteto de especiais as relativas a uma ou a várias regras de conflitos sectorial ou materialmente demarcadas[111].

Por outra parte, cláusulas de desvio abertas a cláusulas de desvio fechadas. Apodadas de abertas aquelas que "(...) renvoient à l'ordre juridique présentant les liens les plus étroits avec l'espèce concrète, sans donner une indication sur ces liens."[112], são assimiladas ao segundo subtermo as que "(...) contiennent elles-mêmes le ou les facteurs sur base duquel ou desquels la règle de conflit sera écartée. Les facteurs qui n'y figurent ne sont pas considérés comme pertinents pour faire jouer l'exception."[113].

Que fazer do quadro doutrinal reproduzido?

---

[111] Cfr., por exemplo: K. KREUZER [1982: 296]; C. E. DUBLER [1983: 32]; R. MOURA RAMOS [1991a: 573]; A. MARQUES DOS SANTOS [1991a: 397-398, nota 1298]; R. BARATTA [1991: 230-231]; K. KREUZER [1992: 169]; D. KOKKINI-IATRIDOU [1994: 5-6]; J. KROPHOLLER [2001: 27]; L. LIMA PINHEIRO [2001a: 301-303]; S. SCHREIBER [2001: *maxime* 11].

[112] D. KOKKINI-IATRIDOU [1994: 5-6].

[113] D. KOKKINI-IATRIDOU [1994: 5].

76 — A Cláusula de Desvio no Direito de Conflitos

2. Começa-se pela distinção que opõe cláusulas de desvio gerais a cláusulas de desvio especiais. Imposta pela tomada em consideração do panorama do direito comparado, adere-se-lhe sem reservas. E assim, actuando-a, dir-se-á, exemplificativamente, que protótipo de cláusula de desvio geral é localizável no artigo 15.° da codificação suíça de Direito Internacional Privado; que seguiram ou se preparam para seguir o exemplo suíço os legisladores quebecano, esloveno, belga e holandês, por isso que nos ordenamentos jurídicos correspondentes vigora ou está em vias de vigorar cláusula de desvio actuável sobre pluralidade materialmente indefinida de normas de conflitos; que o domínio das obrigações não contratuais se tem constituído em terreno fértil para as cláusulas de desvio especiais.

Em suma, parece o caso de poder afirmar-se que a distinção sob apreciação não desperta contestação nem ocasiona dificuldades, sequer de pequena monta. Justificar-se-á com relação a ela, como quer que seja, uma palavra adicional.

Consoante bem sabido, a ciência jurídica ensina que normas às quais quadra, face a outras, o qualificativo de «especiais» podem, por sua vez, ser expressão de um regime-regra válido para círculo mais restrito de casos. Mais esclarece a jurisprudência que tanto é, afinal, simples decorrência do carácter relativo ou não absoluto dos termos da classificação que opõe «normas gerais» a «normas especiais». Aqui chegados, adivinha-se a pergunta: poder-se-á convir em que uma mesma e única cláusula de desvio seja classificável, função da perspectiva adoptada, já como «geral», já como «especial»?

Posta nesses termos, a questão parece reclamar resposta afirmativa: sim, pode. E é assim que, por relação com o artigo 4.°, número 5, da Convenção de Roma de 1980 sobre a Lei Aplicável às Obrigações Contratuais, A. MARQUES DOS SANTOS – que nesse preceito divisa cláusula de desvio – alude a uma «cláusula de excepção geral»[114]. Ou que, na Exposição de Motivos que acompanhava Proposta de Regulamento do Parlamento Europeu e do Conselho sobre a Lei Aplicável às Obrigações Extracontratuais ("Roma II"), era possível ver afirmado

---

[114] [1991a: 398]. Por razões de que mais de espaço daremos conta, não se perspectiva o artigo 4.°, número 5, da Convenção de Roma de 19 de Junho de 1980 sobre a Lei Aplicável às Obrigações Contratuais como sede de cláusula de desvio verdadeira e própria.

Uma resposta no horizonte: a figura da cláusula de desvio 77

que "(...) o número 3 [do artigo 3.°] prevê uma cláusula de excepção geral (...)."[115].

Não será esse, porém, o caminho por nós privilegiado. Embora conscientes de que se trata de aspecto eminentemente convencional, reservar-se-á o epíteto de «geral» para cláusulas de desvio como a sedeada no atrás referido artigo 15.° da codificação suíça. Para cláusulas de desvio, o que o mesmo é dizer, relativas a uma pluralidade materialmente *indefinida* de normas de conflitos.

3. Chegado o tempo de dizer das observações que a contraposição apresentada em segundo lugar nos suscita, cumpre anotar, antes de tudo o mais, que a distinção sob análise reflecte, em nosso modo de ver, olhar perspicaz e certeiro sobre a realidade. Adere-se-lhe, em conformidade.

Prossiga-se. Para criticar ponto de vista, de resto bastante divulgado, de conformidade com o qual disposições do tipo do nosso artigo 45.°, número 3, do Código Civil constituiriam sedes de cláusulas especiais fechadas.

Será desnecessário pôr a nu as razões que, conquanto tão-só alegada ou pretensamente, sustentam o modo de ver a que nos opomos. À uma – diz-se –, disposição como o artigo 45.°, número 3, do Código Civil permite afastar a competência da lei do lugar do delito ou do lugar dos efeitos, estabelecida nos números 1 e 2 do mesmo artigo. Depois – acrescenta-se –, tal afastamento vai funcionalizado à aplicação da lei com que a situação se encontra mais intensamente ligada. Enfim – remata-se –, diferente de recorrer a proposição com conceito designativo indeterminado, o legislador subordina o desvio à verificação de condições dadas, quais sejam, possuirem agente e lesado a mesma nacionalidade ou, na falta desta, a mesma residência habitual, ademais encontrando-se ambos, ocasionalmente, em país estrangeiro. É quanto basta, a alguns olhos, para descortinar a presença de cláusula de desvio. E cláusula de desvio fechada.

Outras ordens de considerações, porém, levam-nos por caminho diferente.

À cabeça anota-se que, sobre poder não ser aquela com que *in casu* a situação se conecta em termos mais estreitos, a lei nacional comum a

---

[115] Cfr. <http://europa.eu.int/eur-lex/pt/com/pdf/2003/com2003...0427pt 01.pdf>, p. 13.

78   A Cláusula de Desvio no Direito de Conflitos

agente e lesado pode até analisar-se em direito com o qual, certo que atipicamente, os envolvidos se ligam por forma muito frágil. Nem por isso, como quer que seja e atento o disposto no artigo 45.°, número 3, deixará ela de ser aplicada. Ora, suposto aquele cenário, tal aplicação – conceder--se-á – analisa-se em solução manifestamente pouco compatível com cláusula de desvio.

Mas há outras razões. E mais ponderosas.

Aspecto consensual, a detecção de cláusula de desvio (legal) – geral ou especial; aberta ou fechada – não prescinde da certificação de que determinada disposição consente na evicção do direito via de regra competente e na aplicação, em seu lugar, da lei com que os factos se conectam em termos mais estreitos. Em palavras de S. SCHREIBER, a cláusula de desvio serve a correcção e pressupõe, por isso, uma norma de conflitos a corrigir, aquela na qual tem sede a conexão ordinária[116]. Ora, qual a conclusão imposta, para o que ora importa, pelo exame de disposição como o artigo 45.°, número 3, do Código Civil? A resposta surge pronta: diferente de permitir o afastamento da lei *prima facie* aplicável, o número 3 do artigo 45.° indica a lei *prima facie* aplicável à matéria da responsabilidade extracontratual sempre que as pretensões atinentes a tal domínio do jurídico sejam emergentes de situações particularizadas pelo facto de lesante e lesado terem a mesma nacio-nalidade ou residência habitual comum, tendo o facto lesivo ocorrido quando os mesmos se encontravam, ocasionalmente, em país estrangeiro. Atentas as especificidades das situações referidas – "[p]ressupõe-se que, nestes casos, tudo se passando entre membros duma mesma comunidade estrangeira que só de passagem se encontram no país da conduta, estará mais indicado e será mais justo sujeitá-los à lei pessoal comum."[117] –, o legislador entendeu avisado estabelecer, para elas e *em primeira linha*, regulamentação conflitual diferenciada da que decorre, para as restantes hipóteses, a partir dos dois primeiros números do artigo 45.° Aquilo de que se tratou, pois, foi da criação, por via legislativa, de subregra de conflitos (*Unterkollisionsnorm, Unterregel*). Da previsão de regra de conflitos especial. Da criação de regra cuja consequência jurídica se antecipa,

---

[116] [2001: 7]: "Ausweichklauseln im hier verstandenen Sinne dienen der Korrektur und setzen daher eine zu korrigierende Kollisionsnorm, also eine ordentliche Anknüpfung voraus.".

[117] J. BAPTISTA MACHADO [1982: 373].

Uma resposta no horizonte: a figura da cláusula de desvio 79

impondo-se-lhe, à consequência atinente à norma geral[118]. Mas se assim se passam as coisas – e passam –, onde está a ocasião para aludir, com referência a disposições como o artigo 45.º, número 3, a cláusulas de desvio especiais fechadas? Nenhures. Como pode o número 3 do artigo 45.º corrigir ou desviar-se de critério cuja intervenção precisamente preclude? Não pode. De resto, diga-se, não são razões diferentes a determinar que em face de critérios equiparáveis ao do 45.º, número 3, do Código Civil – seja, por exemplo, o sedeado no artigo 40.º, número 2, do EGBGB –, os autores afirmem que "(...) il s'agit là de (...) règle de rattachement spéciale (*Sonderanknüpfung*) (...) [laquelle] remplace et écarte *a priori* l'applicabilité de la règle de rattachement objectif générale (*lex loci delicti*)."[119]. Vistas bem as coisas – entenda-se: a despeito da respectiva "apresentação física" –, tanto o artigo 45.º do Código Civil como o 40.º do EGBGB se analisam em regras de conflitos de conexão múltipla subsidiária cuja conexão <u>primária</u> aparece referida, respectivamente, nos correspondentes números 3 e 2[120].

É lícito concluir do exposto que em nosso modo de ver inexiste margem para a detecção de cláusulas de desvio fechadas? A resposta é negativa. Já antes, de resto, havíamos declarado subscrever a contraposição, usual na literatura, entre cláusulas de desvio abertas e cláusulas de desvio fechadas. Quando será o caso, então, de haver lugar a falar-se de cláusula de desvio fechada?

---

[118] Cfr. A. MARQUES DOS SANTOS [1991a: 454, nota 1458]. Aludindo à possibilidade de o juiz corrigir, quando for caso disso, a escolha de lei efectuada pelo legislador, R. MOURA RAMOS [1991a: 381, nota 25] afirma "(...) que é precisamente isto que acontece [no artigo 45.º, número 3, do Código Civil], só que agora provindo tal correcção de uma especificação do próprio legislador que do facto e em tempo toma consciência.".

[119] K. KREUZER [2001a: 290]. Acrescente-se ser o exemplo alemão particularmente eloquente por isso que, nas matérias do enriquecimento sem causa e da gestão de negócios, a aplicação da *lex domicilii communis* já só pode acontecer *a posteriori*, precisamente no quadro da actualização de – agora sim! – verdadeira e própria cláusula de desvio, qual seja, a corporizada no artigo 41.º EGBGB.

[120] Segundo se julga saber, defende entre nós este ponto de vista, no seu ensino oral, L. BARRETO XAVIER. Em face do direito alemão, cfr., exemplificativamente, J. von HEIN [2000: 260]: "Obgleich die Tatortregel in der numerischen Reihenfolge der Artt. 40--42 EGBGB an der Spitze steht, bildet sie folglich in normenhierarchischer Sicht das Schlußlicht der Anknüpfungsregeln."

80   *A Cláusula de Desvio no Direito de Conflitos*

Segundo se entende, apenas se predicam da condição de cláusulas de desvio fechadas os títulos a propósito dos quais seja possível dizer que, *cumulativamente*: (i) abrem ao aplicador a possibilidade de se desviar do sentido da indicação conflitual ordinária; (ii) consentem nessa possibilidade atento um propósito de assegurar a aplicação da lei com que a situação se conecta em termos mais estreitos; (iii) limitam, condicionam ou restringem a amplitude da possibilidade de desvio na medida em que delimitam o círculo de "novas" conexões de que o aplicador pode lançar mão; (iv) sem embargo, não eliminam a existência de poder discricionário – «poder moderador», na expressão de C. E. DUBLER[121] – que ao aplicador cumpre actuar na indagação pela lei espacialmente mais próxima dos factos. Se a nota referida em (iii) permite apartar as cláusulas fechadas das abertas, na derradeira, indicada em (iv), vai a diferença – que é toda – para as *meras* subregras de conflitos como o artigo 45.º, número 3, do Código Civil[122]. Entendida como dela vem de dar-se conta, um bom exemplo de cláusula de desvio fechada encontra-se na segunda parte do número 2 do artigo 3.º da Convenção da Haia de 1 de Agosto de 1989 sobre a Lei Aplicável às Sucessões Por Causa de Morte[123].

---

[121] [1983: 28].

[122] Já se deu conta de como, na perspectiva de R. MOURA RAMOS, o artigo 45.º, número 3, do Código Civil alberga cláusula de desvio (especial fechada). Salvo o devido respeito, afigura-se que, ademais de menos correcto, tal entendimento não vai sequer de par com outras afirmações do mesmo Autor. Começa por que é R. MOURA RAMOS ele próprio [1993/1995: 287] quem afirma que "(...) in the Portuguese system, there are none of the escape clauses which are common in several legal systems". Mas não só. É um facto incontestável que a atribuição de competência à *lex patriae communis* ou à *lex domicilii communis ex vi* artigo 45.º, número 3, do Código Civil não envolve o exercício de poder discricionário por parte do aplicador. Ora, R. MOURA RAMOS – que, repete-se, nessa disposição descortina cláusula de desvio – produz afirmações denotadoras de que também em seu juízo a actuação de poder discricionário por parte do órgão de aplicação integra, como um seu momento incindível, a actualização de cláusula de desvio. Deixam-se duas. A primeira, quando o Autor [1993/1995: 288] certifica que a cláusula de excepção "(...) is a way of giving the judge the possibility of putting aside the connecting factor chosen by the legislator where it does not lead to the strongest connected law." A segunda, ainda mais eloquente, quando o Autor [1993/1995: 290, nota 48, *in fine*] atesta: "But the common characteristic of this solution [a decorrente dos artigos 28.º, números 1 e 3, 31.º, número 2, e 45.º, número 3, todos do Código Civil] is the fact that the correction which had been primarily put by the conflicts rule, is made by the legislator himself and not (as happens in the case of the escape clause) by the judge."

[123] A qual reza: "(...) Cependant, dans des circonstances exceptionnelles, si le

Esclarecidos os termos de harmonia com os quais se entende poder, com propriedade, contrapor cláusulas de desvio abertas a cláusulas de desvio fechadas, anota-se aspecto que, por evidente, vai sem explicitação acrescida: enquanto é excogitável que cláusula de desvio especial assuma as vestes de cláusula aberta como de cláusula fechada – os exemplos de direito positivo estão aí a certificá-lo –, sucede diferentemente que, como bem repara D. KOKKINI-IATRIDOU, "[l]es clauses générales sont [toujours] formulées en tant que clauses ouvertes."[124].

---

défunt avait, au moment de son décès, des liens manifestment plus étroits avec l'Etat dont il possédait alors la nationalité, la loi de cet Etat est applicable.".

[124] D. KOKKINI-IATRIDOU [1994: 6].

CAPÍTULO II. A CLÁUSULA DE DESVIO EM ALGUNS SISTEMAS DE DIREITO INTERNACIONAL PRIVADO: EXCURSO POR MODELOS JUSPOSITIVOS (LEGAIS, DOUTRINAIS E JURISPRUDENCIAIS) DE RESPOSTA

§ 9.° SISTEMAS ESTADUAIS DE DIREITO INTERNACIONAL PRIVADO

SECÇÃO I. CLÁUSULAS DE DESVIO GERAIS

(A) O §1 DA LEI AUSTRÍACA DE DIREITO INTERNACIONAL PRIVADO (LEI FEDERAL DE 15 DE JUNHO DE 1978 SOBRE O DIREITO INTERNACIONAL PRIVADO)

1. Precisamente numa época em que a elaboração de sistemas de resolução de conflitos de leis era uma realidade recente na esfera interna de vários Estados e noutros países estavam em curso trabalhos preparatórios de codificação homóloga, a Áustria conheceu a aprovação, em 15 de Junho de 1978, da que, mau grado modificações subsequentes, permanece sendo a vigente Lei austríaca de Direito Internacional Privado (*Lei Federal de 15 de Junho de 1978 sobre o Direito Internacional Privado*; *Bundesgesetz vom 15. Juni über das internationale Privatecht*)[125].

---

[125] Publicada em 7 de Julho de 1978 no *Bundesgesetzblatt für die republik Österreich* (BGBl n.° 304), entrou em vigor em 1 de Janeiro de 1979.

84   *A Cláusula de Desvio no Direito de Conflitos*

Encimando-a e levando por epígrafe "Princípio da conexão mais forte" (*Grundsatz der stärksten Beziehung*), o respectivo § 1 determina: (i) por intermédio da sua primeira proposição, deverem as situações jurídicas internacionais ser reguladas pelo sistema de direito com o qual se acham mais fortemente conexas; (ii) por intermédio da segunda, deverem as normas de conflitos contidas na codificação ser vistas como expressão do princípio da conexão mais forte[126].

Referência nominal ao "princípio da conexão mais forte" (*Grundsatz der stärksten Beziehung*) não constava do Projecto SCHWIND[127], o qual recorria, em seu lugar, à fórmula "conexão mais estreita" (*die engste Beziehung*)[128]. Pertenceu a M. SCHWIMANN[129] a sugestão da substituição. Assimilada por alguns a diferença meramente estilística ou quase só formal[130], a alteração possuía, segundo o respectivo proponente, o sentido do abandono de fórmula excessivamente conotada com a metodologia proposta por SAVIGNY e o alcance da introdução, em seu lugar, de uma outra que, suficientemente abrangente, possibilitasse, sem o desvirtuamento do essencial daquela metodologia, a tomada em conta de outros contributos valiosos[131]. Viria a fazer eco destas exactas motivações o relatório do projecto governamental que, em Fevereiro de 1978, foi submetido ao Parlamento[132].

---

[126] Traduções portuguesas do original alemão são consultáveis em A. FERRER CORREIA / F. FERREIRA PINTO [1988: 169 ss] e A. MARQUES DOS SANTOS [2002: 1623 ss], assim bem como em R. MOURA RAMOS [1991a: 83-84, nota 13].

[127] F. SCHWIND [1971: 161 ss].

[128] F. SCHWIND [1971: 164]. Aproveitando do trabalho de tradução de A. FERRER CORREIA [1981: 102, nota 7], deixa-se notícia do texto do § 1 do referido trabalho de preparação legislativa. Dispunha ele: "(1) Todos os sujeitos de direito, objectos de direito, direitos e relações jurídicas em contacto com várias legislações serão regulados de conformidade com a legislação que com eles apresente a conexão mais estreita; (2) Os elementos de conexão designados pelas regras da presente lei ou por qualquer outro preceito jurídico são expressão desta ideia da conexão mais estreita.".

[129] Cfr. M. SCHWIMANN [1978: 1 ss].

[130] Assim, expressamente, E. VASSILAKAKIS [1987: 214, nota 4]. Entre nós, cfr. J.CUNHAL SENDIM [1993: 317 e 318, nota 14].

[131] Cfr. M. SCHWIMANN [1978: 2]; *idem*, [1982: 3].

[132] Cfr. "Regierungsvorlage 1978 02 08, Beilagen zu den stenographischen Protokollen des Nationalrates", *XIV. Gesetzgebungsperiode* n.° 784, p. 10.
Inter alia, dão conta do sentido da alteração: E. PALMER [1980: 204]; F. SCHWIND [1990a: 60]: "Damit soll zum Ausdruck gebracht werden, dass es sicht nicht nur um

Uma resposta no horizonte: a figura da cláusula de desvio　　85

2. Mas faça-se incidir o foco sobre a segunda proposição do § 1. Consoante atrás reportado, veio a ser ela a despoletar controvérsia que, já velha de vinte e cinco anos, permanece animando a literatura e a jurisprudência austríacas. O que (para nós) é determinante, controvérsia cara ao objecto da presente investigação.

Delimita-se ela nos seguintes termos:

Afirmando que as normas de conflitos constantes da Lei austríaca de 1978 se analisam em concretizações apriorísticas do princípio da conexão mais forte, qual o exacto alcance do §1 (2)? Cinge-se a vincular o aplicador do direito a certo tipo de actuação na interpretação das regras de conflitos e no preenchimento das lacunas manifestas do sistema ou apresenta-se, mais amplamente, como via legitimadora de uma correcção da lei? Circunscreve-se à indicação de percurso em ordem a uma correcta interpretação das normas de conflitos particulares contidas na codificação austríaca e ao preenchimento, em termos adequados, das eventuais lacunas patentes do sistema ou corporiza, *avant la lettre*, cláusula geral de desvio em tudo semelhante à que, uma década depois, viria a receber consagração prototípica no artigo 15.º da Lei suíça?[133]

---

räumliche Kriterien ("eng") handelt, sondern dass diese Beziehung auch aus inhaltlichen Gründen funktional die "stärkste" sein kann"; F. SCHWIND [1991a: 257]: "Dieser Tendenz glaubte auch der österreichische Gesetzgeber sich trotz der bestehenden Bedenken anschliessen zu sollen. Die "engste" wurde allerdings durch die "stärkste" Beziehung ersetz, weil die räumliche Nähe (eng), die nicht erst sei Savigny im Mittelpunkt stand, neben inhaltlichen Gesichtspunkten nicht mehr allein ausschlaggebend war"; P. HAY [1991: 338, nota 230].

[133] O dilema foi apresentada nos seguintes termos por E. VASSILAKAKIS [1987: 212]: "en ce qui concerne le second alinéa, la question s'est posée de savoir s'il permet au juge d'appliquer une loi autre que celle désignée par la règle de conflit autrichienne applicable en l'espèce, lorsqu'il résulte des circonstances de l'espèce que la loi initialement applicable n'est pas celle du pays avec lequel le litige a le rapport le plus fort. Si l'on répond par l'affirmative, le second alinéa du premier paragraphe doit être censé avoir la fonction d'une clause de correction équivalente à l'article 14 du projet suisse.". Na mesma linha, cfr. E. PALMER [1980: 204-205], para quem "[u]ndoubtedly, the principle is to be applied to interpret existing rules and to fill gaps. The key question on the scope of its application is – does § 1 (2) allow the judge to disregard a conflicts rule when its application would be contrary to the principle, or does it mandate adherence to the special conflicts rule by fictiously declaring the special conflicts rule as always constituting a legislative expression of the principle?". Assim bem como K. KREUZER [1992: 173]: "Unbestritten hat 1 öIPRG die Funktionen der Auslegungshilfe und Lückenfüllung. Streitig ist dagegen, ob § 1 öIPRG auch die Funktion einer Ausweichklausel zukommt,

A demarcação de campos fez-se sentir desde o início.

Aí onde vozes como as de G. BEITZKE[134], H. HOYER[135], M. SCHWIMANN[136], O. SANDROCK[137] ou EBENROTH[138] assentiam em imputar ao § 1 (2) o perfil funcional de uma cláusula de desvio – ao que parece, não sem algum apoio na fundamentação do projecto governamental[139] –, outras, em maioria clara, alinhavam por diapasão distinto.

Particularmente significativas são, naturalmente, as palavras proferidas pelo próprio "pai" da codificação. Depois de já em 1977 ter afirmado que a figura da cláusula de desvio não vai de par com o princípio constitucional "(...) suivant lequel le droit est toujours la loi et qu'il n'y a pas de droit qui ne soit exprimé dans la loi."[140], mais acontecendo que "(...) un droit contraire à la loi est inconcevable"[141], F. SCHWIND deixou escrito em 1979, ano da entrada em vigor da lei: "Il nous manque la "clause échappatoire de l'article 14 du projet suisse, qui permet d'appliquer "la loi la plus forte" à l'encontre des points de rattachement prévus dans la loi. Pour nous, les points de rattachement déterminés dans la loi sont considérés comme l'expression du lien le plus fort."[142].

Para além de por inúmeros outros internacionalprivatistas, aquém[143] e além[144] fronteiras austríacas, a doutrina de F. SCHWIND – melhor será

---

oder ob § 1 Abs 2 öIPRG dahin zu verstehen ist, dass die einzelnen Kollisionsnormen das Leitprinzip zwingend, dh unwiderlegbar, konkretisieren, so dass für eine Korrekturfunktion des § 1 Abs 1 öIPRG (stärkste Beziehung) kein Raum mehr bleibt.".

[134] [1979: 248]: "(...) es ist auch nicht auszuschliessen, dass die Generalnorm sich zur Ausweichklausel entwickelt, wo etwa eine Einzelnorm sich in irgendeiner Hinsicht nicht bewähren sollte."

[135] [1977: 171]; [1979a: 538-539]; [1988: 189].

[136] [1982: 55-57]; [1983: 407-408].

[137] Referido por K. KREUZER [1982: 297].

[138] [1986: 682].

[139] Cfr. *Beilagen zu den Stenographischen Protokollen des Nationalrats*, XIV.GP, n.º 784, p. 11 (*apud* K. KREUZER [1982: 297] e [1992: 173]). Lê-se aí que, por isso que as normas de conflitos apenas concretizam o princípio da conexão mais forte, estão-lhe subordinadas: "(...) die einzelnen Anweisungsnormen diesen Grundsatz (sc. des Abs. 1) nur konkretisieren und ihm daher untergeordnet sind.".

[140] F. SCHWIND [1977: 359].

[141] *Ibidem*.

[142] F. SCHWIND [1979a: 175]. Cfr. ainda, do Autor, [1976: 122] e [1979b: 110].

[143] Assim, por exemplo, O. EDLBACHER, nem mais nem menos do que presidente da Kommission zur Erarbeitung des Ministerialentwurfs. Referindo-se ao andamento dos

Uma resposta no horizonte: a figura da cláusula de desvio   87

dizer, a doutrina do *primeiro* SCHWIND – encontrou acolhimento propício, durante cerca de uma década, junto do *Oberster Gerichtshof.*

Para além das mais[145], constitui disso boa demonstração a sentença proferida por esse alto tribunal em 28 de Abril de 1988[146]. Versando um problema de divórcio, nela se afirmou que, por isso que *já* determina serem as regras de conflitos austríacas expressão do princípio da conexão mais forte, o § 1 (2) não consente desvios à indicação conflitual ordinária sob a alegação de que a situação *sub iudice* se encontra mais fortemente

---

trabalhos da Comissão, expôs ele: "Drei Lösungswege habe man erwogen, von denen zwei aus Gründen der Rechtssicherheit hätten ausscheiden müssen. Gemeint war damit zum einen, dass man überhaupt keine besonderen Kollisionsregeln aufstellen solle, sich also mit einer allgemeinen Formel von der engsten Beziehung begnügen möge und zum anderen, dass die engste Beziehung als «Auffangnetz» fungiert, falls die besonderen Kollisionsnormen im Einzelfall versagen, weil sie sich zu sehr von der engsten Beziehung entfernen. So blieb es bei der «mittleren Lösung» des BJM-Entwurfs, dass kraft unwiderlegbarer Vermutung die besonderen Rechtsanwendungsnormen als Ausdruck der engsten Beziehung erklärt werden und die «abstrakte Regel» der engsten Beziehung nur dort zum Zuge kommt, wo es keine besonderen Regeln gibt." (*apud* W. LORENZ [1995: 331]). Cfr., mais ainda, as indicações contidas em K. KREUZER [1982: 297, nota 16]; *idem* [1992: 173, nota 46]; S. SCHREIBER [2001: 117, nota 532].

144 *Inter alia*, cfr. A. FERRER CORREIA [1979b/1982: 291-292]; A. DUCHEK [1981: 141]; A. E. von OVERBECK [1982a: 200 ss]; E. JAYME [1982: 64 ss]; K. KREUZER [1982: 297]; E. VITTA [1983: 269]; C.E. DUBLER [1983: 62, 80 e 92]; P. M. PATOCCHI [1985: 80-81]; K. NADELMANN [1985: 308-309]; C. CAMPIGLIO [1985: 66, nota 56]; Th. DE BOER [1987: 38-39]; E. VASSILAKAKIS [1987: 215]; T. BALLARINO [1990: 398 ss]; R. BARATTA [1991: 74, nota 160]; R. MOURA RAMOS [1991a: 173, nota 172]; WENGLER [1991: 15]; F. VISCHER [1992: 107]; J. CUNHAL SENDIM [1993: 317-318, nota 14]; L. CARRILLO POZO [1994: 87, nota 26]; S. SCHREIBER [2001: 15].

145 Pensa-se, nomeadamente, numa decisão de 27 de Janeiro de 1985 [*Evidenzblatt der Rechtsmittelentscheidungen* 1985: 158 ss] e em outra de 21 de Novembro do mesmo ano [*Zeitschrift für Rechtsvergleichung, Internationales Privatrecht und Europarecht* 1988: 215 ss, *maxime* 219-220]. Conquanto o caso de espécie o proporcionasse, a mais alta jurisdição austríaca furtou-se a pronunciamento sobre a relação entre o § 1 e as regras de conflitos da codificação austríaca numa decisão que, proferida em 7 de Novembro de 1985, incluiu a afirmação de que "[o]b die konkrete Verweisungsvorschrift im Einzelfall korrigiert werden kann, ist hier nicht zu erörten, weil es an Anhaltspunkten dafür fehlt, dass die Verweisung des § 36 IPRG der stärksten Beziehung widerspräche und die Geldleistung ausnahmsweise charakteristischer sei." (*apud* F. SCHWIND [1990a: 62, nota 30]).

146 [*Evidenzblatt der Rechtsmittelentscheidungen* 1989: 28 ss] = [*Entscheidungen des österreichischen Obersten Gerichtshofes* 61: 108 ss].

coligada com lei distinta da designada pelo elemento de conexão retido pelo legislador[147].

3. Estava-se em finais da década de 1980. Os anos subsequentes trariam novidades. Ao ponto de, escrevendo em 1992, K. KREUZER sentir autorização para afirmar que "die heute im Schrifftum überwiegende Auffassung versteht § 1 I öIPRG auch als allgemeine Ausnahmeklausel".[148]. Assim como: "ME kann daher heute kein vernünftiger Zweifel mehr daran bestehen, dass § 1 öIPRG sich zu der trifunktionalen Generalklausel – Auslegung, Lückenfüllung, Berichtigung – entwickelt hat, die Fritz Schwind sich wohl vorgestellt hatte."[149].

A inovação veio do próprio F. SCHWIND.

Com efeito, assim é que, em escritos vários – incluindo artigo publicado na revista onde, vinte anos antes, dera a conhecer o seu projecto de codificação –, o Professor de Viena faz valer tese cujos traços fundamentais são os seguintes: *Primeiro*. A história evolui pendularmente[150]; *Segundo*. Na medida em que corporiza a flexibilidade a que as regras de conflitos servem, no pólo oposto, de contraponto, o § 1 da codificação austríaca contribui de forma inimitável para a consecução do necessário equilíbrio entre a "justiça do sistema" (*Systemgerechtigkeit*) e a "justiça do caso" (*Fallgerechtigkeit*); *Terceiro*. Aquilo que em 1978 não parecera possível ao legislador deve "hoje", com apoio numa interpretação evolutiva legitimada pela flexibilidade subjacente à codificação austríaca de Direito Internacional Privado, ser aceite como natural e desejável. É dizer que, atento o desenvolvimento histórico ocorrido *também* no quadro do Direito Internacional Privado, a equivocidade que em 1978 era o

---

[147] Transcreve-se, por mais significativa, a seguinte passagem: "Die in der Revisionsbeantwortung vertretene Auffassung, wegen des Abschlusses der Ehe der Streitteile in Wien und ihres bei Einbringung der Scheidungsklage gegebenen gemeinsamen Aufenthalts in Wien sei nach dem in § 1 Abs. 1 des österreichischen IPRG normierten Grundsatz der stärksten Beziehung auf den vorliegenden Fall österreichisches Recht anzuwenden, übersieht den ausdrücklichen Hinweis des § 1 Abs. 2 leg. Cit., dass die in diesem Gesetz enthaltenen besonderen Regelungen über die anzuwendenden Rechtsordnungen bereits Ausdruck des in § 1 Abs. 1 leg. cit. normierten Grundsatzes der stärksten Beziehung sind.".

[148] [1992: 173].

[149] K. KREUZER [1992: 174].

[150] [1991a : *maxime* 260 e 261].

Uma resposta no horizonte: a figura da cláusula de desvio 89

máximo que podia ser alcançado deve dar lugar a uma compreensão do § 1 que o perspective, para além do mais, com o alcance típico de uma verdadeira cláusula de desvio[151]. Segundo afirma, a figura da presunção irrefutável (*unwiderleglichen Vermutung*) já não serve numa época em que o formalismo do Direito não mais pode obstar à realização da justiça[152]. Em palavras do próprio, "Vermutungen haben nur dann ihre Berechtigung, wenn sie die Wahrsscheinlichkeit der Richtigkeit für sich haben. Daher soll Abs 2 nur dann zur Anwendung kommen, wenn die Verweisungsnorm tatsächtlich dem Grundsatz des Abs 1 entspricht"[153]. Mais ainda: "Heute wird man sagen müssen, dass die stärkste Beziehung des Abs. 1 das tragende Prinzip ist und die Konkretisierungen des Abs. 2 nur so lange unbedingte Anwendung erfordern, als sie tatsächlich dem Prinzip entsprechen. Dort, wo sie aber evident gegen das Prinzip verstossen, muss und wird dieses die Oberhand behalten, auch dann, wenn keine Ausweichklausel ausdrücklich formuliert ist."[154] Segundo o Autor revela, esta fora sempre, aliás, a sua convicção íntima[155].

---

[151] [1991a: 259]: "Die Vorstellung von einem auf Flexibilität und Funktionalität ausgerichteten IPR-Gesetz beherrschte schon den österreichischen Entwurf von 1971. Eine Verwiklichung dieser Idee etwa in der Form, wie sie dem schweizerischen Gesetz eigen ist, wäre damals in Österreich noch ausgeschlossen gewesen. (…).Diese Zweideutigkeit war das äusserste, das damals zu erreichen war, den ohne dass dies deutlich ausgesprochen worden wäre (...)". No mesmo sentido, cfr., do Autor, [1997: 243].

[152] [1990a: 60 ss]. No mesmíssimo sentido, cfr. também, do Autor, [1997: 243].

[153] [1991a: 259].

[154] [1990a: 63]. Do mesmo Autor, cfr. o artigo que, sob o título "Funktionalität als Grundproblem des Rechts – Das Entstehen des juristischen Weltbildes eines Juristen", foi publicado, em 1993, no *Zeitschrift für Rechtsvergleichung, International Privatrecht und Europarecht*, pp. 89 ss. Nele o Professor austríaco coloca o "problema do antagonismo entre o dogmatismo e a funcionalidade" (*Problem des Gegensatzesvon Dogmatik und Funktionalität*) e toma partido claro em favor da segunda. Não hesitando em afirmar que a codificação austríaca contém uma cláusula de desvio implícita, o Autor é categórico no sentido de que "(...) wenn daher im Einzelfall eine im Gesetz enthaltene Regel diesem Grundsatz der stärksten Beziehung widerspricht, so geht der allgemeine Grundsatz vor und berechtigt nicht nur, sondern verpflichtet den Anwender des Gesetzes zu einer Korrektur" (p. 93). Acerca da perspectiva funcional adoptada pelo Autor, vd. também, do próprio: [1982]; [1984: 102]; [1986]; [1987: *maxime* 344 ss]; [1990b].

[155] Pode ler-se, com efeito, em [1990a: 63]: "Bei meinem Bericht in der StAZ befand ich mich ungefähr in der Lage des Mitglieds eines Richtersenats, das eine Mehrheitsentscheidung des Senats mittragen muss, auch wenn diese nicht seiner "dissenting opinion" entspricht. Diese dissenting opinion ging dahin, dass eine

Segundo leitura amplamente defendida, uma mudança de rumo seria outrossim detectável na orientação do *Oberster Gerichtshof*. Como bem o revelariam – sempre segundo aquela leitura – as duas decisões de que acto contínuo se dá conta.

Por meio da primeira, emitida em 29 de Junho de 1988[156], aquela alta instância afastou-se da lei nigeriana *in casu* ordinariamente competente *ex* § 45 da codificação austríaca[157] e em seu lugar aplicou, sob a invocação expressa do § 1, o direito austríaco, referido como a ordem jurídica com a qual a situação plurilocalizada *sub iudice* mantinha a conexão mais forte[158].

Da segunda, proferida cerca de ano e meio ano mais tarde, em 21 de Novembro de 1989[159], é de reter afirmação de harmonia com a qual, por isso que o § 1 (2) determina que as regras de conflitos constantes da Lei Federal devem ser consideradas como expressão do princípio da conexão mais forte, tais normas encontram-se submetidas a este princípio, o qual, assim, deve ser tido em conta no quadro da respectiva interpretação[160].

---

unwiderlegliche Vermutung, die verlangt, bewusst Unrichtiges zur Grundlage einer gerichtlichen Entscheidung zu machen, der Idee der Gerechtigkeit diametral entgegengesetz ist und heute nicht mehr angewendet werden kann".

[156] [*Entscheidungen des österreichischen Obersten Gerichtshofes* 61: 161 ss] = [*Zeitschrift für Arbeitsrecht und Sozialrecht* 1990: 58 ss, com anotação de K. HELLER] = [*Zeitschrift für Rechtsvergleichung, Internationales Privatrecht und Europarecht* 1988: 303 ss, com anotação de H. HOYER].

[157] Entretanto revogado pelo *Bundesgesetzblatt* 1998 I/119 e, nos termos da Convenção de Adesão publicada no *Bundesgesetzblatt* 1998 III/166, substituído pelas disposições pertinentes da Convenção de Roma sobre a Lei Aplicável às Obrigações Contratuais.

[158] Transcreve-se a seguinte passagem: "Da damit die von den Streitteilen getroffene Vereinbarung nur bei Anwendung österreichischen Rechts unabhängig von den Gesetzen des Staates der Beschäftigung in sinnvoller Weise erfüllbar ist, wird die starre akzessorische Anknüpfung des § 45 IPRG den berechtigten Interessen der Vertragspartner nicht gerecht; sie ist daher nach dem in § 1 Abs. 1 IPRG ganz allgemein normierten Grundsatz der stärksten Beziehung im Sinne einer Anknüpfung an das österreichische Recht zu korrigieren."

[159] [*Zeitschrift für Rechtsvergleichung, Internationales Privatrecht und Europarecht* 1991: 305 ss] = [*Praxis des Internationalen Privat- und Verfahrensrechts* 1991: 194 ss]. A seu respeito, consulte-se F. SCHWIND [1991b: 201 ss].

[160] No original: "Mit Recht verweist das Berufungsgericht auf den an die Spitze des IPRG gestellten Grundsatz, nach dem Sachverhalte mit Auslandsberührung in privatrechtlicher Hinsicht nach der Rechtsordnung zu beuerteilen sind, zu der die stärkste

Uma resposta no horizonte: a figura da cláusula de desvio 91

Por si assimiladas a "goldenen Worte"[161], nestas palavras viu F. SCHWIND o sinal seguro da insinuação, também ao nível da jurisprudência, de interpretação que, conquanto ainda "pouco ortodoxa"[162], os anos subsequentes se encarregariam de confirmar.

4. Ter-se-á revelado demasiado optimista. Na verdade, os anos mais recentes testemunharam o que apenas parece ser o prolongamento de um estado de divisão acerca do perfil funcional do § 1 da codificação autríaca. E tanto na doutrina como na jurisprudência. Seja uma demonstração brevíssima.

Mediante decisão que, proferida em 7 de Setembro de 1994[163], versou a determinação da lei aplicável a contrato de empreitada e levou em abundante consideração a doutrina e a jurisprudência austríacas acerca do § 1 da codificação de Direito Internacional Privado, o *Oberster Gerichsthof* manifestou-se abertamente contrário ao entendimento que descortina naquele preceito o fundamento de uma "allgemeinen Korrekturanordnung". Consoante fez saber, o § 1 vê a sua actuação circunscrita ao fornecimento de directriz destinada a vincular o juiz a certo modo de actuação na interpretação das regras de conflitos e no preenchimento de lacunas do sistema, nomeadamente habilitando-o, no quadro da operação de redução teleológica, à criação de normas de conflitos especiais para tipos contratuais obrigacionais desconhecidos do legislador histórico. Não assim, porém, a afastar-se dos critérios legais que o legislador fixou para contratos de prestação de serviços e contratos de empreitada que ele – legislador – bem conhece[164].

Beziehung besteht (§ 1 Abs. 1). Nach Abs. 2 leg. Cit. sind die im IPRG enthaltenen besonderen Verweisungsnormen lediglich als Ausdruck dieses Grundsatzes anzusehen. Damit wird klargestellt, dass die einzelnen Verweisungsnormen diesen Grundsatz nur konkretisieren, ihm daher untergeordnet sind, so dass der Grundsatz der stärksten Beziehung auch bei der Auslegung der Verweisungsnorm zu berücksichtigen ist (…)." ([*Praxis des Internationalen Privat- und Verfahrensrechts* 1991: 196]).

[161] F. SCHWIND [1991b: 202].

[162] F. SCHWIND [1993: 94].

[163] [*Zeitschrift für Rechtsvergleichung, Internationales Privatrecht und Europarecht* 1995: 36 ss] = [*Praxis des Internationalen Privat- und Verfahrensrechts* 1995: 326 ss]. Acerca dela, cfr. a anotação – elogiosa – de W. LORENZ [1995: 329 ss].

[164] [*Zeitschrift für Rechtsvergleichung, Internationales Privatrecht und Europarecht* 1995: 39s] = [*Praxis des Internationalen Privat- und Verfahrensrechts* 1995:

92 A Cláusula de Desvio no Direito de Conflitos

A um tal entendimento viria a opor-se pronunciamento do mesmo tribunal emitido em 28 de Abril de 1998[165]. Apoiando-se nas considerações de alguma doutrina germânica acerca do artigo 28.°, número 5, da Lei de Introdução ao Código Civil alemão, o *Oberster Gerichtshof* lançou mão do §1 para por meio dele se afastar dos "resultados insatisfatórios" a que em seu parecer conduzia, no caso de espécie, a lei ordinariamente competente *ex* § 36.° da codificação austríaca (entretanto revogado)[166]. Certo, pode-se pretender ver nesta decisão uma aplicação antecipada do

---

328]: "Soweit sich ein Teil der österreischischen Lehre auf die Ausführungen von *Beitzke* a.a.O. stützt und darlegt, dieser erblicke in der Bestimmung des § 1 Abs. 2 IPRG eine allgemeine Korrekturanordnung im Sinne einer Ausweichklausel, geschieht dies zu Unrecht. (...) Kein Zweifel besteht, dass aus der Grundnorm des § 1 IPRG die Wertung des Gesetzgebers für alle Fälle der Schliessung von Gesetzeslücken hervorgeht. Eine solche Lücke könnte auch dadurch entstehen, dass nach dem Inkrafttreten des IPRG sich kraft Parteiautonomie neue schuldrechtliche Vertragstypen herausbilden, an die der historische Gesetzgeber naturgemäss nicht denken konnte und bei der der Rechtsanwender zum Schluss kommt, wären sie ihm bekannt gewesen, hätte er ähnlich den Vorschriften der §§ 38 bis 44 IPRG Sonderanknüpfungsregeln geschaffen. Dann wäre eine teleologische Reduktion, worunter man dem Gesetzeszweck unter Berücksichtigung der umfassenden Wertprinzipien nicht gegen einen zu engen, sondern gegen einen überschiessend weiten Gesetzeswortlaut Raum verschaffen will (...), in der Form durchaus am Platz, dass die Anwendung des § 36 IPRG auf solche neuen Vertragstypen ausgeschlossen wird. (...) Eine andere Frage ist es aber, ob bei dem Gesetzgeber sehr wohl bekannten und geläufigen Vertragstypen wie dem Werkvertrag, bei dem es im Zuge der Freiheit der Dienstleistungen immer wieder dazu kommt, dass das Werk nicht im Staat des Sitzes des Unternehmers, sondern in einem Drittstaat oder wie hier im Staat des Werkbestellers herzustellen ist, der klare und eindeutige Gesetzeswortlaut durch eine sogennante Ausweichklausel, deren Grundlage man im § 1 Abs. 2 IPRG zu finden glaubt, eingengt wird. Dies ist zu verneinen.". Manifestou-se crítico relativamente a esta decisão F. SCHWIND [1997: 243]. Pelo contrário, refere-se-lhe em termos elogiosos W. LORENZ [1995: *maxime* 331], que lhe dedica anotação. Para este último, "[d]amit beschränkt sich die Bedeutung des § 1 Abs. 1 IPRG auf eine Ermächtigung zur kollisionsrechtlichen Lückenfüllung.".

[165] [*Zeitschrift für Rechtsvergleichung, Internationales Privatrecht und Europarecht* 1998: 259 ss].

[166] [*Zeitschrift für Rechtsvergleichung, Internationales Privatrecht und Europarecht* 1998: 261]: "So wie sich das zitierte deutsche Schrifttum auf die Ausweichklausel des Art 28 Abs 5 EGBGB stützt, durch die die Regelanknüpfung (Art 28 Abs 2 EGBGB) nur *ausnahmsweise* verdrängt wird (...), erscheint es im Anwendungsbereich des hier massgeblichen österr Kollisionsrecht gerechtfertigt, bei dieser besonderen "Verwebung" der Tätigkeit der Schiedsrichter mit dem auf das Schiedsverfahren anwendbaren Recht (...) die Bestimmung des § 36 IPRG im Wege des § 1 Abs 1 IPRG zu korrigieren (...).".

Uma resposta no horizonte: a figura da cláusula de desvio 93

artigo 4.º, número 5, da Convenção de Roma sobre a Lei Aplicável às Obrigações Contratuais, entrada em vigor, na Áustria, em 1 de Dezembro de 1998[167]. Permanece o facto, porém, de que o tribunal austríaco imputou ao § 1 a função de cláusula de excepção que, de acordo com entendimento amplamente divulgado, é a daquele preceito da Convenção de Roma[168].

(B) O ARTIGO 15.º DA LEI SUÍÇA DE DIREITO INTERNACIONAL PRIVADO (LEI FEDERAL SOBRE O DIREITO INTERNACIONAL PRIVADO, DE 18 DE DEZEMBRO DE 1987)

1. Compreende-se a afirmação certificadora de que "[c]'est en Suisse que le principe de proximité a porté ses plus beaus fruits."[169]. Assim como, mais até do que apenas compreender, não custa subscrever proposição reivindicadora, para a Suíça, da qualidade de *pátria da cláusula de desvio (Heimat der Ausweichklausel)*[170]. Razões várias fundamentam aquela compreensão e legitimam esta subscrição. À cabeça e nuclearmente, o facto de ter pertencido a texto legal suíço – o artigo 15.º da vigente Lei Federal sobre o Direito Internacional Privado – a consignação inaugural, por forma declarada e com alcance geral, da figura da cláusula de desvio. Não é tudo. Credores de registo são, outrossim: (i) a prática pioneira dos tribunais suíços, a qual, desde muito antes de 1987, se revelou propícia ao acolhimento da figura; (ii) a lição apregoada por sector largo, ademais ilustre, da doutrina helvética; (iii) enfim, a solução que, desprovida embora de alcance geral, já constava de bem-conhecido

---

167 Aventando a hipótese, cfr. S. SCHREIBER [2001: 124].

168 *Inter alia*, assimilam o § 1 da Lei austríaca de Direito Internacional Privado a uma cláusula de desvio: A.E. von OVERBECK [1991: 13]; K. KREUZER [1992: 174]; H. BATIFFOL / P. LAGARDE [1993: 410, nota 10]; A.E. von OVERBECK [1994a: 41; A.E. von OVERBECK [1994b: 259]; K. BOELE-WOELKI [1994: 85]; D. KOKKINI-IATRIDOU [1994: 9-10]; H. MUIR WATT [1995: 632]; A. APPEL [1997: 514]; S.C. SYMEONIDES [2000: 29, 32 e 34]. Afirma este último Autor: "The clear implication from this provision is an oblique authorization to the court to deviate from these rules if, in the circumstances of a particular case, the court determines that the rule leads to a result that is inconsistent with the general principle of the strongest connection." (p. 34).

169 P. LAGARDE [1986: 41].

170 E. JAYME [1986: 573].

texto legislativo, a *Loi fédérale du 25 juin 1891 sur les rapports de droit civil des citoyens établis ou en séjour* (*LRDC*)[171], após alteração introduzida por diploma de 25 de Junho de 1976.

Nenhum dos aspectos constitui novidade para os estudiosos portugueses do Direito Internacional Privado. Quando não por outras – e decerto que também por outras –, atenta a razão fundamental que é a da literatura internacionalprivatística pátria integrar, entre a sua produção, estudo portentoso acerca da cláusula de desvio. E, o que em particular importa sublinhar, estudo precisamente desenvolvido a partir de olhar lançado sobre a jurisprudência, a doutrina e a legislação suíças. Faz-se referência a investigação que, levada a cabo a pretexto do que designou como «novas formas de relativização do método conflitual», A. MARQUES DOS SANTOS empreendeu em sede da respectiva dissertação de doutoramento. Em uma centena de páginas – a contagem peca por defeito –, o Autor aborda, sucessivamente: a noção de cláusula de excepção; as cláusulas de excepção de origem doutrinal; as cláusulas de excepção na jurisprudência; o significado das cláusulas de excepção. E, como referido, segundo a perspectiva fundamental – conquanto não única – de olhar lançado sobre o microcosmo helvético. É assim que, após passar em revista cuidada as fórmulas doutrinais de cláusulas de excepção apresentadas pelos suíços F. VISCHER, H. P. DIETZI e A. BUCHER – às quais faz acrescer, ainda, as avançadas pelos germânicos P. H. NEUHAUS, J. KROPHOLLER e K. KREUZER –, o Professor de Lisboa segue para explanação detida acerca da jurisprudência do Tribunal Federal suíço que esteve na base da solução vertida no artigo 15.º da Lei Federal de 18 de Dezembro de 1987, não descurando, enfim, referência – também ela pormenorizada e enriquecida com elementos de jurisprudência – à Lei suíça de 25 de Junho de 1976, a qual, ao alterar o artigo 8.º da atrás referida *Loi fédérale du 25 juin 1891 sur les rapports de droit civil des citoyens établis ou en séjour (LRDC)*, introduziu, pela primeira vez no Direito Internacional Privado suíço de fonte legal – e, portanto, ocioso dizê-lo, antes da entrada em vigor da Lei Federal de 1987 –, uma cláusula de desvio (em matéria de estabelecimento ou contestação da filiação).

---

[171] *Bundesgesetz vom 25.06.1891 betreffend die zivilrechtlichen Verhältnisse der Niedergelassenen und Aufenthalter (NAG)*; *Legge Federale sui Rapporti di Diritto Civile dei Domiciliati e dei Dimoranti.*

Uma resposta no horizonte: a figura da cláusula de desvio 95

Perguntar-se-á a que vem esta introdução. Explica-se facilmente. Movidos ao estudo do artigo 15.° da Lei suíça de Direito Internacional Privado, caminho natural seria o de, na peugada de A. MARQUES DOS SANTOS, oferecer relato de tudo quanto, muito pertinentemente, o Professor de Lisboa registou na investigação que votou à referida disposição, antecedentes doutrinais, jurisprudenciais e legislativos incluídos. Mas bem. O que A. MARQUES DOS SANTOS relatou, relatado está. Certo, foi-nos deveras útil, caminhando com passos nossos, reconstituir o trilho da investigação que, há já mais de uma década, foi o percorrido pelo Professor de Lisboa. Isto reconhecido, de que serviria contar «história» que contada já está? Decerto, seria sempre possível aditar novos elementos ao rol dos inventariados por A. MARQUES DOS SANTOS. E assim, por exemplo, dar conta das fórmulas doutrinais de cláusulas de excepção também avançadas por I. SCHWANDER[172] e por A. F. SCHNITZER[173]. Mas seria isso muito relevante? Entendeu-se que não. As implicações metodológicas são evidentes. Privilegiaremos, sobre tudo o resto, o olhar actual da doutrina e da jurisprudência suíças sobre o artigo 15.° da Lei Federal sobre o Direito Internacional Privado, de 18 de Dezembro de 1987.

2. Em 10 de Novembro de 1982, o Conselho Federal suíço fazia publicar a *Message concernant une loi fédérale sur le droit international privé (loi de DIP)*[174]. Cinco anos volvidos, mais precisamente em Dezembro de 1987, o Parlamento aprovava, por meio de maioria significativa, o texto definitivo do diploma. Com esta lei, a Suíça ingressava o conjunto dos Estados a terem ou a verem ser renovada a respectiva legislação de Direito Internacional Privado. Entre as novidades mais significativas da compilação, a inclusão prototípica de cláusula de desvio geral. Dispõe, com efeito, o seu muito célebre artigo 15.°:

---

[172] I. SCHWANDER [1975: 457] (no quadro de discussão acerca da codificação do Direito Internacional Privado suíço).

[173] A. F. SCHNITZER [1980: 309 ss]. Subordinado à epígrafe «Cláusula de desvio» (*Ausweichklausel*), dispunha como segue o artigo 3.° do seu Projecto: "Weisen ausnahmsweise die Umstände des Sachverhalts auf eine noch stärkere Beziehung zu einer anderen Rechtsordnung hin, so sind deren Bestimmungen anzuwenden.".

[174] *Botschaft des Bundesrates zum Bundesgesetz über das international Privatrecht (IPR-Gesetz)*. A *Mensagem* foi publicada no jornal oficial 1983 I 263, 82.072.

Clause d'exception

1. Le droit désigné par la présente loi n'est pas applicable si, au regard de l'ensemble des circonstances, il est manifeste que la cause n'a qu'un lien très lâche avec ce droit et qu'elle se trouve dans une relation beaucoup plus étroite avec un autre droit.
2. Cette disposition n'est pas applicable en cas d'élection de droit[175].

3. Pedindo de empréstimo modo de expressão de A. MARQUES DOS SANTOS[176], dir-se-á que linhas de força existem que ressaltam evidentes a partir de simples leitura do preceito. E que, por isso que assim sucede, não alcançam suscitar controvérsia, ao menos grave, entre os comentadores. Têm-se em vista:

– a subordinação da actualização da cláusula de desvio à verificação cumulativa de que a situação plurilocalizada não apresenta senão uma conexão muito fraca com a ordem jurídica ordinariamente aplicável (*ein offensichtlich nur geringer Zusammenhang zur durch die Regelanknüpfung berufenen Rechtsordnung*), enquanto mantém com outro direito conexão muito mais estreita (*ein viel stärkerer Zusammenhang zu einer anderen Rechtsordnung besteht*). Referindo-se-lhe, a generalidade dos autores faz notar que o carácter «*double-barreled*» da disposição[177] denota preocupação óbvia com a delimitação da oportunidade de intervenção da cláusula de desvio atentos, designadamente, os inconvenientes de insegurança e de imprevisibilidade a ela inevitavelmente

---

[175] Na versão alemã: "Ausnahmeklausel. 1. Das Recht, auf das dieses Gesetz verweist, ist aunahmsweise nicht anwendbar, wenn nach den gesamten Umständen offensichtlich ist, dass der Sachverhalt mit diesen Recht in nur geringem, mit einem anderen Recht jedoch in viel engerem Zusammenhang steht. 2. Diese Bestimmung ist nicht anwendbar, wenn eine Rechtswahl vorliegt.". Na versão italiana: "Clausola d'eccezione. 1. Il diritto richiamato dalla presente legge è, per eccezione, inapplicabile qualora dall'insieme delle circonstanze risulti manifesto che la fattispecie gli è esiguamente connessa, ma più strettamente connessa con un altro. 2. La presente disposizione non si applica nel caso in cui il diritto sia stato scelto dalle parti.".
[176] [1991a: 405]; [2001: 311].
[177] Na expressão de A. E. VON OVERBECK [1991: 13].

Uma resposta no horizonte: a figura da cláusula de desvio   97

associados[178]. Note-se, todavia, que, segundo alguns avisos, as «duas condições» não serão senão as duas faces de uma mesma moeda[179];

- a exigência de desproporção particularmente qualificada entre a fragilidade dos contactos que ligam a situação à lei designada pela regra de conflitos e a intensidade das ligações que ela apresenta com outra lei[180]. É o que resulta do recurso ao adjectivo *manifeste* (*offensichtlich / manifesto*). Não apenas tem a conexão muito fraca entre a situação e a lei *prima facie* aplicável de revestir-se de carácter *notório* como a existência de uma relação muito mais estreita com outra ordem jurídica tem de registar, de forma idêntica, o mesmo carácter *patente* ou *óbvio*[181]. A exigência de semelhante desproporção qualificada testemunha – tal como, em si mesma, vimo-lo já, a imposição cumulativa das condições referidas no parágrafo anterior – de um muito evidente propósito de circunscrever as oportunidades de actualização da cláusula de excepção;

---

[178] Sublinhando o ponto, cfr., entre outros, F. VISCHER [1977: 139]; F. KNOEPFLER [1979: 37]; A. BUCHER [1982: 62]; A. MARQUES DOS SANTOS [1991a: 406]; A.E. VON OVERBECK [1991: 13]; C. CAMPIGLIO [1992: 251]; M. KELLER / D. GISBERGER [1993: 130--131]; R. MEYER [1994: 311]; A. BUCHER [1995a: 82-83]; F. KNOEPFLER / P. SCHWEIZER [1995: 152]; M. MÄCHLER-ERNE [1996: 133]; A.K. SCHNYDER / M. LIATOWITSCH [2000: 71]; B. DUTOIT [2001: 48]; A. MARQUES DOS SANTOS [2001: 312]. Não é outro o sentido emergente do aresto proferido pelo Tribunal Federal no caso *X. c. Mme X*, cuja sentença, publicada em [ATF/BGE 118 II: 79 ss], se econtra reproduzida na *Revue critique de droit international privé*, 1992, t 81, p. 484 ss, com a anotação globalmente favorável de F. KNOEPFLER. Lê-se no aresto que "[l]a clause d'exception de l'article 15 de la Loi fédérale sur le droit international privé (LDIP) ne doit être appliquée qu'en cas de nécessité, quand les deux conditions posées (savoir un lien très lâche avec le droit désigné par la règle de conflit et une relation beaucoup plus étroite avec un autre droit) sont cumulativement réunies.".

[179] Neste sentido, K. SIEHR [1975: 52, *in fine*]; C.E. DUBLER [1983: 30 e 91]; R. MOURA RAMOS [1991 a: 408, nota 64].

[180] Pede-se de empréstimo modo de expressão de R. MOURA RAMOS [1991 a: 408, nota 64].

[181] Com razão afirma F. MOSCONI [1989: 193] que "[a]n assessment of greater intensity does not suffice. The strength of the connection with the different legal system must be to a high degree".

98 A Cláusula de Desvio no Direito de Conflitos

– o «carácter concreto» da decisão de actualização da cláusula de desvio, subordinada, como vai, à avaliação do conjunto das circunstâncias do caso de espécie (*de l'ensemble des circonstances; den gesamten Umstanden; de l'insieme delle circonstanze*)[182];
– de harmonia com prática consolidada pelo Tribunal Federal[183], a inaplicabilidade da cláusula de desvio quando tenha tido lugar uma escolha de lei, unilateral[184] como plurilateral[185], pelos interessados[188]. Esta solução – não sancionada pelo artigo 14.° do *Gesetzentwurf der Expertenkommission*, de 1978[187] – redunda na conversão do não-exercício da autonomia conflitual em pressuposto negativo da intervenção da cláusula de excepção[188].

---

[182] Cfr. *Message concernant une loi fédérale sur le droit international privé (loi de DIP)*, p. 46; C. DUBLER [1983: 108]; A. MARQUES DOS SANTOS [1991a: 406]; R. MEYER [1994: 313]; M. MÄCHLER-ERNE [1996: 136].

[183] É paradigmática passagem contida no célebre aresto *Chevalley c. Genimportex, S.A.*, proferido por aquela alta jurisdição em 1952 e publicado em [ATF / BGE 78 II: 74 ss]: "(...) la loi élue l'emporte, comme droit unique, sur la loi que désigne le critère du lien territorial le plus étroit.".

[184] Cf. os artigos 37.°, 87.°, número 2 e 90.°, n.° 2, todos da Lei federal.

[185] Cf. os artigos 52.°, 55.°, 95.°, número 2, 104.°, número 1, 105.°, 110.°, número 2, 116.°, 128.°, número 2, 132.°, 145.° e 187.°, número 1.

[186] Questão distinta é a de saber se uma escolha não admissível ou não exercida em termos válidos pode constituir um índice de relevo em ordem a fundamentar o desvio relativamente à conexão regra. Sem desenvolverem o ponto, pronunciam-se afirmativamente M. KELLER / D. GISBERGER [1993: 132].

[187] Mas já acolhida pelo número 2 do artigo 14.° do Projecto do Conselho Federal. E, com efeito, foram muito veementes as críticas em face da *omissão* do Projecto Pericial, com os autores a referirem-se à existência de uma lacuna político-legislativa que, enquanto tal, deveria ser colmatada pelo legislador. Neste sentido, cfr. A. E. VON OVERBECK [1978a: 610]: "Hervorzuheben ist noch, dass die Ausweichklausel naturgemäss gegen das von den Parteien im Rahmen der ihnen zugestandenen Autonomie bezeichnete Recht nicht geltend gemacht weden kann "; F. RIGAUX [1979: 83]: "Tout d'abord, l'art. 14 laisse une marge d'appréciation au juge, tandis qu'art. 117 al. 2 est impératif. De plus, il faut penser que l'art. 14 est innaplicable dans le champ d'application de l'art. 117 al. premier. Mais alors il faudrait absolument le dire, car l'art. 14 peut restreindre la portée de l'autonomie de la volonté dans le sens de l'objectivisme. On ne voit pas pourquoi l'art. 14 ne permettrait pas au juge d'écarter la loi choisie par les parties notamment dans le cas où cette loi n'a aucun lien avec la situation des parties"; R. MOSER [1981: 333].

[188] Cp. § 187 a) do *Restatement Second*.

Uma resposta no horizonte: a figura da cláusula de desvio

4. Mesmo se o artigo 15.° não lhes dedica explicitação – e, num dos casos, até sugere diferentemente –, são ainda outros os vectores a reunir o consenso dos comentadores. Faz-se referência:

- ao entendimento de harmonia com o qual, a despeito da formulação legal – "Le droit désigné *par la présente loi* (...)"; "Das Recht, auf *das dieses Gesetz* verweist ist (...)"; "Il diritto richiamato *dalla presente legge*(...)" –, inexiste razão para eximir ao crivo da cláusula de desvio regras de conflitos sem assento na Lei federal de 1987: simples derivação, afinal, da lição segundo a qual as normas jurídicas depositárias dos princípios gerais em determinado domínio do jurídico vêem a sua área de influência alargar-se a todo esse domínio e, assim sendo, para além das fronteiras traçadas pelos limites dos diplomas legais em que aparecem contidas[189];
- sem embargo do exposto, à certificação de que as regras de conflitos com assento em convenções internacionais de que a Suíça seja parte escapam à acção correctora da cláusula de desvio sedeada no artigo 15.° da Lei federal[190]. Ademais de inculcada pela natureza – contratual – desses instrumentos, trata-se de solução imposta pelo artigo 1.°, número 2, do texto federal[191]. Apenas não será assim, pois, se "(...) der völkerrechtliche Vertrag enthalte eine (ausdrückliche oder stillschgweigende) Ermächtigung zur Lückenfüllung an den schweizerischen Gesetzgeber."[192] ou se "(...) ein Staatsvertrag einen Vorbehalt hinsichtlich nationaler Ausweichklauseln enthalten sollte."[193];

---

[189] Neste sentido, *Message concernant une loi fédérale sur le droit international privé (loi de DIP)* [1982: 34-35]; M. KELLER / D. GISBERGER [1993: 126]; A. MARQUES DOS SANTOS [1991a: 404 e nota 1320]; B. DUTOIT [2001: 47]. Com referência ao artigo 14.° do Projecto: C.E. DUBLER [1983: 28 e 29]; K. KREUZER [1984: 66]; C. CAMPIGLIO [1985: 50].

[190] Cfr. *Message concernant une loi fédérale sur le droit international privé (loi de DIP)* [1982: 34 ss]; A. BUCHER [1979 b: 25]; K. KREUZER [1982: 329]; C. DUBLER [1983: 32 e nota 16]; K. KREUZER [1984: 16]; K. KREUZER [1992: 189]; M. KELLER / D. GISBERGER [1993: 126]; M. MÄCHLER-ERNE [1996: 134]; I. SCHWANDER [2000: 173]; B. DUTOIT [2001: 47].

[191] "Les traités internationaux sont réservés" / "Völkerrechtliche Verträge sind vorbehalten." / "Sono fatti salvi i trattati internazionali.".

[192] M. KELLER / D. GISBERGER [1993: 126].

[193] K. KREUZER [1992: 189].

- ao aviso de harmonia com o qual o mecanismo da cláusula de desvio não constitui remédio em face das chamadas lacunas jurídicas patentes ou manifestas. Não é com outro sentido que, entre as condições de actualização do mecanismo com assento no artigo 15.° da lei helvética, os autores se referem, indiferenciadamente, à exigência de que tenha lugar "la mise en oeuvre du mécanisme d'une règle de conflit"[194] ou a que "auf den Sachverhalt wäre im Prinzip eine reguläre Kollisionsnorm des schweizerischen Rechtes anwendbar"[195];
- à observação nos termos da qual, conquanto deixado na sombra pelo legislador – que apenas curou do respectivo *efeito imediato negativo*[196] –, o *efeito imediato positivo* da (intervenção da) cláusula de desvio se desentranha na aplicação da lei com a qual a situação apresenta a conexão mais estreita[197];
- ao juízo segundo o qual o aludido *efeito imediato positivo* se concretiza num de três modos possíveis: (i) o afastamento da lei estrangeira *prima facie* competente em benefício da aplicação de outra lei estrangeira; (ii) a aplicação de uma qualquer lei estrangeira em lugar da lei do foro ordinariamente competente; (iii) enfim, o afastamento da lei estrangeira designada pelo direito internacional privado do foro em proveito da *lex fori*[198];

---

[194] C. DUBLER [1983: 59].

[195] M. KELLER / D. GISBERGER [1993: 125].

[196] "Le droit désigné par le présent loi n' est exceptionnellement pas applicable (...)"; "Das Recht, auf das dieses Gesetz verweist, ist ausnahmsweise nicht anwendbar (...)"; / "Il diritto richiamato dalla presente legge è, per eccezione, inapplicabile (...)".

[197] Neste exacto sentido, cfr., *inter alia*, C. DUBLER [1983: 31 e 104]; R. MEYER [1994: 320]; A. MARQUES DOS SANTOS [1991a: 475 ss]; R. MOURA RAMOS [1991a: 406]; J. CUNHAL SENDIM [1993: 321 ss]; A. BUCHER [1995: n.° 180].

[198] O favorecimento da aplicação da lei do foro – alude-se a fenómeno de *lexforização, Heimwärtsstreben, homeward trend* ou *trend to stay at home* – é, consabidamente, um dos riscos mais frequentemente associados ao mecanismo da cláusula de desvio. Sublinhando-o mas, do mesmo passo, acentuando a irrepreensível compatibilidade entre o mecanismo e o princípio da paridade de tratamento entre ordens jurídicas, cfr., exemplificativamente, F. KNOEPFLER [1982: 128]; A. VON OVERBECK [1982a: 190]; C. CAMPIGLIO [1985: 78, nota 101]; P. LAGARDE [1986: 113]; M. KELLER / D. GISBERGER [1993: 145], para quem, "[u]m ein «Heimwärtsstreben» zu vermeiden, soll der Rechtsanwendende daher stets im Sinne einer Anregung aus der Lehre (...) prüfen: "Wäre auch in einem umgekehrt gelargeten Sachverhalt von der Ausweichklausel Gebrauch zu

Uma resposta no horizonte: a figura da cláusula de desvio 101

– ao entendimento nos termos do qual se constituem em inequívocos *casos-modelos* (*cas modèles; Fallgruppen*) de intervenção da cláusula de desvio as hipóteses caracterizadas já pelo isolamento no espaço do factor de conexão (*viel stärkere Einbettung des Sachverhaltes in einer anderen Rechts- und Sozialsphäre*)[199], já pelo isolamento no tempo do factor de conexão (*zeitlich isolierter oder rein zufälliger ordentlicher Anknüpfungspunkt*)[200], já, enfim, pela conexão ou dependência mútua entre várias questões jurídicas (*Innerer Entscheidungseinklang oder Sachzusammenhang*[201]).

5. Deixou-se dito que, em detrimento da escalpelização dos antecedentes (legais, jurisprudenciais e doutrinais) do artigo 15.° da Lei federal suíça de Direito Internacional Privado, privilegiaríamos análise votada a reflectir o olhar actual da doutrina e da jurisprudência sobre aquela disposição. Em cumprimento da intenção, os números anteriores passaram em revista rápida, ademais sob forma esquemática, conjunto de aspectos que, mesmo se não explicitados pelo teor do artigo 15.°, logram reunir o consenso dos comentadores. Aqui chegados, a ocasião é a de baixar o olhar sobre aspectos da análise por relação com os quais a convergência de pontos de vista se dissipa. Ocioso anunciá-lo, o ritmo estugado cederá lugar a cadência mais detida.

6. Arranca-se de síntese oferecida por A. BUCHER. Afirma o Professor: "D'après la conception dominante, les règles de conflit et la

---

machen?"; I. SCHWANDER [2000: 174]. Relativizando o risco de favorecimento, pelos tribunais suíços, da aplicação da lei do foro, cfr. C. DUBLER [1983: 179]; F. MOSCONI [1989]: "It is perhaps only fair to attenuate somewhat the aforementioned fear, if we recall that this fear is essentially grounded on a case law tendency related to contracts, developed when written law made no provision with regard thereto. We cannot exclude that the express acceptance by the new Swiss law of the clause in a rather wide and neutral wording, may in some way modify this tendency, leading the Swiss courts to use the exception clause in favour of foreign laws as well".

[199] Assim, v. g., F. VISCHER [1957: 63 ss]; H. P. DIETZI [1973: 66]; K. KREUZER [1982: 324]; C. DUBLER [1983: 108-109]; C. CAMPIGLIO [1985: 53 ss]; F. MOSCONI [1989: 190]; M. KELLER / D. GISBERGER [1993: 133]; R. MEYER [1994: 314]; M. MÄCHLER-ERNE [1996: 135]; I. SCHWANDER [2000: 175].

[200] Assim, v. g., C. CAMPIGLIO [1985: 57]; M. KELLER / D. GISBERGER [1993: 133]; M. MÄCHLER-ERNE [1996: 135]; I. SCHWANDER [2000: 175].

[201] M. MÄCHLER-ERNE [1996: 135]; I. SCHWANDER [2000: 175].

102 *A Cláusula de Desvio no Direito de Conflitos*

clause d'exception, qui leur est associée, sont destinées à la justice du droit international privé, dans sa dimension "neutre" et détachée de la justice du droit matériel"[202]. Eis, em palavras breves, descrição certeira do sentimento dominante, na literatura helvética, por relação com o artigo 15.° da Lei federal de Direito Internacional Privado. Em causa está modo de entender que, reivindicando para o mecanismo com assento no artigo 15.° um carácter estritamente localizador, lhe assinala função em linha com o objectivo das determinações conflituais herdadas de SAVIGNY: assegurar que a avaliação das situações plurilocalizadas tenha lugar à luz do direito que, em termos espaciais, lhes é mais próximo. As implicações são várias, todas razoavelmente evidentes. *À cabeça,* a certificação de estar-se perante *Ausnahmeklausel à la méthode Savignyienne*[203]; o mesmo é dizer, perante expediente cuja actualização, ocorrendo "(...) *dentro da própria fortaleza do mestre germânico*"[204], redunda em correcção intra-sistemática ao jogo normal das regras de conflitos[205]. *Depois*, o entendimento de que, mesmo falando-se de cláusula de desvio *geral*, o respectivo domínio de intervenção não é *total*[206] por isso que, para além das normas corporizadoras do princípio da autonomia da vontade conflitual – estas expressamente visadas pelo número 2 do artigo 15.° –, expulsam a intervenção da cláusula de desvio já as regras materiais de Direito Internacional Privado[207], já as numerosas regras de conflitos que

---

[202] [1993: 64].

[203] Na expressão feliz de K. KREUZER [1984: 15], então visando o homólogo artigo 14.° do Projecto: "Man könnte Art. 14 CH-Ent, deshalb als eine Ausnahmeklausel «à la méthode Savignyienne", eine Savignyanische Ausnahmeklausel bezeichen.".

[204] Para pedir de empréstimo palavras de A. MARQUES DOS SANTOS [1991a: 495] (itálico no original).

[205] O modo de dizer pertence a R. MOURA RAMOS [1994: 273-274]. Em palavras de F. MOSCONI [1989: 193]: "The exception clause thus has its place within the conflict rules system and conforms to the philosophy inherent therein: the designation of the legal system with which the case is more strongly connected and which, for this reason, is the most appropriate to govern it". No mesmo sentido, cfr. M. MÄCHLER-ERNE [1996: 134]; K. SIEHR [2002: 612]: "Die allgemeine Ausnahmeklausel des Art. 15 Abs. 1 IPRG soll kein sachrechtliches Endergebnis korrigieren, sondern sie soll auf der Ebene des IPR sicherstellen, dass das Recht des engsten Zusammenhangs angewendet werden kann.".

[206] Socorremo-nos, uma vez mais, de modo de expressão de R. MOURA RAMOS [1994: 287].

[207] Assim, exemplificativamente: A. BUCHER [1982: 53, nota 25]; K. KREUZER [1984: 15]; M. MÄCHLER-ERNE [1996: 133]; B. DUTOIT [2001: 46].

Uma resposta no horizonte: a figura da cláusula de desvio   103

operam a escolha da legislação aplicável não (ou não apenas) guiadas por uma ideia de localização das relações jurídicas, mas (também) por critérios de justiça material[208]. Enfim, a exclusão de ponderações subjectivas e materiais (*subjektiver und materiellrechtlicher Erwägungen*) do quadro da disposição de cujo perfil funcional se cura[209].

Sucede que, com ser prevalecente, semelhante visão das coisas não logra ofuscar a existência de pontos de vistas divergentes.

7. Destaque é devido, de entre as vozes dissonantes, a F. VISCHER, em tempos responsável por proposta doutrinal de cláusula de desvio.

Em escrito subordinado ao título, elucidativo, de "Kollisionsrechtliche Verweisung und materielles Resultat. Bemerkungen zur Auslegung der Ausnahmeklausel (Art. 15 IPRG)", o Professor de Basileia dá conta de como, em seu juízo, é rigoroso afirmar-se que o Direito Internacional Privado europeu continua albergado sob a influência do *Prinzip Savignys*, permanecendo actuais já a *Glaubenssatz* segundo a qual "[d]as räumliche beste Recht ist auch das sachlich beste Recht und umgekehrt"[210], já, e por inerência, a impressiva imagem da avestruz por J. G. SAUVEPLANNE utilizada para significar o alheamento do método conflitual tradicional em face dos resultados jurídico materiais[211]. Mais faz saber como, em face

---

[208] A. BUCHER [1982: 62]; C. DUBLER [1983: 75-76]; K. KREUZER [1984: 15]. Contra, I. SCHWANDER [2000: 174]; B. DUTOIT [2001: 47 e 48].

[209] Assim, por exemplo, C. DUBLER [1983: 99]: "Le contenu de droit matériel ne doit pas non plus être pris en considération dans le cadre de la clause d'exception."; F. KNOEPFLER [1992: 493]: "La clause d'exception ne crée pas un mechanisme permettant à procéder à un examen comparé des solutions données par les diverses lois nationales entrant en ligne de compte. Elle n'est là que pour renforcer ou confirmer le principe de proximité …. Elle n'est pas une clause d'évicition de portée générale... C'est à dire qu'il est plus que douteux, que l'art. 15 englobe, parmi les éléments que le juge doit considérer, l'attente raisonnable des parties ou la volonté d'éviter un résultat trop dur."; M. KELLER / D. GISBERGER[1993: 139]: "Es ist aber grundsätzlich weder Aufgabe der Ausweichklausel, materiellrechtliche Härten zu vermeiden, noch das materiell beste Recht anzuwenden."; M. MÄCHLER-ERNE [1996: 134]. Se admite que o artigo 15.° tolera a atendibilidade das expectativas individuais justificadas, B. DUTOIT [2001: 49] já recusa ver no mecanismo ínsito no 15.° uma *Härtelklausel* ou um instrumento ao serviço da *better law approach*.

[210] A afirmação, pertencente a Ch. VON BAR, é reproduzida em F. VISCHER [1995: 480].

[211] "When the problem of conflict of law arises the ostrich raises his head and looks around with a view to choosing the most closely connected legal systems. As soon

de um semelhante estado de coisas[212], o (seu) diagnóstico não pode ser senão reservado.

Isto estabelecido, a questão fundamental por relação com o artigo 15.° da Lei suíça coloca-a então F. VISCHER nos seguintes termos: "Die Grunsatzfrage ist, ob die Ausnahmeklausel nur erlaubt, von der gesetzlichen Kollisionsnorm abzuweichen, wenn eine engere örtliche Verknüpfung vorliegt oder ob sie auch den Einbezug subjektiver Elemente erlaubt sowie die Funktion einer Härtelklausel übernehmen darf, die eine Abweichung von Regelanknüpfung auch dann erlaubt, wenn die Anwendung zu einem für die Betroffenen völlig unerwarteten oder unzumutbaren Resultat führt, welches mit dem ordre public ohne Überdehnung dieses Behelfs nicht korrigiert werden kann."[213].

Alicerçado em que o Direito Internacional Privado, cuja missão "(...) est de régler des rapports entre particuliers"[214], se encontra ao serviço capital dos interesses dos sujeitos – "(...) das internationale Privatrecht letzlich den Interessen des Rechtssubjekts dient."[215] – e, mais ainda, em que o princípio da confiança *jurídico conflitual* (*Kollisionsrechtliche Vertrauensprinzip*) se constitui em trave rectora do Direito Internacional Privado[216], a saída para o dilema por si enunciado apresenta-a F. VISCHER de forma clara: em seu modo de entender e a despeito de "[t]he wording of Article 15 of the Swiss Statute on Private International Law [being] in the first line concerned exclusively with a closer territorial connection."[217], a cláusula de desvio sedeada no artigo 15.° fundamenta

---

as he has discovered this system he bends his neck over the territory where the system governs and puts his neck into the sand, so that he is unable to see what happens when the rules of law from that system are being applied. Only when the result is shocking that the cry of «ordre public» is raised with such force that it reaches his ears, he raises his head and looks around." (F. VISCHER [1995: 480]).

[212] F. VISCHER [1995: 481]: "Zwei Elementen wird bei kompromissloser Handhabung der Theorie vom «Sitz des Rechtsverhältnisses» nicht genügend Rechnung getragen: Einmal der sozialen und rechtspolitischen Dimension der Rechte; (...) Zum anderen übersieht die Berufung auf den «technischen und wertneutralen Charakter der Normen» des IPR (...) das Schicksal der von der Rechtsanwendung betroffenen Person oder Parteien, jedenfalls soweit nicht der ordre public zur Anwendung gelangt.".

[213] F. VISCHER [1995: 486].

[214] Segundo Y. LOUSSOUARN e P. BOUREL, citados por F. VISCHER [1995: 493].

[215] F. VISCHER [1995: 493].

[216] F. VISCHER [1995: 493-494].

[217] F. VISCHER [1992: 109].

Uma resposta no horizonte: a figura da cláusula de desvio   105

um desvio da indicação conflitual ordinária sempre que a aplicação da lei *prima facie* competente conduza a um resultado totalmente inesperado ou inexigível para os interessados e, o que é mais, não se apresente adequado o recurso à reserva de ordem pública, sob pena do desvirtuamento da respectiva vocação. Dito de outro modo, F. VISCHER imputa à cláusula de desvio geral helvética já a missão geral de tutela das expectativas individuais, já a missão particular de resolução do comummente designado problema dos direitos adquiridos, já, enfim, as funções de uma cláusula de dureza[218]. Quando dirigida à salvaguarda das expectativas justificadas dos interessados, a actualização da cláusula de desvio terá por *efeito imediato positivo* a aplicação do direito para o qual tais expectativas se dirigiam[219]. Por seu turno, é a criação de uma solução *ad hoc*, pela via da adaptação, a consequência que o professor de Basileia faz corresponder à actualização da cláusula de excepção com assento no artigo 15.° quando a mesma, funcionalmente, apareça investida nas vestes de uma cláusula de dureza[220].

No entender de F. VISCHER, não apenas os pontos de vista expostos não encontram obstáculo no teor literal do artigo 15.° – por isso que este faz utilização de expressão (*cause /Sachverhalt/fattispecie*) compreensiva das expectativas justificadas das partes e dos seus interesses individuais[221] –, como, mais ainda, encontram suporte nos trabalhos preparatórios da Lei Federal[222] e, o que o é mais, são os únicos consentâneos com a "tendência materializadora" que perpassa o Direito Internacional Privado suíço; em palavras do Autor, "[d]er Einbezug materiellrechtlicher Gesichtspunkte bei der Anwendung der Ausnahmeklausel entspricht dem Gesamtkonzept des schweizerischen IPR mit der betonten Tendenz zur Materialisierung."[223]. Enfim, o Professor de Basileia não deixa de fazer valer[224] que a leitura por

---

[218] Cf. F. VISCHER [1992: 109]: "I should favour a more ample administration which would include substantive considerations. It would therefore also apply to situations where the law, designated by the rule, does not correspond with justified expectations of the parties or where the law called upon by the conflict rule is wholly inadequate for the needs of the parties (...)".

[219] F. VISCHER [1995: 494]. Cp., porém, F. VISCHER [1992: 109-110].

[220] *Ibidem.*

[221] F. VISCHER [1995: 488].

[222] F. VISCHER [1995: 488].

[223] F. VISCHER [1995: 489].

[224] F. VISCHER [1995: 488].

106   *A Cláusula de Desvio no Direito de Conflitos*

si advogada encontrou acolhimento em aresto proferido pelo Tribunal Federal suíço em 17 de Dezembro de 1991. Para além do mais que ora não vem ao caso, afirmou-se, aí, que "[c]ette disposition [o artigo 15.° examinando] (...) a (...) été conçue pour (...) permettre au juge de trouver, dans l'intérêt des parties, la solution la plus adéquate dans une cause donnée (...)"[225].

8. Se avulta, o nome de F. VISCHER não se encontra isolado na reivindicação de ponderações subjectivas e materiais (*subjektiver und materiellrechtlicher Erwägungen*) para a órbita da cláusula de desvio com assento no artigo 15.° da Lei Federal suíça de 1987. Sejam alguns exemplos.

À cabeça, o constituído pela lição de I. SCHWANDER. Em seu aviso, "Es ist nicht einzusehen, warum in der übrigen Rechtsordnung, nur gerade nicht im IPR Ausnahmeentscheidungen zugunsten der betroffenen Privaten möglich sein sollten."[226]. E continua: "Erinnert sei an die Postulate der Lehre zum Schutz des Schwachen im IPR und zur Wahrung der Menschenrechte in Form einer allgemeinen Härteklausel, welche gänzlich unbillige Lösungen abwenden soll."[227]. A conclusão apresenta--se óbvia: à semelhança de F. VISCHER, também o Professor de St. Gallen imputa à cláusula de desvio geral suíça a missão de prover tutela às expectativas justificadas das partes, resposta para o problema dos direitos adquiridos incluída[228], e, bem assim, a tarefa de prevenir a eclosão de resultados materiais insatisfatórios (*unbefriedigende materiellrechtliche Ergebnis*), quando a tanto não acorram os mecanismos tradicionais, designadamente a excepção de ordem pública internacional[229].

Não é qualitativamente distinto, para o que ora nos importa, o ponto de vista feito valer por A. K. SCHNYDER. A sua perspectiva apresenta-a

---

[225] Cf. [ATF /BGE 117 II : 501].

[226] [2000: 176].

[227] [2000: 176].

[228] [2000: 174]: "Im einzelnen hat man an folgende Fallgruppen in der Anwendung des Art. 15 Abs. 1 IPRG zu denken: a) Berechtigte Parteierwartungen, insbesondere bei für die Parteien nicht vorhersehbaren Statutenwechseln oder wenn eine nicht vorhersehbare Gerichtzuständigkeit bejaht und vor diesem Gericht ein anderes IPR als erwartet zur Anwendung gebracht wird. Hierher gehört auch der *Schutz wohlerworbener Rechte*.".

[229] [2000: 176].

este Professor de Basileia em escrito sugestivamente intitulado "Ausweichklausel und Verbraucherschutz – Herausforderung des Schweizer Internationalprivatrechts"[230]. É o seguinte o problema de que parte: sabido que regras de conflitos (suíças) existem – v.g., em matéria de contratos celebrados por consumidores – em cuja formulação foram projectadas ponderações jurídico-materiais, será o caso de poder admitir--se que ponderações desta natureza sejam tidas em conta no momento da aplicação? E, em particular: podem essas ponderações ser chamadas à colação no quadro do artigo 15.° da Lei federal suíça de Direito Internacional Privado? A resposta é afirmativa. Mas o Autor é prudente. E avança um *teste*. "Materiellrechtliche Ergebnistests sollten im Rahmen von Art. 15 IPRG nach der hier vertretenen Auffassung lediglich – wenn auch immerhin – dort zum Tragen kommen, wo Rechtsansprüche und Erwartungen der Parteien in einer Weise verkürzt werden, die im Widerspruch steht zum Anwendungsergebnis, welches durch eine gesetzliche Regelanknüpfung an sich angestrebt wird."[231]. Tome-se o caso pelo Autor apresentado para ilustrar o seu ponto de vista. Pode o artigo 15.° examinando legitimar a evicção da lei do país da residência habitual do consumidor (cfr. artigo 120.°, número 1, da LDIP suíça) quando se apure ser o caso de a lei do país onde o comerciante tem o seu estabelecimento conter soluções mais favoráveis para o adquirente? A. SCHNYDER responde negativamente. É que, explica, "Ziel der schweizerischen Regelanknüpfung in bezug auf Konsumentenverträge ist die Sicherstellung der den Verbrauchern allenfalls vertrauten Regelungsstandards – jedoch nicht die Suche nach dem für die Verbraucher günstigsten Recht. Insoweit kann die Ausweichklausel von Art. 15 IPRG nicht zu einer etwaigen Korrektur des materiellen Ergebnisses eingesetz werden."[232].

Conquanto crítica das ideias de F. VISCHER e de I. SCHWANDER[233], é credora de referência, neste contexto, a lição de A. BUCHER. Assim é que, arrancando da ideia de que, "[a]u regard de la dimension sociale incontestable du droit de l'État moderne, [il n'] est [pas] vraiment

---

[230] [1995].

[231] [1995: 73].

[232] [1995: 73]. Para exemplos em cujos quadros a resposta se imporia diferente, cf. A. SCHNYDER [1995: 70 ss].

[233] A. BUCHER [1995a: 87].

108   *A Cláusula de Desvio no Direito de Conflitos*

convaincant, en bonne méthode, de confier le soin de tenir compte du but social des lois au seul concept de l'ordre public, celui-ci étant par ailleurs conçu en tant que dérogation ou exception au «jeu normal» des règles de conflits de lois?"[234], A. BUCHER imputa ao artigo 15.° da Lei suíça o desempenho de papel complementar ao dos artigos 17.°, 18.° e 19.° do mesmo instrumento[235]. Apoiante da tese da autolimitação espacial das regras de conflitos[236], sustenta, mais, que "(...) la clause générale d'exception sert également de base légale pour trouver des solutions aux *situations sans lien significatif avec le for*, auxquelles les règles de la loi ne sont pas destinées (...). Les règles ordinaires de conflit du for doivent alors faire place, conformément à l'art. 15 al. 1, à une recherche du «lien le plus étroit», axée exclusivement sur les intérêts manifestés par les Etats étrangers concernés et sur la coordination entre les systèmes de droit international privé de ces Etats."[237].

9. Escrevendo em 1995 e reportando-se às decisões dos tribunais aplicadoras do artigo 15.° da Lei Federal suíça de Direito Internacional Privado, A. K. SCHNYDER entendeu afirmar: *em primeiro lugar*, "que delas não se retira nada de muito significativo"[238]; *em segundo lugar*, ser rigorosa a avaliação nos termos da qual os tribunais recorrem ao artigo 15.° com contenção apreciável: "Zusammenfassend kann der bisherigen Rechtsprechung entnommen werden, dass dem Art. 15 IPRG mit grosser Zurückhaltung begegnet und dessen Anwendungsbereich möglichst restriktiv definiert wird. Eine Korrektur von Regelanknüpfungen ist danach allerdings – und immerhin – möglich, wenn zu dem Staat, dessen Rechtsordnung gestützt auf die ordentliche Verweisung berufen wird, nurmehr geringe Beziehungen bestehen. Im Vordergrund steht damit eine *kollisionsrechtliche* Betrachtungsweise im Licht der internationalprivatrechtlichen Gerechtigkeit."[239]. Apreciação em tudo semelhante é a emitida, um ano mais tarde, por M. MÄCHLER-ERNE: "Aus der bisherigen

---

[234] A. BUCHER [1993: 20].

[235] A. BUCHER [1995a: 85].

[236] Cfr. A. BUCHER [1983].

[237] [1995a: 86].

[238] A. K. SCHNYDER [1995: 65]: "Der bisherigen (spärlichen) schweizerischen Praxis zu Art. 15 lässt sich kaum Aussagekräftiges entnehmen.".

[239] [1995: 67].

Rechtsprechung lässt sich indessen ersehen, dass die rechtsanwendenden Instanzen die Schranken zu wahren scheinen und Art. 15 bisher nicht in einen «morceau de dynamite» umgewandelt haben."[240]. Confirma a justeza das apreciações de A. K. SCHNYDER e de M. MÄCHLER-ERNE a tomada em consideração de três decisões que, até 1996, foram as únicas proferidas pelo Tribunal Federal suíço em aplicação do artigo 15.º[241].

Considere-se, em primeiro lugar, o aresto proferido pelo Tribunal Federal suíço, em 17 de Dezembro de 1991, versando a matéria do direito das sociedades[242]. Para o que agora mais nos importa, é de reter ter-se aí afirmado não haver o expediente da cláusula de excepção sido concebido para reprimir a fraude à lei, senão, antes, para, atentos os interesses das partes, fornecer ao litígio a solução mais adequada: "Il convient de se demander à cet égard si une éventuelle fraude à la loi ne pourrait pas être contrecarré par le recours à la clause d'exception (art. 15 al 1 LDIP), qui écarte exceptionnellement le droit désigné par la loi si, au regard de

---

[240] [1996: 136].

[241] Foi possível tomar conhecimento de decisão do *tribunal civil* de Bâle-Ville, proferida em 19 de Fevereiro de 1990, a qual não tendo embora feito aplicação do artigo 15.º não deixou, ainda assim, de lhe fazer referência. Regista-se, tão somente, que, por não ter sido publicada, todo o conhecimento acerca dela é procedente de referências incidentais feitas por F. KNOEPFLER [1992: 494-495] e por A. E. VON OVERBECK [1994a: 42]. Como quer que seja, dá-se notícia sumária dos factos à mesma subjacentes bem como, em termos também breves, do respectivo sentido. Em causa estaria uma pretensão emergente de um contrato de corretagem celebrado entre um cidadão suíço, domiciliado na África do Sul, e uma sociedade com sede em Basileia, na Suíça. O referido contrato reportava-se a um contrato de compra e venda em que intervinham aquela sociedade e um seu cliente, com domicílio nos Emirados Árabes Unidos. Não tendo existido uma escolha expressa da lei aplicável ao contrato de corretagem, o tribunal entendeu ser possível, ainda assim, descortinar uma escolha real, conquanto tácita, tendo por objecto a lei suíça. Não fora tal asserção e, segundo a instância judicial, deveria receber aplicação o artigo 15.º por, na espécie, serem muito ténues os laços mantidos com a África do Sul – país onde o obrigado à prestação característica do contrato tinha a sua residência habitual – e, pelo contrário, muito mais estreitos aqueles que a causa mantinha com a Suíça. Muito crítico relativamente a este entendimento, cfr. F. KNOEPFLER [1992: 495], para quem "[d]e toute évidence, le tribunal a voulu appliquer le droit suisse et la motivation qui entoure sa décision mérite d'être relevée pour éviter sa répétition".

[242] [ATF / BGE 117 II: 493 ss]. A seu respeito, consulte-se A. E. VON OVERBECK [1994a: 41]; A. E. VON OVERBECK [1994b: 259-260]; F. VISCHER [1995: 488]; A. K. SCHNYDER [1995: 66].

l'ensemble des circonstances, il est manifeste que la cause n'a qu'un lien très lâche avec ce droit et qu'elle se trouve dans une relation beaucoup plus étroite avec un autre droit. Cette disposition n'a toutefois pas été conçue pour réprimer les détournements de la loi suisse, mais pour permettre au juge de trouver, dans l'intérêt des parties, la solution la plus adéquate dans une cause donnée (Message, p. 300)."[243].

Tome-se, por outra parte, o aresto da mesma alta jurisdição proferido, em matéria de divórcio, em 27 de Janeiro de 1992, no quadro do caso *W c. Mme W*[244]. Na espécie, os dois cônjuges haviam adquirido, por naturalização, a cidadania norte-americana e, à data da propositura da acção, apenas o cônjuge-marido tinha o seu domicílio na Suíça. Destarte, era o direito norte-americano que, função do artigo 61.°, número 2, da Lei Federal suíça de Direito Internacional Privado, aparecia como (*prima facie*) aplicável. Reiterando o sentido das decisões das duas instâncias inferiores, o Tribunal Federal não hesitou na afirmação de que "[i]l est manifeste, au regard de l'ensemble des circonstances[245], que la cause n'a qu'un lien très lâche avec le droit texan et qu'elle se trouve dans une relation beaucoup plus étroite avec le droit suisse"[246]. Assim decidindo, não deixou de recordar que "(...) il s'agit d'une clause d'exception au sens strict, qui ne doit être appliquée qu'en cas de nécessité (...), quand les deux

---

[243] [ATF / BGE 117 II: 501]. Acrescente-se que tendo o tribunal – se mal ou bem, o ponto não vem agora ao caso – assimilado a escolha de uma forma social estrangeira ao exercício da autonomia da vontade em Direito Internacional Privado, também por esta razão – cfr. o número 2 do artigo 15.° – resultaria interdita a possibilidade de intervenção da cláusula de desvio. Reconheceu-o, de resto, a própria instância decisora (cf. p. 501).

[244] [ATF /BGE 118 II: 79 ss]. Reprodução do aresto pode encontrar-se na *Revue critique de droit international privé* [1992: 484 ss], com a anotação globalmente favorável de F. KNOEPFLER. A seu respeito, cfr., ainda, M. KELLER / D. GIRSBERGER [1993: 130]; A.E. VON OVERBECK [1994a: 41-42]; A.E. VON OVERBECK [1994b: 260]; A. BUCHER [1995a: 84-85].

[245] Respectivamente com nacionalidade alemã e canadiana, A.-W e P W. contraíram casamento, em 1960, no Canadá. Tendo-se naturalizado cidadãos norte-americanos por decisão do *Western District Court of Texas*, em 1962, os dois cônjuges fixaram o primeiro domicílio conjugal no Estado do Texas. Durante os dezassete anos de vida em comum, os esposos alteraram o respectivo domicílio por onze vezes, tendo estabelecido residência habitual em cinco países e em três continentes. Os últimos cinco anos de coabitação foram passados em Chaux-de-Fonds, na Suíça, local onde, entre todos, o casal se estabeleceu durante mais tempo.

[246] [ATF / BGE 118 II: 82].

conditions posées (savoir un lien très lâche avec le droit désigné par la règle de conflit et une relation beaucoup plus étroite avec un autre droit) sont cumulativement réalisées (...). En effet, logiquement, la règle de conflit de lois est impérative: lorsqu'elle donne une solution, celle-ci doit être respectée et la sécurité du droit commande que les désignations contenues dans la loi soient suivies sans équivoque dans la très grande majorité des cas. / Mais en l'espèce, précisément, (...), on est dans une situation qui permet au juge de ne pas appliquer le droit désigné par la règle de conflit."[247-248].

---

[247] [ATF / BGE 118 II: 82]. A apreciação merece reservas a M. MÄCHLER-ERNE [1996: 134-135]. Para um comentário elogioso aos termos e sentido da decisão, cfr. F. KNOEPFLER [1992: 493]: "Le jugement rendu par le Tribunal fédéral paraît ici aller parfaitement dans le sens voulu par le législateur. Aucune mention n'est faite du contenu matériel du droit américain concernant le divorce ou les pensions qui dépendent de ce droit". Do mesmo aviso é A. BUCHER [1995a: 85]: "Cet arrêt illustre bien le rôle primaire de l'art. 15 al. 1, consistant dans l'adaptation des critères de rattachement à l'objectif de la règle législative de conflit de lois. Le législateur voulait protéger, à l'art. 61 al. 2, les attaches communes du couple avec son Etat national, dans les hypothèses où l'intégration dans le pays du domicile peut paraître faible, ce en raison de la séparation d'époux vivant dans des pays différents. L'affaire tranchée montre que cette idée est *approximative* et ne se retrouve pas confirmée par certains cas particuliers, dans lesquels les liens avec l'ordre socio-économique du pays du domicile d'un époux peuvent l'emporter largement, si l'ensemble des circonstances est pris en considération et, nottament, le vécu conjugal. Le rattachement prévu par la loi ne traduit qu'imparfaitement le but de la règle de conflit. La clause d'exception permet d'adapter le moyen au but, mais à condition qu'un net écart sépare les deux, le rattachement énoncé dans la loi devant manifestemente ne pas correspondre aux intentions du législateur..".

[248] Não será desinteressante dar conta de que tribunal cantonal de Neuchâtel trilhou caminho (pelo menos) não (inteiramente) reconduzível ao seguido pelo Tribunal Federal. Assim é que, examinando o conteúdo do direito texano, aquele tribunal de instância afirmou que o mesmo "(...) ne correspond aucunement à l'attente des parties qui, de bonne foi, s'attendaient à ce que le droit suisse soit applicable conformément à la LRDC qu'elles ont toutes deux invoquée en procédure jusqu'au stade des conclusions en cause. En outre, si l'application du droit texan n'est pas manifestement contraire à l'ordre public suisse (...) il est difficilement acceptable au regard de notre ordre juridique. Le fait de ne pas permettre au juge du divorce d'allouer par jugement une pension alimentaire à un époux, quelles que soient les circonstances, n'est pas seulement étranger à nos conceptions, mais il est même jugée par les juristes américains comme foncièrement inéquitable dans certaines situations, par exemple lorsqu'une épouse a passé des années à s'occuper du ménage commun et se retrouve sans ressources ou possibilités de gain au moment du divorce (...). Ces éléments – pris en compte dans la théorie de la *better law approach*,

Seja, enfim, a decisão do Tribunal Federal suíço proferida, em 7 de Abril de 1995, no caso *P.B. c P.B.*[249]. Dando do artigo 15.° da Lei Federal o testemunho de uma disposição que encerra mecanismo de correcção *à la Savignyenne*, aquela alta instância considerou, secamente, que "[celle] disposition est une règle d'exception, partant d'application stricte (...), à laquelle on ne peut se référer en l'espèce. En effet, les conjoints étaient domiciliés en Italie au moment du mariage, le mari y a conservé son domicile et l'épouse y réside actuellement; la cause n'a donc pas un lien très lache avec le droit italien, droit national commun des parties. La célébration du mariage à Genève et la naissance dans cette ville des quatre enfants ne sont pas des éléments suffisants pour qu'on puisse en déduire une relation étroite de la présente cause avec le droit suisse. Le fait que la recourante soit à nouveau retournée vivre en Italie démontre également le sérieux de son rattachement à ce pays."[250].

Por seu turno, que fazer da jurisprudência do Tribunal Federal suíço mais próxima dos nossos dias? Também lhe quadram as atrás explicitadas considerações de A. K. SCHNYDER e de M. MÄCHLER-ERNE? Vale a afirmativa.

Pelo que respeita à decisão pelo Tribunal Federal proferida em 9 de Janeiro de 2001[251], retêm-se, com interesse relativamente à interpretação do artigo 15.°: em primeiro lugar, a certificação de que "(...) cette disposition ne saurait mettre en échec des règles de conflit découlant d'un traité international."; em segundo lugar, a afirmação de que são condições estritas aquelas de cuja verificação depende a actualização da cláusula de desvio (condições essas, diga-se, que o tribunal não entendeu dar por verificadas no caso de espécie). Sem elaborar, o aresto de 18 de Setembro de 2003[252] confina-se à afirmação de que, por não estarem *in casu* verificadas as condições enunciadas na previsão do artigo 15.°, não pode ter lugar a intervenção da cláusula de desvio geral[253].

---

appliquée aux Etats-Unis mais non reçue en Europe – ne sont toutefois pas indifférents et confortent la néccesité d'appliquer *in casu* la clause d'exception que permet une interprétation traditionnelle de l'article 15.".

[249] [ATF / BGE 121 III: 246 ss].

[250] [ATF / BGE 121 III: 247].

[251] Processo 5C. 147/2000. Acessível em <http://wwwsrv.bger.ch/cgi-bin>.

[252] Processo 5C. 123/2003. Acessível em <http://wwwsrv.bger.ch/cgi-bin>.

[253] Menção ao artigo 15.° da Lei Federal suíça de Direito Internacional Privado é ainda feita nas decisões de 7 de Maio de 2002 [ATF / BGE 128 III 346], de 11 de Julho

(C) O ARTIGO 3082.° DO CÓDIGO CIVIL DO QUEBEQUE, APROVADO EM 18 DE DEZEMBRO DE 1991

1. *Île de droit civil dans un océan de common law*[254], o Quebeque conheceu a aprovação, em 1991 e no quadro global da reforma do respectivo direito civil, de codificação de Direito Internacional Privado. Vertida no livro décimo – o último – do *Code civil*, tal regulamentação internacionalprivatística acolhe, em um dos seus 93 artigos, a figura da cláusula de desvio geral. Acontece por intermédio do artigo 3082.°, normativo que ocupa o último lugar na ordenação dos preceitos que integram o Título I (*Dispositions Générales*) daquele Livro X. Dispõe como segue:

> "A titre exceptionnel, la loi désignée par le présent livre n'est pas applicable si, compte tenu de l'ensemble des circonstances, il est manifeste que la situation n'a qu'un lien éloigné avec cette loi et qu'elle se trouve en relation beaucoup plus étroite avec la loi d'un autre Etat. La présente disposition n'est pas applicable lorsque la loi est désignée dans un acte juridique.".

2. Oficialmente afirmada[255] e doutrinalmente reconhecida[256], a influência da Lei suíça de 1987, projectada em direcções várias – à cabeça, ao nível da própria estrutura interna da codificação –, encontra expressão destacada no artigo 3082.° *supra* reproduzido. Corporizando cláusula de desvio, pertence-lhe, à semelhança do protótipo suíço, consignar, no quadro do Direito de Conflitos, a função correctiva do princípio da conexão mais estreita[257]. Sublinham-no os autores *locais*[258]. Que, diga-se,

---

de 2002 (Processo 4C. 99/2002, acessível em <http://wwwsrv.bger.ch/cgi-bin>) e de 26 de Março de 2004 (Processo 5C. 28/2004, acessível em <http://wwwsrv.bger.ch/cgi-bin>.). Sem notas dignas de maior registo, porém.

[254] E. GROFFIER [1992: 585].

[255] Cfr. *Commentaires du Ministre de la Justice II*, Quebéc, 1992, p. 1949 ss.

[256] Cfr. J. G. CASTEL [1992: 626]; H. P. GLENN [1996: 232].

[257] Segundo bem conhecida afirmação de J. G. CASTEL [1993: 18], "(...) the principle of proximity means that the courts will apply to a particular legal relationship the local law of the State or province with which it has the most real and substantial connection, that an action must be brought before the court of the State or province with which it has the most real and substantial connection and that a foreign judgement will be recognized and enforced only if the original court had a most real and substantial connection with the action.".

[258] J. G. CASTEL [1992: 630]: "Ici, le principe de proximité, c'est à dire l'application de la loi qui a les liens les plus étroits avec la situation juridique envisagée, intervient

prosseguem para colocar em evidência a analogia entre os dois critérios normativos. Fundamentadamente: *Primeiro*. Como a suíça, a disposição quebecana consigna a faculdade de operador excepcionar a aplicação da lei primariamente competente em face da verificação, decorrente do conjunto das circunstâncias do caso, de que a situação não mantém senão uma ligação afastada com aquela lei enquanto, do mesmo passo, se encontra muito mais intensamente conectada com outro direito; *Segundo*. Como a suíça, a disposição quebecana exclui a intervenção da cláusula de desvio no quadro do exercício da autonomia da vontade.

3. Comummente entendido serem razões atinentes à preocupação de conectar a situação jurídica plurilocalizada ao direito que com ela mantém a conexão mais estreita a emprestarem sentido a disposição como o artigo 3082.°, não deve passar sem registo modo de perspectivar que é o de H. P. GLENN. Começa porque, de acordo com o Professor da Mcgill University, o mecanismo albergado no artigo 3082.° do Código Civil encerra a virtualidade de prover reacção às situações de fraude à lei[259] (o instituto da fraude à lei, note-se, não foi sancionado pela regulamentação internacionalprivatística do Quebeque). Mas não só. Outrossim credor de registo é, do mesmo Autor, o entendimento de que o artigo 3082.° "(...) may come into play if the Private International Law rules of the designated country would apply another law."[260]. Trata-se, bem vistas as coisas, de considerar as indicações conflituais dos sistemas de direito em contacto com a situação como índices a ter em conta em ordem à determinação da lei com a qual, na perspectiva de determinada questão de direito, a situação mantém a conexão mais estreita.

---

pour corriger les règles de droit international privé (...)"; E. GROFFIER [1992: 592-593]: "Au sens strict, la clause d'exception prévoit l'application, à titre exceptionnel, du principe de la proximité (...). L'article 3082 constitue une véritable clause d'exception sur le modèle de l'article 15 de la loi suisse."; J. G. CASTEL [1993: 30]; H. P. GLENN [1996: 236]: "Article 3082 represents a codification of the principle of proximity as a means of re-designating the applicable law.".

[259] [1996: 237].
[260] [1996: 236].

Uma resposta no horizonte: a figura da cláusula de desvio

(D) O ARTIGO 2.° DA LEI ESLOVENA SOBRE O DIREITO INTERNACIONAL PRIVADO, APROVADA EM 30 DE JUNHO DE 1999

1. Reconstituída como Estado independente em 25 de Junho de 1991, a República da Eslovénia dotou-se, em 1999, de novel sistema de Direito Internacional Privado de fonte interna[261]. Não cabendo nos limites da presente investigação proceder, mesmo se apenas em linhas gerais, à descrição da disciplina recém-instituída, muito menos confrontá-la com a que a precedeu[262], a autora remete-se a pouco mais do que a olhar sobre o artigo 2.° daquela codificação, preceito por intermédio do qual recebe assento, no Direito de Conflitos esloveno, a figura da cláusula de desvio geral. Dispõe ele, na versão oficial em língua inglesa:

Article 2

The law that provisions of this Act instruct to use shall exceptionally not be used when, in view of all circumstances of the case, it is clear that the relation with that law is not the most important one and that there is an essentially closer link to some other law.

This provision shall not apply when the law is chosen by the parties.

A marca do artigo 15.° da Lei suíça de Direito Internacional Privado parece evidente: (i) como ele, também o artigo 2.° *supra* reproduzido sublinha o carácter excepcional da actuação da cláusula de desvio; (ii) como aquele, o preceito esloveno faz depender a decisão de actualização da cláusula de desvio de uma avaliação, pela instância aplicadora, de todas as circunstâncias do caso; (iii) à semelhança do artigo 15.°, a disposição eslovena exige o carácter manifesto da existência de uma relação muito mais estreita da situação com outra ordem jurídica que não a que seria normalmente competente; (iv) como o preceito suíço, o artigo 2.°

---

[261] *Zakon o mednarodnem zasebnem pravu in postkopu (ZMZPP)*, publicado no número 56 do jornal oficial esloveno em 13 de Julho de 1999 (*Uradni list Republike Slovenije*, 56/99, 7053-7062). Tradução oficial em língua inglesa encontra-se publicada na *Rivista di diritto internazionale privato e processuale*, 2000, N. 3, pp. 829-850. Traduções para o alemão, por seu turno, estão disponíveis em *Zeitschrift für ausländisches und internationales Privatrecht*, 66 (2002), p. 748 ss e em *Praxis des Internationalen Privat- und Verfahrensrechts*, 2003, 2, 163 – 175.

[262] A descrição e o confronto referidos são desenvolvidos por G. CONETTI [2000: 569 ss]; M. GEC-KOROSEC [2002: 710 ss]; C. RUDOLF [2003: 158 ss].

116   *A Cláusula de Desvio no Direito de Conflitos*

interdita a aplicação da cláusula de desvio sempre que, no exercício da autonomia conflitual, os interessados tenham escolhido a lei aplicável.

Certo, escapa-nos notícia de decisão eslovena – judicial ou outra – aplicadora do mencionado artigo 2.º E, certo, uma tal informação não será irrelevante em ordem à fixação de juízo acerca do conteúdo e alcance definitivos que àquele preceito legislativo devem ser imputados no âmbito do respectivo sistema legislativo (consoante sábia afirmação de O.W. HOLMES, "[t]he life of the law has not been logic, it has been experience (...) in order to know what it is, we must know (...) what it tends to become."[263]). Isto sabido – e, portanto, feita a prevenção –, arrisca-se a afirmação de que, singelamente tomados no seu elemento gramatical, diferença única aparta as duas disposições: aí onde o preceito suíço não abdica da exigência do carácter manifesto da conexão muito fraca entre a situação e o direito normalmente competente, a disposição eslovena consente no afastamento da lei via de regra aplicável sempre que, para além do mais, for evidente que "a relação com aquela lei não é a mais significativa"[264].

2. Duas notas derradeiras.

A primeira, para dar conta de que a codificação eslovena de Direito Internacional Privado oferece abrigo a ainda outra cláusula de desvio. Acontece por força do segundo parágrafo do seu artigo 30.º, o qual dispõe para o sector circunscrito da responsabilidade extracontratual[265].

A segunda, para registar que, ademais da assinalada função correctora, o princípio da conexão mais estreita vê serem-lhe cometidas, pelo legislador conflitual esloveno, outras atribuições. Assim, por exemplo: em sede de integração de lacunas (artigo 3.º)[266]; em sede de resolução dos problemas especificamente suscitados por ordenamentos jurídicos plurilegislativos (artigo 9.º, 2); em sede de resolução do concurso de nacionalidades estrangeiras (artigo 10.º, 3); com respeito à determinação da lei reguladora da substância do contrato na falta de escolha pelas partes (artigo 20.º); com respeito à determinação da lei reguladora das relações pessoais e patrimoniais entre cônjuges (artigo 38.º, 4).

---

[263] Citação colhida em P. A. KARRER / K.W. ARNOLD [1989: 1]

[264] Acerca da cláusula de desvio com assento no artigo 2.º da codificação eslovena, vd. G. CONETTI [2000: 570-571]; M. GEC-KOROSEC [2002: 714]; C. RUDOLF [2003: 158].

[265] A seu respeito, vd. G. CONETTI [2000: 573-574]; M. GEC-KOROSEC [2002: 736]; C. RUDOLF [2003: 161].

[266] Neste sentido, cfr. C. RUDOLF [2003: 159].

Uma resposta no horizonte: a figura da cláusula de desvio 117

(E) O ARTIGO 19.° DO CÓDIGO BELGA DE DIREITO INTERNACIONAL PRIVADO

1. Entrado em vigor a 1 de Outubro de 2004, o Código belga de Direito Internacional Privado conhece, entre as suas disposições, proposição corporizadora de cláusula de desvio geral (artigo 19.°, sob a epígrafe *Clause d'exception*).

A aprovação do diploma nomeado, ocorrida em 16 de Julho de 2004, teve lugar em momento posterior ao do encerramento da investigação que esteve na base deste estudo.

Não se estranhará, em consequência, que os parágrafos subsequentes privilegiem, sobre tudo o resto, a análise dos vários trabalhos e antece-dentes que culminaram na incorporação, no ordenamento jurídico belga, como texto de lei, do artigo 19.° *supra* mencionado. Resultará de tal análise, segundo se pensa, bom proveito tendo em vista a explicitação do sentido e alcance que são os do artigo 19.° vigente. Para além do mais, porque, quando algumas, são diminutas as diferenças que separam a versão definitiva desse artigo 19.° da dos textos dos preceitos homólogos constantes de trabalhos de preparação legislativa. Considerar-se-á, sucessivamente: (i) o artigo 16.° do *Avant projet de loi portant Code de droit international privé* aprovado, pelo Governo, em 2 de Abril de 1999, na sequência de estudo que, solicitado a grupo de internacionalprivatistas, ia orientado à preparação de diploma compreensivo de regras de competência internacional, de regras de conflitos de leis e de regras em matéria de reconhecimento e execução de actos públicos estrangeiros; (ii) o Parecer que, a solicitação do Governo, o Conselho de Estado emitiu em 12 de Fevereiro de 2001 com referência a tal *Avant-projet*; (iii) o artigo 19.° da *Propostion de loi portant le Code de droit international privé* que, depositada sob o número 3-27/1, foi apresentada por grupo de parlamentares, em 7 de Julho de 2003, junto do Senado.

2. É por demais evidente a influência que o artigo 15.° da Lei Federal suíça sobre o Direito Internacional Privado exerceu sobre o espírito do grupo de peritos que, liderado pelos Professores J. ERAUW, da Universidade de Gent, e M. FALLON, da Universidade Católica de Louvain[267], foi encarregue pelo Governo belga de levar a bom termo o

---

[267] E adicionalmente integrado por: F. Rigaux (Universidade Católica de Louvain), G. Van Hecke (Universidade Católica de Leuven), M. Lienard.Ligny (Universidade de

118 *A Cláusula de Desvio no Direito de Conflitos*

trabalho de codificação de sistema de Direito Internacional Privado. Atesta-a o teor do artigo 16.º do *Avant-projet de loi portant code de droit international privé*[268]. Rezava ele:

Art. 16

Clause d'exception

§ 1er. Le droit désigné par la présente loi n'est exceptionnellement pas applicable lorsqu'il apparaît de l'ensemble des circonstances que la situation n'a qu'un lien très faible avec l'État dont le droit est désigné, alors qu'elle présente des liens très étroits avec un autre État. Dans ce cas, il est fait application du droit de cet autre État.

§ 2. Le paragraphe premier n'est pas applicable en cas de choix du droit applicable par les parties conformément aux dispositions de la présente loi.

Instado, nos termos da lei, a sobre ele emitir aviso, o Conselho de Estado – por sinal céptico quanto à conveniência da empresa de codificação – formulou comentário longe de elogioso[269].

Não, note-se, porque pusesse em causa a bondade da institucionalização legal da figura da cláusula de desvio geral. Aparentemente, não era esse o caso. Em palavras suas, "(...) la diversité des façons dont les conflits de lois peuvent se présenter est assurément si grande qu'il est sans doute nécessaire de prévoir que dans certains cas, le facteur de rattachement «normal» doive faire place à un autre."[270]. Ponto é – acrescentou – que, sob pena do esboroamento dos benefícios que se podem esperar de uma codificação de Direito Internacional Privado, as «excepções» sejam objecto do enquadramento legislativo devido[271]. Semelhante desiderato não lograva alcançá-lo, na perspectiva do Conselho de Estado, o artigo

---

Liège), J. Meeusen (Universidade Instelling, de Antwerpen), H. Van Houtte (Universidade Católica de Leuven) e N. Watte (Universidade Livre de Bruxelles).

[268] O texto integral do mencionado *Avant-projet* é publicado em anexo da *Proposition de Loi* adiante referida em texto (assim sendo, consultável em http://www.senate.be).

[269] Cfr. o *Avis du Conseil d'Etat 29.210/2*, também publicado em anexo da *Propositon de loi portant le Code de droit international privé*.

[270] Cfr. p. 187.

[271] Cfr. p. 187.

16.º considerando. Certo, aquele órgão consultivo foi pronto a reconhecer que a formulação examinanda inculcava o carácter absolutamente excepcional da actuação do mecanismo acolhido nos seus limites[272]; assim como deu de barato que, em si mesma considerada, a redacção aventada não promovia o avantajamento da aplicação da lei do foro[273]; como se congratulou, enfim, com o facto de, por intermédio do seu segundo parágrafo, o artigo 16.º interditar a intervenção da cláusula de desvio sempre que, no exercício de poder legítimo, as partes tivessem escolhido a lei aplicável[274].

Não se quedavam por aqui, porém, as apreciações do Conselho de Estado belga. À uma, chamou a atenção para a amplitude do poder de correcção confiado ao juiz[275]. Avançou para considerar que a formulação aprecianda sequer excluía a possibilidade – a todos os títulos criticável – de, por intermédio do mecanismo acolhido nos seus limites, o aplicador corrigir regra de conflitos não inspirada pelo princípio da proximidade[276]. Em tom crítico ainda mais acentuado, fez valer que "(...) cette clause ébranle si gravement la fermeté des règles du projet qu'elle en compromet l'utilité."[277]. Na mesma linha, prognosticou que "[l]'article 16 du projet introduirait (...) inévitablement une assez redoutable insécurité dans l'ensemble des raisonnements de conflit de lois."[278]. Finalmente, não deixou de chamar a atenção para o que entendia ser uma contradição valorativa de fundo entre o artigo 16.º e outra disposição do anteprojecto, o artigo 3, § 2, o qual, para além do mais, fixava o critério de determinação da nacionalidade relevante em caso de concurso entre a nacionalidade do Estado belga e a de outro(s) Estado(s): tendo um indivíduo duas ou mais nacionalidades e sendo uma delas a belga, só esta relevaria, mesmo não sendo a «mais efectiva», na perspectiva do órgão belga de aplicação do

---

[272] Cfr. p. 183.

[273] Cfr. p. 183.

[274] Cfr. p. 186.

[275] Cfr. p. 183: "L'article 16 donne (...) au juge un véritable pouvoir de correction. Ce pouvoir lui est accordé sans aucune limite ni quant à la matière en cause, ni quant à la nature du critère de rattachement.".

[276] Cfr. p. 184: "La clause d'exception aurait une portée encore bien plus grande si elle devait conduire le juge à corriger le rattachement legal en s'écartant de l'inspiration même de la loi en projet. Le texte de l'article 16 du projet ne l'exclut pas.".

[277] Cfr. p. 186.

[278] Cfr. p. 186.

direito. Ia nisto, segundo o Conselho de Estado, caso de *antinomie irréductible*: "Cette solution du conflit de nationalités est certes classique mais elle n'est pas en harmonie avec la perspective qui vient d'être décrite et qui est celle dans laquelle le projet affirme vouloir se placer: l'application de la loi la plus proche."[279].

3. Mesmo se não todos, alguns dos reparos críticos do Conselho de Estado terão sido escutados. Sugerem-no os termos do artigo 19.° da atrás referida *Proposition de loi portant le Code de droit international privé*, depositada no Senado em 7 de Julho de 2003[280]. Certifica-o a Exposição de Motivos que precede o articulado, por isso que nela se confessa que "[l]es précisions apportées au texte de la proposition tendent à suivre l'avis du Conseil d'Etat."[281]. Dispunha como segue aquele artigo 19.°:

Art. 19

Clause d'exception

§ 1er. Le droit désigné par la présente loi n'est exceptionnellement pas applicable lorsqu'il apparaît manifestement qu'en raison de l'ensemble des circonstances, la situation n'a qu'un lien très faible avec l'État dont le droit est désigné, alors qu'elle présente des liens très étroits avec un autre État. Dans ce cas, il est fait application du droit de cet autre Etat.

Lors de l'application de l'alinéa premier, il est tenu compte, notamment, du besoin de prévisibilité du droit applicable et de la circonstance que la relation en cause a été établie régulièrement selon les règles de droit international privé des Etats avec lesquels cette relation présentait des liens au moment de son établissement.

§ 2. Le paragraphe premier n'est pas applicable en cas de choix du droit applicable par les parties conformément aux dispositions de la présente loi, ou lorsque la désignation du droit applicable repose sur le contenu de celui-ci.

---

[279] Cfr. p. 185.

[280] Texto consultável em http://www.senate.be. Esta *Proposition* veio retomar a Proposta 2-1225 que, apresentada junto do Senado em 1 de Julho de 2002, viria a caducar, em 7 de Julho, por motivo de dissolução das Câmaras.

[281] Cfr. p. 24.

A consideração da Exposição de Motivos revela-se preciosa em ordem à captação do sentido ínsito na fórmula acabada de transcrever. Inerentemente, valiosa em vista da aferição do alcance das inovações surgidas por relação com o homólogo preceito constante do Anteprojecto de 1999.

Apresentada como uma das mais «revolucionárias» de todo o articulado[282] – e, com efeito, escrevendo há apenas poucos anos, M. FALLON e J. MEEUSEN caracterizavam o sistema de Direito Internacional Privado belga como acordando prevalência indiscutível e quase inquebrantável ao valor da segurança jurídica[283] –, a sugestão de institucionalização legal da figura da cláusula de excepção geral apareceu justificada à luz de "(...) objectif géneral inhérent au droit moderne des conflits de lois, à savoir que les règles de rattachement expriment une volonté de saisir la situation internationale en fonction de la proximité de celle-ci avec un ordre juridique étatique."[284]. E a cláusula de excepção referida como ferramenta que "(...) peut aider à nuancer le caractère parfois excessivement rigide de la mise en oeuvre d'une règle de rattachement."[285].

Isto certificado, a Exposição de Motivos prosseguia reflectindo sensibilidade para com algumas das (atrás referidas) advertências do Conselho de Estado. Como no Parecer deste, também na Exposição de Motivos da Proposta apresentada em 2002 é possível ler que "(...) la clause est destinée à revêtir un caractère exceptionnel (...)."[286]. Assim como que "(...) le recours à la clause doit (...) être fonction de l'objectif poursuivi par la règle de rattachement qui concerne la matière en cause."[287]. A consciência de ambos os aspectos esteve na base, consoante expressamente admitido, de algumas das principais inovações por relação com o ar-

---

[282] Cfr. p. 12: "On peut considerer comme des modifications substantielles les éléments suivants: (…) l'insertion d'une clause d'exception (art. 19) permettant de corriger une désignation du droit applicable qui s'avérerait artificielle en fonction des circonstances de l'espèce; (…).".

[283] [2000: 116-117]. Ilustração dessa tendência é captável, segundo os mesmos Autores, na "(...) obstinate refusal of the Court of Cassation to give a more flexible and differentiated interpretation to the *lex loci delicti* rule: in spite of frequent pleas by scholars and lower courts for a more flexible approach, the Court has refused to do so in the absence of clear permission by the legislator.".

[284] Cfr. p. 24.

[285] Cfr. p. 24.

[286] Cfr. p. 24.

[287] Cfr. p. 24.

tigo 16.º do Anteprojecto de 1999. Respectivamente: fundou a exigência de que a desproporção entre a fragilidade dos laços que ligam a situação à lei *prima facie* aplicável e a intensidade das ligações que ela apresenta com outra lei – condição também imposta pelo texto de 1999 – avulte de forma manifesta (cfr. artigo 19.º, § 1.º)[288]; justificou a explicitação de que a intervenção da cláusula de excepção se encontra precludida não apenas em face de uma escolha de lei legitimamente levada a cabo pelas partes, como também no quadro da intervenção de regra de conflitos materialmente orientada (cfr. artigo 19.º, § 2.º)[289].

Algumas notas mais com relação à Exposição de Motivos em apreço e ao trabalho preparatório a que essa Exposição se reporta.

Uma primeira, para dar conta de que, retomando possibilidade aventada pelos peritos incumbidos da empreitada codificadora, assim como também sugerida no Parecer emitido pelo Conselho de Estado, se afirmava na Exposição de Motivos aprecianda que o mecanismo da cláusula de excepção pode ser colocado ao serviço da resolução do problema genericamente conhecido como dos direitos adquiridos. Dispõe como segue a passagem a este respeito pertinente: "Elle [la clause d'exception] peut aider le juge à donner une réponse équitable à des difficultés issues du manque de coordination de systèmes étatiques différents. Notamment, elle peut aider à résoudre la problématique des droits acquis à l'étranger."[290]. Segundo se confessou, não tinha sido outra convicção a determinar a consagração, no artigo 19.º examinando, da exigência de que na sua avaliação o aplicador tivesse em conta se "(...) la relation en cause a été établie régulièrement selon les règles de droit international privé des Etats avec lesquels cette rélation présentait des liens au moment de son établissement.".

Uma segunda, igualmente breve, para deixar registo de que, "lado a lado" com a figura da cláusula de desvio geral, a *Proposition de loi*

---

[288] Cfr. p. 24: "Les précisions apportées au texte suite à l'avis du Conseil d'Etat insistent encore sur le caractère exceptionnel de la clause en exigeant que la constation des liens en question soit manifeste."

[289] Cfr. p. 24: "(...) le procédé se concilie mal avec un système de rattachement complexe utilisant plusieurs droits de manière alternative, dans le but de designer celui dont le contenu répond à une atteinte du législateur du for (...). De fait, l'utilisation de la clause d'exception ne saurait servir à faire dépendre la designation du droit applicable du contenu de celui-ci.".

[290] Cfr. p. 24.

Uma resposta no horizonte: a figura da cláusula de desvio 123

examinanda recebia a figura da cláusula de desvio no domínio materialmente circunscrito da adopção. Acontecia por intermédio da última proposição do seu artigo 67.°. É de duvidar, porém, que se tratasse, aí, de cláusula de desvio filiada no "princípio fundador da conexão mais estreita". À uma, porque a evicção do direito normalmente competente só podia dar-se "em proveito" da lei belga. Depois, porque a aplicação desviante da lei belga deveria acontecer quando, para além do mais que em seguida se explicitará, o(s) adoptante(s) mantivesse(m) com a Bélgica laços manifestamente estreitos, independentemente da intensidade das ligações que apresentasse(m) com o Estado cuja lei é primariamente designada (é manifesto o contraste com a formulação do artigo 19.°, § 1.°). Enfim, porque factor deflagrador da ponderação de evicção da lei (estrangeira) normalmente competente era a consideração, pelo aplicador, de que a opção por este direito atentaria flagrantemente contra os superiores interesses do adoptando[291].

4. Adoptada pelo Senado a 29 de Abril de 2004[292] e, assim, formalmente convertida em *Projet de loi portant le Code de droit international privé*, a *Proposition de Loi* atrás examinanda – *rectius*, aquele *Projet* – veio a ser, nos termos constitucionais, submetida à apreciação definitiva da Câmara dos Representantes. Aconteceu em 16 de Julho de 2004, data que testemunhou a aprovação, enfim, de *Loi portant le Code de droit international privé*. De entre o seu articulado, disposição – o artigo 19.° – insti-

---

[291] Ocioso dizê-lo, a coexistência num mesmo *corpus* de cláusula de desvio geral e de cláusula(s) de desvio especial(is) suscita dúvida relativa à correspondente oportuni-dade de intervenção. Resultará do adágio *specialia generalibus derogat* que, no quadro do seu domínio material de aplicação, a cláusula de desvio especial prevalece e preclude a intervenção de cláusula de desvio geral? Esta exacta pergunta foi por J. Foyer colocada a M. Verwilghen por ocasião de comunicação que, tendo por objecto os trabalhos belgas de codificação, este apresentou ao *Comité français de droit international privé* em Maio de 1999. É-se informado de que M. Verwilghen houvera ele próprio confrontado um dos autores do *Avant-projet* com questão semelhante. Segundo relata, foi-lhe oferecido como resposta que nada impede a intervenção sucessiva dos dois mecanismos, a cláusula de desvio geral depois da especial. No aviso de M. Verwilghen [2001: 158], trata-se de entendimento académico. Em palavras suas, "[p]our un magistrat, décider que l'intérêt supérieur de l'enfant est de voir son adoption régie par telle loi, c'est trancher définitive-ment le pro-blème. Il ne changera plus d'avis et les clauses d'exception «en cascade» ne l'intéresseront pas.".

[292] Para consulat do texto adoptado em sessão plenária do Senado, cf. o documento 3-27/9, consultável em http://www.senate.be.

124 *A Cláusula de Desvio no Direito de Conflitos*

tucionalizadora da figura da cláusula de desvio geral. Nada separa o seu teor do da disposição homóloga constante da *Proposition de Loi* de 2003.

5. Acontecendo que "[o] direito comparado toma como objecto de análise não só as normas vistas em si mesmas, mas tal como os juristas as entendem e interpretam"[293], não seria de mais esperar que ao já exposto acrescesse relato do modo como a doutrina, *maxime* a belga, encarou a incorporação, no quadro do sistema de Direito Internacional Privado local, da figura da cláusula de desvio geral. Ocorre que, tendo a aprovação e a entrada em vigor da Lei de 2004 ocorrido em momento posterior ao do encerramento da investigação que serviu de suporte ao texto presente, não se está em condições de oferecer tal relato. Dá-se conta, como quer que seja, de reacções emitidas em face dos seus antecedentes. A proximidade com eles mantida pela versão em defiinito aprovada oferece sentido útil ao exercício.

Faz-se referência, em primeiro lugar, a estudo de L. BARNICH intitulado "La clause d'exception dans la proposition de loi portant le code de droit international privé"[294]. Nele, o *notaire* e colaborador da *Université Libre de Bruxelles* tece comentários assaz duros à figura da cláusula de excepção. Inerentemente, exprime visão muito crítica acerca das sugestões de introdução, no sistema belga de Direito Internacional Privado, de cláusula de desvio geral. Move-o nessa leitura a convicção enraizada de que "(...) le remède [n']est [pas] à la mesure des maux qu'il se propose d'apaiser."[295]. As razões por si avançadas são fundamentalmente três. Faz valer, por uma parte, que a flexibilidade alcançável mediante cláusula de desvio tem o preço, demasiado caro, do sacrifício da principal vantagem da regra de conflitos «abstracta» e com elemento de conexão rígido, a previsibilidade[296]. Sustenta, por outra parte, que, ao arrepio do afirmado

---

[293] J. CASTRO MENDES [1983: 16].

[294] Agradecimento é devido pela forma pronta e muito gentil como o Autor acedeu à disponibilização do seu (à altura ainda não publicado) escrito, hoje parte integrante da obra colectiva *Mélanges John Kirkpatrick*, Bruxelles, Bruylant, 2004. A identificação das passagens citadas faz-se com referência ao documento amavelmente cedido.

[295] P. 6.

[296] São suas as seguintes palavras: "(...) aucun lien ni aucun rattachement n'est «étroit» avant que l'on ait décidé de lui reconnaître ce caractère (...).". Ora, "(...) puisque le procédé se borne à privilégier un élément matériel precis d'une situation internationale dans le seul but d'assurer une plus grande certitude des solutions, il importe peu au fond

Uma resposta no horizonte: a figura da cláusula de desvio   125

na Exposição de Motivos, a técnica da cláusula de desvio não logra oferecer resposta satisfatória, ao menos na generalidade das hipóteses, para a problemática do reconhecimento dos direitos adquiridos. Consoante afirma "[i]l sera nécessaire, pour aboutir à ce résultat, que la loi d'après laquelle le rapport de droit a été créé, à l'étranger, présente avec l'espèce des liens plus étroits qu'avec la loi normalement compétente, ce qui ne sera forcé-ment le cas."[297]. Por último, chama a atenção para que a figura da cláusula de desvio não permite atender a preocupações, em seu atender legítimas, de justiça material. Assim, muito simplesmente, porquanto "(...) rien ne permet de croire qu'une loi «plus proche» sera une loi «plus juste»."[298].

Foi também uma visão muito crítica a que perpassou da comunicação apresentada por M. VERWILGHEN na Sessão de 19 de Maio de 1999 do *Comité français de droit international privé*. Convidado a oferecer relato dos trabalhos de codificação, o Autor não hesita em reconduzir a «ligne de faîte philosophique» do *Avant-projet* "(...) à (...) la recherche d'un juste milieu entre la rigidité des normes écrites et la souplesse des solutions applicables aux cas concrets."[299]. Expressão de preocupação flexibilizadora divisa-a M. VERWILGHEN, precisamente, na proposta de institucionalização legal da figura da cláusula de desvio. Mas eis que o Autor confronta o auditório com a seguinte pergunta: "(...) chercher en même temps rigueur et souplesse, n'est-ce pas partir en quête de l'inaccessible étoile, voire emprunter le plus périlleux des chemins?"[300]. Ele mesmo oferece a resposta: "D'aucuns relèveront que divers Codes nationaux de droit international privé connaissent ces «clauses d'exception», sans que celles-ci n'aient causé les ravages prophétisés par des chercheurs de malheurs. Ils citerons entre d'autres l'exemple suisse, modèle du genre. Mais des plumes autorisées et acérées se sont empressées de dénoncer ce

---

que cet élément matériel soit contingent. Ce qui compte avant tout c'est qu'il soit certain et facile à localiser. / Introduire de la flexibilité dans le mécanisme, c'est rendre la règle de rattachement incertaine et lui ôter le principal avantage que l'on pouvait en attendre. / (...) Est-il si évident qu'un rattachement que le juge estimera plus proche sera un rattachement juste?" (p. 6).

[297] P. 7.

[298] P. 7.

[299] [2001: 137-138].

[300] *Idem*.

genre de construction hybride."[301]. Estendendo o olhar crítico à cláusula de desvio proposta no domínio circunscrito da adopção[302], M. VERWILGHEN – a verdade impõe dizê-lo – viu o respectivo ponto de vista secundado por alguns dos seus mais reputados interlocutores, de que exemplos são J.-M. BISCHOFF[303] e A. HUET[304].

(F) O ARTIGO 11.º DO ESBOÇO HOLANDÊS DE LEI GERAL SOBRE O DIREITO INTERNACIONAL PRIVADO

1. Mesmo se não se analisa já, como até há apenas uma dúzia de anos, em ordenação de base predominantemente doutrinal e jurisprudencial, o Direito Internacional Privado neerlandês continua a autorizar a afirmação de que as regras correspondentes "(...) present a kaleidoscopic, even chaotic picture"[305]. Duas ordens principais de razões concorrem para fundamentar semelhante apreciação: (i) por uma parte, a extrema complexidade do sistema de fontes (resultado já do elevado número de convenções internacionais de que os Países-Baixos são parte, já do

---

[301] [2001: 138].

[302] Cfr. [2001: 138], onde pode ler-se: "Deux dispositions fixent le droit applicable à l'établissement de la filiation adoptive en des termes si nets qu'ils ne postulent apparemment aucune interprétation. Grâce à ces deux premiers paragraphes consacrant des critères objectifs, la prévisibilité du droit autant que la sécurité juridique sont pleinement assurées. Mais voici que le § 3 introduit une exception si considérable que le bénéfice de ces avantages disparaît. En vérité, la désignation ultime du droit applicable est laissée à l'arbitraire, même bien intentionné, du juge appelé à apprécier l'intérêt supérieur de l'adopté. Pratiquement, la règle devra se lire à l'envers: tout magistrat examinera d'abord si l'exception ne doit pas l'emporter sur la règle de principe, ce qui revient à dire que l'exception fondée sur le critère subjective deviendra le principe ...".

[303] Cfr. a intervenção ocorrida por ocasião do debate que se seguiu à comunicação de M. VERWILGHEN e que encontra registo em *Droit international privé. Travaux du Comité français de droit international privé, Années 1998-1999, 1999-2000*, Paris, Pedone, 2001, p. 157.

[304] Cfr. a intervenção ocorrida por ocasião do debate que se seguiu à comunicação de M. VERWILGHEN e que encontra registo em *Droit international privé. Travaux du Comité français de droit international privé, Années 1998-1999, 1999-2000*, Paris, Pedone, 2001, p. 159.

[305] A afirmação é de M. V. POLAK [1991: 312], em face do "estado de coisas" verificável há cerca de uma dúzia de anos.

Uma resposta no horizonte: a figura da cláusula de desvio 127

papel reservado à actuação dos tribunais, já, enfim e não menos significativamente, do intensíssimo labor do legislador conflitual neerlandês); (ii) por outra, a circunstância de ainda não terem chegado a bom porto os intentos de reunião ou consolidação, em lei única, das regras neerlandesas de Direito Internacional Privado.

Semelhantes intentos de codificação geral remontam ao princípio da década de oitenta do século transacto.

Assim é que, no ano de 1982, o executivo neerlandês fazia chegar à *Staatscommissie voor het Internationaal Privaatrecht* versão preliminar, não publicada e informalmente referida como *Livro Azul*, do que, na hipótese de êxito da iniciativa, deveria vir a analisar-se, atentos os problemas e as matérias abrangidos, em verdadeira e própria Lei Geral de Direito Internacional Privado. O sucesso do *Projecto Livro Azul*, porém, não se verificaria. Após anos de dúvidas e discussões, abalo decisivo veio a constituir o juízo maioritariamente reprovador saído, em 1990, da reunião anual da Associação Neerlandesa para o Direito Internacional (*Nederlandse Vereniging voor Internationaal recht*).

Fazendo publicar o *Esboço de Lei Geral de Direito Internacional Privado* (*Schets van een algemene wet betreffende het Internationaal Privaatrecht*), o Governo dos Países Baixos retomaria a iniciativa logo em 1992. Também conhecido como *Livro vermelho* (*rode boek*), tal *Esboço* compilava, ademais de dez disposições «inovadoras» votadas a problemas gerais do Direito de Conflitos (*Algemene bepalingen*), todas as regras – de fonte interna como internacional – que, em 1992, constituíam o Direito de Conflitos vigente nos Países Baixos[306].

Por isso que nele era era admissível detectar – e foi detectada – a figura da cláusula de desvio geral, atenção particular é devida ao artigo 8.º do mencionado *Esboço* de (Agosto de) 1992. Dispunha ele:

"Fica precludida a aplicação de norma de conflitos da presente lei ou dos preceitos da lei indicada por tal norma de conflitos quando essa

---

[306] O texto correspondente é consultável na *Nederlands Internationaal Privaatrecht, Repertorium op verdragenrecht, wetgeving, rechtspraak en literatuur* [1992: 452 ss]; *idem* [1994: 112 ss]; *Weekblad voor privaatrecht, Notariaat en Registratie* [1993, n.º 6103: 605 ss]. A seu respeito, afigura-se de particular interesse a consulta das comunicações proferidas em 10 de Dezembro de 1993, por ocasião de seminário, e reúnidas em número especial de 1994, já referido, da *Nederlands Internationaal Privaatrecht, Repertorium op verdragenrecht, wetgeving, rechtspraak en literatuur*.

aplicação conduza a resultado manifestamente contrário à ordem pública. [Essa também pode ser a consequência quando, atentas as circunstâncias do caso, aquela aplicação redunde em resultado inaceitável segundo critérios de razoabilidade e justiça]"[307].

Detendo o olhar, dar-nos-emos conta, antes do mais, que o preceito transcrito levava a cabo o emparelhamento da figura da cláusula de desvio geral com o instituto da excepção de ordem pública internacional. Certo, a solução não era original (assim, é pensar na solução por P. H. NEUHAUS e J. KROPHOLLER apresentada por ocasião da reforma do Direito Internacional Privado alemão[308]). Residiu nesse acoplamento, como quer que fosse, a origem de alguns dos mais severos reparos de que o artigo 8.° veio a ser alvo. Segundo entendimento assaz divulgado[309], a disposição desentranhava-se numa *peculiar amálgama* só explicável, segundo A.E. von OVERBECK, pelo facto de os proponentes do texto não estarem seguros quanto às oportunidade e conveniência da inclusão, no *Esboço*, de uma *algemene exceptieclausule*: "(...) parce qu'ils n'étaient pas sûrs de leur proposition, (...) les auteurs du texte ont préféré l'accoler à une disposition généralement admise."[310] (e, com efeito, é facto que o texto correspondente à segunda proposição do artigo 8.° aparece colocado entre parêntesis).

Mas ainda outro traço esteve na mira do olhar crítico dos comentadores do artigo 8.°. Faz-se referência à fórmula "critérios de razoabilidade e justiça", herança verosímel dos célebres arestos *Chelouche/van Leer* e *Tan/Bavinck*. Conforme amplamente sublinhado pela doutrina neerlandesa, colocar critérios de "razoabilidade e justiça" no coração de expediente de correcção que se pretende distinto da reserva de ordem pública internacional monta, mesmo na mais benigna das interpretações, a dar azo a todas as dúvidas; numa interpretação menos condescendente,

---

[307] A tradução é da minha responsabilidade. Dispõe-se na versão original: "De toepassing van een verwijzingsregel van deze wet of van een recht waarnaar zulk een verwijkingsregel verwijst blijft achterwege, indien die toepassing zou leiden tot een uitkomst die kennelijk onverenigbaar is met de openbare orde. [Zulks kan ook dan het geval zijn, indien die uitkomst in de gegeven omstandigheden naar maatstaven van redelijkheid en billijkheid onaanvaardbaar zou zijn]".

[308] [1980].

[309] A indicação consta de K. BOELE-WOELKI [1995: 266].

[310] A. E. von OVERBECK [1994a: 36].

exibe sentimento de injustificada «sobreestima pátria» (*nationale zelfoverschatting*) e corresponde a ceder a «sintoma nacionalista do Direito Internacional Privado neerlandês» (*symptoom van een nationalistische stromig in het Nederlandse internationaal privaatrecht*)[311]. "Que em todas as decisões de Direito Internacional Privado tenha de ser aposto carimbo com os dizeres «razoável e justo», é pura e simplesmente inaceitável", alvitrou I. S. JOPEE[312]. Citando GRISWOLD, escreveu, por seu turno, J. C. SCHULTSZ: "To say that each state must seek the result which it regards as just under all the circumstances, including the extra-state elements and laws, is simply to deny the existence and purpose of the conflict of laws."[313].

Acusações de chauvinismo à parte, não suscitará reservas a afirmação de que a segunda frase do artigo 8.º do *Esboço* neerlandês de Agosto de 1992 escancarava a porta à consideração de critérios de justiça material. Precisamente assinalando o abismo para com as por si crismadas «*clauses d'exception conflictuelles*», A.E. VON OVERBECK não deixou de fazer notar que disposições como o artigo 8.º "(...) donnent un large pouvoir d'appréciation au juge, lui permettant de remplacer une loi, en soi compétente, par une autre qu'il estime matériellement préférable. On peut parler ici du «better law approach»."[314].

2. Muito diferente é a orientação a que parece obedecer o artigo 11.º de um importante documento de trabalho publicado, em Junho de 2002, pela *Staatscommissie voor het Internationaal Privaatrecht*. Contendo uma proposta de redacção de dezassete disposições versando problemas gerais do Direito de Conflitos – como sabido, as respostas para os problemas gerais do Direito de Conflitos permanecem sendo, nos Países Baixos, as formuladas pela doutrina e jurisprudência –, aquele documento de trabalho dispõe, no mencionado artigo 11.º, sob a epígrafe «*Excepção Geral*»:

> "1. O direito designado por uma regra legal fundada no princípio da conexão mais estreita não é aplicável excepcionalmente se, tendo em conta todas as circunstâncias, for manifesto que a causa apenas tem com esse

---

[311] As expressões são de J. C. SCHULTSZ [1994: 33].

[312] [1994: 88].

[313] [1994: 33, nota 13].

[314] [1994a: 40].

130   *A Cláusula de Desvio no Direito de Conflitos*

direito uma relação muito ténue, enquanto com outro direito tem uma relação muito mais estreita. Nessa hipótese, é aplicável este direito.
2. O número 1 não é aplicável em caso de uma válida escolha de direito pelas partes."[315].

Ilumina a disposição transcrita o Relatório – de resto, extenso – de que a *Staatscommissie voor het Internationaal Privaatrecht* a faz acompanhar[316]. Começando por fazer notar que a figura da cláusula de desvio não é desconhecida do Direito de Conflitos neerlandês – demonstração disso seriam tanto os artigos 4.°, número 5, e 6.°, número 2, da Convenção de Roma de 1980, como o artigo 3.°, número 3, da Convenção da Haia de 1 de Agosto de 1989 sobre a Lei Aplicável à Sucessão por Morte[317] – e acolhendo a distinção doutrinal entre «claúsulas de excepção em sentido estrito» (*exceptieclausules in strikte zin*) e «cláusulas de excepção em sentido amplo» (*exceptieclausules in ruime zin*)[318], a *Staatscommissie* progride para manifestar todas as reservas relativamente a solução como a corporizada no artigo 8.° do *Esboço* de 1992[319]. Reiterando o sentido geral de críticas atrás reportadas, o Relatório da *Staatscommissie* confere relevo especial, de entre os inconvenientes e perigos em seu entender forçosamente associados ao artigo 8.° do *Esboço* de 1992, ao avantajamento injustificado das concepções jurídico-materiais do foro, à cedência à perspectiva da *better-law approach* e à insegurança jurídica. Tudo pon-derado, o seu parecer vai no sentido de que a uma "cláusula de excepção ampla ou espaçosa" se substitua outra, inspirada na prototípica

---

[315] A tradução, livre, é da nossa responsabilidade. Dispõe-se na versão original: "Artikle 11 – Algemene exceptie. 1. Het recht dat is aangewezen door een wettelijke regel die berust op een veronderstelde nauwe band met dat recht, blijft bij uitzondering buiten toepassing, indien, gelet op alle omstandigheden van het geval, kennelijk de in die regel veronderstelde nauwe band slechts in zeer geringe mate bestaat, en met een ander recht een veel nauwere band bestaat. In dat geval dient dat andere recht te worden toegepast. 2. Het eerste lid ist niet van toepassing in geval van een geldige rechtskeuze van partijen.".

[316] Espraiando-se por 78 páginas, o mencionado Relatório da *Staatscommissie voor het Internationaal Privaatrecht*, datado de 1 de Junho de 2002 – *Rapport aan de Minister van Justitie. Algemene bepalingen wet Internationaal Privaatrecht –*, é consultável em < http: //www.justitie.nl/themas/wetgeving/rapporten-en-notas/privaatrecht/ staatscommissie-ipr.asp>.

[317] Cfr. o ponto 67 do Relatório.

[318] Cfr. os pontos 68, 69 e 70.

[319] Cfr. os pontos 70 e 71.

suíça[320]. No aviso da *Staatscommissie*, depõem em favor desta solução – afinal, a contemplada no artigo 11.° do articulado por si avançado – três trunfos principais, quais sejam, a tutela da justiça conflitual, a prevenção do recurso a *escape devices* ou *covert techniques* e a delimitação tanto quanto possível rigorosa do poder de correcção por parte do aplicador. Ponto é, sempre no aviso do mesmo organismo: – que formulação que venha a ser adoptada seja, como a sugerida, irrepreensivelmente compatível com o princípio da paridade de tratamento entre ordenamentos jurídicos; – que tal cláusula seja de aplicação oficiosa; – que tal cláusula apenas tenha por objecto a correcção de regras de conflitos permeáveis ao princípio da conexão mais estreita; – que o teor das soluções jurídico--materiais do direito competente, assim bem como dificuldades na determinação do conteúdo do direito estrangeiro aplicável, não sejam factores determinantes da intervenção do mecanismo; – que este só possa actuar sobre regras de conflitos de fonte interna; – que a cláusula seja inaplicável sempre que funcionar a autonomia da vontade em Direito Internacional Privado.

3. Escrevendo em 1995, K. BOELE-WOELKI prognosticou que uma Lei geral neerlandesa de Direito Internacional Privado não estaria disponível antes do final do século[321]. Não se enganou. Já bem entrados no século XXI, a «consolidação» do Direito Internacional Privado neerlandês ainda não conheceu o seu êxito. Atentos os esforços nesse sentido desenvolvidos, porém, o desfecho não deve estar longe. O que é mais e sobremaneira importa sublinhar, não deverá causar surpresa a inclusão, entre os preceitos de tal Lei geral, de disposição corporizadora de cláusula de desvio geral.

Ademais de indiciada pelos trabalhos de preparação legislativa, tal inclusão parece conforme ao sentido da prática do *Hoge Raad* posterior a 1963 (foi em 1963 que o Supremo Tribunal de Justiça neerlandês se viu investido de poderes de cassação): "In nearly every case which was finally decided by the Supreme Court, it was held that the rule which in a certain case was to be applied only *in principle* designated the applicable law. Under certain circumstances, which were frequently not further specified,

---

[320] Cfr. os pontos 72, 73, 74, 75 e 76.

[321] [1995: 264]]

it could have been possible to apply another connecting factor and therefore another conflict of law rule."[322].

Mas não só. De registar é, finalmente, que, descontada a orientação toda-particular imprimida à segunda frase do artigo 8.° do *Esboço* de 1992, a figura da cláusula de desvio geral granjeia, há já alguns bons pares de anos, os favores de nomes destacados da doutrina internacional privatista neerlandesa[323]. Disso reflexo é o visitado artigo 11.° do Relatório de 2002 da *Staatscommissie voor het Internationaal Privaatrecht*, organismo que, instituído em 1897, conta, entre os membros actuais, nomes destacados como são os de A. STRUYCKEN, H. JESSURUN D'OLIVEIRA, L. STRIKWERDA, I.S. JOPPE, P. VLAS, M.V. POLAK, entre outros.

A terminar, dê-se conta de que, vindo a integrar o direito de conflitos vigente nos Países-Baixos – "[i]f not, it is our belief that the Dutch courts will always find a way out of a straight-jacket system which contains hard-and-fast-rules."[324] – vindo a integrar o direito de conflitos vigente nos Países-Baixos, dizia-se, a figura da cláusula de desvio geral coexistirá com cláusulas de desvio sectoriais.

---

[322] K. BOELE-WOELKI / C. JOUSTRA / G. STEENHOFF [2000: 302].

[323] Assim, cfr. M.V. POLAK "Naar een gecodificeerd internationaal privaatrecht!", *Nederlandse Vereniging voor Internationaal Recht*, n.° 101, p. 46; D. KOKKINI-IATRIDOU – K. BOELE-WOELKI [1992: 506 ss//511ss]; J. van ALKEMADE [1994: 87]; I.S. JOPPE [1994: 88]; M.V. POLAK [1994: 87]; A. VONKEN [1994: 89]; K. BOELE-WOELKI [1994a: 85]; [1994b: 269]; K. BOELE-WOELKI / C. JOUSTRA / G. STEENHOFF [2000: 302]. Contrastante é o entendimento de J.C. SCHULTSZ, Autor cujo pensamento parece ter registado uma evolução. Manifestando-se em 1979, por ocasião do *Freiburger Kolloquium über den schweizersichen Entwurf zu einem Bundesgesetz über das internationale Privatrecht*, J. C. SCHULTSZ [1980: 10] inscrevia o seu nome entre o dos sufragistas da cláusula de desvio geral. Escrevendo década e meia mais tarde, o Autor [1994: 33] pondera uma eventual ousadia das palavras proferidas por ocasião daquele Colóquio. Não, segundo informa, porque seja de recear que a introdução de cláusula de desvio geral redunde no "desencaminhar" da prática judiciária neerlandesa. O seu temor é outro. É que, recorda, também aos particulares, para não falar já dos advogados, notários e juizes estrangeiros a quem é pedida uma "opinion", um "certificat de coutume" ou uma decisão judicial, é imprescindível a possibilidade de anteciparem o direito aplicável. No fundo, defende, é como dizia H. BATIFFOL [1973: 96]: "(...) les problèmes de droit se posent le plus souvent en dehors de toute action en justice; force est donc bien de faire en sorte que les individus sachent ce qu'ils peuvent faire ou ne pas faire, quelles seront les conséquences de leurs actes sans les obliger à se faire un proccès pour le savoir.".

[324] K. BOELE-WOELKI / C. JOUSTRA / G. STEENHOFF [2000: 302].

SECÇÃO II. CLÁUSULAS DE DESVIO ESPECIAIS

1. De harmonia com esquema pré-delineado, é chegada a oportunidade de oferecer relato dos resultados da investigação adrede subordinada à prescrutação, em sistemas conflituais de fonte interna vários, de concretizações da figura da cláusula de desvio especial.

Tarefa espinhosa, diga-se. Certo, nunca seria questão de tal relato compreender no seu horizonte a referência a disposições que, mau grado por autores referidas como «cláusulas de desvio especiais fechadas», escapam, vistas bem as coisas e atentas razões já avançadas, à caracterização como cláusulas de desvio. Certo também, nunca seria o caso de tal relato dever referência a disposições que se circunscrevem ao comando da aplicação do sistema que tem com a situação *sub iudice* a relação mais significativa; quando assim aconteça, nenhuma margem de intervenção é deixada à função correctiva do princípio da conexão mais estreita e, inerentemente, nenhuma possibilidade há de vislumbrar, aí, cláusula de desvio.

Tarefa espinhosa, ainda assim. É que, por isso que os dedos de quatro mãos não são já bastantes para apontar todas as cláusulas de desvio especiais com origem em fonte interna, depara-se-nos dilema decorrente da necessidade de opção por um dos seguintes caminhos: enveredar por relato minucioso de todos os elementos ao longo da investigação inventariados; em alternativa, circunscrever a exposição a não mais do que a perfunctória indicação dos mesmos. Qualquer das vias tem a suportá-la boas razões. Se a primeira potencia a amostragem dos frutos da investigação desenvolvida – aspiração legítima de qualquer estudioso –, a segunda permite obviar aos inconvenientes da exposição que, tendo princípio e meio, parece não ter fim...

Conscientes do quadro, circunscreveremos a exposição ao domínio da responsabilidade extracontratual.

2. A fazer fé em afirmação frequente por parte dos autores[325], tal domínio constitui o terreno onde o fenómeno das cláusulas de desvio se vem manifestando com maior expressão. Mesmo sendo verdade que uma tal avaliação leva subjacente, não raro e em medida não desprezível, a inclusão indevida de *"extranei"* no universo das verdadeiras e próprias cláusulas de desvio, assistir-lhe-á, quando menos, a virtude de colocar em relevo facto nesta sede merecedor de registo.

Faz-se referência à chamada de atenção doutrinal, particularmente insistente desde o fim da II Guerra Mundial, para a inadequação do monopólio da conexão do *loci delicti*[326]. Percorram-se J.H.C. MORRIS[327], H. BINDER[328], P. BOUREL[329], G. BEITZKE[330], W. MUMMENHOFF[331], O. KAHN-FREUND[332], J. KROPHOLLER[333], B. HANOTIAU[334] ou Th. M. DE BOER[335]. Descontadas naturais diferenças de enfoque, o que todos afirmam e reivindicam é a desejabilidade do *"assouplissement du loci delicti"* (C. DUBLER), do *"softening of the fixed reference"* (P. HAY), do *"Auflockerung des Deliktsstatus"* (H. BINDER). Certificando que "(...) le principe selon lequel s'applique la loi du lieu du délit devrait être maintenu, mais que ce principe devrait faire l'objet d'exceptions lorsque le lieu du délit est purement fortuit ou lorsque l'environnement social des parties est différent de l'environnement géographique du délit (...)", navega na mesma onda a Resolução adoptada, em 11 de Setembro de 1969, na sua Sessão de Edimburgo, pelo Instituto de Direito Internacional[336].

---

[325] Mas relativamente à qual exibe discordância P. LAGARDE [1986: 103].

[326] Certo, a alusão ao "tradicional monopólio da conexão do *loci delicti*" não pode fazer esquecer o papel de destaque que neste sector do jurídico foi historicamente desempenhado – e, em alguns direitos, ainda é – pela *lex fori.*

[327] [1951].

[328] [1955: *maxime* 498].

[329] [1961].

[330] [1965].

[331] [1965: *maxime* 481].

[332] [1968].

[333] [1969].

[334] [1982].

[335] [1987].

[336] E, com efeito, cfr. os artigos 1.°, 2.° e 3.° constantes da Resolução referida em texto, disponível em *Annuaire de l'Institut de droit international* [1969: 370 ss].

No plano do direito legislado, os reflexos das apontadas observações fizeram-se sentir de modos distintos.

Há a assinalar, por uma parte, a delineação de tendência consistente na especialização do Direito de Conflitos da responsabilidade extra-contratual (mesmo se, com S. ALVAREZ GONZÁLEZ, se entender que falar em «especialização» das regras de conflitos só pode relevar de postura optimista por isso que "(...) al cabo, no se trata, en el mejor de los casos, sino de una generalidad atenuada (...)"[337]). Rigorosamente, há ainda aqui que distinguir consoante esse «fine tuning» ou «splitting up of choice--of-law rules» é de ordem qualitativa, isto é, requerido «por razón del problema o grupo de problemas contemplados»[338], ou, diversamente, assente na doutrina dos pontos de contacto, isto é, justificada «por razón de la dispersión de los elementos de la situacion juridica»[339] e consubstanciada em sub-regras de conflitos em que, como noutro momento já referido, alguns (indevidamente) reconhecem cláusulas de desvio especiais fechadas[340].

Mas não apenas. Esparsas por sistemas conflituais de fonte interna vários, as normas que, editadas para o domínio da responsabilidade

---

[337] Cfr. S. ALVAREZ GONZÁLEZ [1995: 777].

[338] S. ALVAREZ GONZÁLEZ [1995: 785]. Com respeito a esta modalidade de especialização, cfr. a lição de P. BOUREL [1989].

[339] S. ALVAREZ GONZÁLEZ [1995: 785].

[340] Para além do noutro momento referido artigo 45.º, número 3, do Código Civil português, são também, decerto que entre outros, os casos: do artigo 31.º, número 2, da Lei polaca de 12 de Novembro de 1965 sobre Direito Internacional Privado; do artigo 17.º, número 3, da Lei de 5 de Dezembro de 1975 da antiga República Federal Alemã; do artigo 32.º, número 3, da lei magiar de Direito Internacional Privado aprovada por Decreto-Lei do Presidium da República Popular Húngara publicado no Jornal Oficial, a 31 de Maio de 1979; do artigo 146.º, número 1, segunda frase, dos Princípios Gerais do Código Civil da República Popular da China, aprovados pela Assembleia Popular Nacional a 12 de Abril de 1986; do artigo 133.º, número 1, da Lei suíça de Direito Internacional Privado; do artigo 3126.º, terceiro parágrafo, do Código Civil do Quebeque; do artigo 62.º, número 2, da Lei italiana de 31 de Maio de 1995; do artigo 70.º, 3, do Código tunisino de Direito Internacional Privado, aprovado pela Lei n.º 98-97, de 27 de Novembro de 1998; do artigo 1129.º, número 2, do Código Civil da Bielorússia, em vigor desde 1 de Julho de 1999; do artigo 1117.º, número 2, do Código Civil da República do Casaquistão, em vigor desde 1 de Julho de 1999; do artigo 44.º, número 3, do Código Civil de Macau, aprovado pelo Decreto-Lei n.º 39/99/M, de 3 de Agosto; do artigo 3.º, número 3, da neerlandesa *Wet Conflictenrecht onrechtmatige daad*, em vigor desde 1 de Junho de 2001; do artigo 1219.º, número 2, da Lei federal russa n.º 146, de 26 de Novembro de 2001.

136 *A cláusula de desvio no direito de conflitos*

extracontratual, corporizam, com propriedade, a figura da cláusula de desvio (especial), inscrevem-se, com evidente legitimidade, no aludido movimento de afastamento da regra geral em matéria de delitos. São delas exemplos: o § 48, (1), segunda frase, da Lei austríaca de 15 de Junho de 1978; o artigo 25.º, parágrafo 3.º, da Lei turca n.º 2675, de 20 de Maio de 1982[341]; a secção 12 da Parte III do *1995 Private International Law (Miscellaneous Provisions) Act,* do Reino Unido; o artigo 52.º, número 1, segunda frase, da Lei do Liechtenstein, de 19 de Setembro de 1996; o artigo 41.º da Lei de Introdução ao Código Civil alemão; o artigo 30.º, número 2, da Lei eslovena de 30 de Junho de 1999; o artigo 53.º da Lei estónia de Direito Internacional Privado, entrada em vigor a 1 de Julho de 2002.

Impondo-se-nos a tarefa de progredir na ilustração do modo-de-ser e do modo-de-actuar da cláusula de desvio em sede de responsabilidade extracontratual, tomaremos três das disposições referidas para objecto de exposição mais desenvolvida. Assim, considerar-se-ão: o § 48, (1), segunda frase, da Lei austríaca de 15 de Junho de 1978 (*infra,* número 3); a secção 12 da Parte III do *1995 Private International Law (Miscellaneous Provisions) Act,* do Reino Unido (*infra,* número 4); o artigo 41.º da Lei de Introdução ao Código Civil alemão (*infra,* número 5).

3. Não se tendo quedado por uma das duas soluções mais usuais à época, veio a dispor como segue o § 48 (1) da Lei austríaca de Direito Internacional Privado:

> "A responsabilidade extracontratual é regulada pela lei do Estado em que ocorrer a conduta causadora do prejuízo. Se, porém, se verificar uma

---

[341] Publicada na *Resmi Gazete* – o jornal oficial turco – a 22 de Maio de 1982, a lei referida encontra-se acessível: em língua inglesa, na *Netherlands International Law Review* [1990: 152 ss]; em língua francesa, na *Revue critique de droit international privé* [1983: 141 ss]; em língua alemã, na *Rabels Zeitschrift für ausländisches und internationales Privatrecht* [1983:, 131 ss]. A seu respeito, cfr. H. KRÜGER [1982: 173 ss]; G. TEKINALP [1983: 74 ss]; N. ULUOCAK [1983: 141 ss]; T. ANSAY / E. SCHNEIDER [1990: 139 ss]. Reza como segue a tradução inglesa do artigo 25.º da Lei turca de 20 de Maio de 1982: "Obligations arising from tort are subject to the law where the tortious act was committed. / If the place where the tortious act was committed and the place where the damage occurred are in different countries, the law of the country where the damage has occurred shall govern. / If the tortious obligation has a closer connection to another country, then the law of this other country may govern."

Uma resposta no horizonte: a figura da cláusula de desvio   137

conexão mais forte entre os interessados e a lei de um outro Estado, será esta a lei aplicável."[342]

Perfilando-se a regra de conflitos que determina o chamamento da lei do Estado onde teve lugar a conduta lesiva como uma concretização apriorística do princípio da conexão mais forte – para uma demonstração, confira-se o § 1 (2) da codificação austríaca –, a segunda frase do § 48 (1) comanda ao operador que reponha a verdade conflitual quando das circunstâncias da hipótese resultar que outra que não a *lex loci delicti commissi* é, na espécie, a lei do Estado com a qual os interessados mantêm a conexão mais forte.

Afastando-se da solução válida em termos universais, o operador deve, num tal cenário, conferir aplicação à lei com a qual, por forma atípica, lesante e lesado mantêm a ligação mais significativa. *Lesante e lesado*; *os interessados*. É dizer que, não se remetendo ao mero comando de aplicação da lei com a qual, mercê de avaliação de todas as circunstâncias do caso, a situação mantém, afinal e atipicamente, a relação mais forte, o preceito austríaco traça um círculo de laços significativos e, assim fazendo, reduz a margem de apreciação do intérprete[343]. Não vai nisto, porém, qualquer impedimento ao reconhecimento, no quadro da disposição ora sob apreciação, da figura da cláusula de desvio. Certo, viu-se como apenas é adequado falar de cláusula de desvio aí onde, para além do mais que agora não importa sublinhar, ao intérprete-aplicador seja confiado o exercício de poder discricionário na indagação pela lei espacialmente mais próxima dos factos. E, não menos certo, as hipóteses caracterizadas pela circunstância de os envolvidos possuirem nacionalidade de Estado ou terem residência habitual em país cujo direito não coincide com a *lex loci delicti commissi* são, de entre as excogitáveis, as que porventura mais prontamente podem fazer desencadear o desvio determinado pelo § 48 (1) austríaco[344]. Mas o ponto é precisamente

---

[342] Reproduz-se a tradução portuguesa constante de A. FERRER CORREIA e F. FERREIRA PINTO [1988: 182]. Não são sensíveis as diferenças que a separam da versão, também consultada, constante de A. MARQUES DOS SANTOS [2002: 1631].

[343] Pedimos de empréstimo as expressões utilizadas por J. SENDIM [1993: 328] no seu comentário ao artigo 52.º, número 2, parte final, do Código Civil português.

[344] No sentido de que essas, muito embora não as únicas, serão as hipóteses que mais naturalmente fundamentarão a actualização do expediente acolhido na segunda

138   *A cláusula de desvio no direito de conflitos*

esse. Se tais hipóteses caracterizadas pela existência de uma *lex communis podem* conduzir à não aplicação da *lex loci delicti commissi*, facto é que a sua verificação não adstringe o operador a afastar-se do direito primariamente competente. Tudo vai de uma sua avaliação. Mais ainda. Para além delas, outras hipóteses podem legitimar este desvio. Pense-se, por exemplo, nos casos em que, encontrando-se agente e lesado ligados por uma relação especial, de fonte legal como convencional, o dano sobrevém no desenvolvimento dessa relação e o respectivo evento causal possui com ela uma conexão estreita (v.g., por isso que constitui simultaneamente violação de deveres de prestação ou de conduta dela emergentes). De tudo resulta, pois, que o § 48 (1) deixa intocado o poder discricionário[345] cujo exercício, insiste-se, constitui elemento compreensivo do expediente em que se analisa a cláusula de desvio. Como noutra oportunidade referido, nisto vai a diferença – que é toda – para as *simples* subregras de conflitos de que exemplo é, entre nós e também em matéria de responsabilidade extracontratual, o artigo 45.°, número 3, do Código Civil.

Encontra-se na literatura a informação de que são relativamente escassas as decisões actualizadoras da cláusula de desvio inscrita no § 48 (1), segunda frase[346]. O facto não é liminarmente impeditivo, como quer que seja, de tentativa de captação de linhas de força da jurisprudência austríaca com respeito ao § 48 (1). Ora, precisamente levando a cabo esse exercício, alguma doutrina entende vislumbrar na prática austríaca respeitante ao § 48 (1), segunda frase, a corporização de dois dos perigos mais comumente referidos como indo associados à técnica da cláusula de desvio: ademais da maximização da aplicação da lei do foro (*lex-forismo, homeward trend, Heimwärstsstreben*), a tendência para a materialização das soluções conflituais.

---

parte do § 48, 1, cfr.: Regierungsvorlage 1978 02 08, *Beilagen zu den stenographischen Protokollen des Nationalrates,* XIV. Gesetzgebungsperiode No. 784, 62, onde também se afirma que, em matéria obrigacional, o elemento de conexão "residência habitual" deve ser mais valorado do que a "nacionalidade"; E. PALMER [1980: 220].

[345] Sublinhando o ponto, cfr. F. SCHWIND [1989: 401]; K. KREUZER [1992: 178].

[346] Assim, S. SCHREIBER [2001: 186], Autor que avança para o facto explicação plausível: sendo a Áustria um Estado contratante da Convenção sobre a Lei Aplicável em Matéria de Acidentes de Circulação, concluída na Haia, a 4 de Maio de 1971, o § 48 da codificação austríaca vê fugir-lhe, por essa razão, campo de aplicação significativo.

Uma resposta no horizonte: a figura da cláusula de desvio   139

Assinala-se, com efeito e em primeiro lugar, o que é percebido como resistência ao afastamento da *lex loci* quando este direito é o austríaco[347]. Em segundo lugar e corroboradora de *favor laesi*, a circunstância de a segunda frase do § 48 (1) se constituir em meio de que os tribunais austríacos (também) se servem para aplicar a lei do Estado onde se produziu o efeito lesivo quando esta lei não coincida com a do Estado onde decorreu a actividade causadora do prejuízo e ao lesante fosse exigível a previsão da produção do dano naquele país[348].

Não é tudo.

Reportando-se à prática austríaca, a mesma doutrina faz notar como o recurso à cláusula de desvio sedeada na segunda frase do § 48 (1) serviu o *Oberster Gerichtshof* no desenvolvimento e aperfeiçoamento do sistema de normas de conflitos no domínio da responsabilidade do produtor. Avança-se como demonstração todo um conjunto de decisões judiciais onde, desenvolvendo considerações cujo alcance transcende o perímetro do caso decidendo, aquele alto tribunal chega, *ex* § 48 (1), segunda frase, à aplicação da lei do mercado[349].

Referência é devida, por último, à decisão do *Oberster Gerichtshof* de 30 de Junho de 1988[350]. Não tendo feito aplicação da cláusula de

---

[347] Por meio de aresto proferido em 24 de Setembro de 1981 e publicado no *Österreichische Entscheidungen zum internationalen Privatrecht* 1, número 55, o OGH decidiu que a existência de lei nacional comum estrangeira não determina o afastamento da *lex loci* austríaca quando os interessados tenham na Áustria a sua residência habitual. Por seu turno, em decisão proferida a 8 de Julho de 1993 e consultável em *Praxis des Internationalen Privat- und Verfahrensrechts*, 1995, p. 116 ss, o mesmo OGH conseguiu não fazer referência à segunda frase do § 48 (1) não obstante a existência de laços estreitos com a Suíça. Cfr., ainda, as muitas decisões referidas por S. SCHREIBER [2001: 187, nota 799].

[348] Assim, por exemplo, a decisão do *Oberster Gerichtshof* de 24 de Maio de 1995, consultável em *Zeitschrift für Rechtsvergleichung, Internationales Privatrecht und Europarecht*, 1995, p. 257 ss. O pressuposto da existência de relação mais forte com direito distinto da *lex loci delicti commissi* está verificado, considerou o tribunal, quando, existindo dissociação entre o lugar da conduta ou da omissão causadora do dano e o local onde se produziu o correspondente resultado, sobre o lesante impendia o dever de prever a produção do dano neste local.

[349] Seja, como exemplo, a decisão do *Oberster Gerichtshof* de 29 de Outubro de 1987, consultável em *Praxis des Internationalen Privat- und Verfahrensrechts* 1988, p. 363 ss.

[350] Publicada em *Praxis des Internationalen Privat- und Verfahrensrecht*, 1989, p. 394 ss = *Zeitschrift für Rechtsvergleichung, Internationales Privatrecht und Europarecht*, 1990, p. 229 ss.

140 A cláusula de desvio no direito de conflitos

desvio do § 48, a mesma mereceu, por isso, a crítica empenhada da doutrina – F. SCHWIND à cabeça – e granjeou, assim – de forma inglória, pois –, a notoriedade entre os comentadores. Os factos da espécie relatam--se de forma breve: autor e réu, ambos austríacos, adquiriram cada qual o direito de utilização de uma célula num centro náutico situado na costa jugoslava do Adriático; por ocasião e por causa de trabalhos de pintura na sua embarcação, o réu causou danos avultados no automóvel do autor, estacionado junto daquela embarcação. Invocando o teor de cláusula constante de cada um dos aludidos contratos individuais – mais exacta-mente, cláusula nos termos da qual *"den Schaden zu ersetzen, den er dem Vermögen anderer... zugefügt hat"* –, o *Oberster Gerichsthof* analisou a pretensão do autor à luz do direito jugoslavo, direito fornecedor do estatuto do contrato entre a entidade exploradora do centro náutico e cada um dos utlizadores do hangar. Nisto – considerou F. SCHWIND – andou mal o *Oberster Gerichtshof.* Inexistindo qualquer vínculo contratual entre autor e réu, o Professor de Viena observou que o problema deveria ter sido examinado em sede de determinação da lei aplicável à responsabilidade extracontratual[351]. Mais fez valer que, por isso que existia entre agente e lesado *"eine deutlich stärkere Beziehung zur österreichischen Rechtsordnung als zu dem völlig zufälligen Deliktsort"*, a ocasião teria sido a adequada para que, lançando mão da cláusula de desvio do § 48 (1), o tribunal se tivesse desviado da *lex loci delicti commissi*[352].

4. Mesmo se em alguns aspectos se quedaram aquém do que po-deria ser esperado – pensa-se, sobretudo, no *sin of omission* consubs-tanciado no facto de, ao arrepio das propostas das *Law Commissions*, a versão definitiva do diploma não ter vindo a consagrar a autonomia da vontade, por muitos referida como *long overdue*[353] –, facto é que as mudanças introduzidas na disciplina conflitual do Reino Unido pela Parte III do *Private International Law (Miscellaneous Provisions) Act*

---

[351] F. SCHWIND [1989: 401]: "Es ist (...) nicht verständlich, warum der OGH versucht, diesen Anspruch aus dem obigen Vertrag abzuleiten. Nach § 36, oder richtig § 42, ergäbe sich die Anwendung des jugoslawischen Rechts auf alle Rechtsfragen, die sich zwischen dem Liegenschaftseigentümer und einem Schädiger ergeben, aber nur auf diese. Die rein deliktische Rechtsbeziehung zwischen den Streitteilen ist davon nicht betroffen".

[352] Cfr. F. SCHWIND [1989: 401].

[353] Assim, P. NORTH [1993: 86].

Uma resposta no horizonte: a figura da cláusula de desvio   141

de 1995[354] já mereceram, parece que justamente, a qualificação de radicais. Desde logo, num plano estritamente formal, por isso que a Parte III do *Private International Law (Miscellaneous Provisions) Act* determinou a derrogação de pretorianas *common law rules* e a introdução, em seu lugar, de regime estatutário[355]. Para o que ora mais importa, de particular interesse reveste-se o facto de a correspondente Secção 12 ter acolhido a figura da cláusula de desvio. Atentas razões de comodidade na exposição, transcreve-se também o texto das Secções 10 e 11, com as quais a referida Secção 12 se articula em termos íntimos. O seguinte:

10. The rules of the common law, in so far as they:
(a) require actionability under both the law of the forum and the law of another country for the purpose of determining whether a tort or delict is actionable; or
(b) allow (as an exception from the rules falling within paragraph (a) above) for the law of a single country to be applied for the purpose of determining the issues, or any of the issues, arising in the case in question,
are hereby abolished so far as they apply to any claim in tort or delict which is not excluded from the operation of this Part by section 13 below.

11. (1) The general rule is that the applicable law is the law of the country in which the events constituting the tort or delict in question occur.
(2) Where elements of those events occur in different countries, the applicable law under the general rule is to be taken as being:
(a) for a cause of action in respect of personal injury caused to an individual or death resulting from personal injury, the law of the country where the individual was when he sustained the injury;

---

[354] O texto da referida Lei de Direito Internacional Privado é consultável em *Revue critique de droit international privé* [1996: 377 ss]; *Rivista di diritto internazionale privato e processuale* [1996: 655 ss]; A. MARQUES DOS SANTOS [2002: 1741ss].

[355] Apenas «derrogação» por isso que, nos termos da Secção 13 (1), "[n]othing in this Part applies to affect the determination of issues arising in any defamation claim.". Para uma exposição das razões por que à matéria da responsabilidade por difamação permanecem aplicáveis as tradicionais *common law rules*, cfr. A.E. ANTON [1996: 274]; *Cheshire and North's Private International Law* [1999: 654]; *Dicey and Morris on The Conflict of Laws* [2000: 1560-1561].

(b) for a cause of action in respect of damage to property, the law of the country where the property was when it was damaged; and

(c) in any other case, the law of the country in which the most significant element or elements of those events ocurred.

(3) In this section "personal injury" includes disease or any impairment of physical or mental condition.

12. (1) If it appears, in all the circumstances, from a comparison of:

(a) the significance of the factors which connect a tort or delict with the country whose law would be the applicable law under the general rule; and

(b) the significance of any factors connecting the tort or delict with another country,

that it is substantially more appropriate for the applicable law for determining the issues arising in the case, or any of those issues, to be the law of the other country, the general rule is displaced and the applicable law for determining those issues or that issue (as the case may be) is the law of that other country.

(2) The factors that may be taken into account as connecting a tort or delict with a country for the purposes of this section include, in particular, factors relating to the parties, to any of the events which constitute the tort or delict in question or to any of the circumstances or consequences of those events.

Em contraste flagrante com as soluções vigentes do lado de cá do Canal da Mancha, o direito conflitual anterior ao *1995 Act* sujeitava a procedência de pedido de indemnização fundado em acto ilícito ao crivo duplo da *lex fori* e da *lex loci delicti*.

Exemplo típico de norma de conflitos de conexão múltipla cumulativa (*double-barrelled rule*) cuja enunciação lapidar pertencera ao Justice WILLES, em 1868, por ocasião do célebre *Philips v. Eyre*[356], tal

---

[356] (1870) LR 6 QB 1. A formulação tornada célebre foi a seguinte: "As a general rule, in order to found a suit in England for a wrong alleged to have been committed abroad, two conditions must be fulfilled. First, the wrong must be of such a character that it would have been actionable if committed in England. (…). Secondly, the act must not have been justifiable by the law of the place where it was done." [*idem*: 28-29]. Na espécie, o tribunal confrontou-se com acção intentada contra o ex-governador da Jamaica por *assault and false imprisonment* por si alegadamente perpetrados enquanto tentava pôr cobro a uma rebelião. A instância julgadora veio a decidir-se pela não condenação do ex-governador. É que, conquanto *actionable* à luz da lei inglesa, a acção do réu não o era

Uma resposta no horizonte: a figura da cláusula de desvio 143

regra da *double actionability* manteve-se incólume, mau grado as severas críticas de que repetida e continuadamente foi sendo alvo, durante período largo. Por mais de um século. Até 1971, ano em que as *common law rules* em matéria de *tort* e *delict* vêm a conhecer inovação de relevo trazida por decisão proferida pela Câmara dos Lordes no bem conhecido *Boys v. Chaplin*[357].

Na espécie, aquela Câmara viu-se confrontada com pedido de indemnização alicerçado em acidente de viação ocorrido em Malta e envolvendo indivíduos que, não obstante habitualmente residentes em Inglaterra, se encontravam temporariamente estacionados, naquela ilha, ao serviço das Forças Armadas Britânicas. De acordo com a lei maltesa, o facto não era constitutivo senão do direito a uma indemnização por *special damages for expenses and proved loss of earnings*, o que, tudo, não excedia, no caso de espécie, as 53 libras. Diferentemente à luz do direito material inglês, de acordo com o qual ao autor também assistia o direito a ser ressarcido por *general damages for pain and suffering*, tudo perfazendo a quantia, à época substancial, de 2.250 libras. Sendo feita aplicação da regra da *double actionability*, ao autor não deveria ser reconhecido senão direito a compensação no valor de 53 libras. O tribunal, porém, veio a decidir-se pela condenação do réu no pagamento do mais elevado dos montantes atrás indicados. Com que fundamento? Pois bem. Após reafirmação da valia geral da *double-barrelled rule*, dois juízes – Lord HODSON e Lord WILBERFORCE – entendem sublinhar "(...) the need to segregate the relevant issue and to consider whether, in relation to that issue, the general rule of double actionability ought to be applied or whether, on clear and satisfactory grounds, it ought to be departed from."[358]. Mais ainda: que "(...) the rule in *Philips v. Eyre* must be given a flexible interpretation because Willes J. himself said that the rule was only applicable as a general rule."[359]. Com o seguinte resultado: o aditamento à regra da *double actionability* de uma *rule of displacement* – também dita *rule of exception* – confessadamente modelada sobre a Secção 145 do *Restatement Second* e sobre a *morrisiana* doutrina da

---

segundo a *lex loci delicti*, a lei da Jamaica, cujo Parlamento havia aprovado um *Statute of Indemnity* justificando as acções decididas pelo governador durante a rebelião.

[357] (1971) AC 356.
[358] *Dicey and Morris on The Conflict of Laws* [2000: 1512].
[359] *Dicey and Morris on The Conflict of Laws* [1996: 1497].

144   *A cláusula de desvio no direito de conflitos*

proper law of the tort e conducente à aplicação, por via de excepção, da lei do país com o qual os factos se encontram mais estreitamente conexos.

Mais seja dito, com referência a esta *rule of displacement*, que até 1994 a mesma só foi aplicada por tribunais do Reino Unido em casos em que dela derivava – foi entendido que derivava – a competência da *lex fori*, ademais sucedendo não ser o pedido procedente em face da *lex loci delicti*[360]. Até 1994. Por decisão de 18 de Julho proferida no caso *Red Sea Insurance Co. Ltd. v. Bouygues S.A. and others*[361] – mais de vinte anos volvidos, pois, sobre o *Boys v. Chaplin* –, o Privy Council, pela pena de Lord SLYNN, esclarecia que "(...)"there was nothing in the judgements in *Boys v. Chaplin* which could be taken to suggest that the flexible exception was restricted to displacement of *lex loci delicti* in favour of singular application of *lex fori*, so that it was quite possible for it to operate in the opposite direction in appropriate cases, in which event *lex loci delicti* would be the solely applicable law (...)"[362].

---

[360] Assim, exemplificativamente, cfr. *Warren v Warren* (1972) Qd R 386; *Corcoran v. Corcoran* (1974) VR 164; *Church of Scientology of California v. Metropolitan Police Commissioner* (1976), 120 SJ, 690; *Johnson v. Coventry Churchill International Ltd* (1992) 3 All ER, 14.

[361] (1995) 1 A.C. 190. Reprodução do aresto encontra-se na *Rivista di diritto internazionale privato e processuale* [1995: 809 ss]. Acerca da decisão e para além das obras gerais de referência, cfr. E. JAYME [1995: 211]; P. KAYE [1995: 407-408]; P. ROGERSON [1995: 650-651]; A. SARAVALLE [1995b: 661-662];

[362] *Apud* P. KAYE [1995: 407]. A matéria de facto e os dados de direito submetidos à apreciação do *Judicial Committee* do *Privy Council* deixam-se relatar de forma breve. Adstrita à execução de empreitada no *campus* da Universidade de Riyadh, na Arábia Saudita, a *Bouygues SA*, juntamente com outros, reclama da *Red Sea Insurance Co Ltd*, uma seguradora constituída de acordo com o direito de Hong Kong e com administração na Arábia Saudita, o pagamento de indemnização alegadamente devida por custos supor-tados com a reparação de danos na estrutura da obra. A reclamação é apresentada junto dos tribunais de Hong Kong. Fazendo valer que os materiais fornecidos por alguns dos Autores apresentavam defeito, a seguradora sustenta o direito a ser sub-rogada. Se conhecia acolhimento segundo a *lex loci delict* – a lei da Arábia Saudita –, a pretensão da *Red Sea Insurance Co Ltd* improcedia em face da lei do foro. Fazendo aplicação da regra da *double actionability*, os tribunais de Hong Kong, de primeira como de segunda instância, negam provimento ao pedido reconvencional da Ré. Vindo a apreciar o caso em sede de (novo) recurso, o *Judicial Committee* do *Privy Council*, invocando a *rule of exception* instituída no quadro do *Boys v. Chaplin*, considerou ser de aplicar a lei da Arábia Saudita, enquanto direito com o qual a situação se conectava em termos manifestamente mais estreitos: a realização da obra era levada a cabo na Arábia Saudita; o contrato de

Uma resposta no horizonte: a figura da cláusula de desvio

É contra o pano de fundo tecido pela *double actionability rule*, por uma parte, e pela *displacement rule*, por outra, que vêm operar as soluções instituídas pela Parte III do *1995 Act*, em vigor desde 1 de Maio de 1996[363].

Ocupando-se da determinação da lei *prima facie* aplicável em matéria de *tort* e *delict*, a Secção 11 distingue entre dois tipos principais de casos. Aí onde os elementos constitutivos do *tort* ou *delict* se localizem num só país – havendo lugar a falar-se, de acordo com expressão divulgada, em *single country tort* –, ordinariamente competente é a lei desse país [11(1)]. Aí onde o caso seja o de um *multi-country tort* – entenda-se: um cujos elementos constitutivos se repartem por mais de um país –, *prima facie* aplicável é: com referência a danos inflingidos a pessoa, a lei do país onde o lesado se encontrava quando sofreu a ofensa [11(2)(a)]; com respeito a danos inflingidos a coisa, a lei do país da situação da mesma à data da superveniência do dano [11(2)(b)]; em qualquer outra hipótese, a lei do país onde tiver(em) ocorrido o(s) elemento(s) mais significativo(s) [11(2)(c)].

Chega-se, enfim, à Secção 12, normativo que recebe a figura da cláusula de desvio. Não é outra a conclusão autorizada pela verificação de que por seu intermédio se consente na evicção da lei via de regra competente e na aplicação, em lugar desta, do direito que, por *substantially more appropriate*, se revela como o mais adequado em ordem à regulação dos *issues arising in the case, or any of those issues*.

Regista-se consenso quanto à identificação de algumas linhas de força do preceito. Assim, faz-se valer que susceptível de afastamento é tanto a lei designada *ex vi* 11(1), como a individualizada *ex vi* 11(2)[364]; sublinha-se a irrepreensível compatibilidade entre a Secção 12 e o princípio da paridade de tratamento entre ordenamentos jurídicos[365]; faz-se

---

empreitada era regulado pela lei da Arábia Saudita; outrossim o contrato de seguro; os danos tinham sobrevindo na Arábia Saudita; a seguradora tinha a sua administração na Arábia Saudita.

363 Cfr. Secção 16 (3) e SI 1996, n.° 995. Aplicáveis em Inglaterra, no País de Gales, na Escócia e na Irlanda (cfr. a Secção 18(3)), as soluções instituídas pela Parte III só valem relativamente a actos ou omissões ocorridos depois da correspondente entrada em vigor (cfr. Secção 14 (1)).

364 *Dicey and Morris on the Conflict of Laws* [2000: 1550].

365 A. SARAVALLE [1995b: 666]; *Cheshire and North's Private International Law* [1999: 643]: "The law of the forum or that of a third country may be applicable under

146   *A cláusula de desvio no direito de conflitos*

notar que, inovando relativamente ao teor das recomendações das *Laws Commissions* e do *Draft Bill* entregue no Parlamento, em 1990, a letra da Secção 12(1) contempla expressamente a possibilidade da *dépeçage* (*splitting*)[366]; chama-se a atenção para a complexidade do processo envolvido no manejo da Secção 12 (por isso que, ademais da identificação de todas as circunstâncias pertinentes, a Secção 12 exige do aplicador uma comparação entre a relevância dos factores conectantes do *tort* com o país cuja lei é *prima facie* competente e o significado daqueloutros que conectam o *tort* com outro(s) país(es))[367]; sublinha-se, se não a impossibilidade, ao menos a dificuldade em pré-definir uma hierarquia entre esses factores[368]; põe-se a claro que o afastamento da lei via de regra aplicável supõe a demonstração de que os factores relevantes apontam, de forma inequivocamente preponderante, para outra lei, o que ainda assim representa um *abaixamento da exigência* relativamente às propostas saídas dos trabalhos das *Laws Commissions*[369].

---

the general rule. It follows that either forum law or that of a third country may be displaced."; *Dicey and Morris on the Conflict of Laws* [2000: 1551-1552]: "(...) section 12 clearly appears to permit displacement of the general rule in favour of any law which can be brought within its terms, be it the law of the forum or the law of some third country.".

[366] É o que resulta claro a partir do seguinte segmento de 12(1)(b): "(...) that it is substantially more appropriate for the applicable law for determining the issues arising in the case, *or any of those issues*, (...)." (itálico meu). Assinalando o ponto, cfr. A. SARAVALLE [1995b: 666], que se revela crítico quanto à opção do legislador de 1995; *Cheshire and North's Private International Law* [1999: 642]; *Dicey and Morris on the Conflict of Laws* [2000: 1551].

[367] *Cheshire and North's Private International Law* [1999: 637 e 639-641]; *Dicey and Morris on the Conflict of Laws* [2000: 1552-1553].

[368] *Cheshire and North's Private International Law* [1999: 640-641], onde todavia é possível ler que, "(...) as a broad generalization, it is submitted that the circumstances and consequences of the events constituting the tort should be regarded as of less weight than the events themselves..".

[369] *Cheshire and North's Private International Law* [1999: 642]: "What is clear under section 12 is that the requirement that it is *substantially* more appropriate than (*sic*) the law of the other country applies is a significant one. It introduces a threshold for the operation of the exception so as to avoid the argument in every case that there should be displacement. This is a lower threshold than that provisionally proposed by the Law Commissions in their Working Paper, and means that there can be displacement even where there is a significant connection with the country whose law would be applicable under the general rule. This is an unfortunate move towards flexibility at the price of certainty.".

O consenso não se estende, porém, a todos os aspectos da análise. Questão pouco líquida, por exemplo, é a da disquisição dos elementos que ao aplicador é consentido ponderar para o efeito de levar a cabo o *substantially more appropriate test*. Certo, a Secção 12(2) avança uma enumeração de factores a ter em conta (factores relacionados com as partes; factores relacionados com os elementos ou factos que constituem o delito; factores relacionados com as circunstâncias desses factos; factores relacionados com as consequências desses factos[370]). Trata-se, porém, de enumeração meramente exemplificativa[371]. Surge, legítima, a pergunta: são atendíveis considerações atinentes ao conteúdo das leis materiais em presença ou aos fins de política legislativa prosseguidos pelas regras materiais dos vários sistemas com os quais a situação se conecta? Consoante já sugerido, inexiste a este respeito uniformidade de pontos de vista. Aí onde alguns sustentam a negativa – defendendo que a Secção 12 só admite atender a *connecting factors* e exclui, por isso, a ponderação de quaisquer *policy considerations*[372] –, outros dão à pergunta resposta afirmativa[373].

---

[370] Para a ilustração de cada uma destas categories, cfr. *Cheshire and North's Private International Law* [1999: 638-639]; *Dicey and Morris on the Conflict of Laws* [2000: 1552-1553].

[371] É o que resulta evidente da afirmação legal de que "[t]he factors that may be taken into account as connecting a tort or delict for the purposes of this section *include, in particular* (...).". (itálico meu). Assinalando o ponto, cfr. *Cheshire and North's Private International Law* [1999: 638]; *Dicey and Morris on the Conflict of Laws* [2000: 1552].

[372] *Cheshire and North's Private International Law* [1999: 637-638]: "The rule can (...) be described as unsophisticated in that it is «contacts»-based, ie concerned with connecting factors, and on a strict reading appears to leave little scope for weight to be given to policy considerations and probably no scope at all for the consideration of the interests of the States involved."; *idem* [1999: 639]: "Factors for the purposes of section 12 are limited to connecting factors and therefore doubtless cannot include policy considerations, such as the fact that the application of one law gives better recovery to the claimant than if another were to be applied, or that the application of English law is particularly convenient because it avoids problems of pleading and proof of foreign law. (...) Also doubtless excluded is the question of whether a country is interested in having its law applied. (...) Finally, the spirit of Part III is internationalist. Accordingly, the fact that the trial takes place in England should not be taken into account as a factor.". Sem embargo, os mesmos autores admitem que a tomada em consideração de «policy considerations» seja legítima no *momento* de decidir do peso ou significado dos diversos factores. Consoante afirmam, "[t]he courts are required to compare the *significance* of the factors connecting the tort with a particular country. We are not told what is meant by significance

148 *A cláusula de desvio no direito de conflitos*

Contrastantes entre si são também as apreciações em torno do preceito globalmente considerado. Asseverando que "[i]f section 11 of the 1995 Act had been left to provide the sole choice of law rule for torts, that choice of law rule could have become (...) inflexible and open to criticism."[374], alguns manifestam-se, a despeito de alguns reparos, como seus adeptos. Colocam-se outros, diferentemente, na posição de críticos: muito ferrenhos uns, como P.B. CARTER[375]; menos ferozes outros, como P. KAYE[376] ou os internacionalprivatistas que laboraram no *Private International Law* de Cheshire e North[377]. Lugar de destaque na análise

---

nor how this is to be gauged; presumably though this involves attaching weight to factors. The courts are given a completely free hand in so doing. Policy considerations, provided that they go to the weight of a factor, could be taken into account at this stage." (p. 639). Isto dito, são peremptórios em excluir que o «substantially more appropriate criterion» admita a tomada em consideração de "(...) additional matters which cannot be considered either as «factors» or as going to the significance of factors for the purposes of sections 11 and 12 (...)." (p. 641).

[373] Assim, aparentemente, *Dicey and Morris on the Conflict of Laws* [2000: 1554].

[374] *Dicey and Morris on the Conflict of Laws* [2000: 1550].

[375] [1996: 193]: "One of the (largely unwarranted) criticisms of the common law choice of law rule of double actionability was on the ground of some uncertainty as to the scope of the exceptions to it. It is somewhat ironic that the choice of law rule by which it has now been replaced is not only «general», but is also subject to total displacement when the application of another law would be «substantially more appropriate». Moreover, the new statutory pattern is couched in terms of such phrases as «significant element or elements», «significance of factors», and the inclusion «in particular» of certain factors.". Bem vistas as coisas, o tom e o sentido da crítica são os mesmos que, já em 1991, P.B. CARTER dirigira ao homólogo preceito do *Draft Bill*. Escrevera, então [1991: 414-415]: "It is hard to avoid the prediction that their enactment would lead to very considerable confusion and uncertainty"; "The proposed choice of law pattern set out in section 2 of the Commissions' Draft bill is characterised by the complex use of a multiplicity of words and phrases of "flexible" meaning. As such it is a singularly unsuitable subject for the application of the techniques of statutory interpretation that operate in common law jurisdictions".

[376] [1995: *maxime* 409]. O Autor sustenta a conveniência de sujeitar a matéria da responsabilidade extracontratual à lei da residência habitual (do lesante?; do lesado?).

[377] [1999: 637]: "The displacement rule brings welcome flexibility, but also, and in no small part because of the way it is drafted, unwelcome uncertainty. What are *factors*; what is meant by the *significance* of factors; when is it *substantially more appropriate* to displace the general rule; how important is the issue in the case (...)". Cfr. também P. NORTH [1993: 85]: "(...) the easier it is to move into the exceptional regime, the harder it is for the parties to regulate their affairs without judicial intervention. (...). That provides

Uma resposta no horizonte: a figura da cláusula de desvio 149

dos críticos ocupa, ocioso dizê-lo, a atenção (legitimamente) votada a sublinhar a insegurança irremediavelmente associada a preceitos como a Secção 12. E que, atrevemo-nos a dizer, não sai atenuada pelo modo como a Secção 12 veio a ser redigida.

Sejam, a terminar e por elucidativas quanto a algumas das questões atrás suscitadas, palavras proferidas pelo Lord Justice Waller na decisão, em 28 de Janeiro de 2002, do caso *Roerig v Valiant Trawlwes Ltd*[378]:

> "(i) At first sight Section 12 seems less than clear when the question is whether some other law should be applied in relation to an issue such as damages or a head of damage. It requires comparison of the significance of the factors which connect a *tort* (not the issue) with the *country* whose law would be the applicable law under the general law, and the significance of any factors connecting the *tort* (not the issue) with another *country*, and from that comparison to decide in all the circumstances whether it is substantially more appropriate for the law of that other country to be the law to determine the *issue*. It may be that the words «or any of those issues» were inserted in the section as an amendment without further amendment of (a) or (b) of the subsection (...). It may also be that it was a deliberate decision to draft the section in a way which forced concentration primarily on factors which connected the tort generally to a particular country, even in considering whether there should be an exception for a particular issue (...) / (ii) The first exercise is to identify the issue (...) / (iii) The next task is to identify the factors that connect the tort with England and those that connect the tort with Holland. The factors that connect the tort with England seem to me to be that the events occurred on a boat registered in England, and that the defendant is as English company. What then are the factors that connect with Holland? The deceased was a Dutchman, and his death would lead to damage being suffered by his defendants, who are Dutch, in Holland where they live. The incident occurred when the deceased was under the supervision of the Dutch Fishing Master albeit the skipper of the boat was English. In real terms the vessel was on a Dutch fishing expedition in that the boat set off from a Dutch port and would return with its catch to a Dutch

---

a greater injustice than does a less flexible rule leading to the application, occasionally, of a less closely connected law. It is hard to dissent from the view of the Australian Law Reform Commission that «infrequent individual injustices from a relatively inflexible choice of law rule may be preferable to the increased expense and uncertainty resulting from more flexible rules».".

[378] [2002] EWCA Civ 21. Texto disponível em <http://www.bailii.org>.

150 *A cláusula de desvio no direito de conflitos*

port. The defendant was a subsidiary of a Dutch company, and the deceased was on board the trawler as an employee of a Dutch company also a member of the same Group. / (iv) What then is the significance of the Dutch factors when compared to the significance of the English factors which might make it substantially more appropriate for Dutch law to determine the loss of dependency issue? Mr. Leonard submits that it is the fact that the deceased was Dutch, employed by a Dutch company paying Dutch taxes and making contributions to obtain Dutch security benefits, and the fact that the defendants will suffer their loss of dependency in Holland as Dutch citizens, which are the most significant factors. That, he submits, makes it logical to assess this aspect of the damages by Dutch law. But it seems to me that the logic of that argument leads almost inevitably to the consequence that where a claimant, injured in England, is a foreigner living and employed in that foreign country, any head of damage should be assessed in accordance with the law of his or her country. Indeed in one sense I suppose it could be said to be «appropriate» that that should be so since the injured party or the dependants thereof are likely to feel their loss only in that foreign country. But it seems to be that it was not intended that the general rule should be dislodged so easily. Where the defendant is English, and the tort took place in England, it cannot surely be said that it is <u>substantially</u> more appropriate for damages to be assessed by Dutch law simply because the claimant or the deceased is Dutch. One can entirely understand that if fortuitously two English persons are in a foreign country on holiday and one tortiously injures the other, the significant factors in favour of England being the place by reference to which the damages should be assessed may make it <u>substantially</u> more appropriate that damages should be assessed by English law. But say the position were that an English defendant under English principles relevant to assessment of damage would have to pay aggravated damages to a claimant, and would thus have to pay English plaintiffs such damages, why should a foreigner not be entitled to have such damages awarded in his or her favour simply because by the law of where they reside those damages would be unavailable? In my view, the word «substantially» is the key word. The general rule is not to be dislodged easily (...)".

5. Já ficou posto como, de harmonia com certo ponto de vista, o domínio jurídico da responsabilidade civil extracontratual constitui o terreno onde o *fenómeno* das cláusulas de desvio se vem manifestando com maior expressão. Empresta corpo ao entendimento a Lei alemã de 21 de Maio de 1999 relativa ao Direito Internacional Privado das Obrigações Não Contratuais e aos Bens – *Gesetz zum Internationalen Privatrecht für außervertragliche Schuldverhältnisse und für Sachen vom*

Uma resposta no horizonte: a figura da cláusula de desvio 151

21.5.1999[379]. Certo, trata-se de diploma cujo âmbito exorbita o domínio estrito da responsabilidade civil extracontratual. Porém, não é de dissecar a disciplina legislativamente instituída em 1999, mesmo se apenas no domínio da responsabilidade civil extracontratual, que vamos ocupar-nos. Centra-se a atenção numa só questão: *como* – com que sentido, âmbito e segundo que condições – é que o referido diploma acolhe, no domínio da responsabilidade extracontratual, a figura da cláusula de desvio?

Sem embargo, porque convencidos das vantagens do método, começa-se por lançar sumaríssimo olhar global sobre as disposições da Lei de 1999 pertinentes – conquanto, em alguns dos casos, não exclusivamente – à matéria da responsabilidade extracontratual. Apenas três artigos de lei! (caso para dizer que, se não se quedou pela brevidade do português ou do austríaco, o legislador alemão também não enveredou pela eloquência do suíço ou do romeno...).

Tomando-os pela ordem da sua intervenção no circuito metodonomológico, é de referir, à cabeça, o artigo 42.° Permite o mesmo que as partes escolham a lei reguladora da relação obrigacional ocasionada pela ocorrência de facto ilícito. Com uma condição compreensível e um limite indispensável. Por um lado, só é admitida a *electio iuris* posterior à ocorrência do facto ilícito. Por outro, a escolha de lei, mesmo que legítima, não pode afectar direitos de terceiros. Mesmo se a autonomia privada no domínio da responsabilidade extracontratual não representa solução original, não devem passar sem reparo alguns dos traços da disciplina recém-instituída pelo artigo 42.° Assim é que, por uma parte, admite-se tanto a escolha expressa, como a apenas tácita (*Wahl durch konkludentes Verhalten*). Por outra, não se impõe limite quanto às ordens jurídicas que podem constituir objecto de designação.

Inexistindo escolha de lei, o direito regulador da matéria da responsabilidade extracontratual é subsidiariamente determinado pelo artigo 40.°. Assim, se o responsável e o lesado tiverem residência habitual no mesmo Estado ao tempo do acontecimento gerador de responsabilidade, aplicar-se-á a lei desse Estado (cfr. artigo 40.°, número 2, cuja segunda frase assimila a administração principal de sociedades, asso-

---

[379] Publicada no *Bundesgesetzblatt* 1999, 1ª parte, número 26, de 31 de Maio de 1999, p. 1026 ss. Para a Exposição de Motivos, cfr. *Bundestagsdrucksache* 14/343 (acessível em http://dip.bundestag.de/btd).

ciações ou pessoas colectivas e o lugar da situação dos estabelecimentos à residência habitual das pessoas singulares). Não sendo esse o caso, a primeira frase do número 1 do artigo 40.° esclarece que as pretensões fundadas em acto ilícito são reguladas pela lei do Estado onde o responsável agiu (*Handlungsortsrecht*). Só não será assim se o lesado escolher a aplicação da lei do Estado onde se produziu o dano (*Erfolgsortsrecht*).

Chega-se, enfim, à cláusula de desvio pré-anunciada. A sua sede é o artigo 41.°. E o seu teor o seguinte[380]:

Artigo 41. Conexão manifestamente mais estreita

1. Se existir com a lei de um Estado uma conexão manifestamente mais estreita do que com a lei que seria aplicável nos termos dos artigos 38.° a 40.°, n.° 2, será essa a lei aplicável.
2. Uma conexão manifestamente mais estreita pode resultar em especial:
   1. de uma relação especial de direito ou de facto entre os interessados no que toca à relação obrigacional ou
   2. no caso do artigo 38.°, n.ºs 2 e 3, e no do artigo 39.°, da residência habitual dos interessados no mesmo Estado ao tempo do facto juridicamente relevante; o artigo 40.°, n.° 2, frase 2, aplica-se por analogia.

De par com o 42.° já referido, o artigo 41.° consagra disciplina válida para todo o domínio das obrigações não contratuais. É dizer que, para além da matéria da responsabilidade extracontratual, são outrossim por ele afectadas as categorias do enriquecimento sem causa e da gestão de negócios. De resto, cumpre assinalar que é sobretudo nestes dois últimos domínios – com destaque para o do enriquecimento sem causa – que a doutrina sedeada no recém-nado artigo 41.° representa uma inovação. Pelo que ao sector da responsabilidade extracontratual respeita, a verdade impõe dizer que "(...) le *Bundesgerichtshof*, bien avant la réforme de 1999, avait *de facto* agi comme s'il existait une telle clause [corrective], en remplaçant la *lex loci delicti commissi* par la *lex domicilii* de la victime et du responsable."[381].

---

[380] Servimo-nos da tradução portuguesa constante de A. MARQUES DOS SANTOS [2002: 1602].

[381] K. KREUZER [2001 a: 292].

A implementação de cláusula de desvio (também) no domínio da responsabilidade extracontratual aparece justificada na Exposição de Motivos que acompanhou o Projecto governamental sumetido ao *Bundestag* por meio da afirmação de que "(...) nicht allen Fallgestaltungen durch Sonderanknüpfungen Rechnung getragen werden kann und eine gewisse Anpassungsfähigkeit des Anknüpfungssystems für jetzt noch nicht vorhersehbare Interessenlagen bestehen soll."[382]. Sem embargo, parece razoável admitir que à opção legislativa pela inclusão de disposição como a transcrita não foi alheia a renúncia a sistema caracterizado pela pulverização de regras de conflitos especialmente desenhadas em função de tipos delituais determinados[383].

Descendo mais de perto, aproximando dela a vista, não custa surpreender a técnica por que se rege a disposição analisanda: enquanto o seu número 1 alberga cláusula geral, o número 2 desentranha-se em enumeração exemplificativa. Vejamo-los sucessivamente começando, como se impõe, por aquele número primeiro.

Compete ao número 1 do artigo 41.° delimitar os pressupostos de intervenção da cláusula de desvio em questão. Pois bem. Verificação inaugural é a de que, conquando utilizando fórmula assaz sintética – o contraste com o protótipico artigo 15.° da Lei suíça de Direito Internacional Privado é elucidativo –, nem por isso o legislador alemão de 1999 abdicou da exigência de uma desproporção evidente entre a fragilidade dos contactos que prendem a situação à lei designada pela regra de conflitos ordinariamente pertinente e a intensidade das ligações que ela apresenta com outra lei. É o que resulta da sujeição da actualização da cláusula de desvio à existência com a lei de um Estado de conexão manifestamente mais estreita do que com a lei *prima facie* aplicável. E o que, diga-se, encontra confirmação na Exposição de Motivos que acompanhou o Projecto governamental sumetido ao *Bundestag*: "Voraussetzung für die Anwendung der Bestimmung ist, daß der Sachverhalt bei Berücksichtigung der Gesamtumstände mit der normalerweise zur Anwendung berufenen Rechtsordnung in allenfalls geringem, mit einer anderen Rechtsordnung jedoch in wesentlich engerem Zusammenhang steht."[384].

---

[382] Cfr. *Bundestagsdrucksache* 14/343, p. 13.

[383] Neste sentido, cfr. A. JUNKER [2000: 244]; K. KREUZER [2001a: 291]; *idem* [2001b: 432].

[384] Cfr. *Bundestagsdrucksache* 14/343, p. 15.

154 A cláusula de desvio no direito de conflitos

Fornece mais indicações, porém, o exame do número 1. Assim, designadamente, quanto ao âmbito ou domínio de intervenção da cláusula de desvio. Prescrevendo, verificadas condições dadas, o afastamento da lei designada nos termos dos artigos 38.º a 40.º, número 2, o número 1 do artigo 41.º torna evidente que a actualização da cláusula de desvio resulta precludida quer em face da intervenção de uma das alíneas do artigo 40.º, número 3, quer em face de uma escolha de lei pelas partes actuada ao abrigo da faculdade concedida pelo artigo 42.º. Nenhuma das soluções causa surpresa. Dir-se-á, assim, que, destarte (negativamente) delimitado o seu campo de aplicação, a cláusula de desvio do artigo 41.º logra intervir, em matéria de responsabilidade civil extracontratual, quer para afastar a lei que seria competente *ex vi* artigo 40.º, número 2 (*lex domicilii communis*), quer para erradicar o direito ordinariamente competente *ex vi* artigo 40.º, número 1 (seja este o *Handlungsortsrecht*, seja já o *Erfolgsortsrecht*). Indisputável em face de exame liminar e perfunctório, facto é que a asserção referida não logra prevenir a eclosão de dúvida grave. Vejamos.

Consoante referido, a segunda frase do número 1 do artigo 40.º confere ao lesado o direito de, em determinadas condições, optar pela lei do Estado onde se produziu o dano. Surge a dúvida: pode o mecanismo da cláusula de desvio intervir aí onde, actuando tempestivamente faculdade que lhe é conferida, o lesado opte pela aplicação do *Erfolgsortsrecht*? Percebe-se o dilema. Tem-se, por um lado, que a letra do número 1 do artigo 41.º não afasta essa possibilidade. Sabe-se, por outro, que o exercício da autonomia da vontade em Direito Internacional Privado é hostil à cláusula de desvio. Que entender?

Acerca desta perplexidade manifestou-se K. KREUZER no sentido de que, por isso que também em matéria delitual a cláusula de desvio não se sobrepõe ao exercício da autonomia da vontade – é olhar ao artigo 42.º –, o bom entendimento é o de que a intervenção da cláusula de desvio (também) resulta afastada nos casos em que, ao abrigo da segunda frase do número 1 do artigo 40.º, o lesado opte pela lei onde se produziu o dano[385]. Como o próprio reconhece, trata-se de entendimento que não parece encontrar apoio na Exposição de Motivos atrás referida[386].

---

[385] [2001a: 291 e nota 81]; [2001b: 431].
[386] Cfr. *Bundestagsdrucksache* 14/343, p. 15.

Uma resposta no horizonte: a figura da cláusula de desvio   155

Considere-se, agora, o número 2 do artigo 41.° do EGBGB. Pertence-lhe concretizar, mediante exemplificação não exaustiva[387] e tendo em vista contribuir "(...) zur Erleichterung der Rechtsanwendung (...)"[388], a cláusula geral do número 1. O que faz em/por meio de duas alíneas. De entre estas, só a primeira é pertinente ao domínio da responsabilidade extracontratual[389], pelo que, nesta oportunidade, só ela importa considerar. Nos seus termos, uma conexão manifestamente mais estreita pode avultar a partir da existência *de relação especial de direito ou de facto entre os interessados no que toca à relação obrigacional.* Não é difícil divisar as hipóteses por este preceito tidas em vista. Tão-pouco, inventariar razões abonadoras da doutrina nele contida ou alcançar o que por seu intermédio visa assegurar-se.

Em causa está a possibilidade de submeter a regulação de violações de deveres jurídicos gerais ao estatuto de pré-existente relação especial, fáctica como jurídica, entre agente e lesado. Em jargão internacional-privatístico, (em causa está a possibilidade de) *conectar acessoriamente* pretensões indemnizatórias emergentes de ilícitos delituais à lei reguladora de outra relação entre lesante e lesado existente. É que, conquanto não recebida pela prática judiciária alemã anterior a 1999, a solução examinanda é propagandeada, desde há décadas, pela literatura – com destaque, precisamente, para a germânica – e, o que é mais, encontra correspondência em número significativo de diplomas vigentes noutras latitudes. Assim, por exemplo, os artigos 133.°, número 3, da Lei suíça de Direito Internacional Privado e 3127.° do Código Civil do Quebeque. Como a primeira alínea do número 2 do artigo 41.° do EGBGB, também elas acolhem a solução da conexão acessória. E pelas mesmas razões; atentos os mesmos objectivos capitais. Ocorre "apenas" uma diferença ao nível da técnica utilizada: enquanto o número 2 do artigo 41.° do EGBGB recebe a solução da conexão acessória no quadro de cláusula de desvio que permite ao aplicador afastar-se da lei *prima facie* competente em benefício

---

[387] É o que resulta inequívoco do corpo do número 2: "Uma conexão manifestamente mais estreita pode resultar *em especial* (...)." (itálico meu).

[388] Cfr. *Bundestagsdrucksache* 14/343, p. 15.

[389] (...). Explicitando o ponto, cfr. *Bundestagsdrucksache* 14/343, p. 16: "Die Möglichkeit, das Recht des Staates anzuwenden, in dem beide Beteiligten sich gewöhnlich aufhalten (Nummer 2), ist mit Rücksicht auf Artikel 40 Abs. 2 EGBGB-E nur für die ungerechtfertigte Bereicherung und die Geschäftsführung ohne Auftrag vorgesehen.":

da lei com a qual a situação se encontra mais estreitamente conexa, outros sistemas – de que bons exemplos são, precisamente, o suíço e o quebecano – corporizam a conexão acessória, no "mesmíssimo" domínio da responsabilidade extracontratual, em regra de conflitos[390]. A opção por uma ou por outra das técnicas não vai, naturalmente, sem consequências. Ao passo que preceito como o artigo 133.º, número 3, da Lei suíça de Direito Internacional Privado *determina a sujeição automática* de pretensão indemnizatória emergente de ilícito delitual à lei reguladora de relação (jurídica) existente entre agente e lesado, disposição como o artigo 41.º, número 2, do EGBGB confere ao aplicador a *possibilidade* de tomar em consideração, *ao lado de outras*, a circunstância de os envolvidos se encontrarem ligados por pré-existente relação especial (tanto, ocioso explicitá-lo, tendo em vista apurar da existência de Direito com o qual a situação se conecte em termos substancialmente mais estreitos do que com a lei *prima facie* aplicável). Diferença essencial – e que deriva do já exposto –, no quadro do número 2 do artigo 41.º do EGBGB o aplicador retém a *liberdade* para decidir do peso a atribuir ao factor "relação especial".

---

[390] Assinalando o ponto, cfr., entre nós, D. MOURA VICENTE [2001 a: 498-500]; L. LIMA PINHEIRO [2002 c: 251 e nota 526].

§ 10.° SISTEMAS DE DIREITO INTERNACIONAL PRIVADO DE FONTE SUPRA-ESTADUAL

1. Desenvolvidas contra o pano de fundo fornecido por sistemas de fonte interna vários, as páginas que antecederam terão proporcionado olhar sobre algumas das mais destacadas concretizações, legislativas como jurisprudenciais, da figura da cláusula de desvio. Cumpre prosseguir, passando em revista soluções que, recebidas por fontes não-internas, dão testemunho do acolhimento, desta feita por legisladores não-estaduais, daquela figura. Atento o que em outras oportunidades se deixou referido, desnecessário explicitar por que quedam excluídas dos limites deste § 10.° já a consideração das disposições em cujos quadros o princípio da proximidade aparece vertido em cláusula geral (da conexão mais estreita) e onde, por ocorrer a quase-dissolução da regra de conflitos no seu princípio fundador[391], inexiste margem para a intervenção de cláusula de desvio[392], já a consideração daqueloutras que, não obstante comumente encaradas como sedes de cláusulas de desvio especiais fechadas, devem ser tomadas, preferencialmente, como sub-regras de conflitos assentes, as mais delas, na técnica do agrupamento dos pontos de

---

[391] P. LAGARDE [1986: 44].

[392] Sejam, por exemplo: o artigo 17.° do Projecto de Lei Uniforme em matéria de Direito Internacional Privado, aprovado pelo tratado assinado, em 1951, entre os três países do Benelux; o artigo 13.° do mesmo tratado, na versão revista de 1969; os artigos 6.°, terceiro parágrafo, e 11.°, também terceiro parágrafo, da Convenção sobre a Lei Aplicável aos Contratos de Mediação e à Representação, concluída na Haia em 14 de Março de 1978; o artigo 7.° da Convenção sobre a Lei Aplicável ao Trust e ao seu Reconhecimento, aberta à assinatura em 1 de Julho de 1985; o artigo 9.° da Convenção Interamericana sobre o Direito Aplicável aos Contratos Internacionais, aprovada pela *Quinta Conferencia Especializada Interamericana sobre Derecho Internacional Privado* (C.I.D.I.P.), no México, D.F., em 17 de Março de 1994.

158   *A cláusula de desvio no direito de conflitos*

contacto[393]. Escapa à primeira advertência o exame do artigo 4.° da Convenção sobre a Lei Aplicável às Obrigações Contratuais, aberta à assinatura, em Roma, em 19 de Junho de 1980.

2. Adopta-se a seguinte ordem de apresentação: após exame, na parte que nos importa, da Convenção de Roma de 19 de Junho de 1980 sobre a Lei Aplicável às Obrigações Contratuais (A), referência a soluções acolhidas por duas Convenções da Haia, nenhuma delas ainda entrada em vigor (B e C); encerra o § exame de soluções constantes de Proposta (Alterada) de Regulamento sobre a Lei Aplicável às Obrigações Extra-contratuais ("Roma II"), aprovada pela Comissão, para submissão ao Parlamento Europeu e ao Conselho, em 21 de Fevereiro de 2006 (D).

(A) A CONVENÇÃO DE ROMA DE 1980 SOBRE A LEI APLICÁVEL ÀS OBRIGAÇÕES CONTRATUAIS

1. Instrumento destacado ao serviço da ambição de unificação do Direito Internacional Privado no espaço comunitário, da Convenção de Roma sobre a Lei Aplicável às Obrigações Contratuais é verdade dizer-se que inúmeras são as observações que, por breve ou pouco detida seja, uma sua consideração permite convocar. Expressão eminente das tendências evolutivas mais recentes do Direito Internacional Privado da nossa era, não por acaso é vastíssima – apetece arriscar o adjectivo «inabarcável» – a bibliografia a si respeitante[394]. Será estreito, sem embargo, o nosso ângulo de aproximação. Assim, encararemos a Convenção de Roma de 19 de Junho de 1980 enquanto nela figura – ou pode discutir-se se figura – o instrumento da cláusula de desvio.

---

[393] E de que exemplos são: os artigos 4.° e 6.° da Convenção sobre a Lei Aplicável em Matéria de Acidentes de Circulação Terrestre, concluída na Haia aos 4 de Maio de 1971; o artigo 5.° da Convenção sobre a Lei Aplicável à Responsabilidade por Produtos Defeituosos, concluída na Haia em 2 de Outubro de 1973; os artigos 6.°, parágrafo segundo, e 11.°, parágrafo segundo, da Convenção sobre a Lei Aplicável aos Contratos de Mediação e à Representação, concluída na Haia em 14 de Março de 1978.

[394] É elucidativa, a este respeito, a consulta da base de dados que, organizada pela Academia de Direito Europeu de Trier no âmbito do Programa GROTIUS CIVIL 2000, financiado pela Comissão, é acessível em <http://www. rome-convention.org.>.

Uma resposta no horizonte: a figura da cláusula de desvio 159

2. Provendo à possibilidade de as partes não actualizarem a faculdade de eleição de lei que lhes é conferida pelo artigo 3.º da Convenção – bem como, ainda, às eventualidades de escolha referida apenas a uma das partes do contrato, de escolha versando duas ou mais leis não harmonizáveis de forma coerente[395] ou de *electio iuris* inválida em face do artigo 3.º, número 4 –, a primeira frase do número 1 do artigo 4.º dispõe no sentido de que o contrato será regulado pela lei do país com o qual apresenta uma conexão mais estreita. Esclarecem, por seu turno, os números intermédios do mesmo dispositivo: a) pelo que à generalidade dos contratos respeita, que a conexão mais estreita se presume existente com o país onde a parte obrigada a fornecer a prestação característica do contrato tem, no momento da celebração do negócio, residência habitual, administração central ou estabelecimento (número 2); b) relativamente aos contratos que tenham por objecto um direito real sobre um bem imóvel, ou um direito de uso sobre um bem do mesmo tipo, que a conexão mais estreita se presume existente com o país onde o imóvel se situa (número 3); c) finalmente, pelo que aos contratos de transporte de mercadorias diz respeito, que conexão mais estreita se presume ser a que o negócio mantém com o país no qual, ao tempo da celebração do acto, o transportador tinha o seu estabelecimento principal, suposto coincidir, tal país, com aquele em que se situa seja o lugar da carga ou da descarga, seja, ainda, o estabelecimento principal do expedidor (número 4). Chega-se, enfim, ao último dos números do artigo 4.º. Estatui ele: por meio da sua primeira proposição, a *inaplicação* da doutrina vertida no número 2, quando a prestação característica do contrato não possa ser determinada; por meio da segunda, a *não admissão* das presunções dos números 2, 3 e 4 sempre que o contrato apresente uma conexão mais estreita com outro país.

Pretextua estas linhas a disposição incorporada na segunda proposição do artigo 4.º, número 5. Segundo entendimento muito divulgado, vai nela sedeada cláusula de desvio. Divergindo, outros consideram não encontrar correspondência no rigor das coisas dizer-se que a disposição em questão empresta corpo à figura mencionada. Enveredar por qual das leituras em conflito?

Por isso que qualquer tomada de posição postula apreensão tanto quanto possível integral dos dados do problema, começa-se por trazer à luz

---

[395] Neste sentido, cfr. M. GIULIANO / P. LAGARDE [1980: 16].

160 *A cláusula de desvio no direito de conflitos*

do dia a raíz da divergência. Pois bem. Pedindo de empréstimo modos de expressão alheios, dir-se-á que a ocasião da dissonância reside no modo – distinto – como se entende compreender o "(...) mecanismo d' approximazione alla individuazione del diritto applicabile ai contratti presupposto dall'art. 4 globalmente considerato"[396]; o "(...) *iter* logico che l'art. 4 chiama a seguire"[397]; o respectivo «programa normativo», o mesmo será ainda dizer. Em palavras de R. BARATTA, "[s] i tratta cioè di accertare la relazione che sussiste, da un lato, tra il principio per cui ogni contratto deve essere disciplinato dalla legge dello Stato con il quale è più strettamente collegato e, dall'altro, il ruolo che, nella individuazione di tale legge, esplicano le indicazioni presuntive poste dai paragrafi 2-4."[398]. Na apresentação de M. FRIGO, "[l]a questione riguarda, in estrema sintesi, la natura giuridica propria delle presunzioni di cui ai paragrafi 2, 3 e 4 dell'art. 4 in relazione alla regola posta dal par. 1 e, conseguentemente, la funzione di mera eccezione o, al contrario, di regola da attribuire al contenuto del par. 5. Si tratta pertanto di determinare se e in quale misura le presunzioni di cui sopra siano vincolanti per il giudice, attribuendo contestualmente una funzione di mera *clausola di eccezione* al par. 5, oppure se ritenere che tali presunzioni debbano in ogni caso cedere di fronte all'esistenza di un collegamento più stretto con la legge di un Paese diverso da quello indicato dal par. 2, in ossequio ai criteri dei paragrafi 1 e 5."[399]. Pergunta, por seu turno, Th. DE BOER: "(...) should the reference to the circumstances of the individual case be considered as the expression of a general allocation principle of which the abstract connecting factor is the merest presumption, or should it be seen as an ultimum remedium to be substituted for the rule's presumption in only the most exceptional cases?"[400-401]

---

[396] R. BARATTA [1991: 163].

[397] M. MAGAGNI [1989: 140].

[398] [1995: 960].

[399] [1993: 23-24].

[400] Th. DE BOER [1990b: 31]. Para o Autor – que, sublinha-se, escrevia em 1990 – a pergunta formulada em texto é questão "(...) that has yet to be solved in legal literature and (European) case law alike" [*idem*: 50].

[401] Atestam dúvidas semelhantes em face do Anteprojecto de Convenção sobre a Lei Aplicável às Obrigações Contratuais, de 1972, as seguintes palavras de J. FOYER [1976: 560]: "(...) il est permis de regretter la lourdeur et la complexité de certaines formules qui entrelacent le principe, les précisions et les exceptions sans que l'on sache

Perfilam-se, na doutrina como na prática dos tribunais, os seguintes dois entendimentos fundamentais:

De acordo com certa orientação de pensamento, o artigo 4.º é, no seu conjunto, dominado pela cláusula geral de conexão mais estreita. Com (pelo menos) uma implicação evidente: entender-se que a segunda frase do número 5 do artigo 4.º não incorpora cláusula de desvio. Pois não é exacto que a locução «cláusula de desvio» é designativa de figura que envolve ou põe em relação dois termos, quais sejam, lei ordinariamente competente, por um lado, lei com a qual os factos mantêm, *in casu*, a conexão mais estreita, por outro? E não é justamente que, posto que outra coisa não logra senão a reafirmação do único critério – o da conexão mais estreita – que preside à designação da lei aplicável na falta de escolha pelas partes, o número 5 do artigo 4.º não consente margem à autonomização desses dois termos[402]?

---

toujours où est la règle et où est le tempérament."; *idem* [1976: 560, nota 27]: "L'exemple est particulièrement frappant pour la loi applicable aux contrats. La compétence de la loi présentant les liens les plus étroits, bien que présentée dans le dernier alinéa, paraît bien être le rattachement de principe par préférence à la loi de la prestation caractéristique."; *idem* [1976: 609]: "Il est difficile d'établir une hiérarchie exacte entre rattachements rigides et souples, ces derniers étant tout à la fois les premiers et les derniers.".

[402] Entendem dessa forma: A. GIARDINA [1983: 20]; R. BARATTA [1991: 163 ss]; M. H. BRITO [1993: 101]: "Apesar da designação que geralmente lhe é atribuída, a norma do n.º 5, segunda frase, do artigo 4.º não se configura como uma autêntica «cláusula de excepção», antes tem o sentido de completar e reforçar o disposto no n.º 1 do mesmo artigo, conferindo ao critério da conexão mais estreita a função de princípio geral do sistema."; M. FRIGO [1993: *maxime* 25-26]; U. VILLANI [1993: *maxime* 534]: "(...) il par. 5 non va visto (...) come una clausola eccezionale rispetto ad una presunta regola generale risultante dalla prestazione caratteristica, ma piuttosto come espressione dell'esigenza di calare nel concreto la valutazione dei collegamenti che il contatto presenta con uno o piú paesi. Le norme poste nei paragrafi 2 e 5 dell'art. 4 vanno quindi coordinate al fine di verificare in concreto (*ex* par. 5) i risultati raggiunti, in base alla prestazione caratteristica (*ex* par. 2), rispetto alla fattispecie astratta del tipo contrattuale."; E. GALVÃO TELES [1995: 150]: "Não se trata aqui propriamente de uma cláusula de excepção, mas de um mecanismo de flexibilização diferente. O mecanismo da cláusula de excepção implica a existência de uma conexão rígida, susceptível de ser excepcionada. Quando se afasta a regra da prestação característica nos termos do artigo 4.º, não se está a proceder por via de excepção, mas apenas a ilidir uma presunção."; U. VILLANI [1997: 100]: "Il par. 5 non va visto pertanto come una clausola eccezionale rispetto ad una presunta regola generale risultante dalla prestazione caratteristica, ma piuttosto come espressione della esigenza di calare nel concreto la valutazione dei collegamenti che il contratto presenta con uno o

162 *A cláusula de desvio no direito de conflitos*

Discorrem diferentemente todos quantos abraçam aproximação metodológica segundo a qual, na falta de uma *professio iuris* – ou a tanto monte –, caberia ao operador recorrer, a título de regra designativa da lei *prima facie* competente, a um dos critérios dos números 2 a 4, só excepcionalmente e em virtude do número 5 podendo operar «reenvio metodológico interno»" – a expressão, feliz, é de L. CARRILLO POZO[403] – que o conduziria, então, à investigação solicitada pelo número 1. No quadro deste modo de entender, por isso que a aplicação de lei diferente da designada por um dos números intermédios não vai sem a intervenção de mecanismo corrector, a segunda frase do número 5 alberga verdadeira e própria cláusula de desvio[404]. Em verdade, semelhante orientação de pensamento reveste diferentes cambiantes pelo que, rigorosamente, im-

---

più Paesi. Le norme poste nei paragrafi 2 e 5 dell'art. 4 vanno quindi coordinate al fine di verificare in concreto (ex par. 5) i risultati raggiunti, in base alla prestazione caratteristica (ex par. 2), rispetto alla fattispecie astratta del tipo contrattuale."; L. LIMA PINHEIRO [1998: 852].

[403] [1994:75].

[404] Neste sentido, exemplificativamente: H. BATIFFOL [1981a: 42]; G. DI MARCO [1981: 146]; P. LAGARDE [1981: 97]; F. K. JUENGER [1982b: 78]; K. KREUZER [1982: 304]; C. E. DUBLER [1983: 46 ss]; O. LANDO [1984: 343 e 344]; C. CAMPIGLIO [1985: 69 ss]; A. DIAMOND [1986: 273 e 278 ss]; P. LAGARDE [1986: 98]; M. VIRGÓS SORIANO [1986: 790 ss]: "El segundo inciso del art. 4.5 contiene una verdadera «cláusula de excepción» que desenvuelve una «función correctora» de la solución a la que se llega por medio de las presunciones. En effeto, las presunciones del art. 4.°, que están formuladas muy genéricamente, reducen por su propria naturaleza el círculo de circunstancias relevantes para localizar el contrato, y no permiten tener en cuenta otros contactos que pueden tener importancia a estos efectos (como el lugar de situación de un bien objeto del contrato, o el lugar de ejecución de los servicios en un contrato de agencia exclusiva, etc), ni valorar otros factores o circunstancias que en ocasiones pueden ser decisivos, como el procedimiento mismo de contratación (...)"; P. RODRÍGUEZ MATEOS [1988: 104]; M. MAGAGNI [1989: 60 ss], o qual alude a uma «cláusula de reserva»; Th. DE BOER [1990b: 30 e 50]; L. PICCHIO FORLATI [1990: 145]; P. LAGARDE [1991: 310 ss]; A. MARQUES DOS SANTOS [1991a: 398, nota 1298]; R. MOURA RAMOS [1991a: 406]; A. SARAVALLE [1991: 910 ss]; C. CAMPIGLIO [1992: 242]; A. E. von OVERBECK [1992: 87]; S. RAMMELOO [1992: *maxime* 318 ss]; J. CUNHAL SENDIM [1993: 323]; B. DUTOIT [1993: 39 e 40]; K. BOELE-WOELKI [1994b: 257]; D. KOKKINI-IATRIDOU [1994: 31 ss]; Ch. PAMBOUKIS [1994: 225 ss]; S. RAMMELOO [1994: 246 ss]; N. SPIEGEL [1994: 199]; S. ALVAREZ GONZÁLEZ [1995: 784], para quem, todavia, "no se trata (...) tanto de excepcionar cuanto de corregir." (nota 61); A. SARAVALLE [1995a: 29 e 30]; J.-M- JACQUET [1996: 27]; R. MOURA RAMOS [1998c: 65]; F. PARIS [1998: 4]; D. COUSSIEU [2000]; S. C. SYMEONIDES [2000: 34].

porta distinguir ainda entre as tendências ou correntes em que se partilha. Essencialmente duas. Numa primeira filiam-se todos quantos, reivindicando para os números 2, 3 e 4 a natureza de presunções que se impõem até prova em contrário, sustentam que a respectiva ilisão constitui o objecto de um ónus de alegação e prova que recai sobre quem quer que intente contrariar, *in casu*, a respectiva *Richtigkeit*. "Il ne faut pas sousestimer le service rendu par ce qui reste évidemment des présomptions: une présomption vaut jusqu'à preuve contraire, et c'est à celui qui la combat de prouver ce qu'il avance: c'est la vie même du droit." – assim discorria, em face do Anteprojecto de 1972, H. BATIFFOL[405]. Com, não será demais insistir no ponto, a seguinte consequência: "(...) el juez tendría que recurrir ante todo y en primer lugar a la presunción, y sólo en la hipótesis de que una o ambas partes hubieran puesto de manifiesto durante el procedimento la existencia de una conexión más estrecha a la que se concreta en la noción de residencia habitual o sede del deudor de la prestacion característica, habría de verificar si efectivamente se dan las condiciones que habiliten para no aplicar la presunción y proceder a la investigación del ordenamiento que en el caso presenta la conexión más estrecha (...)."[406]. Outrossim comungando da ideia de que pertence a um dos critérios com assento nos números intermédios do artigo 4.° designar a lei (*prima facie*) competente, a segunda das sub-vias em que se partilha

---

[405] [1975: 184]. Do mesmo Autor, [1981a: 36]: "Ce projet pose donc différent présomptions, la preuve contraire étant admise. Cette possibilité a été critiquée comme ramenant à la libre appréciation du juge dans chaque cas. Je ne pense pas que la critique soit fondée. Quand une disposition légale pose une présomption simple qui admet la preuve contraire, cela signifie-t-il que le juge fait ce qu'il veut? Cela oblige la partie qui veut écarter la présomption à apporter une preuve. Si le juge n'est pas convaincu par les éléments de preuve apportée par la partie contre laquelle pèse la présomption, il appliquera celle-ci. C'est une démarche qui est très générale. D'innombrables procès ont été gagnés dans tous les domaines sur la charge de la preuve."; *idem* [1989: 33-34]: "(...) il ne faut pas perdre de vue tout d'abord que cette disposition [a segunda frase do artigo 4.°, número 5] dérogeant au principe posé, celui qui en réclame le bénéfice a la charge de prouver qu'elle est applicable au cas considéré: le principe subsiste tant que la preuve n'est pas apportée.".

[406] L. CARRILLO POZO [1994: 76]. Na linha de H. BATIFFOL, vd. P. LAGARDE [1974: 156]; F. POCAR [1979a: 183, nota 34]; F. POCAR [1979b: 389]: "Man muss sich erinnern, da die Kriterien, die eine Vermutung aufstellen und deshalb die Umstände angeben, die ihre Widerlegung erlauben, eine Beweisregel darstellen, deren Last die Partei zu tragen hat, die Vermutung bestreitet.."; G. DROZ [1991: 259]; F. MOSCONI [1993: 20 e 22].

164 A cláusula de desvio no direito de conflitos

a orientação analisanda tem por traço distintivo o entendimento de que ao aplicador assiste a faculdade de desviar-se do caminho indicado pelas presunções sem dependência da invocação, por uma das partes, da segunda frase do artigo 4.°, número 5. Tendo recebido expressão no primeiro labor da jurisprudência alemã relativo à interpretação e aplicação do artigo 28.° da Lei de Introdução ao Código Civil Alemão e sendo a que parece reunir maior apoio na literatura, é dela representativa a seguinte passagem de M. MAGAGNI: "A nostro avviso la presunzione di cui al secondo paragrafo dell'art. 4 attiene non ad un accertamento di fatti ma alla formazione delle valutazioni giuridiche necessarie per stabilire con quale paese il contratto presenti il collegamento più stretto, e quale sia quindi la legge regolatrice del contratto. (...). Coloro I quali hanno la responsabilità ultima di effettuare le valutazioni suddette, ossia I giudici, ugualmente hanno la responsabilità ultima di dimostrare l'eventuale fondamento di ragioni contrarie al compimento di quella induzione alla quale anch'essi sono dal secondo paragrafo dell'art. 4 richiesti di procedere. Più precisamente, ai giudici, come agli altri operatori del diritto, corre l'obbligo di verificare se una tale dimostrazione possa essere fornita. E ciò, non unicamente quando una parte si sia data carico di tentare di adurre la 'prova contraria' necessaria affinché venga meno la presunzione in parola, e non esclusivamente sulla base delle argomentazioni all'uopo da quella parte presentate. Indipendentemente dal comportamento della parte interessata a fornire quella 'prova contraria' (...), quest'ultima il giudice deve tentare di acquisire, ed alla sua dimostrazione egli potrà procedere pure *ex officio*."[407].

Em que se assenta? A quem assiste razão? Aos que, alinhando por *compreensão rigidificadora* do artigo 4.°[408], reconhecem no número 5 cláusula de desvio efectiva, ou, diferentemente, aos que percebendo o artigo como dominado pela cláusula geral de conexão mais estreita, não descortinam nele margem para a autonomização da figura?

---

[407] [1989: 409-410]. No mesmo sentido fundamental, cfr. C.G.J. MORSE [1983: 125]; F. MOSCONI [1983: 50]; E. VITTA [1983: 273 ss]; A. JAFFEY [1984: *maxime* 553, 554 e 556]; M. VIRGÓS SORIANO [1986: 781-782 e 790]; O. LANDO [1987a: 197]; M. MAGAGNI [1989: 406 ss]; T. BALLARINO [1991: 652 ss]; J. FOYER [1991: 608 ss]; P. LAGARDE [1991: 306 ss]; 08F. POCAR [1991: 251]; A. SARAVALLE [1991a: 911]; F. VISCHER [1992: 106]; G. SACERDOTI [1993: 10].

[408] A um «proceso de rigidificacíon» faz referência L. CARRILLO POZO [1994: 75].

Certo, não se ignora a frequência com que foram e permanecem sendo emitidas afirmações de acordo com as quais a solução afinal plasmada no artigo 4.º da Convenção de Roma – assim como, de resto e alegadamente, já no seu antecedente do Anteprojecto – é a de uma via média superadora dos pólos representados pelo «caso», por uma parte, e pela «regra», por outro[409]. Certo ainda, *olhar analítico* ou *desarticulador* conduz à observação de que nele recebem acolhimento formulações que relevam de técnicas que, conquanto reconduzíveis à traça conflitual, têm sinal distinto: se a referência à lei do país com o qual o contrato mantém a conexão mais estreita – número 1 – releva de uma «abstract allocation norm», não parece menos certo que os números 2 a 4 fazem emprego de critérios próprios de «hard and fast rules».

Isto verdade, reconhecer-se-á outrossim não ser aceitável que ao aplicador seja deixada a opção indiferenciada – *à la carte*, apetece dizer – entre uma via metodológica fundada numa relativa margem de manobra na procura do direito espacialmente mais adequado ao caso e uma outra essencialmente rígida e cujo eixo central seriam as presunções com assentos nos números 2 a 4. Na expressão enfática de L. CARRILLO POZO, "[l]o que no parece admisible (...) es que el Convenio de Roma predisponga dos metodologias de distinto signo igualmente válidas y preparadas para ser «consumidas al gusto» y según la formación del jurista llamado a darle aplicación."[410]. Para além de contraditada pelo carácter sistemático que é o de toda a disposição normativa, tal faculdade de opção indiferenciada não iria de par com a finalidade harmonizadora que de modo muito especial subjaz a todos os textos de direito uniforme e a que, bem entendido, também não é estranha a Convenção de Roma[411].

---

[409] Considerem-se, exemplificativamente: O. LANDO [1974a : 29]: "A via media between the inflexible rule and the highly flexible approach advocated by some American jurists is the centre-of-gravity method adopted by the Group."; M. GIULIANO [1977: 235]; J. KROPHOLLER [1978: 637]; M. GIULIANO / P. LAGARDE [1980: 20]: "La souplesse du principe général ainsi posé par le paragraphe 1 est pourtant sensiblement tempérée par les présomptions des paragraphes 2, 3 et 4 ainsi que par une admission très limitée du dépeçage (paragraphe 1 *in fine*)."; M. VIRGÓS SORIANO [1986: 753 ss]; P. KAYE [1992: 178]: "The presumptive method of ascertaining applicable law under Article 4(2) is intended to combine a degree of certainty and uniformity (rigidité) with the overall principle of flexibility (souplesse) in Article 4(1), in the absence of choice of law."

[410] [1994: 73].

[411] Isto dito, não se esquece que alguns autores parecem raciocinar – ou ao menos expressar-se – como se o artigo 4.º efectivamente consentisse ao aplicador do direito a

166   *A cláusula de desvio no direito de conflitos*

Pois bem. Pela nossa parte, entende-se considerar que o artigo 4.° é, no seu conjunto, dominado pela cláusula geral da conexão mais estreita. Inerentemente, que o número 5 não alberga cláusula de desvio. Em conformidade, passa-se à indicação de argumentos que com força bastante parecem depor, já indiferenciadamente contra qualquer das enunciadas modalidades de *compreensão rigidificadora* do artigo 4.°, já contra uma delas tão-só.

3. I) Começa-se por destacar aspecto que olhar sobre as disciplinas conflituais de fonte interna em vigor ao tempo da assinatura da Convenção de Roma – algumas delas aprovadas pouco tempo antes e, como tal, merecedoras da atenção inevitável do legislador convencional – permite surpreender sem assomo de dificuldade. O de que, quando correspondeu ao propósito de legislador nacional a consagração de disciplina atributiva de papel rector, mesmo se não exclusivo, a factores de conexão rígidos, foi adoptada técnica que inequivocamente deixou transparecer essa intenção, assim como a vontade, daquela intenção correlata, de reconhecer ao critério da conexão mais estreita plasmado em cláusula geral um papel nulo ou, quando muito, tão-só residual. Se o exemplo mais flagrante é o proporcionado pelo artigo 12.° da *Rechtsanwendungsgesetz* da antiga República Democrática Alemã, publicada a 5 de Dezembro de 1975, facto é que, além dele, vários outros – não tão poucos quanto isso – podem ser apontados em demonstração da ideia sustentada. Considerem-se os seguintes: o artigo 25.° do Código Civil italiano; os artigos 25.°, número 2, a 29.° da Lei polaca de 12 de Novembro de 1965; o artigo 42.° do Código Civil português vigente; o artigo 10.°, §§ 5, 6 e 7 do Decreto-Lei espanhol número 1836, de 31 de Maio de 1974; os artigos 36.° a 44.° da Lei austríaca de 15 de Junho de 1978; os artigos 25.° a 29.° do Decreto-Lei húngaro n.° 13, de 31 de Maio de 1979; fora do campo europeu, o artigo 36.°, número 2, do projecto argentino de 1974, assim como as soluções acolhidas no Brasil, na Costa Rica, no Peru, no Zaire, no Irão, no Japão e em Taiwan[412]. Isto visto,

---

alternativa referida em texto. Tome-se o caso de A. DIAMOND [1979], escrevendo com relação ao Anteprojecto: "Article 4 was not so bad as it looked. To those nations seeking a firm and, perhaps, straightforward rule, article 4 could fill the bill. But to those accustomed to a more tractable system article 4 could well be acceptable.".

[412] As referências às soluções acolhidas fora do campo europeu foram obtidas em M. GIULIANO [1977: 233].

Uma resposta no horizonte: a figura da cláusula de desvio   167

afigura-se desrazoável recusar significado útil à circunstância de, a despeito de técnicas e soluções que lhe eram familiares, o legislador convencional ter optado pela proclamação, feita de entrada, da aplicação da lei
do país com o qual o contrato apresenta a conexão mais estreita.

II) Mas é ainda outra a lição que exame comparativo – dirigido, desta
feita, aos sistemas nacionais dos nove países que em 1980 assinaram o
convénio – permite captar. Descontada a italiana – referida no parágrafo
anterior –, as soluções adoptadas nos restantes oito países[413] deixavam
ao operador espaço de liberdade na procura e fixação, em cada caso, da
solução mais adequada. Certo, não o faziam de modo uniforme[414]. Mas
esse não é o ponto. Importante será reter que "(...) à la seule exception de
l'Italie, où la loi applicable à titre subsidiaire au contrat est determinée
une fois pout toutes par des rattachements fixes et rigides, tous les autres
pays de la Communauté ont préféré et préfèrent s'en tenir à des solutions souples, laissant au juge la tâche d'individualiser, dans chaque cas
d'espèce, parmi les divers éléments du contrat et les circonstances de la
cause, le rattachement prépondérant et décisif pour la détermination
de la loi applicable au contrat."[415]. Mas justo porque assim era – leia-se:
assente, nos termos referidos, que "la grande majorité (...) était en faveur
d'une solution souple laissant à la sagesse en même temps qu'à la
discrétion des juges la tâche d'individualiser dans chaque cas d'espèce,
parmi les divers éléments du contrat et les circonstances de la cause, les
rattachements décisifs pour la détermination de la loi applicable au
contrat."[416] –, não será legítimo duvidar de que a solução afinal consagrada viesse a ser tributária de orientação distinta?

III) De resto, deveras significativa é a comparação entre a versão definitiva do artigo 4.° – a adoptada, em Roma, em 19 de Junho de

---

[413] Pela lei como pelos tribunais. E, bem entendido, na ausência de *professio iuris*
(válida) pelas partes.

[414] Para uma visão de conjunto das soluções referidas em texto e em cujo exame
aqui não cumpre entrar, cfr. M. GIULIANO / P. LAGARDE / Th. VAN YSSELT [1975: 268-270;
J. FOYER [1976: 606 ss]; M. GIULIANO [1977: 230-232]; M. GIULIANO / P. LAGARDE
[1980: 18-20]; O. LANDO [1987a: 188 ss]; S. RAMMELOO [1992: 3-71].

[415] M. GIULIANO [1977: 232].

[416] M. GIULIANO [1977: 234-235].

168 A cláusula de desvio no direito de conflitos

1980 – e a antecedente constante do Anteprojecto de 1972. Dispunha-se nesta:

"A défaut de choix explicite ou implicite, le contrat est régi par la loi du pays avec lequel il présente les liens les plus étroits.
Ce pays est:
a) celui où la partie qui doit fournir la prestation caractéristique a sa résidence habituelle, au moment de la conclusion du contrat;
b) celui où cette partie a son établissement principal au moment de la conclusion du contrat, si la prestation caractéristique doit être fournie en exécution d'un contrat conclu dans l'exercice d'une activité professionnelle;
c) celui où est situé l'établissement secondaire de cette partie, s'il résulte du contrat que la prestation caractéristique sera fournie par cet établissement.
L'application de l'alinéa précédent est écartée lorsque la prestation caractéristique, la résidence habituelle ou l'établissement ne peuvent être déterminés ou qu'il résulte de l'ensemble des circonstances que le contrat présente des liens plus étroits avec un autre pays."[417].

Deixando de parte outras que manifestamente não vêm ao caso, terá interesse atentar na seguinte e fundamental diferença entre as duas versões separadas por menos de uma década: em contraste com a solução depositada no texto assinado em 1980, as várias alíneas do segundo parágrafo do artigo 4.º *supra* reproduzido identificavam o país em cuja órbita o contrato tinha o seu *Schwerpunkt* com aquele onde o obrigado ao fornecimento da prestação característica possuía residência habitual (ou, consoante os casos, o estabelecimento principal ou o secundário). E, o que sobremaneira importa destacar, em termos imediatos ou lineares: "Ce pays est (...)", pode ler-se no corpo do parágrafo segundo do artigo 4.º do Anteprojecto. De onde vem que, de harmonia com vontade confessada-

---

[417] Para análise dos trabalhos preparatórios da Convenção de Roma, cfr: R. VANDER ELST [1973]; P. LAGARDE [1974]; O. LANDO [1974a]; M. GIULIANO / P. LAGARDE / / Th. VAN YSSELT [1975]; H. BATIFFOL [1975]; os vários contributos reunidos em *European International Law of Obligations*, Tübingen, J.C.B. Mohr (Paul Siebeck), 1975; L. COLLINS [1976]; J. FOYER [1976]; K.H. NADELMANN [1976]; H.U. JESSURUN D' OLIVEIRA [1977a]; A. ORTIZ ARCE [1979]; J. L. IGLESIAS BUHIGUES [1980]; R. BARATTA [1991: 133 ss].

Uma resposta no horizonte: a figura da cláusula de desvio 169

mente prevalecente no grupo de trabalho responsável pela elaboração do Anteprojecto[418], o acolhido no texto de 1972 era sistema necessitado de via correctiva – a encerrada no seu terceiro parágrafo, verdadeira e própria cláusula de desvio – para lograr a determinação *casuística* da lei espacialmente mais próxima do contrato. Ora, é diferente a construção emergente do artigo 4.º hoje vigente. Depois de o número 1 afirmar que o contrato é regulado pela lei do país com o qual apresenta uma conexão mais estreita – no que não vai diferença essencial para a fórmula homóloga do Anteprojecto[419] –, os seus números subsequentes não procedem à identificação/equiparação dessa lei com o direito designado por uma das indicações presuntivas que neles têm assento. É o que muito certeiramente foi posto em evidência, logo em 1981, por E. VITTA: "è istruttivo il fatto che, in sede di redazione della Convenzione, era dapprima prevalsa la tendenza a ricorrere, mancando la volontà delle parti, al criterio della prestazione caratteristica, integrandolo ove necessario con un criterio flessibile, in ispecie quello del collegamento piú stretto. L'opposto punto

---

[418] Cfr. M. GIULIANO / P. LAGARDE / Th. VAN YSSELT [1975: 271-272]: "En ce qui concerne les solutions retenues dans les autres pays de la Communauté [– entenda-se: que não a Itália –], le Groupe a estimé que leur souplesse, au cas où elle n'aurait pas été tempérée par des correctifs appropriés, pouvait aller à l'encontre des exigences de la sécurité juridique: exigences essentielles dans le cadre de règles uniformes de conflit des obligations au sein de la Communauté. En effet, la détermination de la loi du contrat sùr la base d'un rattachement si vague que celui du pays avec lequel le «contrat présente le lien le plus étroit» ou avec lequel «le contrat présente les rapports les plus étroits» pourrait pratiquement se traduire dans l'abandon pur et simple de la détermination de la loi applicable aussi bien à la sagesse qu'à l'arbitraire des juges. Et cette solution ne serait pas facilement acceptable pour des pays, comme l'Italie, où la tradition est en faveur de rattachements suffisamment rigides."; "Pour chaque catégorie de contrats, c'est la prestation caractéristique qui compte et qui est seule décisive pour la détermination de la loi applicable (...)" (*idem*, p. 274).

[419] Alude-se a *diferença essencial* porquanto, rigorosamente, são detectáveis dissemelhanças – porventura não tão pequenas quanto isso – entre os primeiros parágrafos dos dois artigos sob apreciação. Começa por que as hipóteses abrangidas na previsão do actual número 1 do artigo 4.º são mais do que as contempladas pelo seu homólogo de 1972: além das situações de ausência de escolha de lei pelas partes – únicas a que o Anteprojecto se referia expressamente –, vão abarcadas pela previsão do número 1 vigente as hipóteses de invalidade de escolha e as de escolha referida apenas a uma das partes do contrato (*dépeçage* negocial). Acresce que o Anteprojecto de 1972 não previa – como se admite no texto assinado em 1980, ainda que a título excepcional – a possibilidade de *dépeçage* judicial.

170 *A cláusula de desvio no direito de conflitos*

di vista, favorevole ad un criterio elastico in qualche modo integrato con quello della prestazione caratteristica, ha tuttavia finito per prevalere. Infatti, nell'art. 4, comma 1, è stato adottato il criterio del collegamento piú stretto (...)"[420]. Evolução susceptível de ser levada à conta de mera inovação estilística? Parece bem que não. Sobretudo quando em conta se tenha a participação dos representantes do Reino Unido e da República da Irlanda, a partir de 1973, nos trabalhos preparatórios do texto convencional[421].

IV) Estribando-se na consideração de que o operador se encontra irremediavelmente vinculado às indicações constantes dos números intermédios do artigo 4.º até que a actualização da estatuição da segunda parte do número 5 seja equacionada por uma das partes, uma das correntes da aproximação metodológica ora sob crítica ancora o respectivo ponto de vista na ideia de que tais números corporizam presunções em sentido próprio ou técnico-jurídico.

Ora, não é assim.

Certo, é bem verdade o legislador convencional fazer utilização do substantivo «presunção» e de formas verbais – como «presume-se» – dele derivadas. Certo também, é o próprio Relatório GIULIANO – LAGARDE que sucessiva e empenhadamente faz emprego dos mesmos vocábulos[422], rematando com a advertência de que "[i]l est opportun de préciser que les présomptions prévues à l'article 4 paragraphes 2, 3 et 4 ne sont que des présomptions simples."[423]. Tanto o que é inolvidável. Não menos real, porém, é a existência de razões mais do que suficientes para nos persuadir acerca da utilização desses vocábulos numa acepção que não é a técnico-

---

[420] [1981: 844-845]. Destacando o ponto, cfr. R. BARATTA [1991: 172-173]; L. CARRILLO POZO[1994: 80 e 84-85].

[421] Escreveu K. LIPSTEIN [1975: 158], em anotação ao artigo 4.º do Anteprojecto: "English Private International Law is both objective and very flexible when it comes to determine the applicable law in the absence of an express or implied choice of law, and the objective, but rigid formulation of art. 4 II a) in particular may cause some reservations to be made (...). The rigid formulation is, however, mitigated to a certain extent by arts. 4, third para., 5 and 6. Nevertheless, the technique of concentrating on the *lex debitoris primarii* will not easily commend itself, given the subsidiary and perhaps excessively ancillary nature of the provision in art. 4, third para..".

[422] *Maxime* pp. 20 a 23.

[423] P. 23.

Uma resposta no horizonte: a figura da cláusula de desvio   171

-jurídica que propriamente lhes corresponde; para nos persuadir, o mesmo é dizer, de que o mecanismo e a lógica das presunções jurídicas não quadram cabalmente às regras dos números 2, 3 e 4 do artigo 4.° da Convenção de Roma de 19 de Junho de 1980.

É começar por levar presente a noção firmada, na literatura como nas legislações, entre nós como além-fronteiras, de «presunção». A seguinte: dedução, inferência ou raciocínio lógico por meio do qual, partindo-se de um facto certo, provado ou conhecido (base da presunção ou *factum probans*), se chega a um facto desconhecido (*factum probandum*)[424]. "Presunções são as ilações que a lei ou o julgador tira de um facto conhecido para firmar um facto desconhecido.", afirma-se no artigo 349.° do Código Civil português.

Pois bem. É semelhante «trait d'union» – o que se estabelece entre um facto conhecido e outro, desconhecido, que visa firmar-se – que não é possível reconhecer por referência aos números intermédios do artigo 4.°. A razão, simples, radica na impossibilidade de assimilar ou reconduzir a «conexão mais estreita de um contrato» – afinal, o que se visa estabelecer – à categoria de um *facto*. É que, como explica A. KASSIS, "(...) si l'existence du lien est un fait (lieu de conclusion, lieu d'exécution, résidence habituelle, établissement d'une partie, sa nationalité), la force ou l'étroitesse du lien n'est pas un fait. On ne mesure pas l'étroitesse (ou la force) d'un lien dans le sens de l'article 4 comme on mesure l'étroitesse d'un fil ou d'un tissu. L'étroitesse comparative des liens est une métaphore qui exprime une trouvaille de droit international privé, qui n'est qu'un montage de l'intellect, une appréciation ou un jugement conventionnel qui n'est qu'une vue de l'esprit pour les besoins d'un raisonnement visant à mettre en place une règle de droit (...)."[425].

Não é tudo.

---

[424] Seguiu-se muito de perto a formulação constante de J. ANTUNES VARELA, J. MIGUEL BEZERRA e SAMPAIO E NORA [1985]. No mesmo sentido e para além das contidas em manuais gerais de direito processual civil, cfr. X CORDOPATRI [1986] e, muito em particular, C. MORVIDUCCI [1986: 321]: "Le presunzioni sono il risultato di un processo logico che, fondandosi su un fatto noto, risale all'esistenza di un fatto ignoto che ad esso normalmente si ricollega.".

[425] [1993: 309]. Em sentido convergente, E. VITTA [1981: 851]; A. BORGIOLI [1983: 164]; I. SCHWANDER [1987: 83]; M. MAGAGNI [1989: 409]; L. PICCHIO FORLATI [1990: 147-148]; R. BARATTA [1991: 169-170]; P. HAY [1991: 359, nota 337]; F. POCAR [1991: 251]; M. FRIGO [1993: 24]; U. VILLANI [1993: 532-533]; L. CARRILLO POZZO [1994: 77]; S. RAMMELOO [1994: 246]; U. VILLANI [1997: 98 ss]; L. LIMA PINHEIRO [1998: 853].

172 *A cláusula de desvio no direito de conflitos*

V) Reclamar as «presunções» contidas nos números 2 a 4 do artigo 4.º para o domínio probatório e pretender que a respectiva ilisão constitui o objecto de ónus que recai sobre quem quer que intente contrariar, *in casu*, a respectiva *Richtigkeit* equivale a deixar na sombra que o juízo subjacente à aplicação do artigo 4.º, número 5, aparece associado a operação mental de comparação, ponderação e valoração. E não, portanto – ao menos necessariamente –, a actividade de alegação e prova de *novos* factos. Como A. KASSIS entende dizer: "La preuve contraire n'est pas donc la preuve de faits nouveaux ou inconnus, elle consiste en réalité à refaire un raisonnement pour montrer que ce nouveau raisonnement, opération mentale, est meilleur et plus convaincant que celui qui sous-tend la présomption."[426]. Mas se assim se passam as coisas – e de novo se pedirão de empréstimo palavras de A. KASSIS –, "que faut-il prouver? Il ne s'agit pas d'apporter la preuve de faits nouveaux, inconnus. Touts les faits, c'est-à-dire le contrat et l'ensemble de ses circonstances sont connus."[427].

Mas mais.

VI) Contra o entendimento ora sob crítica depõe, ainda, o carácter oficioso da aplicação das regras da Convenção de Roma. Depõe, o que o mesmo é dizer, a natureza vinculativa ou obrigatória da regra contida na segunda parte do artigo 4.º, número 5. Afinal, é como sustenta M. MAGAGNI: "Ammettendo quell'onere [o de invocação do artigo 4.º, número 5, a cargo da parte interessada em afastar a aplicação da «presunção» *in casu* pertinente] si nega la possibilità che il giudice proceda *ex officio* per far valere il darsi di un più stretto collegamento (...)"[428]. Ora, de nenhuma passagem do artigo 4.º é possível extrair indício, por pequeno seja – disse-se já da improcedência da invocação, nesse sentido, da

---

[426] [1993: 310].

[427] [1993: 309-310]. Convergentemente, U. VILLANI [1997: 99]. Cp. a decisão do *Tribunal civil de Marche-en-Famenne*, de 26 de Fevereiro de 1986, publicada em *Annales de droit de Liège*, 1988, p. 100 ss, em cujo texto é possível ler: "(...) si l'article 4, § 3 de cette convention érige en présomption, en matière d'utilisation d'un immeuble, l'application de la loi du pays dans lequel est situé l'immeuble, le paragraphe 5 dudit article permet que celle-ci soit écartée «lorsqu'il résulte de l'ensemble des circonstances que le contrat présente les liens les plus étroits avec un autre pays» (...) pareille preuve incombe en l'espèce aux intimés (...)" (pp. 101-102).

[428] [1989: 411].

Uma resposta no horizonte: a figura da cláusula de desvio 173

utilização convencional do termo «presunção» –, suceptível de legitimar, em bases adequadas, entendimento segundo o qual o afastamento das indicações constantes dos números intermédios do artigo 4.° se encontra na dependência da invocação, por uma das partes, da segunda frase do número 5. Tão pouco se invoquem determinadas passagens do Relatório GIULIANO-LAGARDE[429]. Com efeito, sabe-se como, nos termos do artigo 32.° da Convenção de Viena sobre o Direito dos Tratados assinada em 23 de Maio de 1969, o recurso aos trabalhos preparatórios e às circunstâncias em que foi concluído o tratado apenas é admissível na medida em que: (i) dele resulte a confirmação do sentido resultante da aplicação das regras gerais sobre interpretação (alínea a); (ii) a aplicação das regras gerais sobre interpretação deixe o sentido da norma ambíguo ou obscuro ou conduza a resultado que é manifestamente absurdo ou desrazoável (alínea b). Acrescente-se que mesmo em país, a França, onde a jurisprudência se tem revelado propícia à negação da obrigação de aplicação oficiosa das regras de conflitos, semelhante entendimento nunca foi alargado às regras com origem e sede convencionais (decerto, nunca seria o entendimento da doutrina e da jurisprudência gaulesas – ou um qualquer outro com «marca» nacional – a ditar ou a infirmar o carácter oficioso da aplicação das regras da Convenção de Roma; inculca-o o artigo 18.° deste instrumento convencional; fica a nota, como quer que seja)[430].

---

[429] As seguintes: *em primeiro lugar*, a que, com respeito ao artigo 4.°, número 3, afirma que "(...) il s' agit d'une présomption qui, comme d'ailleurs la présomption du paragraphe 2, pourrait aussi être contredite si les circonstances de la cause l'exigeaient." (p. 21); *em segundo*, a que conclui o comentário ao artigo 4.°: "Il est opportun de préciser que les présomptions prévues à l'article 4 paragraphes 2, 3 et 4 ne sont que des présomptions simples." (p. 23).

[430] Pronunciam-se no sentido da aplicação oficiosa do artigo 4.°, número 5, da Convenção de Roma: C.E. DUBLER [1983: 68]; M. VIRGÓS SORIANO [1986: 792, nota 61]; R. BARATTA [1991: 168 ss]: "(...) all'interno dell'art. 4 non si ravvisa alcuna traccia del fatto che il giudice, nella ricerca della legge applicabile, debba ritenersi vincolato alle indicazioni presuntive dei paragrafi 2-4, nè tanto meno che la possibilità di sfuggire ad esse sia condizionata alla regola del contradittorio tra le parti (...) / Non è, pertanto, lecito trarre alcuna conclusione nel senso che I confini del ragionamento del giudice (e con ciò il venire meno delle presunzioni) debbano risultare rigorosamente fissati dall'attività svolta dalle parti in sede processuale (...)"; P. KAYE [1992: 187: "(...) Article 4(5) *requires* the presumptions to be rebutted where the contract appears to be more closely connected with another country; the rule is not merely one of discretion to disregard the presumptions."; A. KASSIS [1993: 311]: "A partir du moment où, s'agissant d'une relation

VII) Concede-se que militando embora contra determinada leitura do artigo 4.º – a que perspectiva os respectivos números 2, 3 e 4 como recipientes de presunções *iuris tantum* cuja ilisão caberia à parte nisso interessada –, os argumentos aduzidos sob IV, V e VI *supra* não contribuem para desmerecer da tendência que se confina a vislumbrar naqueles números intermédios o suporte de regras *prima facie* aplicáveis. Ponto é, todavia, que, ademais de vulnerável à eficácia argumentativa das considerações expendidas sobre I, II e III *supra*, semelhante sub-modalidade de *compreensão rigidificadora* do artigo 4.º encontra obstáculo – de resto, como a outra sub-tendência – na verificação de que o artigo 4.º é, no seu conjunto, dominado pela cláusula geral da conexão mais estreita[431].

---

internationale, le juge est tenu d'appliquer la règle de conflit appropriée, et dès lors qu'il y à lieu a cet effet de chercher le bon rattachement et que le texte lui-même reconnaît que celui de l'article 4.2 n'est pas toujours le meilleur, il serait pour le moins frustrant pour tout le monde et de toute manière affligeant pour le droit d'imposer au juge, pour rejeter un rattachement qui n'est édicté par le législateur que comme un guide ou une directive pouvant être écartée si elle n'est pas jugée bonne au vu d'une reconsidération à la lumière des circonstances de la cause, d'attendre qu'une partie en conteste le bien-fondé, alors que le juge aura fait pour lui-même le raisonnement qui conduit à un autre rattachement."; U. VILLANI [1993: 533]: "(...) la stessa formulazione dell'art. 4 par. 5, il quale non fa alcun cenno né ad un onere della prova a carico delle parti, né ai mezzi di prova eventualmente ammissibili per vincere la c.d. presunzione di cui al par. 2, induce a ritenere che sia compito dello stesso giudice verificare se il contratto presenti collegamenti piú stretti con un Paese diverso da quello del debitore della prestazione caratteristica."; L. CARRILLO POZO [1994: 78]: "En ningún momento se ha exigido que el juez se halle ligado a las indicaciones presuntivas de los parágrafos 2, 3 y 4 en la busquéda y determinación de la ley applicable al contrato, y ni siquiera que deba limitarse a la valoración de su contradictorio."; *idem*, 90: "(...) el párrafo 5 del artículo 4 (...) encierra una norma jurídica (...) con carácter imperativo, y que comparte la nota de su obligatoriedad con la restante disciplina internacionalprivatística, de lo que cabría deducir que el juez debe darle aplicación sin esperar a que sea alegada su aplicabilidad, y que el operador habrá de tener en cuenta su tenor cada vez que deba realizarse una investigación *ex* artículo 4."; *idem*, 92: "no es sólo un permiso al juez, sino una obligación del legislador para proceder en un modo determinado (...)"; E. GALVÃO TELES [1995: 152]. *Contra*: F. PARIS [1998: 29]; D. COUSSIEU [2000: 21]. Dando nota de decisões judiciais neerlandesas corroboradoras da ideia de que a aplicação do número 5 do artigo 4.º da Convenção de Roma reveste carácter oficioso, cfr. K. BOELE-WOELKI [1994 b: 259]. Sustentando a aplicação oficiosa das cláusulas de desvio em geral, cfr. F. MOSCONI [1989: 189-190].

[431] Para olhar comparativo sobre o critério da Convenção e a doutrina inglesa da *proper law*, cfr. O. KAHN-FREUND [1973]; A. J. E. JAFFEY [1984]. Com respeito à influência do Direito Internacional Privado norte-americano sobre a Convenção de Roma,

Explica-se a afirmação. Como o alcance correspondente.

Começando por estatuir a aplicação da lei do país com o qual o contrato apresenta a conexão mais estreita e prosseguindo, nos seus números intermédios, através da indicação «presuntiva» desse direito, o artigo 4.° dispõe, na sua proposição derradeira – no dizer de A. GIARDINA, «la disposizione chiave di tutto il sistema»[432] –, a inadmissibilidade das *presunções* dos números 2, 3 e 4 sempre que resulte do conjunto das circunstâncias que o contrato apresenta uma conexão mais estreita com um país diferente. Para o que agora importa, não diz mais o artigo 4.° da Convenção de Roma. E, não dizendo mais, também dele não é possível, em boa lógica, depreender o que a letra e o espírito respectivos não comportam. Ora, não é verdade que, de entrada, proclamação é feita do princípio da conexão mais estreita plasmado em cláusula geral? E não é também que a segunda proposição do número 5 vem a carimbar, reafirmando-o, igual critério?[433] Mais. Não é exacto que, diferente de uma *Kannvorschrift*[434], a segunda proposição do número 5 individualiza comando cuja actuação prática, *uma vez dados por verificados os pressupostos incluídos na hipótese normativa*, não aparece confiada ao poder discricionário do aplicador nem, como atrás se viu, é legítimo entender subordinada à actividade processual das partes? E não é ainda que toda a possibilidade de um juízo afirmador da reprodução, *in casu*, dos pressupostos recortados pela previsão normativa do artigo 4.°, número 5, segunda frase, vai condicionada a exame ponderado de *todas as relevantes circunstâncias do caso*, exame esse que, decerto abrangente dos elementos retidos nos números 2, 3 ou 4, a eles não se circunscreve?

Às interrogações postas quadra – a todas elas – resposta de sentido afirmativo. *Sim*, o artigo 4.° determina, de entrada, que, na falta de uma escolha de lei levada a cabo nos termos do artigo 3.°, o contrato é regulado pela lei do país com o qual apresenta a conexão mais estreita. *Sim*, o

---

cfr. K.H. NADELMANN [1976]; E. VITTA [1981: 850]; F. K. JUENGER [1982 a]; F. K JUENGER [1982b]; O. LANDO [1982]; E. VITTA [1982: *maxime* 4 ss]; F. MOSCONI [1983]; E. VITTA [1983]; M. FALLON [1984]; P. HAY [1991].

[432] [1981: 802].

[433] Com razão afirma M. VIRGÓS SORIANO [1986: 786] que "la estructura del art. 4.° del Convenio es un tanto «circular», pues el criterio de aplicar la ley del país más estrechamente conectado aparece tanto al principio (art. 4.°..1) como al final del precepto (art. 4.°..5).".

[434] O contraste com o número 1 do artigo 7.° da mesma Convenção é elucidativo.

176 A cláusula de desvio no direito de conflitos

número 5 do mesmo artigo reafirma idêntico critério da conexão mais estreita plasmado em cláusula geral. *Sim*, a segunda frase do mesmo número 5 não incorpora norma facultativa que o aplicador simplesmente pudesse – mas não tivesse de – actuar. *Sim*, juízo afirmador da reprodução, *in casu*, dos pressupostos recortados pela previsão normativa do artigo 4.°, número 5, segunda frase, vai condicionado por exame ponderado de *todas* as relevantes circunstâncias do caso[435].

Indagar-se-á pelo significado das últimas anotações na economia do nosso percurso. A resposta alcança-se sem dificuldade. Avança-se por partes, como quer que seja.

Primeira conclusão logicamente derivada do exposto é a de que, na medida em que a lei afinal aplicada coincida com direito designado por número intermédio do artigo 4.°, isso não sucederá *ex vi* de tal critério rígido isoladamente considerado, senão, antes, porque, ponderadas todas as pertinentes circunstâncias do caso, o operador apura ser com esse direito que o contrato apresenta a conexão mais estreita. *Rectius*, porque não conclui ser com outro país que o contrato apresenta a conexão mais estreita[436]. Afirmou-o A. KASSIS: "Si le juge applique la loi du pays de la

---

[435] No mesmo sentido, L. CARRILLO POZO [1994: 92]: "Si el párrafo 5 establece que las presunciones no sean atendidas cuando de las circunstancias resulte que la ley de la conexión más estrecha indica un derecho distinto del reclamado por aquellas, la única forma para determinar si la hipótesis objeto de controversia es una de las que prevé el recordado párrafo es llevar a cabo el examen que el mismo implica.". Assim sucedendo, parecem menos conseguidas as seguintes afirmações encontráveis a pp. 21 do Relatório M. GIULIANO / P. LAGARDE: "(...) la disposition de l'article 4 paragraphe 2 concrétise et objective la notion en soi trop vague de 'liens les plus étroits'. Elle apporte en même temps une considérable simplification dans la détermination de la loi applicable au contrat à défaut de choix par les parties. Le lieu où l'acte a été accompli devient sans importance. On n'a plus besoin de déterminer le lieu de conclusion du contrat, avec toutes les difficultés et les problèmes de qualification que cette détermination soulève dans la pratique. La recherche du lieu d'exécution ou des différents lieux d'exécution ainsi que leur qualification devient superflue./ Pour chaque catégorie de contrats, c'est la prestation caractéristique qui est en principe seule décisive dans la mise en oeuvre de la présomption en vue de déterminer la loi applicable (...)".

[436] A origem da precisão está em que também nas hipóteses caracterizadas pela absoluta dispersão de contactos – e, consequentemente, pela mais do que provável impossibilidade de determinação do país com o qual o contrato apresenta conexão mais estreita – o operador jurídico deve aplicar a lei para que aponta a «presunção» *in casu* pertinente. A este propósito dir-se-á, em texto, mais de espaço.

résidence du débiteur de la prestation caractéristique, c'est parce qu'il n'a pas trouvé un autre pays avec lequel le contrat présente les liens les plus étroits."[437]. Como L. CARRILLO POZO: "(...) quiero ello decir que si el derecho aplicable es, al final del proceso, el indicado por el sistema de las presunciones, no lo será por este motivo, sino porque reclamado por el complejo de las circunstancias – incluida la residencia habitual del prestador caracteristico – debidamente contadas y pesadas, esto es, porque resulta ser el derecho que presenta la conexión mas estrecha."[438]. Assim bem como, entre nós, L. LIMA PINHEIRO: "(...) as «presunções» fixadas nos n.os 2 a 4 só relevam quando a avaliação feita pelo órgão de aplicação não conclua ser outro o país que apresenta uma conexão mais estreita com o contrato / (...) a doutrina da prestação característica surge claramente subordinada à cláusula da conexão mais estreita, como uma das suas possíveis concretizações."[439-440].

Mas se assim se passam as coisas, se é impossível dissociar a aplicação de um dos números intermédios do artigo 4.º da aplicação da

---

[437] [1993: 313].

[438] [1994: 93].

[439] [1998: 852 e 853].

[440] Convergentemente, R. BARATTA [1991: 177]: "(...) è chiaro che il suo funzionamento [o da cláusula geral de conexão mais estreita] non è riducibile alle regole presuntive (...)"; *idem* [1991: 179]: "In definitiva, la ricerca della legge più strettamente connessa al rapporto non incontra ostacolo alcuno nelle indicazioni presuntive perchè le disposizioni contemplate dai paragrafi 1 e 5 sono superiori a quelle indicazioni."; *idem* [1991: 180-181]: "insomma, I paragrafi 2-4 dell'art. 4 stabiliscono, e non per tutte le specie contrattuali, un ordine del modo di procedere, una etapa importante dell' *iter* di accertamento della legge applicabile al negozio. Ma dallo scopo sostanziale che la norma nel suo complesso persegue (far sì che il contratto sia regolato dalla legge, in via effettiva e non presuntiva, più strettamente collegata ad esso) si desume che l'approdo del ragionamento giudiziale non deve necessariamente fermarsi nel luogo indicato dalle «presunzioni», come vuole la dottrina che attribuisce a quest'ultime natura vincolante."; P. HAY [1991: 397]; L. PICCHIO FORLATI [1990: 160-161]: "Non può invece in nessun caso configurarsi come tale [como subsidiária] (...) il rapporto esistente tra criteri elencati dall'art. 4 della Convenzione di Roma, §§ 2, 3 e 4, e collegamento più stretto. Se quest'ultimo prevale sui primi è sempre in virtù di un confronto tra il collegamento che i criteri presuntivi esprimono e quello risultante dal "complesso delle circostanze". Al massimo, implicando una considerazione simultanea dei termini dello stesso, tale confronto potrebbe in astratto avvicinarsi ad un concorso cumulativo di criteri di collegamento (ivi compreso, per il trasporto, un criterio multiplo), se non fosse che il collegamento più stretto... criterio di collegamento non è!".

cláusula geral de conexão mais estreita – "le couple est indissociable", na expressão sintética de A. KASSIS[441] –, qual o bem-fundado de se entender pertencer às «presunções» com assento nos números 2, 3 e 4 a indicação da lei subsidiariamente aplicável na falta de escolha pelas partes? Inerentemente, qual a legitimidade de se entender que a aplicação de lei diferente da designada por um dos números intermédios não vai sem a intervenção de mecanismo corrector?

VIII) Nem se esgrima com a primeira proposição do número 5, em cujos termos "[o] disposto no n.º 2 não se aplica se a prestação característica não puder ser determinada.". Com efeito, pretender derivar desta disposição uma ideia de *prima facie* aplicabilidade daquela «indicação presuntiva» monta a esquecer que só foi possível ao legislador estatuir a inaplicação do disposto no número 2 em caso de indeterminação da prestação característica – nada mais, no aspecto literal ou gramatical, se adiantando – na exacta medida em que, tomado como uma unidade, do artigo 4.º resulta que, «antes» ou «acima» das indicações com assento nos números intermédios – e, para o que agora interessa, do número 2 – está consagrado o critério da conexão mais estreita plasmado em cláusula geral[442].

Tão-pouco se pretenda que, em podendo a prestação característica ser determinada, da primeira frase do número 5 resulta, então, a referida *obrigatoriedade de princípio na aplicação do número 2*. Atentas exigências que se relacionam com a natureza sistemática da operação de interpretação, tudo quanto dela é legítimo inferir é que, "[n]ella formazione del suo convincimento in ordine all'individuazione della legge applicabile secondo la Convenzione, il giudice è (...) tenuto a conferire una precedenza logica alla *opportunità* di utilizzare il criterio fondato sulla *prestazione caratteristica* in quanto, nel caso concreto, esso corrisponda alla concretizzazione del *collegamento più stretto* (...)"[443]; em palavras de M. WILDERSPIN, que "(...) the court should *provisionally* determine the

---

[441] [1993: 313].

[442] Em sentido parcialmente convergente, E. VITTA [1981: 846], ao afirmar que "[l]a preminenza del criterio del collegamento più stretto risulta altresí dal fatto che ad esso si torna in via exclusiva quando la presunzione, in base alla quale si dovrebbe individuarlo, non funzioni in ispecie.".

[443] M. FRIGO [1993: 25].

Uma resposta no horizonte: a figura da cláusula de desvio 179

applicable law pursuant to paragraph 2 (...)"[444]. Nada mais – mas também nada menos, reconheça-se – do que isso.

É legítimo derivar do exposto que, em nosso modo de ver, é diminuto o papel que as indicações contidas nos números intermédios do artigo 4.º são chamadas a desempenhar? A resposta é afirmativa. Com P. R. WILLIAMS, entende-se que "[t]heir importance is (...) far less than would appear at first sight."[445]. Ainda com P. R. WILLIAMS, e em consequência, que "(...) the presumptions fail in their objective, namely that of promoting certainty."[446]. Qual o respectivo sentido útil? De novo fazendo nossas palavras de P. R. WILLIAMS, está-se em crer que "(...) the presumptions are to be applied only in cases where the various connecting factors are so diffuse or evenly balanced that a sufficiently paramount connection between the contract and a particular country cannot be found."[447]. É também esse, entre nós, o parecer de L. LIMA PINHEIRO: "Crê-se que as «presunções» contidas nos n.ºs 2 a 4 do art. 4.º constituem antes *direcrizes interpretativas*, que actuam nos casos em que, devido a uma dispersão dos elementos de conexão – por exemplo, quando o contrato seja celebrado entre partes de diferentes Estados e executado num terceiro Estado – se suscita dúvida sobre a determinação da conexão mais estreita."[448].

---

[444] [1996: 51] (itálico meu).
[445] [1986: 15].
[446] [1986: 17].
[447] [1986: 15].
[448] [1998: 853]. Em sentido convergente, cfr., exemplificativamente, A. DIAMOND [1979: 166]: "(...) look for the country with which the contract is more closely connected. If you can find it, well and good, that will give you the proper law. But you give up and confess defeat, then you turn to the country nominated in paragraph 2, which will at least supply an answer of some kind."; R. VANDER ELST / M. WESER [1983: 167 ss, *maxime* 173]; A. DIAMOND [1986: *maxime* 273]. Credor de registo é o *debate* que, com respeito aos sentido e valor das «presunções», foi o travado entre D. MARTINY e P. LAGARDE. Em obra colectiva – *Internationales Vertragsrecht. Das internationale Privatrecht der Schuldverträge* – cuja 4ª ed. foi dada à estampa em 1988, o Autor alemão faz valer o entendimento de que, por isso que parte do geral para o particular e, logo em seguida, admite o retorno ao geral, o caminho seguido pelo legislador convencional é escusadamente arrevesado. Ainda mais. Perfilhando da ideia de que o caminho fornecido pelas «presunções» é tão-só provisório, o mesmo Autor faz saber que, em seu juízo, preferível teria sido que, abrindo mão das indicações presuntivas, o legislador se tivesse confinado a comandar o exame do conjunto das circunstâncias do caso (número 69). Por ocasião de recensão à obra referida, P. LAGARDE [1989a: 835 ss], não sem antes observar que D. MARTINY "(...) voit la difficulté là où elle se trouve", ensaia resposta às críticas de

180   *A cláusula de desvio no direito de conflitos*

D. MARTINY. Assim é que, concedendo quanto à maior simplicidade de uma via metodológica como a adoptada pelo legislador de Roma em matéria de contrato individual de trabalho, logo esclarece que "(...) ce qui était possible pour un contrat spécial [o contrato individual de trabalho] ne l'était pas pour la règle générale. L'article 28 paragraphe 2 EG (art. 4§2 Conv. Rome) ne peut s'appliquer dans tous les cas puisqu'il se peut que la prestation caractéristique ne puisse être déterminée. Dans ce cas, (...) la seule règle applicable est celle du paragraphe 1er, c'est-à-dire, le rattachement à la loi qui a les liens les plus étroits." (p. 838). Pois bem. Salvo o devido respeito, está-se em crer que, ripostando como indicado, P. LAGARDE falha o alvo. Certo, não se contesta que, em hipóteses de indeterminabilidade da prestação característica, a indicação quanto à lei aplicável na falta de uma *electio iuris* não pode ir buscar-se a critério como o plasmado no segundo parágrafo do artigo 4.º. Porém, a questão é outra. Pedindo de empréstimo palavras de A. KASSIS [1993: 304-305], "[l]a critique du texte consiste à dire ceci: la prestation caractéristique pouvant, par hypothèse, être déterminée, pourquoi passer par la présomption du paragraphe 2, qui peut être écartée s'il s'avère que le contrat a des liens plus étroits avec un pays autre que celui de la résidence principale du débiteur de la prestation caractéristique? Pourquoi ne pas aller plutôt directement à la recherche du pays avec lequel le contrat a ces liens plus étroits? Ce qui est en question c'est l'utilité et la ratio du détour que l'on fait en passant par la présomption." Escrevendo anos mais tarde, em 1991, o mesmo P. LAGARDE [1991: 310] asseverou que "on a parfois critiqué la clause d'exception en disant qu'elle rendait inutile le détour par la présomption et qu'il serait plus simple de rechercher directement le pays avec lequel le contrat présente les liens les plus étroits. En réalité, la présomption conserve toute son utilité, car elle permet précisément de donner une solution dans les cas très nombreux où les indices de localisation du contrat sont répartis à peu près également entre deux ou plusieurs pays.". Entende-se dizer: *Primeiro*: Que fundamentando a opção pelo recurso a «presunções» numa sua alegada utilidade em hipóteses de absoluta dispersão de contactos, o primeiro resultado a que o Autor é conduzido – ainda que indirecta e, porventura, não voluntariamente – é à admissão de que nas demais hipóteses – leia-se, em todas aquelas não caracterizadas por uma total dispersão de contactos –, é nulo e de nenhum alcance o papel desempenhado pelas regras consagradas nos números intermédios do artigo 4.º da Convenção de Roma; *Segundo*: Que porventura indo longe de mais, não deixam de merecer reflexão as seguintes observações de A. KASSIS [1993: 305]: " (...) lorsque M. LAGARDE nous dit qu'elle, [a presunção] permet de donner une solution dans les cas très nombreux où les indices de localisation du contrat sont répartis à peu près également entre deux ou plusieurs pays, on peut comprendre de cela que dans ces cas la répartition égale des indices entre ces pays ne permet pas elle-même de désigner le pays avec lequel le contrat a les liens les plus étroits. Ce qui revient à dire que l'on applique alors la loi du pays de la résidence habituelle du débiteur de la prestation caractéristique faute de mieux, tout en sachant pertinemment que ce pays n'est pas celui avec lequel le contrat a les liens les plus étroits. En d'autres termes, l'application de la loi de ce pays devient un pis-aller, comme un tirage au sort. La présomption du

4. O caminho até agora percorrido e os subsídios ao longo dele recolhidos permitem-nos, aqui chegados, assentar em que:

– Tomado como uma unidade de sentido, do artigo 4.° da Convenção de Roma resulta que aplicável na falta de uma escolha conforme ao artigo 3.° é a lei do país com o qual o contrato apresenta – *efectiva*, que não só *presuntivamente* – a conexão mais estreita;
– atento o seu carácter individualizador, a directriz da conexão mais estreita supõe que o *accertamento* do direito competente se processa a partir da identificação e da ponderação qualificada de todos os contactos relevantes do ponto de vista dos fins próprios da disciplina reguladora dos conflitos de leis;
– assim sucedendo, não pode aquela directriz da conexão mais estreita ser automática, linear ou necessariamente reconduzida a um dos elementos da situação que o legislador reteve nos números intermédios e, inerentemente, um daqueles números erigido ao posto de regra *prima facie* aplicável;
– por isso que assim é, o direito do país designado por critérios com assento num dos números intermédios do artigo 4.° só deve ser aplicado na medida em que o operador jurídico não conclua ser com outro país que o contrato apresenta a conexão mais estreita. Tal sucederá em duas hipóteses: (i) na eventualidade de a lei designada por uma das «presunções» ser, *in casu*, a do país com o qual o contrato apresenta a conexão mais estreita; (ii) na eventualidade de uma absoluta dispersão de contactos;
– a segunda frase do número 5 do artigo 4.° não corporiza cláusula de desvio. É a conclusão de silogismo cujas premissas maior e menor são as seguintes: (i) a locução «cláusula de desvio» é designativa de figura que envolve ou põe em relação ("desviante") dois termos, quais sejam, lei ordinariamente competente, por um lado, lei com a qual os factos mantêm, *in casu*, a conexão mais estreita, por outro; (ii) por ser no seu conjunto dominado pela

---

paragraphe 2 n'est plus alors une mise en oeuvre du principe de proximité du paragraphe 1, puisque, par hypothèse, on n'a pas pu trouver les liens les plus étroits. Ce qui signifie tout simplement que dans les cas envisagés par M. Lagarde, la règle-présomption du paragraphe 2 est purement arbitraire.".

cláusula geral de conexão mais estreita, competente *ex* artigo 4.° é já – entenda-se: sem dependência de um qualquer mecanismo corrector –, a lei espacialmente mais próxima dos factos.

5. Tendo por pano de fundo o anteprojecto de 1972, afirmou H. JESSURUN D'OLIVEIRA: "There are thus clearly two conceptions of art. 4: in the one, sub-§ 2 [o correspondente, embora não o equivalente, ao actual número 2] plays the principal role and §§ 1 and 3 [para o que ora importa, homólogos dos actuais números 1 e 5] simply constitute attractive wrapping of little actual significance; the other approach regards §§ 1 and 3 as a nutcracker crushing the doctrine of characteristic performance. We shall have to wait to see how far in these circumstances the courts in States party to the convention will be able to use art. 4 as a basis for a uniform approach to the connection of contracts. A high degree of skepticism seems to be justified."[449]

Conquanto apenas entrada em vigor, no plano internacional, a 1 de Abril de 1991 e mau grado só aplicável, nos termos do respectivo artigo 17.°, aos contratos celebrados após essa data, verdade é que a Convenção de Roma de 19 de Junho de 1980 já logrou constituir, até ao presente, o suporte normativo de um conjunto não desprezível de decisões judiciais. Para além das que se relacionam com a natureza da matéria por si versada, assim bem como das que se prendem com o seu carácter universal, convergem na explicação do facto três ordens de razões. Em primeiro lugar, a circunstância de em quatro Estados – a Dinamarca, o Luxemburgo, a Alemanha e a Bélgica – as regras daquele texto convencional terem obtido força de lei antes mesmo da entrada em vigor, no plano interna-cional, do instrumento que lhes deu origem. Em segundo lugar, a circuns-tância de mesmo em países – nomeadamente a França e a Holanda – cujos tribunais não estavam obrigados, sequer de um ponto de vista "interno", a aplicar as regras da Convenção, a mesma ter sido atendida, no seguimento do caminho aberto pelo Relatório M. GIULIANO-P. LAGARDE[450], enquanto *ratio scripta*, pois que, conquanto "(...) non encore entrée en vigueur, elle

---

[449] [1977: 330]. Exprimindo idêntico temor, cfr., *inter alia*, A. DUCHEK, citado por B. von HOFFMANN [1975: 10]; A. GIARDINA [1983: 20-22].

[450] [1980: 38]: "Bien entendu, aucune disposition n'empêche le juge d'un État contractant à l'égard de qui la convention n'est pas encore entrée en vigueur de l'appliquer par anticipation à titre de raison écrite.".

Uma resposta no horizonte: a figura da cláusula de desvio 183

a cependant été régulièrement ratifiée (...) et peut donc être prise en consideration comme reflétant les principes communément acceptés qui ont reçu l'approbation formelle du législateur lorsqu'il en a autorisé la ratification (...)"[451]. Terceira e última, a circunstância de o Tribunal de Justiça das Comunidades Europeias a ter tomado em consideração na sua tarefa de interpretação, a título prejudicial, da Convenção de Bruxelas de 27 de Setembro de 1968 Relativa à Competência Judiciária e à Execução de Decisões em Matéria Civil e Comercial.

Sendo fora de causa dar conta de toda a "experiência aplicativa" que o artigo 4.º da Convenção de Roma conheceu até ao presente, as linhas subsequentes circunscrevem-se ao relato de par de decisões ilustrativas dos diferentes modelos de leitura de que a disposição tem sido alvo, também pelos tribunais[452].

Seja, como paradigma dos arestos que, operando uma separação rígida entre os diversos degraus do artigo 4.º, encaram os respectivos números intermédios como suportes de regras *prima facie* aplicáveis e vêem na actualização da cláusula geral de conexão mais estreita o recurso a uma solução excepcional, a decisão do *Hoge Raad* holandês proferida, em 25 de Setembro de 1992, no caso *Nouvelle des Papeteries de l' Aa SA v. BV Machinefabriek BOA*[453]. Foram os seguintes os factos com que o tribunal se enfrentou: em finais de 1986 e por meio de contrato redigido em língua francesa, a *Nouvelle des Papeteries de l'Aa SA*, sociedade com sede em França, adquirira uma prensa de papel junto da *BV Machinefabriek BOA*, sociedade com sede em Enschede, *concelho* de Almelo, na Holanda. O preço fora pago em francos franceses. As negociações conducentes à celebração do contrato haviam tido lugar quase exclusivamente em França e nelas havia intervindo, a título de agente do vendedor, a sociedade *SARL ODIMAP*, com sede em França. A máquina objecto do contrato de compra e venda tivera de ser entregue em França e aí montada. Confrontado com a necessidade de determinar o direito aplicável ao contrato na falta de uma

---

[451] Cfr. a decisão da *Cour d'appel* de Paris, de 27 de Novembro de 1986, *in Revue critique de droit international privé*, 1988, p. 314 ss, com a anotação de Lyon-Caen.

[452] Com relação às dificuldades suscitadas, junto dos tribunais, pelo artigo 4.º, cfr. P. Mankowski [2002] e [2003].

[453] Reprodução do aresto pode encontrar-se em *Wochenübersicht der niederl. Rechtspr,*, 1992, Nr. 207; *Nederlandse Jurisprudentie*, 1992, Nr. 750, pp. 3251 ss. Sobre o mesmo, cfr. Th. de Boer [1993]; K. Boele-Woelki [1994: 260 ss]; S. Rammeloo [1994].

184   *A cláusula de desvio no direito de conflitos*

escolha de lei pelas partes, considerou sucessivamente aquele alto tribunal: (i) que a segunda frase do número 5 do artigo 4.º da Convenção de Roma é credora de interpretação restritiva; (ii) que tanto resulta já da estrutura e da formulação do artigo 4.º da Convenção, já do escopo da harmonia jurídica internacional; (iii) que a lei do país da residência do obrigado à prestação característica apenas não deve ser aplicada se, no caso de espécie, semelhante residência não apresentar o valor de "conexão real" (*geen reële aanknopingswaarde heeft*; *keinen reellen Anknüpfungswert aufweist*); (iv) que tal não era o caso na hipótese *sub iudice*[454].

Enfim, sejam, a título de ilustração do modo de leitura (por nós) advogado em texto, duas sentenças, uma do *Bundesgerichtshof* alemão, outra da *Cour d'appel* de Versailles.

Começa-se por aquela, proferida, a 12 de Outubro de 1989[455], no quadro de acção intentada por uma associação germânica de defesa do consumidor contra uma sociedade comercial com sede na Alemanha cujo objecto consistia no arrendamento, para vilegiatura, de imóveis sitos em Espanha e em França. Correspondia às pretensões da autora que determinada cláusula ínsita entre as condições gerais de contratação pré--elaboradas pela ré fosse declarada nula por contrária ao princípio do *Treu und Glauben* acolhido no artigo 9.º da AGBG e, assim sendo, aquela proibida da respectiva inclusão em contratos singulares futuros. Destarte confrontado com a necessidade de determinar a lei de acordo com a qual haveria de decidir-se da validade de cláusula constante de contratos que,

---

[454] Foram as seguintes as palavras do *Hoge Raad*: "Bei der Anwendung der soeben erwähnten Ausnahmebestimmung ist der Gerechtshof offensichtlich und zurecht von der Annahme ausgegangen, da sowohl Wortlaut und Struktur des Art. 4 EVÜ wie auch die bei der Rechtsanwendung beabsichtigte Uniformität dazu führen, da diese Ausnahmeanknüpfung im Vergleich zu Absatz 2 restriktiv anzuwenden ist, und zwar in dem Sinne, da die Hauptanknüpfung erst dann weichen soll, wenn man nach den Umständen des Einzelfalls zu dem Ergebnis kommen mu, da der Ort, an dem diejenige Partei, die die charakteristische Leistung erbringen soll, ihren Sitz hat, keinen reellen Anknüpfungswert aufweist." (a tradução do texto original, em língua holandesa, para alemão é da autoria de S. RAMMELOO e foi colhida no artigo que, do Autor, é citado na nota anterior).

[455] Cfr. *Praxis des Internationalen Privat und Verfahrensrecht* [1990: 318 ss]. A seu respeito, vd. W. LORENZ [1990]; R. BARATTA [1991: 156 ss]; C. CAMPIGLIO [1992: 245-246]; M. RATTALMA [1992: 829 ss]; A. LUPONE [1993: 120 ss]; F. MOSCONI [1993: 22 ss]; L. CARRILLO POZO [1994: 108-110]; D. KOKKINI-IATRIDOU [1994: 18-19]; U. VILLANI [1997: 109-110].

Uma resposta no horizonte: a figura da cláusula de desvio 185

celebrados entre uma sociedade com sede na Alemanha e nacionais germânicos ali também residentes, versavam sobre imóveis sitos em França e em Espanha[456], aquele alto tribunal entendeu dizer: (i) que, posto que não ocorrera qualquer *electio iuris* e os contratos em apreço não eram reconduzíveis à categoria legal de contratos celebrados por consumidores, era do artigo 28.° EGBGB – *grosso modo* correspondente ao artigo 4.° da Convenção de Roma – que havia que lançar mão; (ii) que, nos termos do respectivo número 1, o contrato é regulado pela lei do país com o qual apresenta a conexão mais estreita; (iii) que, infirmando a presunção acolhida no seu número 3 e diferente do sustentado pelas instâncias inferiores, os contratos *sub iudice* "(...) nach der Gesamtheit der Umstände eine engere Beziehung zur Bundesrepublik Deutschland aufweisen."[457], termos em que à luz do direito alemão – que não, pois, do francês ou do espanhol – cumpria levar a efeito a apreciação da cláusula em questão.

Não foram poucas nem suaves as críticas de que o aresto alemão veio a ser alvo por parte dos comentadores. Tão pouco convergentes. Nalguns casos, mesmo contraditórias entre si. No aviso da signatária, quase todas improcedentes. Ainda assim, semelhantes críticas são parcas quando confrontadas com a chuva de reparos de que viria a ser alvo o aresto da *Cour d'appel* de Versailles proferido, em 6 de Fevereiro de 1991, no caso *Bloch c. soc. Lima*[458].

Em Abril de 1987, *Bloch*, francês, com residência habitual em território francês, desempenhava as funções de sócio-gerente de uma sociedade, a *Loisirs et Modélisme*, com sede em França, que detinha o mono-

---

[456] Os factos sobre que versou a sentença alemã reproduzem, *grosso modo*, hipótese delineada no Relatório M. Giuliano – P. Lagarde. Afirmou-se aí, [1980: 21]: "La présomption dont on parle [a vertida no número 3] pourrait être rejetée, à titre d'exemple, dans le cas oú deux personnes résidant en Belgique devaient faire un contrat pour la location d'une maison de vacances à l'île d'Elbe (Italie). Dans un tel cas, on pourrait penser que le contrat présente les liens les plus étroits non pas avec l'Italie, mais avec le pays de résidence des contractants.".

[457] Cfr. *Praxis des Internationalen Privat und Verfahrensrecht* [1990: 319].

[458] Reprodução do aresto pode encontrar-se em *Revue critique de droit international privé* [1991: 745 ss], com a anotação de P. Lagarde; *Journal de droit international* [1992: 125 ss], com a anotação de J. Foyer; *Recueil Dalloz Sirey* [1992: 174 ss]. Para comentários, cfr., ainda, C. Campiglio [1992: 246 ss]; H. Gaudemet-Tallon [1992]; M. F. Rattalma [1992: 833 ss]; L. Carrillo Pozo [1994: 110 ss]; D. Kokkini-Iatridou [1994: 16-17]; N. Spiegel [1994: 201-203]; M. Wilderspin [1996: 51]; U. Villani [1997: 101-102].

pólio da distribuição, em território gaulês, dos produtos fabricados por uma sociedade sedeada em Itália, a *Lima*. Por meio de contrato firmado em Itália, redigido em italiano e desprovido de cláusula de escolha de lei, *Bloch* garante, junto da *Lima* e até um montante de 2. 000.000 FF, as obrigações da sociedade de que era sócio e gerente. Chamado a responder pelo incumprimento da sociedade garantida, *Bloch* alega que o contrato de garantia por si firmado, na íntegra dactilografado, era inválido por desconforme com os artigos 1326.° e 2015.° do *code civil* francês, dos quais resulta a exigência de que o montante garantido seja objecto de indicação manuscrita. Confrontado com o problema da determinação do direito aplicável ao contrato na falta de escolha de lei pelas partes, a *cour d'appel* de Versailles retém sucessivamente: (i) que, nos termos do artigo 4.°, número 2, da Convenção de Roma, é de presumir que o contrato apresenta a conexão mais estreita com o país onde a parte que está obrigada a fornecer a prestação característica tem, no momento da celebração do contrato, a sua residência habitual; (ii) que a prestação característica de um contrato de garantia é a do garante; (iii) que, posto que *Bloch*, o garante, residia habitualmente em França no momento da celebração do contrato, a lei francesa deveria decidir da validade do contrato; (iv) que assim não é porque o caso fornece "(...) éléments qui rattachent étroitement le contrat à la loi italienne et qui sont révélateurs de la volonté de localiser le contrat en Italie.", termos em que, tudo visto, deve a lei italiana ser aplicada ao fundo da causa; (v) que no sentido de que o contrato apresenta a conexão mais estreita com a Itália é decisiva a verificação de que "(...) l'obligation principale est régie par la loi italienne, que l'engagement a été rédigé en langue italienne et signé en Italie au profit d'un créancier domicilié en Italie.".

6. Motivada pelo objectivo de "(...) lançar uma ampla consulta dos meios interessados sobre um certo número de questões de ordem jurídica relativas à transformação da Convenção de Roma de 1980 (...) num instrumento comunitário, bem como à eventual modernização dos seus aspectos essenciais.", a Comissão das Comunidades Europeias fez publicar, em 14 de Janeiro de 2003, o *Livro Verde relativo à transformação da Convenção de Roma de 1980 sobre a lei aplicável às obrigações contratuais num instrumento comunitário e sua modernização*[459].

---

[459] Documento consultável em < http://europa.eu.int/eur-lex/en/images/ /pdf...flag.gif>.

Uma resposta no horizonte: a figura da cláusula de desvio 187

Parece pertinente dar conta de que uma das disposições convencionais cuja "modernização" está justamente em cima da mesa é, nem mais nem menos, o artigo 4.º.

Vai no sentido da supressão pura e simples do número 1 e da eliminação da primeira parte do actual número 5 a *Proposta de Regulamento do Parlamento Europeu e do Conselho sobre a lei aplicável às obrigações contratuais ("Roma I")*, apresentada, pela Comissão, em 15 de Dezembro de 2005[460]. Lê-se na Exposição de Motivos que "(...) as alterações propostas destinam-se a reforçar a segurança jurídica graças à transformação de simples presunções em regras fixas, por um lado, e à supressão da cláusula de excepção, por outro.".

7. A ocasião é chegada de, em cumprimento do plano delineado, considerar o derradeiro parágrafo do artigo 6.º da Convenção de Roma sobre a Lei Aplicável às Obrigações Contratuais.

Provendo à possibilidade – pela prática confirmada como muitíssimo frequente – de as partes num contrato de trabalho internacional não actualizarem a faculdade de escolha da lei ao mesmo aplicável, dispõe a alínea a) do número 2 do artigo 6.º no sentido de que tal negócio é regulado pela lei do país em que o trabalhador presta habitualmente o seu trabalho – a comummente designada *lex loci laboris*; será assim mesmo que o trabalhador se encontre temporariamente destacado noutro país. Diferentemente, quando a execução da prestação de trabalho se reparta simultaneamente por vários locais em termos tais que não seja possível considerar qualquer um deles como principal ou fundamental – *habitual*, na expressão convencional –, a alínea b) do mesmo número indica como estatuto regulador do contrato de trabalho a lei do país em que esteja situado o estabelecimento que contratou o trabalhador. Apenas não será assim quando, nos termos da última frase do artigo 6.º, número 2 – "*in cauda venenum, dans la queue le venin!*"[461] –, "(...) do conjunto das circunstâncias resulte que o contrato de trabalho apresenta uma conexão mais estreita com um outro país, sendo em tal caso aplicável a lei desse outro país.". Pergunta-se: encontra correspondência no rigor das coisas

---

[460] COM (2005) 650 final 2005/0261 (COA), consultável em <http://eur-lex.europa.eu>

[461] A. MALINTOPPI [1987: 380], o qual escrevia em face da homóloga fórmula do artigo 5.º do Anteprojecto.

dizer-se que o parágrafo cujo teor vem de reproduzir-se empresta o corpo à figura da cláusula de desvio? Eis a questão.

Responde-se com a afirmativa. Ademais, sem hesitações. Assim, atenta a convergência de três ordens de razões: *Primeira*. Confere-se a aplicador a faculdade de subtrair ao âmbito de competência de uma lei factos que normalmente o integrariam mercê do sentido da designação conflitual ordinária; *Segunda*. Consente-se nessa faculdade em nome do reconhecimento de que, infirmando o pressuposto de normalidade em que o legislador convencional assentara, o contrato de trabalho pode manter uma conexão mais estreita com país cuja lei é distinta da designada por uma das alíneas do número 2; *Terceira*. A determinação do país com o qual o contrato de trabalho apresenta a conexão mais estreita envolve, para o aplicador, margem de discricionariedade incontornável.

Obtemperar-se-á que entre a segunda frase do número 5 do artigo 4.º e o último parágrafo do artigo 6.º não existem, passíveis de registo, diferenças *essenciais* de redacção e que, a despeito disso, não se reconheceu naquela disposição – à diferença do que vem de admitir-se por relação com esta – a sede de uma cláusula de desvio.

Eventual objecção, porém, não logra impressionar. E por razões já conhecidas. Fundamento para a respectiva caracterização como um *conceito de relação*, a fórmula *cláusula de desvio* é designativa de figura que envolve ou põe em conexão, ademais por forma qualificada, dois termos, a saber: lei ordinariamente aplicável, por uma parte, lei do país que, função das circunstâncias do caso, é aquele com o qual a situação *sub iudice* mantém a conexão mais estreita. Ora bem. Posto que – o que ficou já visto – o artigo 4.º é, no seu conjunto, dominado pela cláusula geral de conexão mais estreita, o mesmo não consente espaço à autonomização dos dois termos explicitados. Não assim, porém, quando se pense no artigo 6.º. Posto que, lançando mão de critérios de conexão rígidos, o artigo 6.º, número 2, não é *ab initio* dominado pela <u>cláusula geral</u> de conexão mais estreita, existe a possibilidade de que o país com o qual o contrato apresenta, *in casu*, a conexão mais estreita não seja aquele cuja lei é a designada mercê do elemento de conexão *prima facie* retido pelo legislador. É na justa medida em que, perante uma tal eventualidade, o artigo 6.º, número 2, último parágrafo, consente ao aplicador a faculdade de se subtrair à indicação conflitual ordinária que nele se diz ter assento a figura da cláusula de desvio. E cláusula essa que não custa reconduzir, lançando mão de classificação celebrizada e noutro momento já referida,

Uma resposta no horizonte: a figura da cláusula de desvio 189

à categoria mais circunscrita das cláusulas de desvio especiais ou particulares[462].

Isto dito, o que já ocorre questionar é o modo de individualização do país com o qual o contrato de trabalho apresenta a conexão mais estreita. Coloca-se a dúvida nos seguintes termos: é suficiente, em ordem à referida individualização, a tomada em consideração e a apreciação qualitativa de todos os contactos da situação relevantes do ponto de vista dos fins próprios da disciplina reguladora dos conflitos de leis ou deverão ainda entrar em campo, nessa demanda, considerações atinentes ao conteúdo material dos vários ordenamentos potencialmente aplicáveis e, designa-damente, considerações relevando da finalidade de protecção do traba-lhador? Para perguntar com C.G. J. MORSE: "Does this phrase, [a última frase do artigo 6.°, número 2] include only geographical contact points or does it also include assessment of policies and purposes of the laws which do have a geographical connection with the set of facts? For example, would a principle of validation of contract or a general policy of employee protection be a relevant circumstance indicating a closer connection?"[463]. Ou com M.-A. MOREAU: "Cette recherche de la 'loi qui présente les liens les plus étroits' avec le litige a-t-elle une fonction de protection des salariés ou bien est-elle le garant de la justesse des choix de rattachements objectifs de l'article 6?"[464]. Da dificuldade dá-se conta, igualmente, R. BARATTA: "Occorre (...) chiarire se, come si verifica riguardo all'art. 4, nella ricerca di una eventuale legge più strettamente collegata al rapporto sia sufficiente valutare il complesso delle circonstanze di collegamento,

---

[462] Neste aspecto, é evidente a diferença para com o artigo 6.° do Código do Trabalho, aprovado pela Lei n.° 99-2003, de 27 de Agosto. Certo, o regime aí estabelecido aproxima-se fortemente do que decorre do artigo 6.° da Convenção de Roma. A ele não é assimilável, porém. Assim, por isso que o seu número 2 determina que, "[n]a falta de escolha de lei aplicável, o contrato é regulado pela lei do Estado com o qual apresente uma conexão mais estreita", não pode reconhecer-se, aí, por falta do inerente mecanismo de correcção, a figura da cláusula de desvio. Como quer que seja, atento o cariz universal do âmbito de aplicação da Convenção de Roma, por uma parte, e a prevalência do direito convencional sobre o direito de fonte interna, por outra, não se descortina qual possa vir a ser o âmbito de aplicação possível desta norma. No sentido de que "(...) não há nenhuma situação privada internacional laboral que possa ficar fora do âmbito da Convenção de Roma", cfr. L. MENEZES LEITÃO [2003: 26].

[463] [1982: 162-163].

[464] [1997: 63].

190 *A cláusula de desvio no direito de conflitos*

di natura territoriale e/o personale, di cui ordinariamente si serve la norma di diritto internazionale privato (...). L'alternativa a questa ipotesi è che, accanto ad un siffato esame rispecchiante il tradizionale modo di intendere il metodo confflituale, entrino in gioco considerazioni attinenti al contenuto delle varie discipline materiali nazionali in conflitto; e ciò, in particolare, al fine di dare preferenza a quella più favorevole al lavoratore."[465].

Dir-se-á o seguinte.

Se é verdade que, dando testemunho do Direito Internacional Privado como uma disciplina crescentemente alheada da ideia de neutralidade, o número 1 do artigo 6.° empresta corpo a disciplina conflitual empenhada na protecção da parte reputada mais fraca, não é menos certo que semelhante desiderato vai ausente de qualquer uma das alíneas do número 2[466]. Pois bem. Admitir que considerações atinentes ao conteúdo material dos vários ordenamentos potencialmente aplicáveis tenham palavra a dizer na decisão de actualização do mecanismo com assento na parte final do artigo 6.° redunda, se não se erra, em transmutação ilegítima do perfil funcional respectivo: de mecanismo dirigido ao afinamento de regras de conflitos em exclusivo permeáveis à influência modeladora da ideia de localização, aquele expediente converter-se-ia em intrumento de prossecução de desiderato material. Com uma implicação evidente: a subversão /o desvirtuamento dos intentos localizadores que norteiam a disciplina plasmada nas alíneas a) e b) do número 2[467]. A interpretação e

---

[465] [1991: 232].

[466] Razão por que, diferentemente do artigo 4.° – susceptível de ser lido e entendido a coberto de um princípio rector único que, do princípio ao fim, surge como fonte inspiradora à luz da qual ganham sentido todas as soluções nele contidas –, o artigo 6.° é credor de um olhar analítico que nele distinga, em termos de uma separação clara, dois momentos ou andamentos claramente diferenciados: coincidindo o primeiro com o seu número 1, é o segundo o que vai recortado pelo respectivo número 2.

[467] *Em sentido convergente*, cfr vd. F. POCAR [1984: 388]; R. BARATTA [1991: 235 e 238]; J. FOYER [1991: 613-614]; J. DÉPREZ [1995: 326]; B. SAINTOURENS [1997: 439-441]. Se bem a entendemos, foi também nesse sentido a lição proferida por R. MOURA RAMOS no quadro de Seminário que constituiu parte integrante de *Curso de Formação sobre Contratos Internacionais* organizado pela Faculdade de Direito da Universidade de Lisboa no ano lectivo de 2002-2003. *Contra*, F. POCAR [1983: 314]: "Pur non potendosi prescindere dal datto obiettivo costituito dalle circostanze relative al contratto, la genericità della formula impiegata nell'art. 4 e nell'art. 6 porta a ritenere che il giudice possa, riferendosi ad essa, godere di una certa libertà di apprezzamento, privilegiando la legge

Uma resposta no horizonte: a figura da cláusula de desvio 191

a aplicação até agora feitas pelos tribunais parece confirmar este entendimento[468]. Isto dito, por certo que não está prejudicada a possibilidade de a lei designada por força da cláusula de desvio ser, do mesmo passo, a que melhor protege os interesses do trabalhador subordinado.

---

piú rispondente agli scopi di protezione cui la norma di conflitto si ispira o che la situazione richieda."; L. CARRILLO POZO [1994], para quem não é "(...) correcto afirmar que la protección del contraente débil se agota (...) en la restricción de la autonomía de la voluntad de las partes, porque aquel principio habrá de reflejarse en las mecánicas de applicación e interpretación de las reglas particulares y en concreto en la integración del concepto de conexión mas estrecha. De otro modo el objetivo de la norma quedaría comprometido." e para quem, em consequência, a inclusão no artigo 6.º de uma cláusula de desvio "(...) no deja de ser funcional a la finalidad que el Covenio persigue, por lo que en principio su operatividad no tendría que provocar inquietud: ciertamente la cláusula de excepción, como ponen de relieve autores como DUBLER e CAMPIGLIO, no actúa con carácter general sobre la base de una consideración del contenido de los ordenamientos en presencia, no trata de alcanzar un nivel de protección particular, mas se puede considerar que, teniendo en cuenta el objetivo y la filosofia del artículo, la mayor proximidad a la que se hace referencia puede ser objeto de una lectura en clave funcional y economica y no solo internacionalprivatistica, y en este sentido vendría a postular y sostener la aplicación de aquella ley que, aun non siendo la más fuertemente conectada con el caso, si alcance a proveer la protección más intensa e eficaz al trabajador."; D. KOKKINI-IATRIDOU [1994: 32-33]; Ch. PAMBOUKIS [1994: 229], para quem "(...) la loi de la protection minimale du travailleur est la loi la plus proche.". Por seu turno, afirma M.-A. MOREAU [1997: 64] que "[l]a clause d'exception de l'article 6 *in fine* répond à une construction plus sophistiquée, qui n'est ni la consécration de la *proper law*, permettant de rechercher à titre principal la loi ayant les liens les plus étroits entre la relation de travail et un ordre juridique, ni une clause de faveur (...), ni un principe de préférence selon la méthode de Cavers (...) mais une soupape de sécurité permettant de rectifier le rattachement dans les situations pour lesquelles le choix de celui-ci, en raison de son caractère rigide, ne permet pas d'atteindre les objectifs de sécurité juridique, de respect des attentes des parties, et d'effectivité (...). Proche de la construction retenue dans le *Second Restatement of Conflict of Laws*, cette clause est offerte au juge pour être un instrument de flexibilité, au service de la recherche du lieu où effectivement se concentrent le plus les intérêts des parties, dans une espèce donnée.".

[468] Cfr., exemplificativamente:
– a decisão do *Bundesarbeitsgericht* alemão de 24 de Agosto de 1989, publicada em *Praxis des Internationalen Privat und Verfahrensrech*, 1991, pp. 407; a seu respeito, cfr. U. MAGNUS [1991]; M. RATTALMA [1992: 850]; K. SCHNABEL [1994: 52]; M. WILDERSPIN [1996: 56, nota 29]; U. VILLANI [1997: 165]. No caso vertente, o *Bundesarbeitsgericht* aplicou a lei inglesa a um contrato que, regulador do trabalho prestado num navio com pavilhão alemão, vinculava entre si súbditos do Reino Unido, fixava o salário do trabalhador em línguas esterlinas, fora celebrado em Inglaterra e redigido em língua inglesa,.

192 *A cláusula de desvio no direito de conflitos*

– a decisão do LAG de Köln de 6 de Abril de 1992, *Recht der Internationalen Wirtschaft/Auenwirtschaftsdienst des Betriebsberaters*, 1992, p. 933 ss; a seu respeito, cfr. M. WILDERSPIN [1996: 56]. No caso de espécie, o LAG de Köln foi chamado a determinar a lei aplicável a contratos celebrados entre pilotos norte--americanos e uma empresa de aviação com sede nos Estados Unidos. Os pilotos operavam em linhas domésticas germânicas, *maxime* entre Berlim e a Alemanha ocidental; eram pagos quer em dólares norte-americanos, quer em marcos alemães; pagavam impostos na Alemanha e detinham autorização de residência e de trabalho nesse país. Após ter considerado que ocorrera uma escolha expressa da lei do Estado de New York, o tribunal ponderou a justeza de a lei alemã intervir, a título de lei do país onde os trabalhadores, no cumprimento do contrato, prestavam habitualmente o seu trabalho, a limitar o domínio de aplicação da lei daquele Estado norte-americano. Veio a pronunciar-se pela negativa por considerar que do conjunto das circunstâncias – *maxime* da nacionalidade das partes e do facto de os aviões estarem registados nos Estados Unidos – resultava que os contratos estavam mais estreitamente conexos com o Estado de New York.

– a decisão do *rechtbank* de Zutphen de 21 de Julho de 1992 (cfr. *Nederlands Internationaal Privaatrecht, Repertorium op verdragenrecht, wetgeving, rechtspraak en literatuur*, 1992, no. 401). No caso de espécie, o tribunal não aplicou a lei germânica a um contrato por força do qual, durante vinte anos, um assalariado prestara trabalho na Alemanha. Falaram mais alto, ao entendimento do tribunal, as ligações que o contrato mantinha com a Holanda, cuja lei veio, então, a ser declarada competente. Foi retido pelo tribunal: que as partes do contrato eram nacionais holandesas; que o salário era pago em florins; que o empregador tinha o seu estabelecimento na Holanda; que o trabalhador beneficiava da protecção das regras holandesas sobre segurança social.

– a decisão da *Cour d'appel* de Paris, proferida a 7 de Junho de 1996, no caso *A. Boikov c. Soc. Black Sea and Baltic General Insurance Company Ltd et Soc. Ingosstrackh* (cfr. *Revue critique de droit international privé*, 1997, 1, pp. 55 ss, com a anotação de M.-A. MOREAU; *Journal de droit international*, 1997, 2, pp. 429 ss, com a anotação de B. SAINTOURENS). Porque os factos que serviram de base à importante decisão da *Cour d'appel* de Paris são muitos e complexos, toma-se a liberdade de lançar mão da sinopse que do aresto foi publicada no número da *Revue critique* atrás identificado, pp. 55-56. A seguinte: "En application de l'article 6-2 a) de la Convention de Rome du 19 juin 1980, le contrat de travail qu'un salarié russe, détaché par son employeur, une société russe, a conclu avec la filiale anglaise de cette société et qu'il a executé exclusivement dans l'établissement français de cette filiale est, à défaut de choix exprès des parties, soumis à la loi française comme l'est aussi le contrat conclu

(B) O PARÁGRAFO TERCEIRO DO ARTIGO 8.° DA CONVENÇÃO SOBRE A LEI APLICÁVEL AOS CONTRATOS DE VENDA INTERNACIONAL DE MERCADORIAS, CONCLUÍDA NA HAIA EM 22 DE DEZEMBRO DE 1986[469]

1. Produto de longa e acesa controvérsia entre as delegações participantes na Conferência diplomática que reuniu, na Haia, entre 14 e 30 de Outubro de 1985[470], dispõe como segue, na versão francesa, o artigo 8.° da Convenção referida em epígrafe:

Article 8

1. Dans la mesure où la loi applicable à la vente n'a pas été choisie par les parties conformément aux dispositions de l'article 7, la vente est

---

avec la société russe, à Moscou, en langue russe et entre parties de nationalité russe dont il n'apparaît pas qu'elles aient choisi la loi russe alors que le travail s'exécutait uniquement en France et qu'en tout état de cause ce contrat indissociable du précédent présentait les liens les plus étroits avec la France.". Aspecto a reter – e que não passou desapercebido aos comentadores – é que, na decisão vertente, o tribunal se socorreu da última frase do artigo 6.°, número 2, para confirmar a aplicação de uma lei – a francesa – a cuja competência chegara – pode perguntar-se se bem – por força do critério objectivo retido na alínea a) do número 2. É como afirma B. SAINTOURENS [1997: 340]: "Incontestablement, la Cour de Paris fait usage du recours à la *proper law* à titre d'argument de renfort, un peu comme pour sauver, *in extremis*, le choix de la loi nationale à laquelle elle a été conduite au résultat de l'application de l'article 6. 2a de la Convention. (...) La présente décision offre l'occasion de s'interroger sur la fonction exacte de la disposition finale de l'article 6 dans l'ensemble du dispositif conventionnel. Ne s'agit-il pas plutôt d'un mécanisme d'exception à la loi normalement applicable?".

[469] Sobre o texto da Convenção, cfr., para além dos materiais constantes de *Actes et documents de la session extraordinaire d'octobre 1985. Conférence diplomatique sur la loi applicable aux contrats de vente internationale de marchandises*, Bureau Permanent de la Conférence, La Haye, Imprimerie Nationale de Pays Bas, 1987, P. LAGARDE [1985]; N. BOSCHIERO [1986]; D. COHEN / B.UGHETTO [1986]; Y. LOUSSOUARN [1986]; C. MCLACHLAN [1986]; M. PÉLICHET [1986]; O. LANDO [1987b]; M. PELICHET [1987]; M. LOPEZ DE GONZALO [1988]; A. MARÍN LÓPEZ [1988]; V. HEUZÉ [1990: *maxime* 713 ss]; A. KASSIS [1993: *maxime* 549-558]; O. LANDO [1993].

[470] Para um quadro da correlação de forças então estabelecida e que fundamentalmente opunha os Estados da *common law* – mais favoráveis a uma concepção "impressionista" das regras de conflitos – aos demais países favorecedores da simplicidade das regras de conflios e da inerente certeza que através delas deve ser alcançada, cfr. M. PELICHET [1987: 153-154].

régie par la loi de l'Etat dans lequel le vendeur a son établissement au moment de la conclusion du contrat.

2. Toutefois, la vente est régie par la loi de l'Etat dans lequel l'acheteur a son établissement au moment de la conclusion du contrat, si:

> *a*) des négotiations ont été menées et le contrat a été conclu par les parties présentes dans cette Etat; ou
>
> *b*) le contrat prévoit expressément que le vendeur doit exécuter son obligation de livraison des marchandises dans cet Etat; ou
>
> *c*) la vente a été conçue aux conditions fixées principalement par l'acheteur et en réponse à une invitation qu'il a adressée à plusieurs personnes mises en concurrence (appel d'offres).

3. A titre exceptionnel, si, en raison de l'ensemble des circonstances, par exemple de relations d'affaires entre les parties, la vente présente des liens manifestement plus étroits avec une autre loi que celle qui serait applicable au contrat selon les paragraphes 1 ou 2, la vente est régie par cette autre loi.

4. Le paragraphe 3 ne s'applique pas lorsque, au moment de la conclusion du contrat, le vendeur et l'acheteur ont leur établissement dans des États qui ont fait la réserve prévue à l'article 21, paragraphe 1, alinéa b).

5. Le paragraphe 3 ne s'applique pas aux questions réglées dans la Convention des Nations Unies sur les contrats de vente internationale de marchandises (Vienne, 11 avril 1980) si, au moment de la conclusion du contrat, le vendeur et l'acheteur ont leur établissement dans des États différents qui sont touts deux Parties à cette Convention".

Posto acolher cláusula de desvio[471], cobra destaque o parágrafo terceiro. Conforme ele, a aplicador é dado afastar-se do elemento de

---

[471] Neste sentido, cfr., entre outros, P. LAGARDE [1986: 98]; Y. LOUSSOUARN [1986: 289-290]; O. LANDO [1987b: 74]; M. PELICHET [1987: 153 ss]; G. BROGGINI [1988: 137]; P. LAGARDE [1989: 337-338]; D. KOKKINI-IATRIDOU / E. FROHN [1989: 250 ss]; V. HEUZÉ [1990: 320-312]; G. DROZ [1991: 258-259], para quem esta cláusula de desvio "(...) tend à faciliter la recherche de la *better law* selon l'influence de l'école américaine (...)"; A. MARQUES DOS SANTOS [1991a: 398, nota 1298]; R. MOURA RAMOS [1991a: 406-408 e nota 63; 573-574, nota 432]; C. CAMPIGLIO [1992: 242 e nota 4]; K. KREUZER [1992: 176]; M. F. PROENÇA MANSO [1992: 58]; A. E. von OVERBECK [1992: 87]; F. VISCHER [1992: 110]; J. CUNHAL SENDIM [1993: 323]; R. MOURA RAMOS [1993 / 1995: 288,

conexão objectivo subsidiariamente retido "si, en raison de l'ensemble des circonstances, (...), la vente présente des liens manifestement plus étroits avec une autre loi que celle qui serait applicable au contrat selon les paragraphes 1 ou 2 (...).". Por causa dele, às regras constantes dos dois primeiros parágrafos deve ser imputado carácter semi-aberto, conforme expressão celebrizada por Th. DE BOER[472].

2. Aspecto a registar é o empenho posto pelo legislador convencional na delimitação dos casos de intervenção da cláusula de desvio. Por duas formas essencialmente diversas.

A primeira deriva do próprio enunciado gramatical do parágrafo terceiro. Assim é que, depois de expressar, verbalizando-o, o carácter *excepcional* da figura[473], aquele enunciado segue para fazer depender a actualização da cláusula de desvio de uma particular ponderação qualificada entre os laços que unem a situação à lei *prima facie* aplicável e aqueloutros que a prendem a outro direito. Desempenha papel de relevo na acentuação de tal ponderação qualificada o recurso ao advérbio de modo "manifestamente"[474].

---

nota 43]; J. M. JACQUET [1994: 50]; D. KOKKINI-IATRIDOU [1994: 30]; N. SPIEGEL [1994: 199]; S. ALVAREZ GONZÁLEZ [1995: 784], o qual se refere a *cláusula de excepción parcial*; A. BUCHER [1995: 83]; E. GALVÃO TELLES [1995: 150]; K. KREUZER [1996: 73]; L. LIMA PINHEIRO [1998: 852, nota 174]; S.C. SYMEONIDES [2000: 32, nota 120]; L. LIMA PINHEIRO [2001a : 301]; A. MARQUES DOS SANTOS [2001: 317, nota 729].

[472] Cp. O. LANDO [1987b: 69], para quem "[a]rticle 8 permits two, quite different approaches to the choice of law. One operates if the provision on the closest connection laid down in para. (3) comes into play by way of exception. This is a toned-down, centre-of-gravity approach. The other operates when the application of para. (3) is excluded (...). In these cases, the rules of Art. 8(1) and (2) of the Convention of 1985 are hard and fast.". O Autor acrescenta: "That both of these very different approaches may be followed under the same convention may, however, lead to substantial disparities among member states.".

[473] Cfr. A. DIAMOND [1986: 281]. Em comentário à versão em língua inglesa, em cujos termos pode ler-se que "[b]y way of exception (...)", o Autor escreve: "In English those words mean nothing more than that the rule that follows is an exception to the rules earlier stated in paragraph 1 and 2, which it clearly is and would clearly be without the opening phrase.".

[474] Cp. A DIAMOND [1986: 281], para quem "[t]he word does not seem to add much, but it is presumably intended to convey the thought that the judge is to be slightly more convinced than would have been sufficient had the word not been there.".

196   *A cláusula de desvio no direito de conflitos*

Para além das que decorrem, nos termos expostos, a partir do teor do parágrafo terceiro, outras limitações à intervenção da cláusula de desvio foram esboçadas pelo legislador convencional. As que resultam dos derradeiros parágrafos do artigo 8.º atrás reproduzido. Veja-se como e porquê.

Conforme o parágrafo quarto – originário em proposta da delegação suíça –, é interdita a actualização da cláusula de desvio quando comprador e vendedor tenham os respectivos estabelecimentos, no momento da conclusão do contrato, em Estados que hajam exercido a faculdade de reserva prevista no artigo 21.º, parágrafo 1, alínea b), da Convenção. Dispõe este que "[t]out Etat, au moment de la signature, de la ratification, de l'accep-tation ou de l'adhésion pourra faire la réserve (...) qu'il n'appliquera pas le paragraphe 3 de l'article 8, sauf lorsque aucune des parties au contrat n'a son établissement dans un Etat qui a fait la réserve prévue au présent alinéa."[475]. A que monta tudo isto?

Pois bem. Representando (algo arrevezada) solução de compromisso relativamente às pretensões originárias da delegação soviética – a qual, para além da possibilidade da formulação de reserva à cláusula de desvio, pretendia uma bilateralização dos seus efeitos no sentido de vedar a juiz de qualquer Estado, mesmo não reservante, a aplicação da cláusula de desvio, para tanto bastando que uma das partes no contrato tivesse o seu estabelecimento em Estado que tivesse formulado a reserva –, resulta do parágrafo quarto do artigo 8.º, em coordenação com o artigo 21.º, parágrafo primeiro, alínea b), que:

> – quando, no momento da celebração do contrato, as duas partes contraentes tiverem o respectivo estabelecimento em Estados que hajam exercido a faculdade de reserva prevista no artigo 21.º, parágrafo primeiro, alínea b), nenhum aplicador de Estado contratante pode despoletar o mecanismo da cláusula de desvio (ainda que o Estado a que pertença não tenha, ele próprio, formulado reserva semelhante, de onde resulta um efeito de "bilateralização parcial" dos efeitos da reserva[476]);

---

[475] Até à data, a aludida faculdade de reserva apenas foi exercida pela antiga Checoslováquia, actuais República Checa e República Eslovaca.

[476] Cfr. Y. LOUSSOUARN [1986: 290].

Uma resposta no horizonte: a figura da cláusula de desvio 197

– se apenas uma das partes contraentes tiver o seu estabelecimento em Estado que haja feito a reserva, só o aplicador de um Estado contratante que também tenha formulado a reserva prevista no artigo 21.°, parágrafo primeiro, alínea b), pode – embora não tenha que – atender àquela primeira;

– se nenhuma das partes contraentes tiver o seu estabelecimento em Estado que haja formulado a reserva prevista no artigo 21.°, parágrafo primeiro, alínea b), nenhum Estado – nem mesmo um reservante – pode invocar a aludida alínea b) do primeiro parágrafo do artigo 21.°.

Enfim, resulta do parágrafo quinto do artigo 8.°, saído de proposta originariamente avançada pela delegação estadunidense, derradeira ordem de limitações à actualização da cláusula de desvio. De conformidade com ele, a cláusula de desvio não logra intervenção quando, sendo as questões *in casu* controvertidas reguladas pela Convenção de Viena de 1980 sobre os Contratos de Compra e Venda Internacional de Mercadorias, os contraentes, no momento da celebração do contrato, tenham o seu estabelecimento em Estados contratantes da aludida convenção de direito material uniforme. O propósito é agora substancialmente distinto daqueloutro que, consubstanciado no apego de alguns Estados – *maxime* da ex-União Soviética – aos valores da certeza e da previsibilidade do direito, determinou a solução, atrás analisada, vertida no artigo 8.°, parágrafo quarto. Na verdade, do que cura o parágrafo quinto é da não frustração da aplicação das regras da Convenção das Nações Unidas quando essa aplicação, resultando embora, linearmente, a partir das disposições contidas nos parágrafos primeiro e segundo do artigo 8.°, pudesse ser afastada por intermédio da cláusula de desvio com assento no parágrafo terceiro. Subjaz-lhe o entendimento de que, analisando-se a Convenção de Viena de 11 de Abril de 1980 em «common ground of the world's legal community»[477], justifica-se persistir na respectiva aplicação quando a tal sistema de normas conduzem, simultaneamente, o local do estabelecimento do vendedor e o local do estabelecimento do comprador. A tal solução não será outrossim alheia a circunstância – de resto, àquela primeira associada – de, para a Conferência que teve lugar na Haia entre

---

[477] O. LANDO [1987b: 80].

14 e 30 de Outubro de 1985, terem sido convidados todos os Estados membros da Comissão das Nações Unidas para o Direito do Comércio Internacional (C.N.U.D.C.I.), ainda que não membros da Conferência da Haia[478].

3. Observados os termos segundo os quais o legislador convencional de 1986 pôs empenho em simultaneamente demarcar e limitar os casos de intervenção da cláusula com assento no artigo 8.º, crê-se ser o caso de dizer, fazendo nossa observação de M. PELICHET, que tal expediente não *arriscará* ser amiúde invocado[479].

Como quer que seja, julga-se – é aspecto com respeito ao qual a formulação do parágrafo terceiro do artigo 8.º não deixa de suscitar hesitação – que uma sua intervenção deve poder conduzir à aplicação de *qualquer* lei e, portanto, também à da lei do Estado onde o vendedor ou o comprador tenham estabelecimento. Ponto é que qualquer uma delas intervenha, então, na qualidade de lei do Estado onde, atipicamente muito embora, o contrato tem o seu centro de gravidade (que não na qualidade de lei ordinariamente aplicável, na ausência de escolha pelas partes, *ex vi* parágrafos primeiro ou segundo do artigo 8.º)[480].

---

[478] Acerca das dificuldades de conjugação do referido parágrafo quinto do artigo 8.º com o artigo 23.º, alínea a), da mesma Convenção da Haia, cfr. M. PÉLICHET [1987: 158].

[479] M. PELICHET [1987: 154].

[480] Alinha-se, assim, com o entendimento de D. COHEN / B. UGHETTO [1986: 154] e de M. PELICHET [1987: 154-155]. De resto, note-se como a situação figurada por M. PELICHET para exemplificar caso de intervenção da cláusula de desvio do artigo 8.º analisando equaciona a possibilidade referida em texto: "(...) si le contrat prévoit expressément que le vendeur doit exécuter son obligation de livraison dans l'Etat de l'acheteur, mais qu'en fait il ne livre jamais la marchandise, et si l'acheteur ouvre action dans le pays du vendeur, on peut alors penser faire jouer la clause échappatoire pour rendre applicable la loi du vendeur.".

(C) OS PARÁGRAFOS SEGUNDO E TERCEIRO DO ARTIGO 3.º DA CONVENÇÃO SOBRE A LEI APLICÁVEL ÀS SUCESSÕES POR MORTE, CONCLUÍDA NA HAIA EM 1 DE AGOSTO DE 1989[481]

1. Desenrolada entre 3 e 20 de Outubro de 1988, a XVIª Sessão da Conferência da Haia testemunhou a adopção, por aquela organização intergovernamental, de Convenção sobre a Lei Aplicável às Sucessões por Morte. O facto não é de somenos. Certo, nunca o foi ou será – de somenos, isto é – qualquer resultado emergente de trabalho de unificação do Direito. Porém, certamente menos ainda quando, como é o caso, esse trabalho incide sobre matéria cuja complexidade, avultando logo no plano do direito material – assim, é pensar no entrecruzamento de influências derivadas do direito da família, do direito obrigacional e dos direitos reais –, se prolonga e projecta também ao nível do direito de conflitos – assim, pense-se na oposição entres sistemas nacionais partidários da ideia de unidade da sucessão e sistemas estaduais alicerçados sobre o princípio dualista ou da cisão; não menos ilustrativamente, na oposição entre sistemas que privilegiam a lei nacional como lei pessoal do *de cujus* e outros que, em lugar desse direito, elegem a lei do domicílio ou da residência habitual[482].

Por isso que empresta corpo à figura da cláusula de desvio, prestar--se-á atenção, em detrimento de outros também credores do olhar detido

---

[481] Sobre o texto da Convenção, cfr., para além dos materiais constantes de *Actes et Documents de la Seizième Session*, Bureau Permanent de la Conférence, La Haye, Imprimerie Nationale, 1989, J. VAN LOON [1988]; G. DROZ [1989]; P. LAGARDE [1989]; J. VAN LOON [1989]; A. E. VON OVERBECK [1989]; H. LI [1990: *maxime* 44-54; 77-81]; G. DROZ [1991: *maxime* 244 ss]; Y. LEQUETTE [1994: *maxime* 177 ss]; M. REVILLARD [1994: *maxime* 67-70]; E. SCOLES [1994]; A. BORRÁS [1996]; D. HAYTON [1996: *maxime* 128 ss]. Entre nós, destaque é devido à dissertação de mestrado de M. F. PROENÇA MANSO, intitulada *A Convenção da Haia de 1 de Agosto de 1989 sobre a Lei Aplicável à Sucessão por Morte (a uniformização das normas de conflitos de leis relativas à sucessão legal e testamentária)*.

[482] É elucidativa a leitura do estudo que, encomendado pela Comissão das Comunidades Europeias e realizado pelo *Deutsches Notarinstitut* sob a coordenação científica dos Professores H. Dörner e P. Lagarde, foi levado a cabo no quadro da preparação em curso de instrumento comunitário de unificação do Direito Internacional Privado em matéria sucessória. Intitulado, na versão francesa, *Étude de droit comparé sur les règles de conflits de juridictions et de conflits de lois relatives aux testaments et successions dans les Etats membres de l' Union Européenne*, o referido trabalho encontra-se acessível em http://europa.eu.int/comm/justice…home.

200 *A cláusula de desvio no direito de conflitos*

do estudioso – assim, por exemplo, o artigo 1.º, que respeita à delimitação do conjunto de matérias abrangidas pelo termo «sucessão»; o artigo 5.º, o qual consagra, dentro de certos limites, o princípio da autonomia da vontade; o artigo 4.º, enquanto corporiza modo de resolução de conflito negativo entre sistemas de Estados contratantes e sistemas de Estados não contratantes –, ao artigo 3.º. Dispõe o mesmo, na versão gaulesa:

Article 3

1. La succéssion est régie par la loi de l'Etat dans lequel le défunt avait sa résidence habituelle au moment de son decès, lorsque le défunt possédait alors la nationalité de cet Etat.

2. La succession est également régie par la loi de l'Etat dans lequel le défunt avait sa résidence habituelle au moment de son decès, s'il avait résidé dans cet Etat pendant une période d'au moins cinq ans précédant immédiatement son décès. Cependant, dans des circonstances exceptionnelles, si le défunt avait, au moment de son décès, des liens manifestment plus étroits avec l'Etat dont il possédait alors la nationalité, la loi de cet Etat est applicable.

3. Dans les autres cas, la succession est régie par la loi de l'Etat dont le défunt possédait la nationalité au moment de son decès, à moins que le défunt n'ait eu, à ce moment, des liens plus étroits avec un autre État, auquel cas la loi de cet autre Etat est applicable.".

2. Perpassado por muito evidente intenção de compromisso entre o princípio da nacionalidade e o princípio da residência habitual, o artigo 3.º examinando lança mão, no seu parágrafo primeiro, da técnica do cúmulo de conexões. Assim é que, falecendo com residência habitual em Estado de que também era nacional, o *de cujus* «vê» a respectiva sucessão ser regulada pela lei deste Estado. Não sendo possível certificar a referida coincidência, a lei da residência habitual do *de cujus* ao tempo do decesso constitui-se em lei competente para regular a sucessão quando essa residência tenha tido, no período imediatamente anterior ao falecimento, duração mínima de cinco anos (artigo 3.º, parágrafo segundo, primeira parte). Apenas não será assim quando, a despeito da sua duração por período não inferior a cinco anos, a residência habitual não indique o país onde se situava o «centro-vida»[483] do *de cujus* dado o facto de, ao tempo

---

[483] Noção que, segundo P. LAGARDE [1989: 254], constitui a aplicação, ao domínio das sucessões, da ideia mais geral de proximidade (*proximité*).

do falecimento, este manter com o Estado da nacionalidade uma conexão manifestamente mais estreita; a lição da segunda parte do parágrafo segundo é clara: numa tal hipótese, deve receber aplicação a lei nacional. A lei do Estado da nacionalidade é também a lei competente no quadro de situação não contemplada nos parágrafos primeiro e segundo. Indica-o o parágrafo terceiro, o qual, todavia, não deixa de acrescentar que, em tendo o *de cujus* mantido, ao tempo da morte, uma conexão mais estreita com outro Estado, a lei deste Estado deve, então, ser aplicada.

Houvesse dúvidas e o olhar sintético sobre ele lançado teria sido suficiente para as dissipar: o artigo 3.° da Convenção de 1989 acolhe, no seu articulado, nem mais nem menos do que duas cláusulas de desvio[484]. Visitemo-las mais de perto.

3. A primeira encontra sede na segunda parte do parágrafo segundo. Assim é que, retendo a solução de aplicar a lei da última residência habitual quando, não coincidente embora com a lei nacional, tal lei tenha alcançado a duração mínima de cinco anos – "il est apparu assez vite qu'une résidence habituelle de cinq années dans un État autre que celui de la nationalité était le révélateur de l'acquisition d'un véritable centre-vie dans l'État de résidence et que ce rattachement devait l'emporter sur celui de la nationalité."[485] –, o próprio legislador convencional não confiou em que esta solução desembocasse, em todos os casos, no resultado mais adequado[486]. Designadamente, teve presente a possibilidade de que, não obstante tendo vivido os últimos cinco anos, ou até mais, em país de que não era nacional, aquele de cuja sucessão se trata mantivesse, à data do respectivo decesso, uma ligação mais forte com o Estado da nacionalidade. Consignou, em conformidade, cláusula de desvio por cujo intermédio se consente no afastamento da lei da residência habitual e na aplicação, em lugar desta, da lei nacional.

---

[484] Neste sentido, cfr., exemplificativamente: D. KOKKINI-IATRIDOU / E. N. FROHN [1989: 254 ss]; P. LAGARDE [1989: 255 e 256]; A. E. von OVERBECK [1989: 144]; A. E. von OVERBECK [1992: n.ºs 121 e 122]; G. DROZ [1991: 246-247]; C. CAMPIGLIO [1992: 242 e nota 5]; F. VISCHER [1992: 111]; R. MOURA RAMOS [1993/1995: 288, nota 43]; D. KOKKINI-IATRIDOU [1994: 30]; S. ALVAREZ GONZÁLEZ [1995: 784]; A. BUCHER [1995: 82-83]; K. KREUZER [1996: 73]; S.C. SYMEONIDES [2000: 34, nota 125]; L. LIMA PINHEIRO [2001a: 301]; A. MARQUES DOS SANTOS [2001: 317, nota 729]; L. LIMA PINHEIRO [2002c: 32].

[485] P. LAGARDE [1989: 255].

[486] Cfr. M. F. PROENÇA MANSO [1998: 118].

202   *A cláusula de desvio no direito de conflitos*

Ausente do anteprojecto saído dos trabalhos da Comissão especial presidida pelo suíço A. E. VON OVERBECK, na base da adopção dessa cláusula de desvio esteve iniciativa secundada pela maior parte dos países integrantes da família da *common law*, pelos países escandinavos e por alguns Estados da América latina. Na reunião plenária de Outubro de 1988, delegado inglês chamava a atenção, com ênfase particular, para o caso frequente de súbditos do Reino Unido que, conquanto gozando os últimos anos de vida sob o sol da Madeira ou de Tenerife, não contariam que a respectiva sucessão fosse regulada pela lei portuguesa ou pela lei espanhola, vendo com maus olhos que assim pudesse acontecer atenta a simples circunstância de em Portugal ou em Espanha, respectivamente, terem residido nos últimos cinco anos de vida.

Incluída no texto afinal adoptado e por isso que por seu intermédio a preclusão da aplicação do direito *prima facie* competente só pode acontecer «em proveito» de lei pré-indicada pelo legislador – qual seja, a lei nacional do *de cujus* ao tempo da morte –, a cláusula de desvio examinanda constitui-se em bom exemplo do que, atentas razões em outra oportunidade explicitadas, se entende constituir verdadeira e própria cláusula de desvio especial fechada. Por relação com este aspecto referência foi já feita a "une conception restrictive de la clause d'exception" – P. LAGARDE[487] –, assim bem como ao "carácter atípico" da solução retida na parte final do parágrafo segundo – M. F. PROENÇA MANSO[488] –, a qual também alude a um "funcionamento limitado da cláusula de excepção"[489] e, por inerência, a uma "flexibilização limitada

---

[487] [1989: 256]. O Autor acrescenta: "Dans sa conception la plus extensive, la clause d'exception réclamée aurait permis d'appliquer, à la place de la loi de l'Etat de la résidence habituelle de plus de cinq ans, la loi de tout autre Etat, quel qu'il fut, avec lequel auraient les liens les plus étroits. L'insécurité apportée au réglement succéssorale aurait été insupportable. Comment le notaire aurait-il pu apprécier si les liens les plus étroits existaient avec l'Etat national du défunt, celui d'une de ses résidences antérieures, celui de la situation de la part plus importante de ses biens, etc..".

[488] [1998: 119]. Escreveu a Autora: "Esta cláusula de excepção é atípica, já que ela só pode funcionar a favor de uma lei, que é indicada pelo legislador. Mas, esta atipicidade não afasta a essência da cláusula de excepção. De facto, o que a caracteriza é o facto de ela funcionar casuisticamente (e por isso ela implica a determinação *a posteriori* da lei aplicável) e, ainda, por ser uma excepção à aplicação da lei abstractamente considerada competente para regular uma determinada situação plurilocalizada.".

[489] [1998: 121].

da norma de conflitos constante da primeira parte do número 2 do artigo 3.º da Convenção (...)"[490].

Atente-se na seguinte hipótese que, inspirada numa outra de G. Droz[491], poderia – deveria – fornecer a oportunidade para a intervenção da cláusula de desvio de que nos ocupamos:

Mercê de contrato firmado, por período de três anos, com sociedade petrolífera, o Sr. *X*, nacional holandês e engenheiro de formação, desenvolve a actividade profissional em Doha, no Qatar, onde também reside. Mulher e filhos permanecem na Holanda, Estado de que, como *X*, são nacionais. É assim até que, renovado o aludido contrato por um período de mais três anos, a mulher de *X* vem juntar-se-lhe, deixando para trás os filhos. Por razões relacionados com os estudos, estes permanecem em território neerlandês. No Qatar, o casal de europeus vive em "círculo fechado" e encontra nos costumes e na língua locais obstáculos intransponíveis à respectiva integração. Cinco anos e meio volvidos sobre a sua chegada àquele país do Golfo, o Sr. *X* falece.

Pois bem. Pedindo de empréstimo palavras de G. Droz, dir-se-á que "on pourra faire valoir que les éléments de la situation démontrent que sur le plan successoral il avait des liens manifestement plus étroits avec l'Etat de sa nationalité, qu'il serait tout à fait arbitraire de le soumettre à un droit successoral d'essence purement religieuse qui, quoique fort savant, est inadapté à une famille occidentale."[492].

4. Menos restritiva é a cláusula de desvio com assento na parte final do parágrafo terceiro. À *uma*, a lei nacional em princípio aplicável no caso de a última residência habitual do *de cujus* ter tido uma duração inferior a cinco anos pode ser afastada em proveito da lei de *qualquer* país com o qual o *de cujus* mantivesse laços mais estreitos. É dizer que aí onde a segunda parte do parágrafo segundo pré-fixou o (único) elemento de conexão – a nacionalidade – passível de individualizar o direito «em cujo proveito» pode ocorrer o afastamento da lei da residência habitual, o parágrafo terceiro abandona ao aplicador a ponderação dos contactos que a situação apresenta com os diversos ordenamentos jurídicos. *Depois*, a preclusão da aplicação da lei ordinariamente competente não é colocada

---

[490] [1998: 121].
[491] [1991: 246].
[492] G. Droz [1991: 246].

na dependência – neste aspecto, outrossim à diferença do requerido pela parte final do parágrafo segundo – da verificação de que *in casu* existe uma conexão *manifestamente* mais estreita com outro país; é suficiente a demonstração da existência de (não-qualificada) conexão mais estreita.

Reportando-se às situações em cujos quadros é pertinente pensar na actualização da cláusula de desvio do parágrafo terceiro, M. F. MANSO[493] refere dois exemplos. Assim, o caso de o *de cujus* ter adquirido uma nova nacionalidade antes de falecer. Outrossim, o caso de sendo nacional de Estado onde nunca viveu, ou onde apenas viveu durante período curto, ter vindo a falecer em país onde residiu durante menos de cinco anos. Seja a hipótese aventada por G. DROZ:

Emigrado na Suíça durante mais de trinta anos e aí desejando gozar a reforma em *chalet* que com o produto das suadas economias viesse a adquirir, nacional turco acaba por fixar-se em França, país onde o preço das habitações viria a revelar-se mais acessível. Morre volvidos dois anos. Afirma o Professor gaulês: "La règle voudrait qu'on soumette sa succession à la loi nationale turque. On pourra toutefois estimer que des liens avec la loi nationale sont très lâches alors que les liens avec la loi suisse, qui aurait été applicable s'il était mort deux ans avant, restent très forts: c'est de Suisse que lui parvient sa retraite, il y a son compte en banque et éventuellement son portefeuille d'actions, etc.."[494].

(D) OS ARTIGOS 5.°, NÚMERO 3, 10.°, NÚMERO 4 e 11.°, NÚMERO 4, DE PROPOSTA (ALTERADA) DE REGULAMENTO SOBRE A LEI APLICÁVEL ÀS OBRIGAÇÕES EXTRACONTRATUAIS, APROVADA PELA COMISSÃO EM 21 DE FEVEREIRO DE 2006, PARA SUBMISSÃO AO PARLAMENTO EUROPEU E AO CONSELHO (PROJECTO "ROMA II")

1. Confirmando verificação apurada a partir da análise levada a cabo no plano da legislação interna dos Estados, o exame de fontes supra--estaduais permite certificar a permeabilidade do domínio das obrigações extracontratuais à figura da cláusula de desvio. Tendência, diga-se, que

---

[493] [1998: 122-123].
[494] [1991: 246-247].

não é de hoje. Corrobora-a a solução recebida no artigo 18.° do Projecto de Lei Uniforme de Direito Internacional Privado, aprovado pelo tratado firmado, em 11 de Maio de 1951, entre os três Estados do BENELUX, cujo teor transitou, inalterado, para o artigo 14.° do instrumento que, concluído em 3 de Julho de 1969, se destinou a rever aquele primeiro. Assim como as soluções vertidas nos artigos 10.° e 13.° do Anteprojecto de Convenção sobre a Lei Aplicável às Obrigações Contratuais e Não-Contratuais, adoptado, em 1972, pelos seis Estados fundadores da Comunidade Económica Europeia. Certo, é bem verdade nenhumas dessas soluções ter entrado em vigor. Sem embargo, elas aí ficam como atestado do aludido *fenómeno* de penetração do domínio das obrigações extracontratuais pela figura da cláusula de desvio. Mais perto de nós, expressão dele são ainda os artigos 5.°, número 3, 10.°, número 4, e 11.° número 4, de uma Proposta de Regulamento sobre a Lei Aplicável às Obrigações Extra-contratuais, aprovada, pela Comissão, em 21 de Fevereiro de 2006. As linhas subsequentes vão-lhes dedicadas.

2. Sabe-se remontar ao final dos anos sessenta do século passado o início, ao nível comunitário, dos trabalhos de harmonização do Direito Internacional Privado em matéria civil e comercial. Mais é sabido como, por razões várias – assim, a conclusão, no início da década de setenta e no quadro da Conferência da Haia, de duas importantes convenções versando a regulamentação conflitual na área das obrigações extracontratuais[495]; o maior fosso que, neste domínio e em comparação com o contratual, os sistemas da *common law* apresentavam para com os direitos continentais; o desejo pragmático de colocar termo a obra que se arrastava na forja desde 1967 –, mais é sabido, dizia-se, como, atentas razões várias, os esforços comunitários de unificação da disciplina conflitual em matéria de obrigações veriam o seu êxito, materializado na Convenção de Roma de 19 de Junho de 1980, circunscrito ao domínio contratual.

Não se esvaeceu, como quer que tenha sido, a consciência do alto significado de que inevitavelmente se revestiria a instituição, também no domínio extracontratual e ao menos a nível comunitário, de instru-

---

[495] Faz-se referência à Convenção sobre a Lei Aplicável em Matéria de Acidentes de Circulação Terrestre, concluída na Haia em 4 de Maio de 1971, e à Convenção sobre a Lei Aplicável à Responsabilidade por Produtos Defeituosos, concluída na Haia em 2 de Outubro de 1973.

mento unificador da disciplina conflitual. Não se dissipou, inerentemente, a vontade de conduzir o projecto a bom porto. Diz daquela consciência e desta vontade o relançamento dos trabalhos nos anos noventa do século ido.

Por Resolução de 14 de Outubro de 1996[496], o Conselho da União Europeia elege o "(...) lançamento dos trabalhos sobre a necessidade e a possibilidade de criar (...) uma convenção sobre a lei aplicável às obrigações extracontratuais (...)" como uma das prioridades da cooperação no domínio da justiça e dos assuntos internos para o período compreendido entre 1 de Julho de 1996 e 30 de Junho de 1998[497]. Em Fevereiro de 1998, o Conselho distribui pelos Estados-Membros questionário relativo a um projecto de convenção sobre a lei aplicável às obrigações extracontratuais (projecto "Roma II"). Enquanto decorrem, sob a presidência austríaca, reuniões de trabalho votadas ao exame das respostas àquele questionário, o *Grupo Europeu de Direito Internacional Privado (GEDIP)*, financiado pela Comissão no quadro do extinto programa GROTIUS, submete à apreciação, nos finais de 1998, Proposta de Convenção Europeia sobre a Lei Aplicável às Obrigações Extracontratuais[498]. Na sequência da, aliás controvertida, "comunitarização" da matéria da cooperação civil determinada pelo Tratado de Amesterdão, o Conselho "Justiça e Assuntos Internos" adopta, em Viena, a 3 de Dezembro de 1998, o *Plano de Acção do Conselho e da Comissão sobre a melhor forma de aplicar as disposições do Tratado de Amesterdão relativas à criação de espaço de liberdade, de segurança e de justiça*[499]; aí se afirma: no ponto 16, que princípios como os da segurança jurídica e igualdade postulam, para além do mais, "(...) uma indicação clara do direito aplicável (...)"[500]; no ponto 40 b), que, até dois anos após a entrada em vigor do Tratado de

---

[496] JO C 319, de 26 de Outubro de 1996.

[497] Tal Resolução veio a ser substituída por outra, aprovada pelo Conselho em 18 de Dezembro de 1997, que definiu as prioridades da cooperação no domínio da justiça e dos assuntos internos para o período compreendido entre 1 de Janeiro de 1998 e o início da entrada em vigor do Tratado de Amesterdão (cfr. JO C 011, de 15 de Janeiro de 1998).

[498] Texto adoptado por ocasião de sessão ocorrida na cidade do Luxemburgo, entre 25 e 27 de Setembro de 1998. Acompanhado de um Comentário elaborado pelo próprio *Grupo*, encontra-se acessível, nas versões francesa e inglesa, em <http://www. drt. ucl. ac. be/gedip>.

[499] JO C 19, de 23 de Janeiro de 1999, p. 1 ss.

[500] JO C 19, de 23 de Janeiro de 1999, p. 4.

Amesterdão, deve estar concluída a "(...) elaboração de um instrumento jurídico sobre a lei aplicável às obrigações extracontratuais (Roma II) (...)"[501]. Dando cumprimento ao propósito, em 3 de Maio de 2002 a Comissão lança um debate público sobre o futuro instrumento comunitário na base de documento de trabalho que, elaborado pelos serviços da Direcção-Geral da Justiça e Assuntos Internos, foi baptizado de *Ante-projecto de Proposta de Regulamento do Conselho Relativo à Lei Aplicável às Obrigações Extracontratuais*[502]. A consulta pública vem a revelar--se um êxito: cerca de oitenta são os contributos que, por escrito, as «partes interessadas» fazem chegar à Comissão[503]. Completa a consulta escrita audição realizada, em Bruxelas, em 7 de Janeiro de 2003.

Percorrido o caminho cujas etapas principais, e só estas, foram referidas, a Comissão, investida da competência que para ela resulta *ex* artigos 61.°, alínea c), 65.° e 67.°, todos do Tratado da Comunidade Europeia, apresentou, em 22 de Julho de 2003, Proposta de Regulamento do Parlamento Europeu e do Conselho sobre a Lei Aplicável às Obrigações Extracontratuais ("Roma II")[504]. Do respectivo texto constavam proposições acolhedoras da figura da cláusula de desvio. Manteve-as a Proposta (Alterada) adoptada, em 21 de Fevereiro de 2006, na sequência de modificações aprovadas pelo Parlamento[505], *ex vi* do artigo 250(2) do Tradado da Comunidade Europeia. Veja-se em que termos.

3. Pertence ao artigo 5.° estabelecer as normas que na ausência – ou a tanto monte – de uma escolha de lei pelas partes[506], determinam o direito aplicável às obrigações extracontratuais emergentes dos ilícitos em geral (entenda-se: dos ilícitos não abrangidos pela previsão de disposição especial[507]). Nos termos do número 1, a lei aplicável é a do país onde ocorreu ou poderá ocorrer o dano, independentemente do país em que o

---

[501] JO C 19, de 23 de Janeiro de 1999, p. 10.

[502] Cfr. <http://www. eu. int/comm/justice...home/unit/civil/consultation/index...pt.htm>.

[503] Os resultados da consulta "Roma II" estão disponíveis em <http://europa.eu.int/comm/justice...home/unit/civil/consultation/contributions...en.htm>.

[504] Texto consultável em <http://europa.eu.int/eur-lex/pt/com/pdf/2003/com2003...0427pt 01.pdf>

[505] COM (2006) 83 final 2003/0168 (COD), consultável em

[506] Cfr. artigo 4.°.

[507] Cfr. Os artigos 6.° a 9.°.

208 *A cláusula de desvio no direito de conflitos*

facto gerador do dano se produziu e independentemente do ou dos países em que ocorram as circunstâncias indirectas do dano. Antevendo a inadequação da conexão à *lex loci delicti commisii* quando o lesado e a pessoa cuja responsabilidade é invocada residam habitualmente, no momento da ocorrência do dano, no mesmo país, o legislador comunitário envereda por solução adoptada na quase totalidade dos Estados-Membros e propõe a aplicação, numa tal hipótese, da lei da residência comum. Fá--lo no número 2. Chega-se, enfim, ao número 3 do artigo 5.°. Inspirado pela ideia de que a conexão à lei indicada por um dos números anteriores não é adequada quando a situação apresente, para com esse país, ligações tão--só fortuitas, acolhe-se nele cláusula de desvio. Dispõe o mesmo como segue:

> "Não obstante o disposto nos n.ᵒˢ 1 e 2, se resultar do conjunto das circunstâncias que a obrigação extracontratual apresenta uma conexão manifestamente mais estreita com um outro país, é aplicável a lei deste último país. Uma conexão manifestamente mais estreita com um outro país pode ter por base, nomeadamente, uma relação pré-existente entre as partes, tal como um contrato que apresente um vínculo estreito com a obrigação extracontratual em causa. Na apreciação da existência de conexões manifestamente mais estreitas com um outro país, podem nomeadamente ser tidas em consideração as expectativas das partes quanto ao direito aplicável".

Algumas palavras a respeito da cláusula de desvio assim recebida.

A primeira, para dar conta do objectivo e da natureza que lhe são fixados pela Exposição de Motivos que acompanhava a Proposta original da Comissão, adoptada em Julho de 2003. Sem surpresa, pode ler-se, aí, que "[à] semelhança do disposto no n.° 5 do artigo 4.° da Convenção de Roma, o n.° 3 prevê uma cláusula de excepção geral cujo objectivo consiste em introduzir uma relativa flexibilidade, permitindo ao juiz adaptar a regra rígida a um caso individual para aplicar a lei que corresponde ao centro de gravidade da situação."[508]. Mais ainda, e outrossim sem espanto, que, "[n]a medida em que esta cláusula introduz

---

[508] Cfr. <http://europa.eu.int/eur-lex/pt/com/pdf/2003/com2003_0427pt 01.pdf>, p. 13.

Uma resposta no horizonte: a figura da cláusula de desvio 209

uma relativa imprevisibilidade quanto à lei aplicável, a sua aplicação deve revestir um carácter excepcional."[509].

Manifestações sensíveis, pela referida Exposição de Motivos também sublinhadas, do cuidado posto na delimitação da oportunidade de intervenção da cláusula de desvio são: *à uma*, a circunstância de as normas dos números 1 e 2 do artigo 3.° aparecerem redigidas sob a forma de regras fixas, que não sob a forma de meras presunções[510]; *depois*, a subordinação do afastamento da lei ordinariamente competente à verificação de que a obrigação apresenta *uma conexão manifestamente mais estreita com um outro país*. Ainda assim, diga-se, por isso que subordinava a actualização da cláusula de desvio à exigência cumulativa de que «o facto danoso» apresentasse para com o país cuja lei seria ordinariamente aplicável ligações tão-só muito frágeis, a formulação do Anteprojecto de Proposta era mais restritiva[511]. É admissível pensar que o legislador comunitário

---

[509] Cfr. <http://europa.eu.int/eur-lex/pt/com/pdf/2003/com2003_0427pt 01.pdf>, p. 13.

[510] Cp. com o artigo 3.° de já referida Proposta de Convenção Europeia sobre a Lei Aplicável às Obrigações Extracontratuais apresentada, em finais de 1998, pelo Grupo Europeu de Direito Internacional Privado. E, com efeito, lê-se no Comentário que o acompanha: "La structure du texte s'inspire de l'article 4 de la Convention de Rome. Elle allie la souplesse de la méthode de localisation objective à la sécurité que peut apporter un mécanisme de présomptions. / Le texte prévoit deux présomptions générales en cascade, la première se référant à la localisation de la résidence des parties dans le même pays, la seconde reprenant le critère du fait dommageable, du moins pour le cas où les éléments constitutifs de celui-ci se situent dans le même pays. Lorsque cette condition n'est pas rencontrée, le juge revient à la méthode indiciaire. Des deux présomptions, celle qui désigne le lieu de la résidence des parties prévaut sur celle qui désigne le lieu du fait dommageable. (...) En cas de délit complexe affectant des parties qui résident dans des États différents, l'article s'en remet à la méthode judiciaire." (cfr. <http://www. drt. ucl. ac. be/gedip/gedip-documents-9cf.html>, p. 3). Pelo que ao aspecto ora sob apreciação respeita, parece legítimo falar-se de uma aproximação do *Grupo Europeu de Direito Internacional Privado* à versão proposta pela Comissão. Atente-se, com efeito, nos pontos I e VII do documento elaborado pelo *Grupo* em resposta ao debate púlico lançado, pela Comissão, em 3 de Maio de 2002, na base de já mencionado Anteprojecto de Proposta de Regulamento do Conselho Relativo à Lei Aplicável às Obrigações Extracontratuais. Adoptado por ocasião de reunião ocorrida em Paris, no ano de 2002, aquele contributo do *Grupo* encontra-se disponível em <http://www. drt. ucl. ac. be/gedip/gedip-documents-15pf2. html>.

[511] Cfr. o artigo 3.°, número 3, do referido Anteprojecto de Proposta. Como já o era, e pelas mesmíssimas razões, o artigo 10.° do Anteprojecto de Convenção sobre a Lei Aplicável às Obrigações Contratuais e Não-Contratuais, de 1972.

210   *A cláusula de desvio no direito de conflitos*

possa ter sido persuadido pelas interessantíssimas considerações a este respeito aduzidas, em sede da consulta lançada pela Comissão, pelo auto-denominado *Grupo de Hamburgo*, integrado por académicos associados ao *Max-Planck-Institut für ausländisches und internationales Privatrecht* e à Faculdade de Direito da Universidade de Hamburgo[512].

Tendo em vista guiar o aplicador e acolhendo solução substancial-mente não dissonante da plasmada no Anteprojecto[513], a segunda parte do número 3 adianta que uma conexão manifestamente mais estreita com país cuja lei não seria ordinariamente aplicável pode ter base em relação pré-existente entre as partes, tal como um contrato que apresente um vínculo estreito com a obrigação extracontratual em causa[514]. No essencial, vale quanto ficou dito com referência ao número 2 do artigo 41.º da Lei de Introdução ao Código Civil Alemão. Tratando-se, também aqui, de caso em que a solução da conexão acessória aparece inserida no quadro de cláusula de desvio, o aplicador não é conduzido à automática subordi-nação de pretensão emergente de facto ilícito à lei reguladora de (eventual) relação especial existente entre as partes. Isto mesmo é posto em destaque na Exposição de Motivos que acompanhava a Proposta originariamente adoptada em 2003: "O n.º 3 fornece (...) indicações ao juiz na hipótese de as partes já estarem vinculadas por uma relação pré-existente. Trata-se de um factor que pode ser tomado em conta tendo em vista determinar se existe uma conexão manifestamente mais estreita com um outro país do que com aquele designado pelas regras rígidas. Em contrapartida, a lei aplicável a essa relação pré-existente não se aplica automaticamente e o juiz dispõe de margem de manobra para apreciar se existe uma conexão significativa entre a obrigação extracontratual e a lei aplicável a essa relação pré-existente."[515].

---

[512] Para além de disponíveis em <http://europa.eu.int/comm/justice_home /unit/civil/consultation/contributions_en.htm>, os comentários do *Grupo de Hamburgo* ao Anteprojecto de Proposta de Regulamento encontram-se publicados em *Rabels Zeitschrift für ausländisches und internationales Privatrecht* [2003: 1-56]. As considerações em texto crismadas de "interessantíssimas" localizam-se, nesta publicação, a pp. 36-39.

[513] Cfr. a segunda parte do número 3 do artigo 3.º daquele documento de trabalho.

[514] À «perpetuação» da solução da conexão acessória não terão sido alheias as observações favoráveis que a segunda parte do número 3 do artigo 3.º do Anteprojecto de Proposta de Regulamento logrou suscitar junto de quantos responderam à consulta pública lançada pela Comissão.

[515] Cfr. <http://europa.eu.int/eur-lex/pt/com/pdf/2003/com2003_0427pt 01.pdf>, p. 13.

"Relação *pré-existente* entre as partes". A expressão consta da citada Exposição de Motivos – seja, por exemplo, a passagem por último transcrita – e, o que é mais, figura na letra do artigo 5.°, número 3, segunda parte. Isso indisputável, deve chamar-se a atenção para advertência constante daquela Exposição de Motivos. De harmonia com ela, "(...) o texto é suficientemente flexível para permitir ao juiz ter em conta uma relação contratual apenas previsível, por exemplo, em caso de ruptura de conversações ou de anulação de um contrato ou ainda de uma relação de família."[516].

Nem por outra razão, dando sequência a alteração votada pelo Parlamento e inovando em relação ao teor da Proposta original, o texto (revisto) pela Comissão adoptado em Fevereiro de 2006 expressamente refere as "expectativas das partes" como índice relevante no quadro da indagação pela existência de conexão manifestamente mais estreitas com país cuja lei não seja de princípio aplicável[517].

---

[516] Cfr. <http://europa.eu.int/eur-lex/pt/com/pdf/2003/com2003_0427pt01.pdf>, pp. 13-14 (sublinhado meu). Neste sentido ia já o artigo 3.°, número 5, da Proposta de Convenção Europeia sobre a Lei Aplicável às Obrigações Extracontratuais apresentada pelo Grupo Europeu de Direito Internacional Privado: "Lors de l'appréciation des liens les plus étroits, il pourra être tenu compte d'une relation préexistante ou envisagée entre les parties." (sublinhado meu). Cfr. também no ponto VII do documento elaborado pelo *Grupo* em resposta ao debate púlico lançado, pela Comissão, em 3 de Maio de 2002: "Lors de l'appréciation des liens les plus étroits, il peut être tenu compte d'une relation préexistante ou envisagée entre les parties." (sublinhado meu).

[517] Já não foram incorporadas, de entre as alterações avançadas pelo Parlamento – com respeito a estas, cfr. A6-0211/2005, consultável em <http://europarl.europa.eu/cides/getDoc.do> -, as que passavam por reter, como índices relevantes: "a) no que respeita à repartição das perdas e à capacidade jurídica, o facto de a pessoa ou pessoas alegadamente responsáveis e a vítima ou vítimas de uma perda ou de um dano possuirem domicílio no mesmo país ou de as disposições pertinentes do país do domicílio da pessoa ou pessoas alegadamente responsáveis e do da vítima ou vítimas de uma perda ou de um dano serem substancialmente idênticas"; (...); c) a necessidade de certeza, previsibilidade e uniformidade relativamente aos resultados; (...) e) as políticas nas quais se baseia a lei estrangeira aplicável e as consequências da sua aplicação.". Foi a seguinte a explicação pela Comissão avançada para rejeitar as sugestões do Parlamento: "While it is specified that the exception clause available to the court really would be applied "by way of exception", the current wording runs the risk of sending a message that is contrary to the foreseeability objective pursued by the Regulation. The mere fact that the paragraph lists no less than five factors that can be taken into consideration to justify activating the exception clause means that the parties and the courts will routinely check the justification for the solution that the general rule would have generated even where it is at first sight satisfactory.".

212   *A cláusula de desvio no direito de conflitos*

4. Constituindo-se em fonte das normas que, na ausência de uma escolha de lei pelas partes, determinam o direito aplicável às obrigações extracontratuais emergentes dos ilícitos *em geral*, o artigo 5.° não cobre – ao menos imediatamente – os ilícitos abrangidos pela previsão de disposição especial. E, com efeito, são-lhe subtraídas: as obrigações extracontratuais decorrentes de danos causados por produto defeituoso (artigo 6.°); as obrigações extracontratuais resultantes de práticas comerciais desleais (artigo 7.°); as obrigações extracontratuais resultantes de danos causados ao ambiente (artigo 8.°); as obrigações extracontratuais emergentes da violação de direitos da propriedade intelectual ou de direitos da propriedade industrial (artigo 9.°). A que vem esta certificação? A resposta é simples. Certo prevalecerem, no âmbito específico da sua aplicação, sobre a disposição geral que é o artigo 5.°, facto é que são algumas dessas disposições específicas a remeterem, elas próprias, para soluções acolhidas por aquela disposição comum. O resultado impõe-se à vista: na medida em que a remissão tenha lugar para o número 3 do artigo 5.°, a cláusula de desvio aí sedeada vê o campo de aplicação alargado às obrigações extracontratuais emergentes de certos ilícitos especiais. Acontece : relativamente às obrigações decorrentes de danos causados por produto defeituoso, por força do artigo 6.°, primeira parte[518]; e, relativamente às obrigações decorrentes de práticas comerciais desleais que prejudiquem exclusivamente os interesses de um determinado concorrente, função do artigo 7.°, número 2[519]. Em face deste estado de coisas – não verificável no quadro do Anteprojecto de Proposta de Regulamento, por isso que nele a cláusula de desvio não era admitida a

---

[518] Confirma-o a Exposição de Motivos que acompanhava a Proposta originariamente apresentada em 2003 (p. 15).

[519] Lê-se na Exposição de Motivos que acompanhava a Proposta originariamente apresentada em 2003 (pp. 17-18): "O número 2 [do artigo 5.°] diz respeito às situações em que um acto de concorrência desleal visa um concorrente específico, por exemplo, em caso de aliciamento de empregados, de corrupção, de espionagem industrial, de divulgação de um segredo comercial ou ainda de incitação à ruptura de contrato. Embora não se possa excluir totalmente que tais comportamentos tenham também repercussões negativas num determinado mercado, trata-se todavia de situações susceptíveis de serem qualificadas antes de mais como «bilaterais». Assim, não existe qualquer razão para que a pessoa lesada não beneficie das disposições do artigo 3.° relativas à residência comum ou à cláusula de excepção geral.".

intervir em sede de ilícitos *em especial*[520] –, o caso parece ser o de reconhecer razão às sugestões que foram feitas, pelo Grupo de Hamburgo como pelo Grupo Europeu de Direito Internacional Privado, no sentido de uma *systematic relocation of the escape clause* .

5. O tempo é chegado de dizer acerca das cláusulas de desvio acolhidas em sede de obrigações extracontratuais emergentes de enriquecimento sem causa e de gestão de negócios, cujas fontes são, respectivamente, o número 4 do artigo 10.° e o número 4 do artigo 11.°[521]. A sua redacção é a mesma. Como segue:

---

[520] Cfr., efectivamente, os artigos 5.°, 6.°, 7.° e 8.° do Anteprojecto de Proposta de Regulamento do Conselho Relativo à Lei Aplicável às Obrigações Extracontratuais. O facto mereceu ao Grupo de Hamburgo a seguinte ordem de considerações: "Contrary to the approach pursued by the EC Draft Proposal, the Hamburg Group concludes that judges should also be able to invoke the escape clauses in cases involving special torts regulated in arts. 5-8 DP such as product liability and defamation. In particular, product liability cases should not be exempt from an accessory choice of law (…). The general considerations supporting an accessory choice of law rule apply equally to cases where the injured person buys the defective goods directly from their manufacturer. In these cases, too, the enhancement of predictability and the reduction of conflicts between the law governing the contractual obligation of a party, on the one hand, and the law governing this party's delictual obligations, one the other, are objectives of primacy importance. With regard to environmental torts, however, accessory choice of law should be excluded (…). Furthermore, in defamation cases, acessory choice of law will usually not be a viable solution because there is no pre-existing relationship between tortfeasor and victim. The general escape clause could come into play, however, if the particular circumstances of a defamation case deviate from the regular fact pattern in which the victim legitimately expects the protective standards of his or her country of habitual residence. The residence may have been set up solely for tax purposes in a country where there is no (or only insubstantial) distribution of the supposedly defamatory article (e.g. a German tennis player travelling around the world, but formally residing in Monaco, sues an Austrian tabloid for libel). Hence, judges should be enabled to rebut the presumption underlying art. 7 DP in cases where there is in fact no significant social connection of the victim with the country whose law would be applicable under that provision." (*Rabels Zeitschrift für ausländisches und internationales Privatrecht*, 2003, pp. 13-14). Cfr., também, o ponto VII da *Position sur l'avant-projet de proposition de Règlement sur la loi applicable aux obligations non contractuelles ("Rome II")* subscrita pelo Grupo Europeu de Direito Internacional Privado.

[521] Na versão originária de 2003, o regime das obrigações extracontratuais emergentes de enriquecimento sem causa e de gestão de negócios aparecia formalmente unificado no artigo 9.° da Proposta. A cláusula de desvio encontrava sede no número 5.

"Quando resulta do conjunto das circunstâncias que a situação apresenta uma conexão manifestamente mais estreita com um outro país que não aquele cuja lei foi designada pelos números 1 a 3, é a lei desse outro país que é aplicável."

Observação inaugural é a da inovação relativamente ao Anteprojecto de Proposta de Regulamento, omisso, à diferença do Anteprojecto de Convenção sobre a Lei Aplicável às Obrigações Contratuais e Não--Contratuais de 1972[522], na previsão de uma cláusula de desvio destinada a receber aplicação em matéria de obrigações extracontratuais resultantes de facto não ilícito[523]. À evolução não terá sido alheia, também aqui, a influência dos contributos escritos que, com destaque para os do Grupo Europeu de Direito Internacional Privado[524] e para os do Grupo de Hamburgo[525], à Comissão foram chegados na sequência do debate público lançado a 3 de Maio de 2002.

Sublinha-se, em segundo lugar, opção que vai de par com a corporizada no número 3 do artigo 5.°. Como este, os números 4 dos artigos 10.° e 11.° acolhem um *single-pronged approach*. É dizer que, subordinando o afastamento da lei ordinariamente competente à verificação, e tão-só, de que a obrigação apresenta uma conexão manifestamente mais estreita com o direito de outro país, o legislador «deixa cair» a exigência de que a obrigação extracontratual apresente para com o direito *prima facie* competente ligações tão-só muito frágeis.

Regista-se, enfim, que enquanto encontra acolhimento no quadro da cláusula de desvio sedeada no número 3 do artigo 5.°, a solução da conexão acessória vai ausente dos números 4 dos artigos 10.° e 11.°. Em contrapartida, deve-se acrescentar, vai subjacente à *regra rígida* do número 1 de cada uma das disposições.

---

[522] No seu artigo 13.°.

[523] Cfr. o artigo 9.° desse Anteprojecto.

[524] Cfr. o ponto VII do documento que, já abundantemente referido, é consultável em <http://www. drt.ucl.ac.be/gedip/gedip/gedip-documents-15pf2.html>.

[525] Cfr. *Rabels Zeitschrift für ausländisches und internationales Privatrecht* [2003: p. 14 e 36-39].

PARTE TERCEIRA

ENSAIO DE RESPOSTA EM FACE DO SISTEMA DE DIREITO PORTUGUÊS

CAPÍTULO ÚNICO. O ACOLHIMENTO, PELO SISTEMA, DA FIGURA DA CLÁUSULA DE DESVIO GERAL IMPLÍCITA

§ 11.° AS COORDENADAS DO SISTEMA DE DIREITO PORTUGUÊS, EM GERAL

1. Recordam-se, em termos breves, as sucessivas etapas do caminho até agora percorrido:

- Com apoio em casuística, tratou-se, num primeiro momento, de chegar à delimitação do problema que se indicou constituir o tópico nuclear da presente investigação;
- ensaiou-se, num segundo, a validação da respectiva possibilidade – a daquele problema –, para o que se curou da explicitação dos antecedentes ou pressupostos contra cujo pano de fundo se entende recortar e ganhar sentido – e só assim – a pergunta àquele subjacente;
- levando sempre presente que a explicitação das referidas condições de possibilidade não representava um compromisso ou tomada de posição antecipada relativamente ao sentido da conclusão final, tratou-se, num terceiro andamento, de considerar algumas das respostas que para a interrogação esboçada foram ou têm sido, em sistemas de Direito Internacional Privado vários, ensaiadas pelo legislador, pela jurisprudência e pelos autores.

Aqui chegados, trata-se de perspectivar o problema em face do sistema de direito português. É colocados perante as respectivas coordenadas que cabe indagar, enfim, pela possibilidade de evicção da lei ordinariamente designada pela pertinente regra de conflitos quando a partir do conjunto das circunstâncias do caso seja evidente que a situação pluri-localizada mantém com aquela lei uma conexão apenas pouco significativa, ao passo que, com outra, a ligação é manifestamente mais estreita[526].

Por forma mais precisa:

Posto que, conforme se julga ter demonstrado com suficiente clareza, disposições como os artigos 45.º, número 3, do Código Civil, 4.º, número 5, da Convenção de Roma de 1980 sobre a Lei Aplicável às Obrigações Contratuais e 6.º, número 4, da Lei 99/2003, de 27 de Agosto, não constituem – por razões distintas, é certo – sedes genuínas da figura da cláusula de desvio; posto que, o que disso é consequência, se foi conduzido à observação de que, descontado o caso particular do artigo 6.º, número 2, parte final, da Convenção de Roma, inexiste no Direito Internacional Privado vigente em Portugal preceito de direito legislado cuja letra acolha, em termos expressos, a faculdade referida no parágrafo anterior, cumpre indagar – tal demanda surgindo, então, como o objecto desta Parte Terceira – cumpre indagar, dizia-se, pela juridicidade da operação que consiste em, abstracção feita de autorização legislativa expressa, o aplicador do direito actuar um desvio relativamente à consequência jurídica da indicação conflitual ordinária e, em consequência, conferir aplicação a lei que não é a *prima facie* aplicável por ser aquela, que não esta, a que respeita ao país com o qual a situação plurilocalizada se encontra mais estreitamente conectada.

Ainda noutros termos:

Cumpre avaliar da justeza do entendimento que consinta, entre nós, na actualização das consequências associadas à intervenção de cláusula de desvio implícita.

---

[526] Pergunta de alcance análogo é a que preside à investigação que, levada a cabo no quadro do direito alemão, foi desenvolvida por S. SCHREIBER [2001: 2]: "Zwangsläufig stellt sich daher die Frage, ob in einem Fall, in dem das mittels generalisierender Anknüpfung gefundene Ergebnis aufgrund der Besonderheiten des Einzelfalls nicht mehr dem Leitprinzip der engsten Verbindung gerecht wird, von diesem Ergebnis abgewichen werden kann.". Conquanto circunscrita ao sector das relações entre os cônjuges, não é qualitativamente distinta a interrogação que determinou conhecido estudo de J. CUNHAL SENDIM: "(...) verificar se à função visível d[o] (...) princípio [da conexão mais estreita] não corresponde necessariamente uma função correctiva (implícita), que consistiria na faculdade de o juíz excepcionar a aplicação da lei primariamente competente (a *lex patriae communis* ou a *lex domicilii communis* – n.º 1 e n.º 2 do art. 52.º) quando verificar *in casu* que a vida familiar está mais estreitamente ligada a outro ordenamento jurídico." [1993: 324].

Ensaio de resposta em face do sistema de direito português 219

2. Delimitado o propósito dos parágrafos que se seguem, parece bem que qualquer possibilidade de resposta afirmativa às dúvidas esboçadas carece "(...) de uma fundamentação levada a cabo metodicamente se se quiser que o seu resultado haja de justificar-se como Direito"[527] – naturalmente, no sentido da ordem jurídica portuguesa vigente. Sem tal fundamentação, o reconhecimento da aludida faculdade de correcção ou desvio tendo por objecto a letra da lei montaria a contemporizar com a possibilidade de o operador jurídico usurpar um poder que, num tal cenário, não lhe assistiria[528]. Pergunta-se, pois: o direito português vigente fornece aquela fundamentação?

Começa-se por tornar presentes palavras de A. CASTANHEIRA NEVES: "Não se procura senão o que prèviamente se sabe que falta, e não se encontra senão o que se procura; por isso pôde dizer-se atrás que o problema, se nos mostra onde o caminho se interrompe, igualmente nos indica onde procurar o novo caminho a seguir – é simultâneamente aporia e euporia."[529].

Ora, que nos indica o problema emergente das hipóteses que, logo no início, foram delineadas como ponto de apoio à tarefa de delimitação do tópico nuclear da presente investigação?

A resposta surge pronta e é a seguinte:

À cabeça, que o mesmo tem origem na existência de regra (de conflitos) geral e abstracta cuja intervenção a propósito de determinado caso concreto, quadrando embora ao respectivo âmbito de compreensão, põe em causa, por motivo das especificidades da situação visada, a teleologia imanente à norma. Depois, e justamente por isso que assim é, que ele – o "nosso" problema – aparenta reconduzir-se àquele(outro?) que, em sede de metodologia da ciência do direito, os autores enfrentam com referência ao tema das lacunas latentes ou ocultas.

Não se basta uma investigação que se pretende científica, porém, com meras aparências ou suspeitas. Para além do mais que de perto se prende com o que deve ser um trabalho dessa natureza, até porque – é logo a própria sabedoria popular a afiançá-lo –, não raro, as aparências iludem. Tudo a desimplicar-se, portanto, na exigência de que, para lá do nível mais ou menos superficial das aparências, argumentativamente se confirme ou

---

[527] As palavras são de K. LARENZ [1997: 524].
[528] Ibidem.
[529] [1967: 80].

infirme a viabilidade metodológica de, entre nós, a cláusula de desvio implícita lograr validação pela via da sua recondução a um meio de determinação e de colmatação de lacunas ocultas do Direito de Conflitos.

É dizer que, partindo-se muito embora da evidência irrecusável de que o problema que constitui a ocasião desta investigação mantém pontes irresistíveis com o que convoca as reflexões dos juscientistas acerca das lacunas ocultas, não se está, como quer que seja e pelo menos para já, a afiançar que a origem do nosso problema seja efectivamente assimilável à ocorrência de lacunas ocultas nos sistemas de Direito de Conflitos. Inerentemente e mau grado o número apreciável de afirmações que nesse sentido podem recolher-se na literatura, pátria como estrangeira, tão-pouco a certificar que a figura da cláusula de desvio implícita logra validação pela via da sua recondução a um meio (legítimo) de revelação e de integração de tais lacunas. Até porque, mesmo à distância de uma investigação que ainda não teve o seu início, é já excogitável dificuldade que pode pensar--se em opor contra um tal modo de perspectivar e que, não vindo a encontrar "contra-instâncias" que validamente se lhe oponham/ a contradigam, o põem – àquele modo de perspectivar – em causa.

Feita a prevenção, pergunta-se, então: é adequado afirmar a equivalência funcional entre a cláusula de desvio (implícita) e um meio de revelação e de integração de lacunas ocultas do Direito de Conflitos e, assim afirmando, sustentar a juridicidade da cláusula de desvio implícita no quadro do direito português?

Sempre com os olhos postos no objectivo de prover resposta à questão de saber se a figura da cláusula de desvio implícita encontra justificação como *direito* – entenda-se: como solução jurídica válida – no horizonte do sistema português, iniciar-se-á a demanda pela tentativa de esclarecimento daquela dúvida.

E por forma tão interessada quanto, pelo menos desejavelmente, situada. Explica-se.

Situada porque, sem prejuízo dos pertinentes subsídios colhidos a partir do exame das soluções e dos ensinamentos providenciados por sistemas de direito e autores alienígenos, procurar-se-á que a exposição não se desprenda das amarras que necessariamente constituem as coordenadas do sistema de direito português.

Interessada porquanto, renunciando à tarefa de examinar o problema das lacunas e da sua integração em toda a sua latitude, tratar-se-á, apenas e tão-só, de carrear aqueles dos elementos que permitam iluminar a

Ensaio de resposta em face do sistema de direito português 221

verdade em torno do objecto da presente investigação; por outras palavras, é dizer que se enfrentará a temática das lacunas e da respectiva integração nos estritos termos requeridos pelo objectivo aqui em vista. Comece-se, pois.

3. Entendida uma lacuna (*lacune; Lücke; Rechtslücke; Gesetzeslücke; gap; unprovided case*), segundo noção largamente divulgada, como uma deficiência do ordenamento jurídico consistente no inacabamento do respectivo tecido normativo por motivo de uma omissão juridicamente relevante e contrária ao plano ordenador do sistema[530], a doutrina tem ensaiado, segundo diferentes critérios e em moldes nem sempre coincidentes entre os autores, a distinção entre várias espécies daquele género (equivalente, este último, à categoria "ausência particularmente qualificada de uma norma"[531]).

Avulta, entre tais critérios, o que atende ao grau de evidência com que as lacunas se revelam e que, em consonância, origina a contraposição, hoje em dia familiar na terminologia dos autores, entre lacunas patentes ou manifestas (*offene Lücken*), por uma parte, e lacunas latentes, ocultas ou teleológicas (*verdeckte Lücken*), por outra[532].

Caracterizadas as primeiras pelo seu carácter visível (evidente) atenta a ausência, nas fontes formais de direito vigentes em determinado sistema jurídico, de regulação para determinada categoria de casos credora de juridificação, recortam-se as segundas a partir do respectivo carácter

---

[530] Consoante afirmado em texto, reproduziu-se noção hoje largamente divulgada entre os autores, em Portugal como no estrangeiro. Para um aprofundamento do conceito, julga-se poder destacar, de entre a multidão de escritos sobre o tópico, o primeiro capítulo (§§ 1 – 46) do bem-conhecido estudo de C.-W. CANARIS, *Die Festellung von Lücken im Gesetz. Eine methodologische Studie über Voraussetzungen und Grenzen der richterlichen Rechtsforbildung praeter legem*, 2ª ed., Berlin, Duncker & Humblot, 1983, pp. 15-54.

[531] Assim, A. CONTE [1968: 68].

[532] *Inter alia*, cfr. J. ESSER [1961: 229 ss]; K. ENGISCH [s/d: 229-233]; C.-W. CANARIS [1968: 168 ss]; J. OLIVEIRA ASCENSÃO [1968a: 235 ss]; C.-W. CANARIS [1983: maxime §§ 47-62, pp. 55-71 e pp. 136-137]; M. BIGOTTE CHORÃO [1984: cols. 599-600 e 609-610]; A. CASTANHEIRA NEVES [1984: cols. 694-695]; J. BAPTISTA MACHADO [1993: 196-197]; A. CASTANHEIRA NEVES [1993: 219]; K. LARENZ [1997: 535 ss]; M. BIGOTTE CHORÃO [1998/1999: 223]; J. OLIVEIRA ASCENSÃO [2001: 425]; A. SANTOS JUSTO [2001: 338-339].

222   *A Cláusula de Desvio no Direito de Conflitos*

não manifesto: contendo a lei[533] uma regra aplicável a determinado grupo de casos e inexistindo, pois, a uma primeira vista, qualquer omissão de regulação assimilável a lacuna, apura-se que a referida regra não afasta do seu âmbito compreensivo situações que, por exigência dos próprios fins da norma, carecem de regulamentação específica; a lacuna oculta tem ocasião, assim, na omissão de restrição que regra geral não expressou e que é concorrentemente requerida pela especificidade de um subgrupo particular de casos e pela própria teleologia normativa.

É clássico o exemplo fornecido pelo §181 do *Bürgerliches Gesetzbuch* alemão: proibindo ao representante que para tal não esteja autorizado a celebração consigo próprio de um negócio jurídico e levando como razão de ser a prevenção de situações de conflito entre os interesses do representante e os do representado das quais pudessem resultar prejuízos para o último, aquele preceito não exclui do seu âmbito de compreensão os negócios que, pela sua natureza, apenas trazem vantagens ao representado (*v.g.*, doações puras feitas a incapazes). Nessa omissão de exclusão reside então, segundo é comummente reconhecido e foi, de resto, afirmado pelo Supremo Tribunal Federal alemão[534], uma lacuna (oculta).

Sintetizando o contraste entre os dois assinalados tipos de lacunas, J. BAPTISTA MACHADO afirma "(...) que a diferença mais característica (...) reside precisamente no facto de a existência das do primeiro tipo [as patentes ou manifestas] resultar logo da própria estrutura dos comandos do legislador de forma que não se trata aí, propriamente, de saber se o «caso omisso» põe ou não uma questão juridicamente relevante, mas de integrar *o próprio mecanismo legal que ficou inacabado.*"[535]. Dirigidas a sublinhar o carácter frequentemente ténue da fronteira entre os mesmos dois tipos vão, por seu turno, as seguintes palavras de K. LARENZ: "Onde está situado o limite entre as lacunas patentes e ocultas da regulação é algo que depende muitas vezes de se inferir da lei uma norma jurídica

---

[533] Só *brevitatis causa* se faz referência singela a "lei". Por razões que, neste contexto, dispensam explicitação, a palavra deve ser tomada como expressão sumária do conspecto de fontes formais de direito vigentes em determinado sistema jurídico.

[534] Assim, consoante informa, com referência a várias decisões daquele alto Tribunal, K. LARENZ [1997: 557-559].

[535] [1982: 148] (itálico no original). Para um impressionante levantamento de lacunas patentes nos sistemas de Direito Internacional Privado, com especial referência aos francês e belga, cfr. R. VANDER ELST [1968: 406 ss].

geral, em relação à qual a regra omissa haveria de supor ou não uma restrição."[536].

Aqui chegados, confirma-se afirmação anteriormente posta. Aquela nos termos da qual o problema que constitui ocasião desta investigação mantém pontes irresistiveis com aquele(outro?) que convoca a reflexão dos juscientistas acerca das lacunas ocultas. Na verdade, eis o que parece claro quando sucessivamente se tenha em conta:

- *à cabeça*, que o pano de fundo que ao longo dos anos motivou a decantação doutrinal e jurisprudencial da figura das lacunas ocultas se analisa na superveniência de situações que, por se afastarem excessivamente do arquétipo subjacente à criação da regra cuja intervenção *prima facie* solicitam, são responsáveis por que a aplicação de uma tal norma redunde na perversão dos juízos de valoração que lhe vão incorporados;
- *em seguida*, que está sob averiguação a possibilidade jurídica de, abstracção feita de autorização expressa, o aplicador do direito operar um desvio relativamente à consequência jurídica da indicação conflitual ordinária e, inerentemente, conferir aplicação a uma lei distinta da designada através do elemento de conexão retido pelo legislador;
- *depois*, que a averiguação dessa possibilidade tem justamente a sua origem na verificação de que, desmentindo os juízos e ordens de ponderações subjacentes à regra de conflitos geral e abstracta ordinariamente pertinente ao caso de espécie, é tal primeira lei aquela com a qual, *in casu* e atenta a natureza da pretensão jurídica em análise, dada situação jurídico-privada internacional mantém a conexão manifestamente mais estreita;
- *finalmente*, que o não reconhecimento de uma tal faculdade de desvio ou correcção a cargo do aplicador do direito montará a pôr em causa a teleologia imanente àquela regra de conflitos geral e abstracta.

Isso certificado – entenda-se: certo as últimas linhas terem ensaiado escancarar a afinidade entre o tópico nuclear da presente investigação e o tema das lacunas ocultas –, inexiste dúvida quanto a estar-se ainda longe

---

[536] [1997: 536].

224 A Cláusula de Desvio no Direito de Conflitos

– se é que alguma vez lá se chega … – de poder reconduzir a cláusula de desvio (implícita) a um meio de revelação e de integração de lacunas ocultas do Direito de Conflitos e de, por essa via, lograr a correspondente validação como Direito no horizonte do sistema jurídico português.

Começa por que não é mesmo seguro que o Direito Internacional Privado seja permeável à ocorrência de lacunas ocultas. Por isso que se perfila como questão cuja dilucidação é ancilar à consecução do objectivo traçado, começa-se por enfrentar a interrogação seguinte: é de aceitar a existência – *rectius*, a possibilidade de existência – de lacunas ocultas no Direito de Conflitos?

4. Como sabido, foi negativo o sentido da resposta que tal interrogação mereceu, entre nós, a Autor como J. BAPTISTA MACHADO. No aviso do ilustre Professor, as lacunas das regras de conflitos de leis no espaço apresentar-se-iam, sem distinção, com a configuração específica própria das chamadas lacunas patentes, não sendo em seu entender possível, no âmbito do sistema das regras de conflitos, descortinar a existência de lacunas ocultas[537]. Ancora-se (também) num tal modo de entender outra afirmação do mesmo Autor, qual seja, a de que o problema das lacunas não se põe nos mesmos termos no sistema das regras de

---

[537] Diferentemente de L. LIMA PINHEIRO [2001a: 308], resiste-se a tomar por base o texto constante da p. 30, nota 29, da dissertação de doutoramento de R. MOURA RAMOS para imputar a este Autor entendimento de alcance análogo ao de J. BAPTISTA MACHADO. Certo, é indisputável que, no local assinalado, R. MOURA RAMOS subscreve pontos de vista que, em matéria de lacunas do Direito de Conflitos, são também os de J. BAPTISTA MACHADO (o qual, aliás, expressamente invoca). Assim, e a saber: "(…) que o caso omisso ao nível do direito conflitual implica sempre a existência de uma lacuna, obrigando à formulação de uma nova regra de conflitos do sistema, ao contrário do que acontece no direito material, onde o caso não regulado pode significar a pura extraneidade da situação face ao direito (…)." [1991a: 30, nota 29]; que tal lacuna deverá ser integrada "(…) não nos moldes gerais contidos no artigo 10.º do Código Civil e cuja validade se estende a todos os ramos de direito, mas tão-só do segundo dos meios aí previstos [*sic*], ou seja, através da criação de uma regra de conflitos *ad hoc*, que é como no nosso caso se traduz a fórmula «norma que o próprio intérprete criaria se houvesse de legislar dentro do espírito do sistema» (…)" [1991a: 30, nota 29]. Isso reconhecido, o que não parece evidente é de qualquer uma dessas passagens retirar a adesão de R. MOURA RAMOS ao entendimento de J. BAPTISTA MACHADO visado em texto e de harmonia com o qual, recorda-se, as regras de conflitos de leis no espaço constituem terreno hostil ao surgimento de lacunas latentes ou ocultas.

conflitos de Direito Internacional Privado e nos restantes sectores do direito.

Mas que ordem ou ordens de considerações estão na base da alegada impossibilidade de detecção de lacunas ocultas no seio dos sistemas de regras de conflitos de Direito Internacional Privado?

A resposta é simples. A inexistência – *rectius*, impossibilidade de existência – de lacunas ocultas ou latentes no âmbito do Direito de Conflitos funda-a J. BAPTISTA MACHADO no princípio a que chama da não transactividade (das leis no espaço).

Efectivamente, entende o Autor de *Âmbito de Eficácia e Âmbito de Competência das Leis* que se para a generalidade dos domínios do jurídico é verdade dizer-se que o surgimento de hipótese não prevista na lei não evidencia, só por si, a existência de lacuna – para tanto, mister será demonstrar, por forma acrescida, a relevância de tal hipótese em face da teleologia do sistema –, as coisas passam-se de forma diferente – ocioso dizê-lo, sempre na perspectiva de J. BAPTISTA MACHADO – no horizonte do Direito de Conflitos. É que, valendo neste âmbito a aludida "(…) regra básica que manda aplicar a todos e quaisquer factos as leis que com eles se achem em contacto (…)"[538], deriva dela que todo o conflito de leis é necessariamente relevante para o Direito de Conflitos e, consequentemente, que toda a hipótese de conflito não prevista por regra (de conflitos) é assimilável a lacuna. E a lacuna patente ou manifesta. Pois não é que, nos termos expostos, a relevância jurídica de hipótese de conflito não regulamentada prescinde de demonstração em face da teleologia intrínseca do sistema de Direito Internacional Privado? São reveladoras as seguintes palavras do Autor: "(...) a existência ou a possibilidade dum conflito de leis não previsto pelas Regras de Conflitos do sistema determina sempre e indubitàvelmente a existência duma lacuna. Não há, neste domínio, necessidade de demonstrar a relevância jurídica da 'questão' em face do sistema posto, pois todo o Conflito de Leis é necessàriamente relevante para o Direito de Conflitos."[539]. Assim bem como estoutras: "Se a nossa hipótese de trabalho está certa – se, na verdade, existe um princípio implícito ou regra básica que manda aplicar a todos e quaisquer factos as leis que com eles se achem em contacto, servindo as Regras de Conflitos especializadas

---

[538] [1970: 423].
[539] [1970: 424]. No mesmo sentido, J. BAPTISTA MACHADO [1982: 146].

apenas para resolver o problema derivado do concurso de leis –, então as lacunas no sistema das Regras de Conflitos hão-de apresentar-se com uma configuração particular: com aquela configuração própria das lacunas cuja revelação não depende duma apreciação valoradora do hipotético 'caso omisso', antes o carácter lacunoso da lei é um fenómeno desde logo evidente e inescapável, por o seu preenchimento ser pressuposto necessário duma decisão inequivocamente imposta pela lei, mesmo que esta nos não forneça o critério de tal decisão."[540].

Que fazer em face de semelhante modo de compreender?

Pois bem. Se correctamente se avalia, julga-se que o mesmo se apresenta, para o que ora importa, como alvo vulnerável de um reparo crítico fundamental.

Assim é que, segundo se crê – embora não quanto às conclusões que acaba por extrair, acompanha-se J. CUNHAL SENDIM no ponto que de seguida se faz valer[541] –, a construção explanada peca por não distinguir, com referência à matéria das lacunas ora visada, entre dois planos de análise cuja demarcação o próprio J. BAPTISTA MACHADO colocou ênfase em sublinhar por ocasião da apresentação do respectivo *sistema* de Direito Internacional Privado: o nível do Direito de Conflitos e o nível das regras de conflitos. Firmando a análise no primeiro deles, o Autor extrapola conclusões – alegadamente procedentes – tangentes ao segundo. No entanto, segundo melhor se entende, a única coisa que poderá inferir-se da regra básica que manda aplicar a todos e quaisquer factos as leis que com eles se acham em contacto é que ao nível do Direito de Conflitos – raciocina-se sempre com base na arquitectura proposta por J. BAPTISTA MACHADO – inexistem lacunas: a aludida regra básica compreende todas as questões plurilocalizadas e fornece, para elas, a regulamentação possível naquele plano primário. Pelo que ao nível das regras de conflitos diz respeito, não se duvida que aí onde se verifique a existência de um conflito de leis não previsto pelas normas conflituais do sistema existirá, muito possivelmente, uma lacuna manifesta ou patente (apenas "muito possivelmente" porque, vistas bem as coisas, a certificação da existência de lacuna não pode ir sem a demonstração de que se trata de questão que a ordem jurídica local não excluiu da eventual subordinação a um direito

---

[540] [1970: 423-424].
[541] [1993: 358 e 359].

Ensaio de resposta em face do sistema de direito português 227

estrangeiro, aspecto que J. BAPTISTA MACHADO também parece ter deixado na sombra[542]). Porém, do reconhecimento da natureza patente ou manifesta dessas (mais do que prováveis) lacunas à afirmação de que outras, de tipo distinto, inexistem no plano das regras de conflitos vai implicada uma passagem, (crê-se que) logicamente infundada, cujo vício parece consistir em tomar a parte pelo todo. Segundo se pensa, tudo quanto pode afirmar-se é que, formando a matéria a regular pelo sistema das regras de conflitos um todo que é repartido pelas diferentes regras por forma "(...) a que o conceito-quadro de cada uma delas representa a parte desse todo por ela «ocupada» ou «coberta»"[543], os intervalos, espaços ou interstícios entre os vários conceitos-quadro equivalem a falhas de regulamentação contrárias ao plano do Direito Internacional Privado e são, consequentemente, assimiláveis a lacunas manifestas. Não já, todavia, que a (eventual) existência desse tipo de lacunas exclua, como se de uma necessidade lógica se tratasse, a ocorrência de outras de tipo diverso. Na verdade, nenhuma imposição *ex natura rerum* parece erradicar a possibilidade de, ao ponderar a intervenção de determinada regra de conflitos, o operador jurídico descortinar, com recurso às determinantes valorativas e teleológicas dessa norma e atentas as especificidades da situação plurilocalizada *sub iudice*, a existência de lacuna latente ou oculta.

Pela mesma ordem de razões, não logra impressionar o argumento, pelo ilustre Professor também aduzido[544], segundo o qual autores autorizados como F. GÉNY, E. ZITELMANN e C.-W.CANARIS já eles pró-

---

[542] Mas já o assinalam I. MAGALHÃES COLLAÇO [1959/1966: 89] e L. LIMA PINHEIRO [2001a: 308], este último afirmando que "[n]uma primeira aproximação, podemos dizer que há uma lacuna da lei no Direito de Conflitos quando não encontramos uma norma de conflitos de fonte legal que indique a lei reguladora de determinada situação transnacional e que, segundo o sentido regulador do sistema, deve estar submetida àquele regime constituído pelo Direito de Conflitos." (sublinhado meu). É devido dizer, porém, que também pertence a este Autor afirmação nos termos da qual "(...) pode assentar-se que perante uma regulação sistemática do Direito Internacional Privado, como a existente no Direito português, todas as situações transnacionais colocam um problema de determinação do direito aplicável." [2001a: 308-309]. E, mais ainda, que "[n]a falta de norma de conflitos que resolva o problema surge necessariamente uma lacuna que deve ser integrada por uma solução conflitual." (*ibidem*).

[543] J. BAPTISTA MACHADO [1970: 428-429]. Cfr., ainda, J. BAPTISTA MACHADO [1982: 146].

[544] [1970: 425 e 428]; [1982: 147 e 148].

228   *A Cláusula de Desvio no Direito de Conflitos*

prios haviam notado que os exemplos mais frisantes de lacunas patentes ou autênticas se registam no domínio do Direito Internacional Privado. Não se questiona que assim seja e, mesmo mais, divisam-se boas razões para que assim aconteça. Pensa-se, naturalmente, no carácter incompleto e embrionário de que, ainda hoje e sobretudo quando confrontados com os sistemas de direito material, a maioria dos sistemas nacionais de Direito Internacional Privado se reveste[545]. Porém, ponto seria demonstrar que semelhante tipo de lacunas – mais ou menos frequentes consoante a densidade da tessitura dos vários sistemas de Direito Internacional Privado – afasta qualquer possibilidade de divisar-se, no seio dos sistemas das regras de conflitos, a existência de lacunas latentes ou ocultas. Ora, é tal impossibilidade que, segundo se entende, a argumentação expendida por J. BAPTISTA MACHADO não almeja erradicar[546].

Regista-se, a terminar, que parecem fazer eco do mesmo entendimento crítico relativamente ao aviso de J. BAPTISTA MACHADO as afirmações nos termos das quais o problema das lacunas se apresenta, no Direito Internacional Privado, da mesma forma que nos restantes sectores do direito[547]. Para já não falar daquelas, de alcance inequívoco, que expressamente sublinham a permeabilidade das regras de conflitos de leis no espaço às lacunas ocultas e de que caso são, entre nós, as produzidas

---

[545] Assimilando o Direito Internacional Privado a uma "tradicional área de lacunas" e, designadamente, de "lacunas conscientes", cfr., entre nós, L. LIMA PINHEIRO [1986: 120]. Escrevendo no princípio da última década do século transacto, W. WENGLER [1991: 14] foi mesmo ao ponto de afirmar que "[l]a plupart des codifications législatives de droit international privé présentent davantage de lacunes que de dispositions positives.".

[546] Conforme se deu conta, a comunhão de vistas com J. CUNHAL SENDIM é apenas parcial, não se estendendo, se bem as percebemos, às conclusões a que acaba por chegar. Raciocinando com base nas coordenadas da construção proposta por J. BAPTISTA MACHADO, J. CUNHAL SENDIM [1993: 359] admite a existência de lacunas – e lacunas patentes ou manifestas – no plano primário que, naquela construção, é ocupada pelo Direito de Conflitos. Ora, para além de parecer não extrair a dedução adequada a partir da regra básica de que fala J. BAPTISTA MACHADO – faz-se referência à inexistência de lacunas naquele plano primário –, o Autor incorre, segundo parece, no exacto vício para cuja existência, pertinentemente, chamara a atenção a propósito da explanação de J. BAPTISTA MACHADO. Assim é que, insistindo embora na diferenciação entre o nível do direito de conflitos e o nível das regras de conflitos, J. CUNHAL SENDIM parece, logo em seguida, fazer dela tábua rasa.

[547] Assim, entre nós e de um modo expresso, I. MAGALHÃES COLLAÇO [1964: 297]; *idem*, [1959/1966: 94 ss].

Ensaio de resposta em face do sistema de direito português 229

seja por L. LIMA PINHEIRO[548], seja por J. CUNHAL SENDIM[549]. Outrossim como as que, também da responsabilidade de internacionalprivatistas pátrios, referem a existência de lacuna oculta no quadro desta ou daquela regra de conflitos de leis no espaço[550].

5. Alicerçados em razões (que se crêem) válidas e que se espera ter apresentado com clareza suficiente, os parágrafos precedentes firmaram o entendimento segundo o qual as motivações de J. BAPTISTA MACHADO – é dizer, os concretos fundamentos pelo Professor de Coimbra invocados – não são de molde a persuadir acerca da impossibilidade de emergência de lacunas ocultas no seio dos sistemas de Direito Internacional Privado. Mas foi apenas isso. Nem outra coisa nem também outra coisa, designadamente que o sistema conflitual português seja efectivamente permeável a lacunas ocultas. As linhas seguintes ratificam a necessidade de precaução. Veja-se por que razões.

Reiterando a lição comum dos autores, assentou-se em que uma lacuna oculta consiste, essencialmente, na ausência de uma restrição. Contendo determinado sistema uma regra aplicável a certo grupo de casos, ocorre que a mesma não afasta do seu âmbito compreensivo situações que carecem de uma regulamentação específica. A lacuna (oculta) está em que a regra (geral) não expressa a restrição concorrentemente reque-

---

[548] Em coerência com afirmação sua datada já de 1986 – em cujos termos "(…) a necessidade de um processo de diferenciação por KEGEL elevado a programa da dogmática internacionalprivatística (…) pode, em parte, realizar-se com base na própria teleologia imanente ao direito positivo, traduzindo-se na descoberta de lacunas teleológicas ocultas (…)" [1986: 122] –, L. LIMA PINHEIRO assevera, mais recentemente [2001a: 309], que, mesmo no quadro de uma regulação sistemática do Direito Internacional Privado como é a portuguesa, podem existir lacunas ocultas. Em palavras suas, "[p]ode suceder que uma situação transnacional se encontre à primeira vista abrangida pela previsão de uma norma de conflitos, mas que por via de uma interpretação dita restritiva ou de uma redução teleológica se venha a concluir que existe uma lacuna.". De resto, consoante bem se sabe, "aplicação" deste entendimento fá-la o Professor de Lisboa ao nível do problema da relevância, na ordem jurídica portuguesa, de normas imperativas de terceiros ordenamentos. De referir é ainda que, remetendo para K. SCHURIG, o mesmo Autor certifica poder a importância da redução teleológica ser maior no Direito Internacional Privado do que no Direito material [2001a: 309, nota 662].

[549] Assim, muito claramente [1993: *maxime* 359-360].

[550] Assim, por exemplo, D. MOURA VICENTE [2001a: 506] sustenta a existência de lacuna oculta no âmbito do artigo 45.°, número 1, do Código Civil.

230 *A Cláusula de Desvio no Direito de Conflitos*

rida pela sua teleologia e pela especificidade de um subgrupo particular de casos.

Isto tornado à memória, o que certamente também não deixará de ir presente ao espírito é o modo como se entendeu balizar o conceito referenciador do género de que as mencionadas lacunas ocultas constituem uma subespécie. Tendo-se lançado mão de noção largamente divulgada, afirmou-se ser, uma lacuna, uma deficiência do ordenamento jurídico consistente no inacabamento do respectivo tecido normativo por motivo de uma omissão juridicamente relevante e contrária ao plano ordenador do sistema. Com a implicação seguinte: constituírem antecedentes necessários da possibilidade da justa detecção de uma lacuna: (i) o requisito da falta de norma; (ii) o pressuposto da juridicidade do caso e (iii) o carácter insatisfatório do vazio normativo.

Ora, precisamente, eis que a consideração na conta devida do ponto por último assinalado permite apreender lição com pertinência para os efeitos desta investigação. Explica-se:

Correspondendo à verdade – como corresponde – que o carácter insatisfatório de um vazio normativo constitui antecedente necessário da possibilidade metodologicamente adequada de determinação de uma lacuna, resulta daí, e com um grau de evidência razoável, que a existência de lacunas ocultas no seio de um ordenamento jurídico aparece colocada na dependência da demonstração de que ao intérprete-aplicador assiste a faculdade, juridicamente legitimada, de subtrair ao alcance de uma regra uma subcategoria de casos que, reconduzível muito embora à previsão normativa, escapa à teleologia do preceito. A racionalidade subjacente a uma tal afirmação não é difícil de surpreender.

Apure-se, já porque dele resulta uma proibição expressa, já porque dele emerge uma proibição de sentido, que um particular sistema jurídico não coloca aquela faculdade ao alcance legítimo do intérprete-aplicador e a conclusão só poderá ser, então, a de que, na concepção do sistema em causa, a restrição que uma norma omite relativamente a um subgrupo particular de casos não contraria o plano do sistema. Que a referida omissão não é qualificável como insatisfatória. Que não há lacuna. Pois se fluir do sistema que o mesmo não provê os alicerces que permitiriam ao intérprete-aplicador, com inteira legitimidade, operar a assinalada subtracção pela via do aditamento, à norma, da restrição que ela omite, como vislumbrar na omissão de restrição legal uma ausência de regulamentação contrária ao plano do sistema e, inerentemente, uma

Ensaio de resposta em face do sistema de direito português 231

lacuna (oculta)? De nenhuma forma possível. O silêncio da lei teria de ser visto, numa tal hipótese, como eloquente.

De resto, nem de forma substancialmente diferente se passam as coisas pelo que respeita aos domínios materiais em cujos quadros valem proibições de uso da analogia. Seja, (também) entre nós, o campo destacado do Direito Penal, em relação ao qual há a considerar já o disposto nos vários números do artigo 29.° da Constituição da República, já a norma correspondente ao preceito legal que é o artigo 1.°, número 3, do Código Penal. Significa a proibição de aplicação analógica de normas penais positivas que ao aplicador é vedado colmatar[551] uma lacuna que venha a deparar-se-lhe? A resposta é negativa. Diferente de projectar-se no plano da integração, interditando a colmatação de lacuna existente, a aludida proibição de aplicação analógica tem o significado de obstar ao próprio surgimento da lacuna. É dizer que, diferente de encerrar o significado de uma lacuna – ou, pelo menos, da sua possibilidade –, a inexistência de regra penal positiva directamente aplicável a situação da vida tem o valor de um silêncio eloquente; possui o significado de uma omissão de regulamentação não corporizadora de falha contrária ao plano ordenador do sistema; arrasta consigo a delimitação de uma zona de não--juridicidade (bem-entendido, na perspectiva do sistema jurídico considerado)[552].

Retomando o curso normal da exposição e em reafirmação de ponto de vista atrás feito valer, dir-se-á, então, que da mesmíssima maneira que

---

[551] Mediante o recurso à analogia e, por maioria de razão, segundo o critério estabelecido no artigo 10.°, número 3, do Código Civil.

[552] Neste sentido, T. Pizarro Beleza [1998: 436-437]: "O direito penal é, neste sentido, um sistema fechado; as suas situações devem ser rigorosamente limitadas a certos casos que a lei prevê, e, ao contrário do que acontece, por exemplo, no direito civil, não tem (ou não deve ter ou não deve ser entendido como tendo) a pretensão de abranger as situações que estão, digamos assim, entre o espaço preenchido por essas várias incriminações. E nesse sentido se pode dizer: o direito penal não tem lacunas, isto é, o direito penal não tem lacunas que possam ser integradas pelos processos normalmente admitidos em direito, concretamente contidos no art. 10.° do Código Civil."; J. P. Charters Marchante [2001: 145, nota 88]: "(...) o sentido útil do art. 29.° da CRP verifica-se, não em sede de interpretação, mas, sim, em sede de *lacunas*: consiste em negar a existência de lacunas na matéria por ele regulada (...)." (itálico no original); *idem* [2001: 245, nota 186]: "(...); se fora da norma excepcional temos a norma geral, fora da norma taxativa temos a ausência de juridicidade.".

232 A Cláusula de Desvio no Direito de Conflitos

a interdição de aplicação analógica tendo por objecto algumas normas criminais obsta, nos termos expostos, ao surgimento de lacuna patente, assim também a demonstração (eventual) de que ao intérprete-aplicador não assiste a faculdade de subtrair ao alcance de uma regra subcategoria de casos que, reconduzível muito embora à previsão normativa, escapa à teleologia do preceito, obsta à determinação, com referência ao sistema jurídico em causa, de lacunas ocultas.

Contra a linha de argumentação desenvolvida poderia, entretanto, pensar-se em opor que a mesma conduz, e em linha recta, à asserção de que a lacuna oculta é, afinal, criada pelo aplicador quando este adita a uma regra a restrição solicitada, em convergência, pela especificidade de um subgrupo de casos e pela teleologia daquela disposição. Ora, se o aditamento de uma restrição à norma geral também significa – *rectius*, significa já –, como com justiça assinalam os autores[553], a integração da lacuna oculta, como admitir que, do mesmo passo, esse aditamento seja responsável pela criação da lacuna? Ou, de forma porventura mais impressiva, como admitir que o mal seja criado pela cura?

Supõe-se que a perplexidade aventada encontra deslinde no reconhecimento de que, diferentemente do que possa pretender-se[554], do que atrás ficou posto não resulta que a lacuna oculta seja efectivamente criada pelo aplicador quando este adita a uma regra uma restrição concorrentemente convocada pelas particularidades de um subgrupo de casos e pela teleologia normativa. Coisa distinta, o que se afirmou foi constituir pressuposto do surgimento da lacuna oculta a legitimidade de uma tal operação de aditamento. Sendo esta operação conforme à concepção do particular sistema que em causa estiver – e sê-lo-á já por força de uma autorização expressa nele contida, já por força de uma interdição que dele não resulta –, a lacuna surge quando norma não expressa restrição reclamada pelo respectivo fim de regulação. Destarte surgida, ela repousa, latente, ocultada pela circunstância de "(...) não est[ar] ausente um preceito aplicável de acordo com o seu sentido literal."[555]. Uma vez que, actuando faculdade que se encontra legitimamente ao seu alcance, o aplicador adite a restrição que, muito embora não expressa, é reclamada pelo fim da regulação, a lacuna – já existente – revela-se, mostra-se à luz

---

[553] Assim, K. LARENZ [1997: 535, nota 25].

[554] E foi pretendido por NIPPERDEY, referido por K. LARENZ [1997: 535, nota 25].

[555] K. LARENZ [1997: 535, nota 24a].

Ensaio de resposta em face do sistema de direito português 233

do dia. Mais ocorre que esse momento de detecção ou revelação da lacuna – em rigor, como se procurou sublinhar, coisas distintas da correspondente criação – coincide, lógica e cronologicamente, com o da sua integração, ao menos parcial. Na expressão feliz de K. LARENZ, "[o] saber-se que existe uma lacuna e como deve ela ser preenchida coincidem aqui."[556].

Radica no exposto, entretanto, a justificação da próxima etapa. Com efeito, por isso que está sob investigação a susceptibilidade de reconduzir a cláusula de desvio (implícita) a um meio de determinação e de integração de lacunas ocultas do Direito de Conflitos, o sentido emergente do conjunto de dilucidações precedentes – obstar ao surgimento de lacuna oculta a verificação de que, com referência a sistema de direito dado, ao operador jurídico é vedada a faculdade de subtrair ao alcance de uma regra subcategoria de casos que, reconduzível muito embora à previsão normativa, escapa à teleologia do preceito – o sentido emergente das dilucidações precedentes, dizia-se, determina que a linha de investigação forçosamente se detenha no exame da questão de saber se o sistema jurídico pátrio outorga juridicidade ao procedimento consistente em o operador deixar de aplicar uma norma a situações que, conquanto abrangidas pela formulação geral e abstracta do preceito, carecem, pelas particularidades de que se revestem e pelo próprio espírito da lei, de uma regulamentação diversa.

Certo, permanece intocada a possibilidade lógica de serem respostas de sentido entre si não coincidente aquelas que aos vários quadrantes em que se desdobra o sistema de Direito português respectivamente se ajustam. Mas porque se isso muito embora reconhecido, já pareceria estranho que em exclusivo "proveito" do aplicador do Direito de Conflitos viesse a dar-se por juridicamente fundamentada aquela faculdade, afigura--se adequado começar por colocar o problema ao nível do sistema de direito em geral. Assim, pergunta-se: ao aplicador de Direito pátrio assistem meios que de forma juridicamente fundamentada lhe permitem pôr a descoberto lacunas ocultas e, uma vez isso acontecido, proceder à correspondente integração?

Destarte enunciado o problema, obtemperar-se-á ainda, vistas bem as coisas e mau grado tudo o que ficou posto, que a questão é ociosa. Pois não é verdade serem disposições como os artigos 8.º e 10.º do Código Civil a pressuporem, elas próprias, a existência de lacunas? Pois não é

---

[556] [1997: 535, nota 24a].

exacto que as lacunas latentes ou ocultas fazem radicar o seu aparecimento nos postulados – ambos inultrapassáveis – da variabilidade da vida humana e do necessário confinamento da previsão humana a certos limites? Pois não será que a detecção e a integração de tal tipo de lacunas encontram fundamento em exigências que decorrem dos fins de uma particular disposição legal e, mais amplamente, da ordem jurídica como uma unidade? Não se estenderá à determinação das lacunas ocultas aquilo que K. LARENZ afirmava a respeito da operação do seu preenchimento – resultar, tal operação, "(...) do mandato do juiz de aplicar a lei em conformidade com o seu sentido e escopo."[557]? Não era já Aristóteles quem, em bem-conhecidas passagens da sua *Ética a Nicómaco*, equiparava as hipóteses em que o legislador cala àqueloutras em que se exprime indevidamente em termos absolutos[558]? Ainda por outra forma e em jeito

---

[557] [1997: 525, nota 9].

[558] Faz-se referência, bem-entendido, às passagens que, naquela sua *Ética*, Aristóteles vota ao tema da equidade. Sem ambicionar a reconstituição do sistema de Aristóteles, sempre se dirá que o Estagirita encarava a equidade como uma espécie de justiça superior à justiça legal, reservando-lhe o importante papel de via superadora da estrita legalidade positiva em ordem a uma mais perfeita e cabal consecução do justo nas situações contingentes da vida. No pensamento do Autor, tal papel aparece em associação íntima com o reconhecimento do inevitável carácter universal da lei, a qual, só podendo tomar em consideração os casos mais frequentes, pode vir a revelar-se inadequada para certas situações concretas. De acordo com o célebre simile aristotélico, tal como a régua de chumbo dos arquitectos de Lesbos tinha a propriedade de se ajustar aos contornos da pedra, assim a equidade deveria permitir que, no momento da decisão concreta (*kairós*), o operador jurídico adaptasse a justiça plasmada na lei como princípio absoluto e universal (*nomos*) às circunstâncias da situação contingente. Fazendo-o, almejaria corrigir a deficiência da lei resultante do seu carácter universal (*correctio legis in quo deficit propter universalitatem*). Atente-se no seguinte excerto, traduzido para o português, colhido em J. OLIVEIRA ASCENSÃO [1968a: 235] e, *idem*, [1968b: 13-14]: "Por conseguinte, quando a lei dispõe duma maneira geral e posteriormente se verifica um caso particular que escapa a esta regra geral, é legítimo – na medida em que a disposição do legislador é insuficiente e errónea dado o seu carácter absoluto – corrigi-la e suprir o seu silêncio, estatuindo como o faria o próprio legislador se estivesse presente e como ele teria prescrito na lei se tivesse podido conhecer o caso em questão.". Não é substancialmente divergente o sentido emergente da tradução francesa levada a cabo por J. TRICOT: "Quand, par suite, la loi pose une règle générale, et que là-dessus survient un cas en dehors de la règle général, on est alors en droit, là où le législateur a omis de prévoir le cas et a péché par excès de simplification, de corriger l'omission et de se faire l'interprète de ce qu'eut dit le législateur lui-même s'il avait été présent à ce moment, et de ce qu'il aurait porté dans

de síntese: não será o caso de poder dizer-se que a bondade das abstractas considerações nas quais se alicerça a (eventual) faculdade do operador dirigida a excluir do campo de aplicação de uma regra casos aos quais a teleologia normativa não quadra é de molde, de per si, a prejudicar a necessidade de investigação dirigida às coordenadas particulares do direito português ou, o que o mesmo é dizer, a tornar acessório qualquer esforço de fundamentação acrescido?

Impõe-se a negativa.

Com efeito, da mesma maneira que de um sistema de fontes formais de direito pode brotar uma particular proibição de analogia – como entre nós acontece, relativamente às normas excepcionais, por efeito do artigo 11.º do Código Civil, e, relativamente às regras penais positivas, por força do artigo 1.º, número 3, do Código Penal –, nenhuma impossibilidade lógica se vislumbra contra a eventualidade de a partir dele – designadamente, do seu sentido – emergir uma proibição, geral ou materialmente circunscrita, vedando ao aplicador a correcção do silêncio do legislador, para dizer com Aristóteles. Porque nenhum obstáculo lógico milita contra a actualização dessa possibilidade e porque, bem pelo contrário, podem até fundamentá-la preponderantes interesses de segurança jurídica, ela não pode ser liminarmente afastada. Confirma-se, destarte, a necessidade do estudo situado já por mais de uma vez proclamada.

Isso afiançado, o que desde logo parece possível certificar é que do artigo 10.º do Código Civil não brota indício susceptível de projectar luz sobre as dúvidas há pouco (re-)delineadas. Certo, sob a epígrafe "[i]ntegração de lacunas da lei", pertence-lhe estabelecer os processos dessa integração. Não menos verdade, é comummente reconhecido que aquela disposição legal também fornece a indicação do(s) procedimento(s) a adoptar tendo em vista o preenchimento das lacunas do sistema das regras de conflitos[559]. Sucede que, curando da integração de lacunas – cuja

---

sa loi s'il avait connu le cas en question.". Para uma apresentação recente da doutrina aristotélica respeitante à equidade tal como a mesma é exposta na *Ética a Nicómaco* e para um seu confronto com a que resulta de outras duas obras do filósofo, a *Política* e a *Retórica*, cfr. L. GARCÍA SOTO [1999: 45-47].

[559] A formulação alternativa constitui reflexo da diversidade de entendimentos entre nós registável pelo que aos meios de colmatação das lacunas do Direito Internacional Privado tange. Assim, enquanto J. BAPTISTA MACHADO [1982: 152 ss] nega cabimento ao recurso à analogia – em palavras suas, dada a circunstância de "o discorrer por analogia

236 A Cláusula de Desvio no Direito de Conflitos

existência e detecção, portanto, pressupõe –, aquele preceito da Parte Geral não se ocupa da respectiva detecção ou determinação. Ora, é ainda neste plano que, por ora, a exposição se move (avisadamente, J. BAPTISTA MACHADO não deixa de recordar que, "[t]radicionalmente, o problema das lacunas é-nos apresentado como problema do preenchimento das mesmas. Mas não menos importante, e prioritário até, é o problema da determinação ou descoberta das lacunas."[560]).

Renova-se, pois, a questão: sem prejuízo de ulterior indagação pelo diagnóstico proporcionado pelo subsistema de Direito Internacional Privado pátrio, será autorizado afirmar que as coordenadas gerais do sistema jurídico português oferecem o flanco à existência de lacunas ocultas? Atento o que já ficou posto, compreende-se que o mesmo vale por perguntar se o sistema jurídico pátrio legitima a faculdade que consiste em o intérprete subtrair ao alcance de regra determinada uma subcategoria de casos que, reconduzível muito embora ao âmbito de compreensão da previsão normativa, escapa à teleologia da disposição.

6. Consideração atenta das afirmações dos autores pátrios produzidas contra o pano de fundo do Direito português em geral permitiu apurar e autoriza reportar:

– *Primeiro*: Que, sem assomo de voz dissidente, se reconhece existirem e estarem ao alcance do aplicador meios de revelação ou de detecção de lacunas ocultas;
– *Segundo*: Que, função de considerações já postas, semelhante reconhecimento generalizado é significativo de que os autores

---

[ser] conatural à própria aplicação do conceito-quadro" – e, inerentemente, só reconhece pertinência ao critério consagrado no artigo 10.°, número 3, já uma Autora como I. MAGALHÃES COLLAÇO [1958/1963: 94 ss], [1959: 87 ss], [1964: 184 ss], [1967: 57 ss] coloca ênfase em sublinhar que, sem prejuízo da necessária tomada em consideração dos princípios gerais que devem considerar-se actuantes no Direito Internacional Privado português, o problema das lacunas do Direito Internacional Privado se apresenta e resolve da mesma forma que nos restantes sectores do direito. Sobre o tema das lacunas no sistemas das regras de conflitos e para além dos Autores nomeados, cfr., na doutrina portuguesa, L. LIMA PINHEIRO [1986: 121-122]; A. MARQUES DOS SANTOS [1989: 76-77]; R. MOURA RAMOS [1991a: 30, nota 28]; J. CUNHAL SENDIM [1993: 357 ss].; L. LIMA PINHEIRO [2001a: 308 ss].

[560] [1993: 200].

Ensaio de resposta em face do sistema de direito português 237

não extraem das coordenadas gerais do sistema jurídico nacional o sentido de uma proibição como aquela cuja vigência se tratava de determinar ou infirmar (e que, vindo a determinar-se, prejudicaria, mercê do oportunamente exposto, a detecção ou individualização de lacunas ocultas nos quadros do Direito português);

– *Terceiro*: Que, na aparência ao menos, a convergência entre os juscientistas não vai mais além pois que se, consoante referido, os mesmos reconhecem em favor do aplicador meios de revelação ou detecção de lacunas ocultas, não é menos verdade entrarem a divergir quanto à questão de saber quais esses meios são;

– *Quarto*: Que enquanto de acordo com certo entendimento o único meio de determinação de lacunas ocultas ao alcance do intérprete é, na nossa ordem jurídica, a interpretação restritiva, vai de harmonia com outro a consideração de que a operação de redução ou restrição teleológica acresce à de interpretação restritiva como meio que ao operador legitimamente assiste para o efeito de pôr a descoberto aquele tipo de lacunas;

– *Quinto*: Que, enfim, constitui objecto de controvérsia a virtualidade da operação de interpretação correctiva – cuja admissibilidade nos quadros do direito pátrio não vai, também ela, sem discussão – enquanto meio de revelação de lacunas ocultas.

Impondo-se firmar posição, vai contida numa tal imposição o justo pretexto para que mais detidamente se passe visita aos entendimentos até agora apenas muito sumariamente referidos. Fá-lo-emos tomando por eixo o posicionamento de J. OLIVEIRA ASCENSÃO. Assim seja, pois.

Preconizando orientação que remonta – pelo menos – à época aproximada da entrada em vigor do Código Civil de 1966, J. OLIVEIRA ASCENSÃO é um dos autores que, tomando posição inequívoca sobre o ponto, tem para si, e por seguro, que o único meio de revelação ou determinação de lacunas ocultas legitimamente ao alcance do intérprete é, na nossa ordem jurídica, o da interpretação restritiva. Escrevia o Autor, já em 1968, na sua *Tipicidade*: "Pensamos que na nossa ordem jurídica certos métodos preconizados neste sentido estão fora do alcance do intérprete, e são portanto ilegítimos. Um há, porém, que permite obter resultados desta

238 *A Cláusula de Desvio no Direito de Conflitos*

índole, e cuja admissibilidade e importância não podem ser postas em causa: a interpretação restritiva."[561].

Fora de hipótese para o autorizado Professor de Lisboa é, isso sim, admitir que a semelhante desiderato possa prover a operação dita de interpretação correctiva, a qual entende interditada dos quadros do direito português atenta já a eliminação do texto que, sob a epígrafe *[r]estrição*, constava do artigo 9.°, número V, do Anteprojecto de M. ANDRADE[562], já o que chama "a estrutura geral da ordem jurídica portuguesa [assente] numa prioridade do dado normativo sobre apreciações de razoabilidade"[563], já, finalmente, o facto de competir às fontes de direito, que não ao intérprete, alterar o sistema normativo[564].

Não é menos aziago o destino a que vota a redução ou restrição teleológica, operação cuja importação para os quadros da dogmática civilística portuguesa não entende como vantajosa e cuja demarcação em face das categorias juscientíficas nacionais se lhe afigura difícil porquanto sendo, alegadamente, realidade distinta da interpretação restritiva, ou se reconduz à interpretação ab-rogante ou à operação de interpretação correctiva[565].

Mau grado conscientes de que o tópico entre mãos desaconselha posicionamentos temerários e expulsa certezas fáceis, arrisca-se afirmar que o *supra* retratado entendimento de J. OLIVEIRA ASCENSÃO – que também vale enquanto representativo do pensamento de vários outros autores nacionais – não logra permanecer imune a algumas observações críticas. Avança-se por partes.

Quanto às virtualidades da interpretação restritiva em ordem à determinação de lacunas ocultas: nada a obtemperar, tanto mais quanto, sem resistência ou sacrifício, se acompanha J. OLIVEIRA ASCENSÃO quando observa, visando tal modalidade de interpretação quanto ao resultado, que

---

[561] [1968a: 237-238]. Cfr, do mesmo Autor, o seguinte conjunto de afirmações (sugestivamente aduzidas sob a epígrafe *lacunas ocultas*): "Até por vezes a função da interpretação é mais delicada. Há regras aparentemente genéricas, que parece cobrirem todo um sector. Porém, através da interpretação restritiva, verifica-se que não foi explicitada uma excepção ou restrição que deveria existir de harmonia com o próprio sentido da lei." [2001: 425] (sublinhado meu).

[562] [2001: 412-413].

[563] [2001: 413].

[564] [2001: 413].

[565] [2001: 415].

Ensaio de resposta em face do sistema de direito português

as suas "(...) admissibilidade e importância não podem [na nossa ordem jurídica] ser postas em causa (...)."[566].

Isto dito, já é verdade tender-se a duvidar do modo como, partindo da prescrição jurídico-positiva que é o artigo 9.º do Código Civil, J. OLIVEIRA ASCENSÃO conceptualiza a interpretação restritiva. Impondo-se prestar contas das nossas afirmações, confirma-se apenas, antes de avançar, que é totalmente legítimo assimilar a forma de expressão utilizada – "tender-se a duvidar" – a uma confissão das hesitações que o ponto começou por suscitar-nos, hesitações essas que, efectivas, não se vê vantagem em dissimular.

Na linha da que constitui a orientação entre nós não apenas tradicional como indisputavelmente acolhedora do maior número de sufrágios[567], J. OLIVEIRA ASCENSÃO pensa a interpretação restritiva como um processo pelo qual se procede à rectificação da letra da lei tendo em vista a sua harmonização com o espírito legislativo: porque o recurso aos elementos extraliterais da interpretação permite apurar que o legislador *maius dixit quam voluit* – que o sentido literal é mais amplo que o sentido normativo –, exigências que se relacionam com o entendimento esclarecido da lei – *cessante ratione legis cessat eius dispositio / cessante ratione legis cessat lex ipsa* – impõem ao intérprete que se afaste do alcance gramatical do texto e, restringindo-o, o torne compatível com o pensamento legislativo. Em palavras do próprio J. OLIVEIRA ASCENSÃO, "[a]plica-se este processo quando se chega à conclusão de que a lei utilizou uma fórmula demasiado ampla, quando o seu sentido é mais limitado. Deve-se proceder então à operação inversa [da interpretação extensiva]: restringir o texto para exprimir o verdadeiro sentido da lei."[568].

Consoante anunciado de entrada, propendemos a discordar. É que, se bem se ajuíza, depõem contra aquele modo de entender – entre nós clássico, não se ignora – as exigências inerentes à tarefa de construção jurídica. Consabidamente, tal tarefa de construção jurídica pressupõe, sob pena de inversão metodológica típica do conceptualismo, a prévia consulta dos dados do sistema ou, o que o mesmo vale por dizer, o exame prévio

---

[566] [1968a: 237].

[567] Cfr., por exemplo, G. MOREIRA [1907: 45]; M. J. DE ALMEIDA COSTA [1967: 15-16]; F. PIRES DE LIMA – J. ANTUNES VARELA [1973: 144-193, *maxime* 169]; J. DIAS MARQUES [1986: 146-149]; I. GALVÃO TELLES [2000: 250-257].

[568] [2001: 411].

240 A Cláusula de Desvio no Direito de Conflitos

do regime jurídico vigente. É assim – ou deve ser assim – sempre, esteja em causa já a construção do "direito de preferência", a da "posse", a da "cessão da posição contratual", já, para o que ora importa, a da "interpretação restritiva"[569]. Ora, precisamente, eis afigurar-se que a noção de "interpretação restritiva" entre nós tradicionalmente retida só com dificuldade e não sem algum artificialismo se ajusta às exigências decorrentes do número 2 do artigo 9.° do Código Civil, em cujos termos "[n]ão pode (...) ser considerado pelo intérprete o pensamento legislativo que não tenha na letra da lei um mínimo de correspondência verbal, ainda que imperfeitamente expresso.".

Pode-se objectar que a interpretação jurídica releva do domínio do problemático-metodológico, pelo que a sua natureza a coloca fora da possibilidade de regulamentação por disposição de direito positivo; que, diferente de critérios prescritivos cuja enunciação integra a esfera de competência do legislador, o artigo 9.° provê simples directrizes de cariz pragmático-orientativo. E, consabidamente, são sedutoras as razões nesse sentido destacadamente aduzidas, entre nós, por A. CASTANHEIRA NEVES[570]. Não vem semelhante linha de argumentação, porém, em auxílio do entendimento tradicional ora sob apreciação. A razão é elementar: à semelhança de J. OLIVEIRA ASCENSÃO – que expressamente considera o ponto e sobre ele adopta, em termos inequívocos, ponto de vista abertamente contrário ao atrás referido de A. CASTANHEIRA NEVES[571] –, também os demais autores pátrios, por isso que não referem a vinculatividade do artigo 9.° como problema, revelam assentar no ponto de partida que é o da vinculatividade dessa disposição legal[572].

---

[569] Sobre a construção jurídica e da sua importância como instrumento de sistematização, vd. K. LARENZ [1997: 627 ss]. Distinguindo-a com empenho da "qualificação", o autor define-a como "(...) aquela actividade que serve para inserir de tal maneira no sistema (...) uma regulação precisamente encontrada na lei ou um modelo de contrato desenvolvido no tráfego (...) de modo a que resulte uma concatenação isenta de contradições e que possam ser traçadas comparações com outras regulações, que permitam pôr claramente em evidência tanto as diferenças como o que têm em comum." [1997: 628].

[570] Assim, exemplificativamente, [1984/1995: 348-351].

[571] [2001: 380-381]. No mesmo sentido e de forma igualmente inequívoca, M. BIGOTTE CHORÃO [1998/1999: 204 ss]. Embora com *nuances*, cfr., ainda, F. PINTO BRONZE [exemplificativamente, 1993: 180].

[572] Acerca da opção pela inclusão, no Código Civil a elaborar, de um preceito em matéria de interpretação, cfr. A. VAZ SERRA [1946: 15, i]. Com respeito ao debate

Dado este ponto de partida generalizado, enfrente-se a questão de frente e diga-se então das razões por que, em nosso ponto de vista, é tão severa quanto justa a afirmação de que a noção de "interpretação restritiva" entre nós tradicionalmente retida só com dificuldade e não sem algum artificialismo se ajusta às exigências decorrentes do número 2 do artigo 9.º do Código Civil.

Começa-se por reconhecer ser fora de causa que o artigo 9.º do Código Civil acolhe acerca da actividade de interpretação a ideia de um procedimento que, tendente à reconstituição do pensamento legislativo, não é assimilável à mera exegese de um enunciado linguístico. Inculca-o sem margem para dúvidas o seu número 1 quando contrapõe a "letra da lei" ao "pensamento legislativo" e quando comina ao intérprete que, tendo em vista a reconstituição do pensamento legislativo, atenda não apenas à "letra da lei" como também, e "sobretudo", à "unidade do sistema jurídico", às "circunstâncias em que a lei foi elaborada" e às "condições específicas do tempo em que é aplicada". Dúvidas inexistem, pois, quanto à legitimidade da fixação do sentido normativo com base em elementos outros que a letra da lei.

Isto certificado, não sucede menos ser o artigo 9.º do Código Civil integrado por um número 2 que, inaugurando os respectivos dizeres com um solene "[n]ão pode" e com a adversativa "porém", veda o acolhimento, como produto da actividade interpretativa, de um sentido que não tenha na letra da lei um mínimo de correspondência verbal, ainda que imperfeitamente expresso. Deriva do mesmo que, ademais de ponto de partida, o texto é erigido em limite que ao intérprete não é consentido ultrapassar na busca pelo sentido normativo imputável a dada fonte; deriva daquele número, o que o mesmo é dizer, que o texto é erigido em moldura que ao intérprete não é dado extravasar; que o texto é elevado a continente dentro

---

em torno da justificação – ou não – e da natureza de regras legais como as constantes do artigo 16.º do Código de Seabra, dos artigos 9.º, 10.º e 11.º do Código Civil português de 1966, do artigo 12.º do Código Civil italiano de 1942 e, mais recentemente, do artigo 3.º do Código Civil espanhol, após a reforma, ocorrida em 1974, do Título Preliminar, consulte-se o relativamente recente estudo de M. Pérez Alvarez, *Interpretation y Jurisprudencia, Estudio del Articulo 3.1 del Codigo Civil*, s.l., Aranzadi Editorial, 1994 (*maxime* pp. 121 ss, sob a epígrafe "Referencias al debate sobre la imperatividad de las normas interpretativas de las leyes en el Derecho comparado").

242   *A Cláusula de Desvio no Direito de Conflitos*

de cujo perímetro o intérprete tem de se conter em sede de actividade interpretativa[573].

Insistir-se-á em que o artigo 9.°, número 2, se satisfaz com um "mínimo de correspondência verbal" e que, de harmonia com a sua parte final, esse "mínimo de correspondência verbal" pode mesmo ser "imperfeitamente expresso", termos em que – prosseguir-se-á – é aquela prescrição legislativa que, ela própria, autoriza a imputação à fonte interpretanda de um sentido que só imperfeitamente encontra correspondência no seu teor gramatical.

A insistência, porém, não colhe dividendos. Reconhecer-se-á, por uma parte, que um "mínimo de correspondência verbal" ainda corresponde à exigência de correspondência verbal (que, certo, pode ser mínima). Por outra parte e até por evidente, anuir-se-á a que a admissão legal de que um mínimo de correspondência verbal possa estar imperfeitamente expresso não preclude a exigência legislativa – que assim subsiste – de um mínimo de correspondência verbal, apenas abrindo caminho para a distinção entre *mínimos perfeitamente expressos* e *mínimos imperfeitamente expressos*[574].

---

[573] Antecedentes do artigo 9.°, número 2, do Código Civil foram: (i) no Projecto M. DE ANDRADE [1961: 145], o artigo 9.°, II: "Não pode surtir efeito o pensamento legislativo que não tenha na letra da lei um reflexo verbal tolerável, conquanto imperfeito."; (ii) nos trabalhos saídos da 1ª Revisão Ministerial, o artigo 9.°, número 2: "Não surtirá todavia qualquer efeito o pensamento legislativo que não tenha na letra da lei um mínimo, ainda que imperfeito, de correspondência verbal."; (iii) no material saído da Revisão Intercalar de 1964 (e ao qual se acedeu em J. P. CHARTERS MARCHANTE [2001: 136]), o artigo 9.°, número 2: "Não pode, porém, ser considerado pelo intérprete o pensamento legislativo que não tenha na letra da lei um mínimo, ainda que imperfeito, de correspondência verbal."; (iv) no produto resultante da 2ª Revisão Ministerial, o artigo 9.°, número 2: "Não pode, porém, ser considerado pelo intérprete o pensamento legislativo que não tenha na letra da lei um mínimo, ainda que imperfeito, de correspondência verbal."; (v) no Projecto de Código Civil apresentado pelo Governo, em 1966, o artigo 9.°, número 2: "Não pode, porém, ser considerado pelo intérprete o pensamento legislativo que não tenha na letra da lei um mínimo de correspondência verbal, ainda que imperfeitamente expresso.".

[574] Adere-se, desta forma, à lição de J. P. CHARTERS MARCHANTE, para quem o *mínimo* (de correspondência) *imperfeitamente expresso* "(...) acontece[rá] sempre que o significado decisivo (o que se atesta findo o processo interpretativo), *i.e.*, o pensamento legislativo, o Direito, corresponde a uma acepção não *preferencial*, não *primacial* da palavra *x*, verificando-se, ainda, que existe uma palavra *y* cujo primacial, inequívoco significado coincide com a referida acepção *rebuscada* da palavra *x*." [2001: 176].

Mas se é assim, se resulta dos dados do sistema a exigência de não acolhimento, em sede interpretativa, de um sentido que não tenha na letra da lei um mínimo de correspondência verbal, ainda que imperfeitamente expresso; se esse grau mínimo de correspondência verbal coincide – e como não? – com os sentidos literais possíveis, como sustentar ocorrer, ainda, interpretação – e, para o que ora importa, interpretação restritiva – quando, do que se trata, confessadamente, é de corrigir a letra da lei atento o facto de esta, por demasiado ampla, não se harmonizar com o pensamento legislativo?

Decerto, seria estulto pretender que os subscritores da concepção ora sob crítica não consideram o número 2 da disposição legal em apreço (ao menos aqueles de entre eles, a esmagadora maioria, que arrancam do pressuposto da vinculatividade do artigo 9.º). E, com efeito, não apenas natural e obviamente não o ignoram nas análises que empreendem como, mais ainda, colocam ênfase em sublinhar o alcance correspondente. Seja, a título de exemplo, nova passagem de J. OLIVEIRA ASCENSÃO: "A letra não é só o ponto de partida, é também um elemento irremovível de toda a interpretação. Quer isto dizer que o texto funciona também como limite da busca do espírito. Os seus possíveis sentidos dão-nos como que um quadro muito vasto, dentro do qual se deve procurar o entendimento verdadeiro da lei. Para além disto, porém, não se estaria a interpretar a lei mas a postergá-la, chegando-se a sentidos que não encontrariam no texto qualquer apoio."[575].

Isto certificado, o que contudo pode registar-se é o acolhimento generalizado de uma construção que, alegadamente decalcada a partir do artigo 9.º, se afasta dos dados – ao menos, de alguns deles – daquela proposição jurídico-positiva. Com ela, uma noção de "interpretação restritiva" especificada a partir da ideia de correcção da letra da lei e exemplos abundantes a propósito dos quais, salvo o devido respeito, parece justo recordar palavras de A. ANTUNES VARELA, aduzidas a propósito de determinada interpretação dos artigos 659.º e 660.º do Código de Seabra: "No caso presente, trata-se de corrigir, não a expressão, mas a própria vontade real do legislador, formada através de um processo lógico presuntivamente viciado numa das suas premissas. Em face de uma tal operação, os dizeres interpretação restritiva assumiriam todo o aspecto de

---

575 [2001: 382].

244   A Cláusula de Desvio no Direito de Conflitos

um eufemismo jurídico, susceptível de dar à solução uma credencial ou um salvo-conduto de êxito mais assegurado perante os quadros tradicionais duma doutrina e duma jurisprudência conservadoras, mas insusceptível de exprimir a sua real transcendência."[576]. Ou estoutras de K. LARENZ: "A jurisprudência fala, não raras vezes, de interpretação restritiva – certamente a fim de dar, deste modo, a impressão de maior "fidelidade à lei" –, quando na realidade já não se trata de interpretação (…)"[577].

Apresentadas as razões por que, de resto de forma não original porquanto convergente com a lição (minoritária) de vozes como as de T. BELEZA[578], R. MEDEIROS[579], L. LIMA PINHEIRO[580] e J. P. CHARTERS MARCHANTE[581], se propende a questionar o modo como, generalizadamente partindo do artigo 9.° do Código Civil, os juscientistas pátrios conceptualizam a interpretação restritiva, vai sem necessidade de explicitação acrescida que, no aviso da signatária, a ser retida, a fórmula tradicional "interpretação restritiva" deve ser predicada daquela modalidade de interpretação quanto ao resultado que, tradicionalmente apelidada "interpretação declarativa restrita", se especifica pela correspondência entre o sentido normativo e o sentido menos amplo dos vários sentidos literais admitidos pela lei[582].

---

[576] [1950: 336].

[577] [1997: 556]. Criticando o modo como a doutrina portuguesa em geral (des)considera o artigo 9.°, número 2, do Código Civil, afirma J. P. CHARTERS MARCHANTE [2001: 21]: "Trata-se de texto legal (…) ou *ignorado*, ou *esquecido*, ou *incorrectamente descrito*, ou *perfunctoriamente interpretado*, ou *sincreticamente exposto* (basta ter em atenção a generalizada co-existência da sua invocação com a admissibilidade da *interpretação extensiva* como sendo interpretação cujo resultado transcende, *assumidamente*, o sentido literal), ou, ainda, *menosprezado* quanto à sua vinculatividade jurídica.".

[578] [1998: 408-434].

[579] [1999: 306, nota 109].

[580] Assim, a fazer fé em texto de estudantes de Introdução ao Estudo do Direito da Faculdade de Direito da Universidade de Lisboa que alegadamente reproduz o ensino oral daquele Professor de Direito Internacional Privado.

[581] [2001: 161 ss, *maxime* 165 ss].

[582] Enquanto, simetricamente, à categoria da interpretação extensiva há-de reconduzir-se a actividade entre nós classicamente designada por interpretação declarativa ampla ou lata, termos em que o entendimento sustentado em texto não torna desprovidos de alcance preceitos como o do artigo 11.° do Código Civil, o qual deve ser interpretado,

Ensaio de resposta em face do sistema de direito português

Ora, também esse procedimento se consubstancia em meio adequado de revelação de lacunas ocultas. É que decidindo-se o aplicador, de entre os vários sentidos literais possíveis, por aquele que, em relação aos outros, tem um alcance mais restrito, o que daí pode resultar é a verificação de que muito embora com correspondência num sentido literal possível e portanto, a uma primeira vista, objecto de tratamento pelo Direito, uma determinada situação se encontra, afinal, desprovida de regulação pois que, função dos critérios extragramaticais de interpretação, o tal sentido literal em que a mesma encontra correspondência não veio a ser retido (por não correspondente com o sentido normativo). Isto dito, sempre se acrescentará não ser forçoso que a operação de interpretação restritiva revele uma lacuna oculta (de resto, nem por outra razão se fez referência, atrás, a uma simples «possibilidade»). E, com efeito, tal não sucederá ao menos nas hipóteses em que, subtraída ao campo de aplicação de uma norma especial, a situação venha a reconduzir-se à previsão de uma norma geral[583].

Resulta do exposto, entretanto, a razão por que, à diferença de J. OLIVEIRA ASCENSÃO, se vê toda a vantagem e, o que é mais importante e decisivo, todo o acerto, em importar para os quadros da dogmática civilística portuguesa a categoria juscientífica que, ensaiada pelos doutrinários germânicos, é comummente designada por "restrição teleológica" (*teleologische Restriktion* – ENNECERUS-NIPPERDEY), "redução teleológica" (*teleologische Reduktion* – K. LARENZ; C.-W. CANARIS) ou "interpretação teleológica restritiva" (*restringierende teleologische Auslegung* – K. ENGISCH).

É que entendendo-se – como se entende – que "[o] limite das hipóteses de interpretação é o «sentido possível da letra»."[584], aí onde a solicitação da teleologia da norma tenha lugar uma correcção do teor

---

para além do mais, no sentido de que quando o teor verbal da lei, não sendo unívoco, comporte vários sentidos, ao intérprete é consentido assentar no mais amplo (bem entendido, quando nessa direcção apontem os critérios extraliterais da interpretação). Em sentido substancialmente idêntico, cfr. K. LARENZ [1997: 500 ss].

583 Admitindo-se que no Direito português vigorasse um princípio geral de liberdade em cujos termos fosse lícito fazer tudo o que não proibido, a subtracção de determinado comportamento ao alcance de uma particular interdição não revelaria qualquer lacuna: posto que não lhe quadrasse a interdição, o comportamento deveria ser valorado como permitido.

584 A afirmação, de P. HECK, é citada por K. ENGISCH [s/d: 133, nota 37].

gramatical de que resulta a subtracção ao campo de aplicação da regra de situação que, a uma primeira vista, por ela estava abrangida, do que se trata, então, já não é de interpretar (restritivamente), senão, antes, daquela "modalidade de desenvolvimento do Direito imanente à lei"[585] (mas ultra-interpretativa) que precisamente recebe o nome, na literatura, de redução ou restrição teleológica. Ocorre a mesma, em palavras de K. LARENZ, quando "(…) a regra contida na lei, concebida demasiado amplamente segundo o seu sentido literal, se reconduz e é reduzida ao âmbito de aplicação que lhe corresponde segundo o fim da regulação ou a conexão de sentido da lei (…)."[586].

A diferença para com a interpretação restritiva não é difícil de vislumbrar. Com efeito, se a interpretação restritiva determina uma limitação da previsão normativa que ainda tem correspondência num sentido literal possível – no de alcance mais restrito –, não assim a redução teleológica, da qual vem a resultar, antes, que "[o] âmbito de aplicação da norma (…) [se] reduz[] mais do que indica o limite que se infere do sentido literal possível (…)"[587]. Não parece ter assim razão, reafirma-se, quem, como J. OLIVEIRA ASCENSÃO, sublinha a inutilidade da autonomização da redução teleológica em face da operação de interpretação restritiva.

Destarte advogado o sentido da autonomização da operação de redução teleológica em face da operação de interpretação restritiva, não resulta daí, em todo o caso, que aquela deva ter-se por admitida nos quadros do Direito português em geral. Deve?

A resposta afirmativa parece impor-se atenta já a circunstância de do sistema de fontes formais de direito entre nós vigente não brotar qualquer interdição geral levando-a por objecto, já, o que obviamente não é de somenos, a bondade inequívoca dos argumentos em seu favor aduziveis. Assim e para além do mais que mais de espaço se dirá, é reconhecer que a mesma se funda em exigências que decorrem dos fins de uma particular disposição legal e, mais amplamente, da ordem jurídica como uma unidade pois que corolário do princípio da igualdade é não apenas o tratamento igual do que entre si é igual como também, e não menos relevante, o tratamento desigual do que entre si é desigual. A este respeito afirma K. LARENZ: "[a]ssim como a justificação da analogia radica no

---

[585] A terminologia, célebre, pertence a K. LARENZ [1997: maxime 524 ss].
[586] [1997: 556].
[587] Cfr. K. LARENZ [1997: 556].

Ensaio de resposta em face do sistema de direito português   247

imperativo de justiça de tratar igualmente os casos iguais segundo o ponto de vista valorativo decisivo, também a justificação da redução teleológica radica no imperativo de justiça de tratar desigualmente o que é desigual, quer dizer, de proceder a diferenciações requeridas pela valoração."[588].

Contra um tal ponto de vista – fundar-se a legitimidade da operação de redução teleológica na analogia com a aplicação analógica estabelecida pelos números 1 e 2 do artigo 10.º –, pronunciou-se veementemente, entre nós e em momento muito recente no tempo, J.P. CHARTERS MARCHANTE. Nos seguintes termos: "A aplicação analógica da norma *x* pressupõe *falta da lei* onde há o *dever de juridificar* a matéria, por se verificar nesta as razões justificativas da regulamentação do caso previsto na norma x. Ora a *redução teleológica* é afirmada havendo um *texto legal*. / Assim, não há analogia entre a aplicação analógica e a redução teleológica. Pois naquela *não há lei*, e nesta *há lei*. E não se diga que pode ser semelhante haver e não haver lei – basta atender nas *expectativas* geradas na comunidade pelo *texto legal existente*."[589]. E ainda: "Se se encontra norma, não há lacuna."[590].

Consoante pré-anunciado, não se acompanha J. P. CHARTERS MARCHANTE nos argumentos que intenciona fazer valer. Afigura-se, mesmo, que o Autor incorre em petição de princípio, termos em que apenas a uma primeira vista os argumentos por si esgrimidos logram impressionar. As nossas razões são simples. As seguintes:

Visando a demonstração de que a operação de restrição teleológica corresponde a procedimento interdito dos quadros do sistema de direito português, J.P. CHARTERS MARCHANTE coloca empenho em explicitar as razões por que, em seu juízo e em ruptura com a lição (por exemplo) de K. LARENZ, não é possível sustentar a juridicidade de tal procedimento com fundamento na analogia com a operação de aplicação analógica (entre nós prevista, enquanto modo de integração de lacunas, nos números 1 e 2 do artigo 10.º do Código Civil). Fá-lo de forma aparentemente irrepreensível: aí onde o procedimento de aplicação analógica cobra intervenção legítima por, inexistindo norma e havendo o dever de juridificar, ocorrer lacuna, a categoria juscientífica em que se analisa a restrição teleológica tem por pano de fundo a existência de norma e, assim sendo – afirma –, a

---

588 [1997: 556].
589 [2001: 214] (itálicos no original).
590 [2001: 246].

inexistência de lacuna. Sabido como a antecedentes dissemelhantes não quadram consequentes semelhantes, a conclusão é, para J. P. CHARTERS MARCHANTE, a de que não é legítimo ensaiar fundar a juridicidade da restrição teleológica – muito menos dá-la por fundada – na legitimidade da operação de aplicação analógica.

Intocável a uma primeira impressão, o raciocínio reproduzido vê a sua validade comprometida pela circunstância de o Autor assumir como certo aquilo que à partida não podia dar por demonstrado: que a existência de norma atesta a inexistência de lacuna ou, dito por outras palavras, que é legítimo fazer derivar da existência de norma a inexistência certa de lacuna. Com efeito, tal como a inexistência de norma não determina a existência certa de lacuna – consabidamente, a detecção de lacuna supõe, mais, a certificação do dever de juridificar –, assim também a existência de lei não é, pelo menos *a priori*, garantia segura da não ocorrência de lacuna. Como noutra oportunidade evidenciado, esta (não ocorrência de lacuna) supõe, mais, a certificação da não existência de um dever de juridificar; supõe a certificação de que o intérprete-aplicador não tem ao seu alcance legítimo a faculdade de subtrair ao alcance de uma regra uma subcategoria de casos que, reconduzível muito embora à previsão normativa, escapa à teleologia do preceito; supõe, o que o mesmo é dizer, a certificação da ilegitimidade da operação de redução teleológica. Mas se é assim – como inquestionavelmente é –, aquilo a que se chega é à verificação de que o Autor dá por demonstrado o próprio *quid demonstrandum*; por outras palavras, aquilo a que somos chegados é à verificação de que J.P. CHARTERS MARCHANTE justifica a ilegitimidade da operação de restrição teleológica com a ... ilegitimidade da operação de restrição teleológica. Que assim, desnecessário dizê-lo, não logra ser demonstrada.

Do mesmo modo, não procede o argumento nos termos do qual eventual expectativa gerada na comunidade pela existência de texto legal é, por si só, bastante para atestar a dissemelhança entre "haver e não haver lei". Levado às suas últimas consequências, tal argumento conduziria a que, sem embargo do artigo 204.º da Contituição da República Portuguesa, juiz tivesse de fazer aplicação de norma inconstitucional atentas "as expectativas geradas na comunidade pelo texto legal [inconstitucional] existente". Ou, vistas as coisas por outra perspectiva, a que a António não pudesse impor-se a observância de determinado comportamento não obstante valerem, para a sua situação, as razões justificativas da imposição legal daquele comportamento para caso semelhante (é que, inexistindo

Ensaio de resposta em face do sistema de direito português 249

norma que directamente contemple a situação de António, poder-se-ia ter gerado neste a expectativa de que a necessidade jurídica de adoptar aquele comportamento não era susceptível de vir a ser-lhe imposta ...).

Regista-se, a terminar, que dever a operação de restrição teleológica ter-se por admitida nos quadros do Direito português em geral corresponderá, de resto, a ponto de vista *substancialmente* partilhado pelos autores nacionais pois que, construindo como interpretação restritiva aquilo que, por razões elencadas, se afigura constituir verdadeira e própria actividade ultra-interpretativa precisamente baptizada, na esteira da doutrina (sobretudo) alemã, de restrição ou redução teleológica, afirmam – alicerçados em razões que não são distintas das apresentadas – não poderem a admissibilidade e importância da interpretação restritiva entre nós ser postas em causa[591].

Não restarão dúvidas, enfim, acerca das virtualidades da operação de redução teleológica como meio de revelação de lacunas ocultas. E, com efeito, faça-se o exercício de substituir a terminologia – aí onde o Autor faz referência a "interpretação restritiva", leia-se "redução teleológica" –, e a explicação é-nos dada por J. OLIVEIRA ASCENSÃO. Da seguinte forma: "Tomemos qualquer previsão legal (...). Vamos supor que, aplicada a certa categoria de casos, essa previsão conduz a uma solução pouco acertada (para usar a linguagem do artigo 9.º, número 3). Isto pode acontecer, quer porque o preceito suposto já originariamente trazia em si essa condição, quer porque – e esta segunda hipótese será muito mais frequente – a evolução do condicinalismo legal a isso levou. / O intérprete pode detectar então uma lacuna oculta, desde que lhe seja lícito fazer uso de interpretação restritiva. Esta impõe-se quando se verifica que o preceito, se bem que de formulação genérica, só se justifica para dado sector de casos. Não foi explicitada uma excepção ou restrição que deveria existir de harmonia com o plano do legislador – melhor dizendo, com o espírito ou sentido da lei. A própria obediência à lei impõe então que sacrifiquemos a fórmula infeliz ao conteúdo preceptivo que nela está ínsito; que consideremos fora do seu âmbito as situações que são estranhas ao espírito da lei. (...)/ É este o procedimento geral, que nenhum motivo levará a excluir quando tiver por consequência a revelação de uma lacuna. Só assim se não pode proceder quando regra clara o venha proibir mas então

---

[591] Assim, J. OLIVEIRA ASCENSÃO [1968a: 237].

temos ainda uma evidente aplicação dos princípios gerais da interpretação."[592]. E ainda: "(...) toda a norma opera por natureza uma limitação. Essa limitação pode ser tácita ou estar expressamente proclamada; pode fazer-se por uma previsão genérica ou por um enunciado de tipos particulares. Em todos os casos, o próprio preceito que estabelece a limitação não deixa de estar sujeito à interpretação, e nomeadamente à interpretação restritiva. Por maior que seja o rigor da delimitação legal, é sempre em abstracto possível concluir que certas hipóteses escapam afinal à sua previsão (...). Quando assim acontece, a interpretação restritiva revela a existência de uma lacuna."[593].

Que dizer, por seu turno, com respeito à operação de interpretação correctiva? Apresenta-se a mesma como um meio ao alcance legítimo do aplicador tendo em vista a revelação de lacunas ocultas? Vai sem dizer que, abstracção feita das correspondentes virtualidades tendo em vista a revelação de lacunas ocultas, a dúvida começa por ser a de saber se uma tal operação é conforme ao sentido do Direito português. Ora, precisamente, eis aspecto sobre o qual, ao menos na aparência, existe dissenso na literatura: se no aviso de alguns, não poucos, é a negativa que se impõe, entendem outros não haver razão para dar aquela operação como interdita dos quadros do Direito pátrio.

Por nossa parte e, de resto, consoante já sugerido, está-se em crer que a divergência é mais aparente do que real. Isto porquanto uma consideração atenta das afirmações doutrinais parece deixar perceber que, sob a capa de uma designação uniforme, aqueles dois grupos de autores visam, na verdade, actividades funcionalmente distintas: pensando numa, um sector afirma a sua inadmissibilidade nos quadros do Direito português; considerando outra, o outro (sector) sustenta a correspondente compatibilidade com o sentido do Direito pátrio. O que possibilita que, como de resto se entende, ambos tenham, afinal, razão. Mas veja-se mais de perto.

Lançando mão da fórmula "interpretação correctiva" para designar a actividade por meio da qual o intérprete põe de lado, modifica ou corrige o sentido normativo com fundamento em injustiça, inoportunidade ou inconveniência, vozes autorizadas como as de J. OLIVEIRA ASCENSÃO[594],

---

[592] [1968a: 237-238].
[593] [1968a: 243].
[594] [2001: 411-413].

N. SÁ GOMES[595], M. REBELO DE SOUSA e S. GALVÃO pronunciam-se, e sem assomo de dúvida, pela impossibilidade de semelhante operação de realização prática do Direito ter lugar, de forma legítima, entre nós.

Subscreve-se um tal ponto de vista, o qual, para além do mais, se afigura pertinentemente fundamentado no artigo 8.°, número 2, do Código Civil, que consabidamente consagra o "dever de obediência à lei". Tributário da consideração de que é ao órgão legiferante que assiste, pelo menos em linha de princípio, qualificação constitucional e social para representar a comunidade e de que, assim sendo, não compete ao aplicador fazer prevalecer o seu sentimento jurídico livre para desse modo criticar e corrigir as normas jurídicas vigentes, é fora de causa que aquele preceito da Parte Geral do Código Civil veda a legitimidade de uma qualquer decisão de inaplicação da lei sob a alegação de que, em conformidade com os parâmetros meramente subjectivos do operador jurídico, ela é imoral, injusta, inoportuna ou inconveniente. Razão assiste, portanto, a quem, concebendo a interpretação correctiva nos moldes ora enunciados, a considera proscrita da ordem jurídica portuguesa e, o que disso é decorrência, um meio de que não pode legitimamente lançar-se mão tendo em vista a revelação de lacunas ocultas[596].

Ocorre, todavia, consoante já afirmado, que, amalgamadas na referência indiferenciada a "interpretação correctiva", duas operações funcionalmente distintas coexistem no pensamento dos autores. Já explicitada aquela cuja proscrição da ordem jurídica portuguesa é função do princípio da obediência à lei corporizado no artigo 8.°, número 2, do Código Civil, analisa-se a outra em actividade cuja legitimidade é afirmada, por outros, com apoio no ... princípio da obediência à vontade legislativa!

Em vista é tida uma operação que, fundada em que a obediência à lei normativamente prescrita não é "(...) uma obediência cega, mecânica,

---

595 [1979/1980: 526-528].

596 A única excepção abre-a J. OLIVEIRA ASCENSÃO para a hipótese de o sentido normativo se revelar contrário ao Direito Natural, caso em que este último "(...) deverá prevalecer, pois não há nenhuma segurança que mereça ser comprada com a negação dos princípios fundamentais da convivência social." [2001: 413]. Da opinião de que a interpretação correctiva da lei é legítima quando "(...) concluamos que ela [a lei] é insanavelmente contrária ao sentido do Direito, dos princípios supra-legais que informam todo o ordenamento" é também N. SÁ GOMES, o qual não deixa de acrescentar, porém, que a correcção não é aqui um resultado da interpretação da regra, senão uma consequência do controlo da validade das normas [1979/1980: 526-528].

252   A Cláusula de Desvio no Direito de Conflitos

servil, senão antes (…) uma obediência esclarecida, racional, colaborante (…) [u]ma obediência atida ao pensamento fundamental da autoridade legislativa, mais do que aos termos exactos da sua formulação textual; ao escopo que a moveu e inspirou, mais do que aos instrumentos com que pretendeu dar-lhes realização; à análise e valoração dos interesses conflituantes, mais do que à ordenação que em consequência ditou."[597], se desentranha, afinal, numa expressão extrema e radical de fidelidade à lei que conduz a que ao texto se venha a preferir o sentido que o texto traiu.

O ponto de vista muito sumariamente exposto sugere-nos três ordens fundamentais de considerações:

À cabeça, que, destarte concebida[598], a operação de interpretação correctiva acautela interesses inteiramente legítimos.

Depois e sem embargo do que vem de afirmar-se, que tais interesses legítimos são, ao menos parcialmente, também atendidos pela operação de redução ou restrição teleológica.

Finalmente e no que releva de apreciação tangente desta feita mais à forma do que ao conteúdo ou substância, que se afigura não ser a fórmula "interpretação correctiva" a mais feliz para baptizar a operação ora tida

---

[597] M. DE ANDRADE [1953/1972: 266].

[598] Não deixa de ser curioso registar que J. OLIVEIRA ASCENSÃO parece ele próprio ceder a utilizar a designação unitária de "interpretação correctiva" para com ela visar os dois modos de realização prática do Direito contrapostos em texto. Com efeito, depois de, invocando o artigo 8.°, número 2, do Código Civil e a estrutura geral da ordem jurídica portuguesa assente "numa prioridade do dado normativo sobre apreciações de razoabilidade", considerar a operação de interpretação correctiva proscrita da ordem jurídica portuguesa, aquele mesmo Autor afirma, visando ainda a interpretação correctiva e remetendo para K. ENGISCH, que "[p]ode dizer[-se] que ainda então há uma manifestação extrema de fidelidade à lei: a fidelidade ao seu sentido último, que leva a desprezar afinal o texto que o não soube traduzir." [2001: 414]. Bem verdade, o Autor emite a afirmação no quadro da análise da ordem jurídica brasileira. Mas, e daí? Se pode compreender-se que, sendo necessariamente função de um estudo situado, o sentido do juízo acerca da juridicidade da operação de interpretação correctiva varie com a latitude jurídica, o que já se aceita mal é que a natureza (o perfil, a qualidade) dessa modalidade de realização prática do Direito oscile consoante o ponto de observação do estudioso. E oscile tanto que em determinada latitude apareça como forma larvada de desobediência à lei e, noutra, como manifestação extrema de fidelidade à mesma lei. Pois não é também verdade que o método da microcomparação supõe a aproximação funcional entre os objectos comparados – neste sentido, C. FERREIRA DE ALMEIDA [1998: 22 ss] – ou, como afirma o próprio J. OLIVEIRA ASCENSÃO [2001: 136], que "[a] microcomparação averigua como o mesmo problema substancial recebe resolução em ordens jurídicas diferentes."? (sublinhado meu).

Ensaio de resposta em face do sistema de direito português 253

em vista. E não apenas porque, em si mesma considerada, semelhante expressão pareça encerrar uma *contradictio in adjectio*. Mesmo abstraindo de tanto, duas razões sobram a fundamentar, julga-se que com justeza, aquele juízo de menor adequação. Assim é que, tendo-se visto como parece resultar dos dados do sistema jurídico português que as fronteiras da actividade interpretativa em sentido estrito são traçadas, entre nós, com recurso ao limite dos sentidos literais possíveis, está-se agora perante operação que ultrapassa tal fronteira e, inerentemente, perante actividade que, em rigor, não é já interpretação. A tanto acresce a circunstância que é a de, segundo se entende, o adjectivo "correctiva" iludir o que em causa está – levar ao derradeiro limite a obediência à lei e à intenção reguladora que lhe serve de base –, ao mesmo tempo que sugere/pode sugerir aquilo – a correcção de eventuais falhas de política legislativa descortinadas a partir do sentimento individual do aplicador – de que por meio dela não se trata.

Do exposto deriva afigurar-se-nos preferível reter a fórmula "interpretação correctiva" para designar a operação tida em vista pelo grupo de autores primeiramente referido, operação essa que, por razões oportunamente enunciadas e por ninguém constestadas, deve considerar--se proscrita da nossa ordem jurídica. Mas não só. Implicada pelo anteriormente referido é, entretanto, a ideia de que a outra operação – aquela a que, segundo se julga, a designação de "interpretação correctiva" não quadra satisfatoriamente – é conforme ao sentido do Direito português em geral. Mesmo mais. Aspecto sugerido é, outrossim, o de que, consoante se julga, semelhante operação surge como um género de que a redução ou restrição teleológica constitui uma subespécie ou modalidade. Em favor da correspondente admissibilidade no ordenamento jurídico português deporá, inerentemente, a bondade dos argumentos aduzidos na defesa do ponto de vista de harmonia com o qual a redução teleológica constitui, entre nós, operação legítima (e argumentos esses que, consoante já referido, não são substancialmente distintos dos invocados nos quadros tradicionais da doutrina portuguesa para fundamentar a operação de interpretação restritiva).

Poderia esgrimir-se, entretanto, que a eliminação do texto constante do artigo 9.º, número V, do Anteprojecto do Código Civil tal como saído da pena de M. DE ANDRADE significa que, a despeito das fortes razões substanciais em seu favor aduzíveis, a redução teleológica (ou a inter-pretação correctiva como género de que aquela constitui uma subespécie) não deve, tudo ponderado, ser vista como uma operação com correspondência no sentido do Direito português.

Crê-se diferentemente.

Começa-se por considerar tal passagem do mencionado trabalho de preparação legislativa. Dispunha a mesma:

> "É consentido restringir o preceito da lei quando, para casos especiais, ele levaria a consequências graves e imprevistas que certamente o legislador não teria querido sancionar."[599]

No ponto 7 da Exposição de Motivos anexa ao articulado, M. DE ANDRADE – que tendo vindo a propender, em certa altura, para uma posição hermenêutica inactualista[600], assentava naquela operação de "restrição" como uma reacção adequada para fazer frente "(...) [a]o mal da inadequação da lei face às renovadas exigências dos tempos"[601] – esclarecia, remetendo para ENNECCERUS-NIPPERDEY, que não se pretendia, com tal "restrição", "(...) ir até ao ponto de eliminar o respectivo preceito."[602]. Este seria aceite "(...) como bom em tese geral, sofrendo embora uns tantos cerceamentos periféricos – digamos – para certos casos particulares."[603].

Anos antes, depois de se auto-interrogar acerca da curialidade do recurso à operação de interpretação correctiva, o mesmo M. DE ANDRADE avançara com a seguinte resposta:

> "Dentro do princípio da obediência à vontade legislativa é de concluir que sim [que é curial aquele remédio]. Pelo menos quando a inadequação do resultado a que se chegaria sem isso se mostra verdadeiramente *intolerável*, tudo fazendo crer que o mesmo legislador o repudiaria escandalizado, sancionando pressuroso e agradecido aquele expediente. (...) Aliás este género de interpretação nada tem de singular. Anàlogamente se passam as coisas, dum modo geral, quando alguém deve cumprir ordens de outrem. Claro que todos julgariam mal inspirada a obediência do oficial que, sendo-lhe mandada atacar certa posição, no pressuposto de estar ocupada por

---

[599] M. DE ANDRADE [1961: 145].

[600] Assim, cfr., exemplificativamente, M. DE ANDRADE [1946: 290].

[601] M ANDRADE [1948: 293, col. 1, nota 2].

[602] [1961: 150].

[603] *Ibidem.*

Ensaio de resposta em face do sistema de direito português 255

forças hostis, executasse literalmente a ordem, depois de já ocupada a posição por forças amigas. Do mesmo modo no caso da enfermeira que acordasse um doente à hora preestabelecida para lhe ministrar um soporífico."[604].

E ainda:

"Funda-se ela [a interpretação correctiva, i.e., a investigação modificativa, i.e., a *abändernde Rechtsfindung*, na terminologia de ENNECERUS – NIPPERDEY] em que a obediência a prestar pelo subordinado às ordens do chefe deve ser uma obediência inteligente, compenetrada das finalidades ou interesses que este pretendeu realizar. Daí que ele possa e deva desobedecer ao conteúdo de uma ordem, para salvaguarda do escopo visado. Isto mesmo entre militares e em tempo de guerra, quando a disciplina é mais estricta e rigorosa. O oficial de artilharia a quem o chefe mandou bombardear certa posição que julgou ocupada pelo inimigo, deve abster-se de executar a ordem, se verifica já ter o inimigo abandonado a posição ou sido expulso dela. Nesta conformidade, também na interpretação das leis, quando uma norma abrange casos, ou produz consequências que o legislador não previu ou apreciou e que, razoàvelmente, o levariam a estatuir de outra maneira, deve ela ser posta de parte, nessa medida, provendo-se como o teria feito o próprio legislador, de acordo com a sua ideia fundamental e com as necessidades da vida e os ensinamentos da experiência. Salvo se as exigências da certeza jurídica (o acerto da estabilidade, bem diferente do interesse da justiça ou acerto das soluções) resolutamente forem contra isso."[605].

O mesmo pensamento fundamental é o que aparece exposto no seguinte trecho da autoria, ainda, do sábio Professor:

"O intérprete deve olhar ao conteúdo essencial da vontade legislativa, tal como se deduz do escopo visado pelo legislador (real ou hipotético), mais do que aos termos exactos dos respectivos comandos. Deve, acima de tudo, compenetrar-se dos interesses que o legislador teve em mente e da valoração que a cada um deles quis atribuir. Deve desobedecer ao conteúdo imediato da lei, para lhe salvaguardar a ideia essencial, se doutro modo esta resultar gravemente comprometida. Pode e deve, portanto, abalançar-se a uma interpretação correctiva, quando ela nitidamente se imponha para ser

---

[604] [1953/1972: 282] (itálico no original).
[605] [1948: 293].

respeitada a verdadeira vontade legislativa – a valoração de interesses que o legislador entendeu consagrar. Assim, pelo menos, onde a necessidade desta interpretação provenha de sucessos posteriores à publicação da lei."[606].

Ponto é, consoante referido, que a solução consagrada no número V do artigo 9.º do referido Anteprojecto M. DE ANDRADE[607] foi eliminada logo por ocasião da Primeira Revisão Ministerial[608], não tendo transitado para o texto do *Projecto*[609]. Também consoante referido, não se reconhece nisso o sinal seguro da ilegitimidade do recurso, entre nós, ao procedimento da redução ou restrição teleológica. Das razões de uma tal maneira de perspectivar dizem os parágrafos seguintes.

Começar-se-á por reconhecer a menor razoabilidade de alguns dos resultados a que em linha recta se seria conduzido caso à omissão de previsão, no texto definitivo de um diploma, de uma operação anteriormente contemplada num seu trabalho de preparação legislativa, houvesse de ser imputado o significado necessário da correspondente proibição ou interdição. Não indo mais longe, leve-se presente o caso da chamada interpretação ab-rogante ou revogatória. Tendo constituído o objecto de previsão individualizada no Anteprojecto M. DE ANDRADE – assim, no seu artigo 10.º, II[610] –, a verdade é que dela não se ocupa o articulado do actual Código Civil, assim como, de resto, não se ocupava, já, o do

---

[606] [1979: 32].

[607] Pertenceu ao Professor de Coimbra a autoria material de um outro trabalho preparatório do Código Civil, o qual, intitulado "Esboço de um Anteprojecto de Código das Pessoas e da Família – Na parte relativa ao começo e termo da personalidade jurídica, aos direitos de personalidade, ao domicílio", foi publicado no *Boletim do Ministério da Justiça*, número 102 (Janeiro 1961), pp. 153 ss.

[608] O articulado saído dos labores da referida Primeira Revisão Ministerial pode consultar-se no *Boletim do Ministério da Justiça*, número 107 (Junho 1961), pp. 5 ss.

[609] Consulte-se *Projecto de Código Civil*, Lisboa, Imprensa Nacional Casa da Moeda, 1966.

Aplaudindo a erradicação do número V do Anteprojecto, cfr. J. H. SARAIVA [1966: 104-106]. Note-se, porém, o que o Autor não deixou de observar: "A Revisão cortou cerce este n. 5, porque ele evidencia os perigos do actualismo excessivo. Mas, tendo conservado os outros números procedeu como quem expõe as premissas e se recusa a enunciar a conclusão a que tais premissas inevitàvelmente conduzem." (p. 105).

[610] [1968: 145]. Dispunha o mesmo: "O antagonismo insanável entre duas estatuições legais importa a eliminação dessas estatuições."

Ensaio de resposta em face do sistema de direito português 257

Projecto. Sem embargo, sabe-se bem como, numa sua modalidade, tal género de interpretação (quanto ao resultado) é bem tolerado pela doutrina pátria, aí incluído o caso particular de J. OLIVEIRA ASCENSÃO relativamente ao que designa por interpretação ab-rogante lógica (que contrapõe à interpretação ab-rogante valorativa, a qual, segundo é seu entendimento tendencial, não deve ser admitida em Portugal)[611]. Não diferentemente, sabe-se bem como a eliminação dos preceitos que no Anteprojecto e no Projecto se referiam ao valor dos trabalhos preparatórios[612] não determina no espírito dos autores, bem longe disso, a convicção de que tais materiais não devem ser considerados na fixação do sentido da lei, antes se explica "(...) por se terem suscitados dúvidas sérias, que não era fácil esclarecer no texto da lei, acerca da forma como seriam fixados os limites da sua atendibilidade."[613]. Não diferentemente ainda, é bem sabido como, desta feita no plano do Direito de Conflitos, a supressão do artigo 32.º do Anteprojecto de 1951 não é por todos tomado como indício suficiente da bondade de uma interpretação declarativa do artigo 20.º do Código Civil, designadamente "(…) como conclusivo de uma intenção legislativa de aplicar a lei da residência habitual quando a pessoa tenha residência habitual fora do Estado da nacionalidade."[614]. Certo, é bem verdade que a tomada em consideração destes exemplos particulares nada diz quanto ao valor ou desvalor intrínsecos de um entendimento como aquele de cuja fundamentação ora se cura. Ainda assim, a ponderação respectiva pode servir para colocar no seu lugar, desvalorizando-a, uma evolução histórica como a ocorrida com relação ao artigo 9.º, número V, do Anteprojecto do Código Civil.

Afigura-se dever ser tanto mais assim quanto é possível apurar que, antes e depois de 1966, a operação de redução ou restrição teleológica foi, mormente a coberto da designação, mais divulgada, de "interpretação correctiva" – da que parece ser a menor adequação desta expressão para

---

[611] Cfr. J. OLIVEIRA ASCENSÃO [2001: 416 ss].

[612] Respectivamente, o artigo 9.º, número IV – "Os chamados trabalhos preparatórios ou materiais da lei não têm qualquer autoridade enquanto não devidamente publicados." – e o artigo 9.º, número 4 – "Os trabalhos preparatórios da lei carecem de qualquer autoridade enquanto não forem devidamente publicados.".

[613] Cfr. J. ANTUNES VARELA [1966: 26].

[614] L. LIMA PINHEIRO [2001: 358], que assim adere ao entendimento de I. MAGALHÃES COLLAÇO [1970: 16 ss].

258 A Cláusula de Desvio no Direito de Conflitos

designar a operação visada já se deu conta – aceite e sustentada por um considerável número de autores que, precisamente, tiveram uma influência decisiva no novo Código Civil. Para além do já assinalado, de M. DE ANDRADE, são também os casos de F. PIRES DE LIMA e de J. ANTUNES VARELA[615].

---

[615] Atente-se na seguinte passagem retirada de F. PIRES DE LIMA – J. ANTUNES VARELA [1973: 157-158]: "Por outro lado, cumpre ainda salientar que mais do que uma obediência cega ao comando verbal da lei, pretende o legislador uma obediência ao conteúdo essencial da sua vontade, fixado sobretudo através dos fins dos objectivos por ele visados. / O intérprete deve inclusivamente desobedecer ao preceito da lei se tanto se tornar necessário para salvaguardar o seu objectivo essencial. Deve fazer, noutros termos, *interpretação correctiva* da lei quando só assim possa alcançar o fim visado pelo legislador. / Aliás, esta *interpretação correctiva* não é privativa dos comandos jurídicos; nos próprios comandos militares, onde a ideia de disciplina ou da obediência hierárquica é particularmente viva, se passa alguma coisa de semelhante afinal. / Assim, se o comandante de certas operações militares mandar um dos seus subordinados bombardear determinada posição, na persuasão evidente de ela se encontrar em mãos inimigas, deve este recusar-se a obedecer literalmente à ordem recebida se entretanto souber que a dita posição se acha afinal na mão de tropas amigas." (itálico no original). Significativo é também que, já em 1950, J. ANTUNES VARELA – que, recorda-se, influenciou significativamente os trabalhos de preparação do Código Civil de 1966 – tenha exteriorizado aberta e franca simpatia pela operação de interpretação correctiva e, o que é mais, tenha colocado ênfase em apartá-la da mera interpretação restritiva. Em causa estavam os artigos 659.º e 660.º do Código de Seabra, os quais, justamente, o Autor mencionado defendia deverem ser alvo de interpretação correctiva. Conquanto demorada, julga-se proveitosa a transcrição das seguintes passagens: "A disparidade de regime observada entre os artigos 659.º e 660.º tem, com efeito, uma única explicação convincente: o legislador deve ter tido presentes, no espírito, grupos distintos de hipóteses, ao elaborar cada uma das normas, e deve ter agido, a mais disso, na persuasão infundada de cada um dos grupos reflectir, nas suas linhas essenciais, a fisionomia de toda a variante respectiva do erro sobre a causa./(...)/Perante uma conjuntura de semelhante delicadeza, importa naturalmente, antes de mais, firmar ideias sobre a solução formal que, em tese, melhor convém ao caso: deve o intérprete subordinar-se fielmente aos comandos expressos da lei, sem consideração pelas presumíveis vicissitudes do pensamento do legislador (*dura lex sed lex*), ou deve, pelo contrário, procurar desvendar os juízos de valor incarnados nas diversas disposições – para o que necessita, evidentemente, de conhecer e de ponderar tais vicissitudes – e só a esses juízos, embora com possível correcção ou sacrifício dos comandos expressos, prestar obediência?/(...)/(...)Não se justifica, com efeito, na hipótese particular considerada, a atribuição de relevância a erros de direito sobre a causa análogos, em tudo, a erros de facto considerados irrelevantes, sabendo-se de antemão, com inteira segurança – a ajuizar pelo disposto no artigo 660.º –, que o legislador não os teria reconhecido como tais, se porventura os tivesse previsto, especificadamente,

Ensaio de resposta em face do sistema de direito português 259

Se a auscultação de fatia relevante da doutrina nacional, *maxime* daqueles seus representantes cujo pensamento influenciou, em termos reconhecidos, as soluções do Código de 1966, já seria o bastante para questionar a bondade do entendimento que pretende levar a assinalada evolução dos trabalhos de preparação legislativa do Código Civil à conta de uma intenção legislativa dirigida à interdição da operação de "restrição" da lei – tanto, sem embargo de se tomar por boa a afirmação de que "o Estado e o poder político são realidades institucionais e não pessoais", termos em que a vontade do legislador histórico não parece pura e simplesmente assimilável à vontade dos indivíduos que trabalharam na preparação da lei –, mister é reconhecer que uma tal leitura parece resultar tanto mais comprometida quanto acrescidamente seja tido em conta um conjunto de aspectos cuja relevância é, julga-se que com inteira propriedade, realçada por M. BIGOTTE CHORÃO[616]:

Assim, e em primeiro lugar, o facto de, na sequência das que também eram as intenções do Autor do *Anteprojecto*, ter correspondido ao desejo confesso do legislador o propósito de que o artigo 9.° não marcasse "(...) uma atitude inteiramente definida quanto ao método da interpretação a seguir, até mesmo para deixar campo livre para a actividade da doutrina,

---

ao redigir o artigo 659.°.(...)/(...)É esse também, no fundo, o critério posto em prática pelo Professor Manuel Andrade, relativamente ao artigo 660.°. O ilustre Professor alude, porém, a uma simples interpretação *restritiva* do preceito, traduzida no afastamento de determinadas hipóteses, que se presume, com inteiro acerto, terem escapado à previsão do legislador./A designação poderá ser correcta, à luz do pensamento objectivista seguido, em matéria de interpretação, pelo Prof. Manuel Andrade; mas não parece que o seja, dentros dos quadros subjectivistas./ Dentro desta última corrente, parece só ser lícito aludir, com verdadeira propriedade, a uma *interpretação restritiva* da lei, na hipótese de o texto legal exceder a *mens legis* e de o intérprete restringir, por conseguinte, o alcance da disposição à verdadeira intenção do legislador./E não é esse o condicionalismo dos artigos 659.° e 660.° do Código Civil./ No caso presente, trata-se de corrigir, não a *expressão*, mas a *própria vontade real do legislador*, formada através de um processo lógico presuntivamente viciado numa das suas premissas. Em face de uma tal operação, os dizeres *interpretação restritiva* assumiriam todo o aspecto de um *eufemismo jurídico*, susceptível de dar à solução uma credencial ou um salvo-conduto de êxito mais assegurado perante os quadros tradicionais duma doutrina e duma jurisprudência conservadoras, mas insusceptível de exprimir a sua real transcendência." [1950: 333-336]. Nas páginas imediatamente subsequentes, o Autor encarrega-se de precisar o sentido da interpretação correctiva mais adequada aos dois preceitos.

[616] [1998/1999: 214-215].

260 *A Cláusula de Desvio no Direito de Conflitos*

em problema de tanta complexidade e transcendência que perigoso seria tentar solucioná-lo duma vez para sempre. Só se pensou em firmar aqui umas tantas posições que pareceram bastante seguras, deixando ainda vago um espaço considerável, para a livre investigação dos doutos."[617].

Em segundo lugar, o sentimento provável de alguma incoerência quanto à inclusão do tratamento daquela operação no contexto de uma disposição que leva como objecto próprio a tarefa da interpretação da lei (delimitada esta, como se viu, pelo teor verbal da norma e ultrapassando aquela, por forma contrastante, tais limites literais e entrando já, por isso, no domínio da investigação ultra-interpretativa do direito).

Por último, mas não menos relevante, a desnecessidade da autorização expressa de uma prática que aparece como derivação da lógica essencialmente teleológica das actividades práticas de realização do direito, do argumento *"ad absurdum"*, de razões elementares de justiça e do princípio da unidade ou coerência da ordem jurídica, este último a postular a erradicação de contradições teleológico-valorativas.

Assim alinhavadas as razões por que, com M. BIGOTTE CHORÃO, se entende afirmar que "(...) várias motivações de prudência e técnica legislativa militavam em favor do silêncio do artigo 9.º sobre esta controversa questão, sem que porém seja lícito inferir desta omissão o intuito condenatório da restrição da lei."[618], recordar-se-á aspecto feito valer noutra oportunidade: que tão pouco o princípio da obediência à lei corporizado no artigo 8.º, número 2, do Código Civil e, bem assim, no

---

[617] Pertencentes à lavra original de M. DE ANDRADE [1961: 150], as palavras transcritas foram parcialmente reproduzidas pelo Ministro J. ANTUNES VARELA na comunicação que, em nome do Governo, endereçou à Assembleia Nacional, na sessão de 26 de Novembro de 1966. Assim, cfr. J. ANTUNES VARELA [1966: p. 25]. A este propósito, apetece reproduzir palavras do próprio J. OLIVEIRA ASCENSÃO [2001: 369-370]. Afirma o Autor: "Sobretudo em matérias ainda em evolução, o legislador, conscientemente, deixa por vezes certos pontos por regular. Pode fazê-lo por três razões:/ a) por se tratar de matéria ainda muito fluida, e ser arriscado encerrá-la desde logo num regime preciso. Deixam-se então certos sectores à reacção da prática, apesar das dificuldades que assim revertem para esta. É que o legislador confia mais na capacidade de acomodação da vida que nos seus próprios prognósticos;/b) por querer deixar aos órgãos de aplicação do direito, sobretudo aos órgãos judiciais, um espaço livre em que se pensa ser útil que eles dêem o seu contributo (...);/c) por falta de capacidade dos órgãos legiferantes para encontrar a solução adequada ou o acordo que torne possível a sua implantação.".

[618] [1998/1999: 215].

Ensaio de resposta em face do sistema de direito português   261

artigo 3.°, número 1, do Estatuto dos Magistrados Judiciais, constitui obstáculo à consideração de que a operação de redução teleológica se perfila, entre nós, como procedimento legítimo. É assim, consoante então se disse e como se pormenorizará mais de espaço, já porque a desobediência à lei que o artigo 8.°, número 2, do Código Civil proscreve só tem lugar quando o aplicador do direito exprime a recusa de aplicar uma norma ou de decidir de acordo com uma norma *aplicável segundo o critério de aplicabilidade metodologicamente correcto*, já porque a operação de "redução" ou "restrição teleológica" não é menos "fiel à lei" do que qualquer interpretação teleológica[619]. E, com efeito, nem por outra razão, referindo-se à integração das "lacunas ocultas", C.-W. CANARIS pôde afirmar que, através daquela operação, "(...) le juge ne corrige pas la loi (...)", antes não faz senão "(...) penser celle-ci jusqu'au bout, lorsque le complément est exigé non par la *lex* mais par la *ratio legis*."[620].

7. Aqui chegados, supõe-se que não será imprudente ou falho de utilidade parar a marcha e reconstituir, por forma tão breve quanto possível, os vários andamentos do caminho percorrido desde que foi inaugurada a Parte III desta investigação. Senão também outras, a tal reconstituição assistirá, quando menos, a virtude de projectar luz sobre o percurso que permanece por desbravar.

Pois bem. Despoletados pelo imperativo de providenciar resposta justa para a questão de saber se, entre nós, uma cláusula de desvio deve ser admitida a produzir os seus efeitos, os números precedentes deram conta, sucessivamente:

– Da suspeita de que semelhante questão não ia sem relação com a matéria das lacunas, *maxime* com a subespécie destas últimas que são as lacunas ocultas ou latentes;
– de que, mau grado a autoridade de quem as apresentou, as motivações aduzidas por J. BAPTISTA MACHADO não são de molde a persuadir acerca da impossibilidade de emergência de lacunas ocultas no seio do sistema de Direito Internacional Privado;

---

[619] Cfr. K. LARENZ [1997: 556].
[620] [1968: 166-167].

262   *A Cláusula de Desvio no Direito de Conflitos*

– de que, sem embargo do afirmado no ponto anterior, a possibilidade de efectivamente se divisarem lacunas ocultas no sistema de Direito Internacional Privado – assim, de resto, como no ordenamento em geral – aparece colocada na dependência da demonstração de que ao intérprete-aplicador assiste a faculdade, juridicamente legitimada, de se afastar da estatuição de comando legal a cuja previsão, na aparência mas apenas na aparência, determinada hipótese se reconduz;

– de que o sistema de direito pátrio possibilita essa demonstração uma vez que das suas coordenadas gerais não deriva qualquer proibição, expressa ou de sentido, interditando a possibilidade de o operador subtrair ao alcance da estatuição normativa hipóteses a que, função do sentido normativo, a mesma não quadra;

– inerentemente, de que ao aplicador do Direito pátrio assistem meios que de forma juridicamente fundamentada lhe permitem pôr a descoberto lacunas ocultas e, uma vez isso acontecido, proceder à correspondente integração;

– de que tais meios são a interpretação restritiva e a restrição teleológica (que se admitiu constituir uma espécie do género por alguns designado "interpretação correctiva").

Tais foram, a traço rápido, as etapas de um percurso que, inaugurado com a Parte III deste trabalho, nos trouxe até aqui, onde ora estamos, ainda sem resposta segura ante a inquietação e a curiosidade que despoletaram esta investigação: deve admitir-se a vigência, no horizonte do sistema jurídico português, de cláusula de desvio implícita?

Atentas as considerações que as páginas precedentes registaram, a resposta será (evidentemente) afirmativa uma vez que efectivamente se assente em que a ocasião do nosso problema é assimilável à ocorrência de lacunas ocultas no Direito de Conflitos e a cláusula de desvio reconduzível ao modo de proceder à correspondente detecção e integração que é a operação de restrição teleológica (posta de parte, como evidentemente está, a possibilidade de a cláusula de desvio se deixar assimilar ao figurino do procedimento de interpretação restritiva tal como – do ponto já se deu conta – se entende construir este último).

Ora, posto que olhando para a cláusula de desvio parece possível reconhecer sintetizados nela os dois «andamentos» implicados na e pela operação de restrição teleológica, dir-se-á que, ao menos *prima facie*,

Ensaio de resposta em face do sistema de direito português 263

aquela resposta afirmativa se impõe a justo título e sem dúvida grave. Assim:

– Na medida em que a respectiva actualização se traduz na subtracção de hipótese ao alcance da consequência jurídica ordinária de regra de conflitos, a cláusula de desvio representará a corporização do acréscimo, a tal regra de conflitos, da restrição concorrentemente requerida pelas especificidades da hipótese e pela teleologia da disposição conflitual;
– na medida em que a respectiva actualização tem por efeito imediato a subordinação de uma dada situação jurídica – ou de um seu perfil ou corte – a uma lei distinta da designada pelo elemento de conexão retido pelo legislador e na medida em que a individualização de tal ordem jurídica aparece comandada pela vertente negativa do princípio da igualdade e pelo princípio da conexão mais estreita – o mesmo que orientara o legislador na conformação da regra restringida –, será verdadeiro afirmar-se que, também por isso, a cláusula de desvio reproduz, no contexto do Direito Internacional Privado, o particular *iter* implicado na integração da generalidade das lacunas latentes ou ocultas.

Acresce que à mesma conclusão parece levar a consideração de segmento não desprezível de afirmações doutrinais por meio das quais precisamente se afirma já a recondução do nosso problema à emergência de lacunas ocultas no seio dos sistemas de Direito de Conflitos, já a equivalência funcional entre a cláusula de desvio e o procedimento de restrição teleológica enquanto meio de detecção e revelação de lacunas ocultas.

Isso certificado, eis porém que em sentido contrário pode pensar-se em avançar com objecção que, se não definitivamente perturbadora, suscita ao menos as maiores hesitações (para ela, de resto, havíamos alertado logo de início).

8. Faz-se referência à reivindicação de harmonia com a qual a operação de redução teleológica opera ao nível da determinação / delimitação do sentido de uma particular regra, abstracção feita da correspondente aplicação a um individual e concreto caso de espécie, ao passo que a cláusula de desvio implícita por cuja legitimidade interrogamos o direito

português encontra a sua razão de ser e joga o seu papel – suposta, bem entendido, a correspondente admissibilidade – precisamente ao nível do caso individual e concreto.

Objectar-se-á, assim, que aí onde a operação de redução teleológica se desentranha em procedimento (metodologicamente justificado) de delimitação do âmbito de uma regra, a intervenção da cláusula de desvio – pressuposta, desnecessário insistir no ponto, a correspondente admissibilidade – supõe a aplicação – *rectius*, a ponderação das consequências da aplicação – de uma regra já determinada a um caso concreto. Que aí onde, por meio da operação de restrição teleológica, o trabalho do intérprete se dirige à fixação dos sentido e alcance de critérios de decisão categorialmente ordenados – leia-se: expressa ou implicitamente estabelecidos em razão de categorias, abstracção feita de individuais e concretos casos de espécie –, a intervenção da cláusula de desvio pressupõe a determinação já consumada do sentido de uma regra e «não envolve mais» do que o seu afastamento em face do caso singular. Enfim, que aí onde a operação de restrição teleológica é assimilável a um procedimento que consiste em negativamente operar a delimitação *en avance* de uma ou várias subcategorias de casos *cujo mérito não é normativamente análogo ao da "hipótese" do preceito interpretando*[621] (e anversa e positivamente, em proceder à delimitação da categoria de casos integráveis no âmbito da norma interpretanda), a intervenção da cláusula de desvio ocorre ao nível do caso e não vai sem a tomada em consideração das suas circunstâncias, mesmo daquelas que, desprovidas *de relevância normativa, escaparam a uma expressa pré-visão regulamentadora*[622].

Discorrendo segundo estes moldes, ou de maneira semelhante, facilmente se chegará ao resultado de que a certificação da permeabilidade do Direito de Conflitos a lacunas ocultas em nada contribui para fundamentar a juridicidade da cláusula de desvio; ao mesmo tempo que se pretenderá que, tendo em vista este objectivo, a afirmação da legitimidade da operação de restrição teleológica também não aproveita[623-624].

---

[621] Segue-se de perto modo de expressão de F. PINTO BRONZE [1994: 502].

[622] Segue-se de perto formulação utilizada, ainda que a outro propósito, por F. PINTO BRONZE [1994: 486].

[623] Se bem se entende, nem por outra razão D. MOURA VICENTE [2001: 543-544] critica a caracterização jusmetodológica sustentada por D. LOOSCHELDERS, nos quadros do direito alemão, com referência à correcção do resultado da aplicação da regra de con-

Ensaio de resposta em face do sistema de direito português   265

As dúvidas cujo esclarecimento se impõe são, pois, as seguintes: *Primeira*: Que fazer em face de uma tal linha argumentativa? Assiste-lhe procedência? *Segunda*: Suposta a sua bondade, que resulta dela para os efeitos desta investigação? Que a orientação correcta, a única consentânea com a verdade das coisas, é a que nega juridicidade, aqui e agora – entenda-se: no horizonte do sistema jurídico português vigente – às consequências da actualização de uma cláusula de desvio implícita?

Em jeito de antevisão do que a seguir se dirá, antecipa-se:

- *Primeiro*: Que a linha argumentativa acima desvelada é em larga medida impertinente para um modo de compreender que (e por isso que) afirma a diluição da relevância do binómio interpretação / aplicação.

---

flitos. Escreve o Professor português: "Cremos (...) não poder falar-se com propriedade nas situações em apreço de redução ou extensão teleológica das regras de conflitos aplicáveis. Ambas as figuras traduzem a correcção do teor literal da norma legal em conformidade com a teleologia que lhe preside ou os juízos de valor nela encarnados, mediante a exclusão ou a extensão da sua aplicabilidade a dada categoria de casos. O que nelas se tem em vista é, portanto, a determinação do sentido da norma abstractamente considerada. *Ora o problema que aqui se coloca não é (...) a fixação do sentido das normas jurídicas em si mesmas, mas a modificação do resultado da sua aplicação a determinado caso concreto*. Situa-se o mesmo, por conseguinte, para além da interpretação ou do desenvolvimento da norma, a que os ditos procedimentos dizem respeito." (itálico meu).

624 As razões por que, segundo determinado modo de compreender, será inidóneo assimilar a cláusula de desvio ao procedimento da restrição teleológica são as que ficaram enunciadas em texto. E apenas essas. Assim sendo, deverá ser claro que, nessa perspectiva, o desacerto implicado na recondução da cláusula de desvio ao procedimento de redução teleológica não tem origem na circunstância singela de a cláusula de desvio receber actualização por ocasião de um individual e concreto caso de espécie. E não tem porque ... nunca poderia ter. Pela razão indisputável de que, analisando-se o confronto com um caso concreto em oportunidade que, conquanto não única – pense-se, por exemplo, na investigação doutrinal tendo por objecto um texto legal –, constitui ocasião privilegiada para o jurista, consultando o sistema de fontes e, eventualmente, detectando / integrando lacuna(s), determinar e, dessa forma, conhecer o Direito, nada impede – e, bem pelo contrário, é tão-só natural e provável – que a operação de redução teleológica seja mobilizada por ocasião do confronto com caso singular. Tal e qual como a necessidade de desvelar o Direito veiculado por determinada fonte – tal e qual como a necessidade de proceder à interpretação *stricto sensu* de determinada fonte, dir-se-á mais correntemente – brotará, da mesma forma natural e provável, a propósito – por ocasião – do confronto com um caso singular.

– *Segundo*: Que mesmo mantendo-se a possibilidade e o sentido de dissociar o momento da determinação da regra do momento da correspondente aplicação, não resulta daí, como derivação necessária, que à cláusula de desvio implícita haja de ser negado o estatuto de solução metodologicamente válida no horizonte do sistema de direito português.

Avance-se por partes.

9. Anunciou-se que, por isso que supõe o sentido de dissociar o momento da determinação da regra do momento da correspondente aplicação, a linha argumentativa atrás desvelada é em larga medida impertinente para um modo de compreender que, entre nós tendo em A. Castanheira Neves um defensor sobremaneira empenhado, reivindica a superação da teoria tradicional da interpretação jurídica na medida em que, para além do mais de que agora se abstrai, afirma a diluição da relevância e, mesmo, do sentido, do binómio "interpretação / aplicação", tomadas estas duas categorias nos termos de acordo com os quais iam/são pensadas e discriminadas pela metodologia tradicional.

Faz-se referência a uma visão das coisas que, louvando-se de investigações metodológicas, assim bem como de contributos da hermeûtica filosófica e de análises de autores tão conhecidos quanto autorizados, afirma, para o que ora importa:

– Que a norma jurídica não corresponde a uma "definição imediatamente conclusa"[625], senão, antes, a "uma proposição com (…) intencionalidade aberta (indeterminada) que corresponde à sua função normativa referida ao caso concreto – intendendo para a realidade e sentido históricos dos casos concretos a que visa aplicar-se."[626];

– que sem prejuízo da possibilidade de uma prévia determinação e compreensão do sentido e da solução da norma (já em função do problema jurídico que nele vai pressuposto e que por ela é tipificado, já em função da correspondente *ratio legis*), esse sentido como que se encontra suspenso, adormecido, sendo a confor-

---

[625] A. Castanheira Neves [1967: 265].
[626] A. Castanheira Neves [1967: 265].

Ensaio de resposta em face do sistema de direito português 267

mação que a norma exerce sobre as concretas e singulares situações que tem por efeito vivificá-lo[627];

- que coisa diferente da determinação "(...) *a priori*, seja exegética ou analítica, de uma normatividade subsistente em abstracto ou em si (...)[628]", a interpretação jurídica é "(...) constituída pela relação hermenêutico-normativa entre a norma e o caso concreto, (...) relação essa que (...) obriga (...) a concluir que a interpretação apenas se consuma na decisão concreta (...)"[629];
- que a norma só vem a ser interpretativamente determinada "através da concreta resolução dos problemas jurídicos que nele se fundamente ou que o invoque como seu critério"[630];
- que só a adequação material ao caso concreto decide sobre o domínio de aplicação das normas jurídicas;
- que posto que a totalidade dos casos de aplicação dos princípios não pode definir-se antecipadamente e por isso que os princípios estão sempre na base das normas, "(...) também se não revela possível conhecer *en avance* todo o domínio de aplicação das normas, ou a exacta extensão das 'excepções' que elas apresentam – ou seja, 'se os princípios não são aplicáveis segundo o modelo do 'tudo ou nada', também o não podem ser as normas'"[631].

O significado – da nossa perspectiva – dos desenvolvimentos acabados de fazer/reproduzir é o que parágrafos atrás já foi aventado: de harmonia com certo modo de entender, não existirá obstáculo, ao menos intransponível, a assimilar a cláusula de desvio – um expediente que encontra a sua razão de ser e joga o seu papel ao nível do caso – à operação de restrição teleológica – um procedimento tradicionalmente reconduzido à comummente designada interpretação *lato sensu* – posto que, em última análise, não existe isso – afirma-se – de uma interpretação jurídica independente do problema jurídico concreto decidendo.

Certo, desafiando uma tal ilação pode pensar-se em esgrimir objecção do seguinte estilo: já visto que, de harmonia com um modo de compreender

---

[627] Cfr. A. CASTANHEIRA NEVES [1984a/1995: 374-375].
[628] A. CASTANHEIRA NEVES [1984a/1995: 371].
[629] A. CASTANHEIRA NEVES [1984a/1995: 371].
[630] A. CASTANHEIRA NEVES [1984a/1995: 338].
[631] F. PINTO BRONZE [1994: 510].

como, entre nós, o de A. CASTANHEIRA NEVES e F. PINTO BRONZE, o sentido normativo apenas se fixa no caso concreto, qual é o objecto da redução teleológica? Afinal, o que se restringe teleologicamente? Ou, o que o mesmo é perguntar: qual a oportunidade (ocasião, margem, espaço) para a intervenção de uma cláusula de desvio? Pois não é que, no contexto da aludida construção e consoante visto, o domínio de aplicação de uma pres- crição formalmente prescrita é *en avance* indeterminado e o sentido nor- mativo tão-só um resultado, não se constituindo em ponto de partida de uma, *et pour cause*, apenas impropriamente dita aplicação?

Verdade que sim, o esclarecimento da (eventual) perplexidade não apresenta, como quer que seja, dificuldades de monta: objecto da redução teleológica – e, desnecessário dizê-lo, oportunidade, ocasião, margem ou espaço para a actualização da cláusula de desvio –, é, no horizonte do modo de compreender ora versado, o pressuposto critério normativo com sentido hipotético-abstracto que "(…) irá ser submetido como que a uma experimentação problemático-decisória em referência à relevância jurídico-material do caso concreto."[632].

Perguntar-se-á, entretanto, se, diferente de circunscritamente impu- tável a nomes particulares como, entre nós, os de A. CASTANHEIRA NEVES e de F. PINTO BRONZE, a sustentada unidade metodológica entre inter- pretação e aplicação não corresponde, vistas bem as coisas, a *acquis* enraízado na lição comum dos autores e se, assim se passando as coisas e diferentemente do até agora sugerido, a assimilação da cláusula de desvio à operação de restrição teleológica não equivalerá a resultado bem tole- rado pela generalidade da doutrina. Pois não sucede que, na linha de K. ENGISCH, os autores apregoam e afiançam, como verdade hoje já escancarada, a existência forçosa de um entrelaçamento entre inter- pretação e aplicação no sentido de que, à semelhança do verificável em sede de interpretação *stricto sensu* – por referência à qual se afirma a necessidade de um ir-e-vir entre cada palavra e as restantes palavras do texto interpretando, assim bem como um ir-e-vir entre o texto interpretando e o resto do sistema –, também a aplicação supõe "uma acção e reacção permanentes; uma alternância constante do olhar entre a norma e o caso da vida"[633]? Pois não é que, em paralelo com referências

---

[632] A. CASTANHEIRA NEVES [1984a/1995: 375].

[633] As palavras citadas correspondem a uma tradução de J. OLIVEIRA ASCENSÃO

Ensaio de resposta em face do sistema de direito português

uníssonas à "estrutura circular do compreender" e à categoria do "círculo hermenêutico", os autores colocam em evidência a ideia de que toda a aplicação de uma norma envolve um necessário vaivém entre a previsão normativa e a situação de facto?

Sendo bem verdade que sim, que às duas derradeiras perguntas quadra resposta de sentido afirmativo, nem por isso fica posto em causa, tendo em conta o objectivo visado, o acerto da autonomização de um entendimento como o de A. CASTANHEIRA NEVES. É que, à diferença da deste último, ainda parece corresponder ao entendimento entre nós mais divulgado a ideia de que, criada por fonte formal de direito em que encontra acolhimento, a norma existe como elemento do sistema, venha ou não, a mesma, a constituir critério de decisão de um individual e concreto caso de espécie; venha ou não, o que significa o mesmo, a ser aplicada[634]. É dizer que, reconhecendo-se muito embora o entrelaçamento entre interpretação e aplicação nos termos descritos no parágrafo anterior, continua a manter-se a possibilidade e o sentido da discriminação – que não é vista como puramente formal – entre o que pertence ao domínio da determinação da regra e o que, num outro plano, releva da aplicação desta última. Uma coisa – sustenta-se – é anuir à ideia de que toda a aplicação supõe um necessário e contínuo ir-e-vir entre a previsão da norma e a situação de facto, assim bem como admitir que a fase da interpretação não consome todos os problemas que se podem suscitar. Coisa distinta – prossegue-se – é manter que, diluindo-se a interpretação na aplicação, a norma não pré-existe ao caso. Aquela (ideia), aceita-se. Esta, rejeita-se. E é assim que aí onde A. CASTANHEIRA NEVES entende poder afirmar que "(...) a I[nterpretação] J[urídica] deverá ser o que a realização do direito, compreendida no seu sentido problemático-normativo específico, implique que ela deva ser."[635], J. OLIVEIRA ASCENSÃO sustenta singelamente que "(...) o momento da interpretação (em sentido amplo) é autónomo perante o momento da aplicação(...)[636].

Significa isso que a cláusula de desvio não tem cabimento como solução metodologicamente válida no quadro de um entendimento tradicional?

[2001: 593] tendo por objecto texto – por aquele Autor devidamente identificado – de K. ENGISCH.

[634] J. OLIVEIRA ASCENSÃO [2001: 590-591].

[635] [1984/1995: 372].

[636] [2001: 593].

270 A Cláusula de Desvio no Direito de Conflitos

Posto que outra conclusão corresponderia a derivação abusiva, a resposta – cujo sentido, de resto, foi já pré-anunciado – é negativa. E, com efeito, mantenha-se, como a responsável por estas linhas, a possibilidade e o sentido de dissociar o momento da determinação da regra do momento da correspondente aplicação – assim, (i) porque nem sempre a interpretação doutrinal aparece associada à necessidade de prover solução para caso individual e concreto; (ii) porque, mesmo ocorrendo resolução do caso concreto, ela tem o seu ponto de partida usual num pressuposto critério normativo que só o é justamente por isso que o seu sentido é determinável em abstracto; (iii) porque, à diferença dos princípios, as normas jurídicas têm um campo de aplicação delimitado segundo o "modelo do tudo ou nada"; (iv) enfim e de forma porventura menos relevante, porque existem enunciados legais (por exemplo, no Código Civil) que expressamente contrapõem a interpretação à aplicação[637] – mantenha-se, dizia-se, a possibilidade e o sentido de dissociar o momento da determinação da regra do momento da correspondente aplicação e tudo quanto a lógica autoriza – e mesmo tanto, só quando muito – é a conclusão de que, arrancando-se de um tal suposto de autonomia entre o momento da determinação da regra e o da correspondente aplicação, a figura da cláusula de desvio não encontra suporte metodológico na operação de restrição teleológica. Mas é só isso. Nem outra coisa nem também outra coisa, designadamente que, partindo-se de um tal suposto metodológico, a cláusula de desvio tenha de ser erradicada do conjunto das soluções metodologicamente adequadas no horizonte do sistema de direito português. Basta tomar boa nota de que, se preclude – e veremos se verdadeiramente preclude – a recondução da cláusula de desvio à operação de redução teleológica, a adesão ao suposto metodológico da autonomia entre o momento da determinação da regra e o momento da aplicação já deixa intocada, como possibilidade lógica, a hipótese de a actualização da cláusula de desvio encontrar justificação como faculdade que ao operador (legitimamente) assiste no momento da aplicação (da norma).

---

[637] Asseverando que, como toda a conceptualização jurídica, a conceptualização jusmetodológica tem de espelhar as diferenças entre as realidades legais, veja-se J.P. CHARTERS MARCHANTE [2001: 221]. Uma vez seguindo-se esta linha de entendimento, podem ser apontados como exemplos dos enunciados legais referidos em texto: a epígrafe do Capítulo II do Título I do Livro I; o artigo 8.º, número 3; a forma como se distingue entre a interpretação da lei (artigos 6.º e 9.º) e a aplicação analógica (artigo 11.º).

Ensaio de resposta em face do sistema de direito português 271

Com o que, com toda a naturalidade, a investigação imediatamente subsequente passa a ter por objecto necessário a questão de saber se, para além de uma possibilidade lógica, corresponde a uma possibilidade jurídica efectiva que, situado ao nível do caso e das suas circunstâncias, o aplicador, atentas estas circunstâncias, se afaste do critério normativo *prima facie* mobilizado. Pergunta-se, pois: para além das directamente previstas nos tipos legais, assiste ao aplicador a faculdade de atender a circunstâncias que escaparam a uma *expressa pré-visão regulamentadora*[638] e de, assim procedendo, pôr de lado o critério normativo *prima facie* mobilizado? Por certo que a resposta será a negativa quando não se pense o momento da aplicação como coisa diferente da simples repetição de um dado. Ou quando se negue a autonomia do caso relativamente à norma. Mas deve entender-se assim?

10. Destarte delimitado o problema, seria desconcertante – para não dizer inaceitável – escudarmo-nos na respectiva complexidade para nos furtarmos a tomada de posição sobre o mesmo.

Certo, tem-se presente ser a pergunta em que ele se analisa pertinente e assistida de sentido além-fronteiras do Direito Internacional Privado (afinal, distinto de um com natureza técnica, o problema é metodológico; diferente de relevar da questão de saber "qual é o Direito?", o problema é tributário daquela outra respeitante a conhecer por que modos ele se constitui e realiza[639]). Não menos vivamente, tem-se consciência de que os tópicos com que bule e aparece a convocar – assim, e não exaustivamente, o da dialéctica entre "sistema" e "problema", o do sentido a emprestar ao princípio geral do Estado de Direito, o do alcance a atribuir ao princípio específico da separação de poderes, o da definição dos limites constitucionais do âmbito legítimo de criação jurídica do *Richterrecht*, o da inarredável, omnipresente e dilemática tensão entre justiça e segurança jurídica – constituem temas cuja equacionação e tratamento não se deixam

---

[638] Cfr. F. PINTO BRONZE [1994: 486].

[639] No sentido de que o problema da correcção do resultado da aplicação da lei ou leis competentes extravasa os quadros do Direito Internacional Privado e se relaciona "(…) com a determinação da medida em que ao julgador é legítimo chegar à solução justa dos casos concretos com apoio em critérios alheios à lei e com a questão da natureza meramente recognitiva ou constitutiva das decisões jurisdicionais.", cfr., entre nós e recentemente, D. MOURA VICENTE [2001a: 527].

aquartelar pelos limites estreitos de uma particular disciplina do jurídico (se se descontar a excepção provável da Filosofia do Direito; mas, como bem se sabe, os limites desta, se os tem, não são estreitos ...).

Tudo isso reconhecido, a verdade que subsiste é a de que a linha de investigação empreendida nos conduziu até ele – o problema anteriormente recortado –, termos em que, mesmo sem poder saltar por cima de óbvias (e até naturais) limitações subjectivas, é forçoso que o enfrentemos. Sem embargo e por isso que corresponde à verdade terem vindo aqueles temas e tópicos, *maxime* desde finais do século XIX e até hoje, a constituir objecto de atenção fecunda e pormenorizada por parte de jusfilósofos e jusmetodólogos, seja-nos permitido que, pressupostas as reflexões já disponíveis, nos confinemos a colher delas o que, afigurando-se-nos corresponder "à verdade das coisas", seja pertinente convocar para os efeitos desta investigação (de resto, não tinha S. DALÍ razão ao afirmar que "[a]queles que não querem imitar coisa alguma, produzem coisa nenhuma."?).

Pois bem. Estando agora em causa saber se, para além de mera possibilidade lógica, corresponde a solução sistemicamente válida que, situado ao nível do caso e das suas circunstâncias, o aplicador, atentas estas circunstâncias, se afaste do critério normativo *prima facie* mobilizado, poder-se-ia pensar constituir a resposta afirmativa derivação necessária do entendimento, hoje genericamente divulgado e que também abraçamos, nos termos do qual toda a aplicação envolve um necessário vaivém entre a previsão normativa e a situação de facto.

Sem razão, porém.

Com efeito, a proclamação de um necessariamente existente entrelaçamento entre interpretação e aplicação é compatível com o entendimento de que nenhum *apport* brota do caso, analisando-se a aplicação em mero procedimento consistente em descortinar, no caso, "(...) a medida da juridicidade que nele é constituída pela norma legal (...)"[640]. É dizer que a referência a um ir-e-vir entre a norma e o caso não é excludente do entendimento de que esse ir-e-vir se analisa "(...) [n]o *levantamento*, no caso, de toda a juridicidade nele constituída pela lei exegeticamente conhecida e [n]o *banimento*, do caso, de toda a realidade que não essa."[641]. E, com efeito, afirmar-se-á tanto uma vez que se cuide que

---

[640] J.P. CHARTERS MARCHANTE [2001: 179].
[641] J.P. CHARTERS MARCHANTE [2001: 179] (itálico no original).

"[t]udo o que de jurídico exista no caso já antes dele existia na lei."[642] e, em consequência, que "[o] caso (...) é apenas ocasião concitadora de esforços para explicitar (...) essa normatividade que lhe é prévia, e que nele está presente."[643].

Assim evidenciado por que a afirmação de que toda a aplicação envolve um necessário vaivém entre a previsão normativa e a situação de facto não é bastante – ou sequer pertinente – para legitimar o operador a atender a circunstâncias que não constituiram objecto de uma expressa pré-visão regulamentadora e, assim, a afastar-se do critério normativo *prima facie* mobilizado, permanece por esclarecer onde – se algures – aquela legitimação é descortinável.

Afigura-se que a resposta está ao alcance fácil do investigador.

Começa por que, diferentemente do sugerido por um entendimento como o atrás explicitado de J. P. CHARTERS MARCHANTE, não é verdade – não pode ser verdade – que a decisão judiciária seja sempre reconduzível a projecção linear de premissas normativas que a antecedem. Basta tomar boa nota de que disposições normativas existem que elas mesmas postulam a intervenção individualizadora do decisor. Acontece tanto não apenas nas hipóteses de recurso normativo a conceitos indeterminados e a cláusulas gerais, como também, para dizer com J. OLIVEIRA ASCENSÃO, "(...) em todos os processos que permitem uma escolha individualizada da consequência jurídica. Seja o caso da aplicação e fixação da pena pelo juiz (...) ou seja em todas aquelas hipóteses em que se alarga a bitola valorativa no momento da fixação da consequência jurídica – uma indemnização, por exemplo – (...)."[644]. Pensando no âmbito particular do Direito de Conflitos, um tal «excesso de conteúdo» da aplicação em relação ao momento da interpretação é claramente reconhecível por referência a disposições – normas de conflitos ou não – que por formas várias auto-investem o julgador de uma margem de modelação ou lhe cometem uma escolha não integralmente pré-determinada. Certo ser esse o caso das disposições corporizadoras de uma cláusula de desvio (legal) e das disposições que, renunciando mais ou menos tardiamente a reter um factor rígido de conexão, lançam mão da cláusula geral da conexão mais

---

[642] J.P. CHARTERS MARCHANTE [2001: 177].
[643] J.P. CHARTERS MARCHANTE [2001: 177].
[644] [2001: 600].

estreita, também é o das prescrições que determinam a escolha da lei aplicável em função de determinado resultado material, assim bem como o das que permitem ao julgador a atendibilidade de normas imperativas de ordenamentos distintos da *lex causae*, uma vez que estas reclamem aplicação à situação sob apreciação[645].

Conclusão: mesmo assentando-se na norma legal (determinada em sede de interpretação *lato sensu*) como o *prius* metodológico da realização do direito – e, portanto, mesmo negando-se o problema jurídico-decidendo como ponto de partida da experiência jurídica jurisdicional –, deverá aceitar-se que, seja como for, nem sempre se trata, na e pela tarefa de aplicação, de lógica e mecanicamente deduzir soluções jurídicas particulares de normas gerais e abstractas; (deverá aceitar-se) que, diferente da repetição de um direito aprioristicamente dado porque exclusivamente objectivado num sistema de normas legais, a aplicação pode determinar que o decidente, através do juízo – e, portanto, não apenas o legislador, através da criação –, (com)participe na constituição ou, ao menos, na reconstituição da normatividade vigente. Consabidamente, alude-se, a este respeito, ao carácter poiético ou criador da decisão judicial.

Do grau de penetração e de acolhimento dessas ordens de considerações na consciência juscientífica moderna diz bem o pensamento de J. OLIVEIRA ASCENSÃO, o qual aqui retemos não apenas pela razão geral, de resto suficiente, que é a da autoridade do Professor de Lisboa, como também pelo motivo particular que é o de, a par de outros, o Autor personificar aquele modo de entender que anteriormente caracterizámos como afirmador da autonomia do momento da interpretação (em sentido amplo) perante o momento da aplicação e como rejeitante do problema jurídico decidendo enquanto ponto de partida da experiência jurídica jurisdicional. E, com efeito, afirma aquele juscientista, expressamente aludindo a um *mais* específico do momento da aplicação: "Do que dissemos até agora resulta que o momento da interpretação (em sentido amplo) é autónomo perante o momento da aplicação; mas resulta também que a interpretação é inidónea para responder a todas as questões que se podem suscitar. A

---

[645] Assinalando o ponto, veja-se D. MOURA VICENTE [2001: 534-535], o qual com justeza recorda que já em 1987 E. VASSILAKAKIS [1987: 344] fizera notar que, tido em conta o grau de penetração de qualquer um dos assinalados tipos legais no Direito Internacional Privado europeu continental, a orientação mais característica das últimas décadas é a flexibilização.

Ensaio de resposta em face do sistema de direito português 275

determinação da regra aplicável, mesmo se levada até ao fundo, deixa sempre um resto, que não é resolúvel senão mediante a própria aplicação. Não se pode esperar que esta se reduza, para além de hipóteses marginais, a uma verificação mecânica de pressupostos de facto e a uma sua integração meramente lógica na previsão normativa."[646]. Assim como: "Resulta (...) que a aplicação traz necessariamente um excesso de conteúdo em relação à interpretação. Interpretada a fonte, oferece-se ainda a necessidade de adequar a regra apurada às circunstâncias concretas. E isto verifica-se perante as previsões aparentemente mais simples."[647]. E ainda: "A esta tarefa se chama por vezes de *adaptação* da lei ao caso concreto. E com base nela se tem defendido o carácter necessariamente criador da jurisprudência."[648]. Finalmente: "E tão-pouco devemos supor que no enlace entre a estatuição abstracta e a produção de efeitos concretos nenhuns problemas surgem, como se tudo estivesse na regra e bastassem a leitura e a transposição mecânica desta para o caso singular. / Pelo contrário, é preciso frequentemente um trabalho de adaptação da consequência abstracta ao caso singular. Essa necessidade de adaptação pode ter as mais variadas causas; mas há uma tendência crescente para confiar ao momento da aplicação a modelação das consequências no caso concreto."[649].

Por certo – do ponto já se deu conta –, esse *plus* da aplicação em relação ao momento da determinação da regra é registável, e de forma inequívoca, quando a própria norma postula a intervenção individualizadora do julgador. Cabe agora perguntar: é apenas em relação às prescrições indeterminadas, incompletas ou de discricionariedade que o *plus* da aplicação em relação ao momento da determinação da regra é registável?

A negativa é empenhadamente sustentada por quem, considerando que a afirmação de uma autonomia constitutiva da realização do direito por referência às prescrições indeterminadas, incompletas ou de discricionariedade não corresponde a mais do que ao pronunciamento da evidência ela própria, reivindica para toda a realização prática e histórico-concreta do direito – e, portanto, também para aquela que parte de uma "norma

---

[646] [2001: 593].
[647] [2001: 596].
[648] [2001: 597] (itálico no original).
[649] [2001: 599].

276   *A Cláusula de Desvio no Direito de Conflitos*

determinada" – as marcas de uma "autonomia constitutiva que vai além da que corresponde à concretização simplesmente"[650].

De harmonia com um tal ponto de vista, semelhante autonomia constitutiva tem a sua origem na circunstância primeira – embora, portanto, não única – que é a de, diferentemente do pretendido pelo pensamento jurídico coevo do modelo positivista de aplicação do direito, o direito legalmente positivado ficar, quer na extensão, quer na índole concreta dos problemas, aquém da experiência histórica. É dizer que aí onde aquele pensamento ostentava a crença, a um tempo ingénua, a outro arrogante, de serem os factos histórico-sociais não apenas rigorosamente simétricos dos contemplados nas previsões legais como também exaustivamente apreendidos por estas, se afirma, em revisão de um tal ponto de vista, a existência de uma distância não desprezível entre a abstracção e a generalidade das normas e a concretude e a singularidade dos casos. No discurso sempre impressivo de A. CASTANHEIRA NEVES, o qual a este respeito se refere a um *limite objectivo das normas jurídicas*, "a realidade histórico-social a perspectivar normativo-juridicamente é mais extensa, mais circunstancialmente individualizada e sintética do que aquela que intencionalmente podem abranger e ajuizar os dados formais do direito legal positivo, na sua formulação prescritiva logicamente delimitada, tipicamente abstracta e intencionalmente analítica."[651].

Que as observações precedentes cobram pertinência na economia do nosso percurso é o que muito facilmente se alcança quando se tenha presente que, ambicionando-se cumprir a clarificação da possibilidade metodologicamente legítima de no horizonte do sistema conflitual português receberem actualização as consequências de uma cláusula de desvio implícita, o que o excurso precedente precisamente torna aparente é como, para uma linha fundamental do pensamento metodológico actual, "(…) em virtude de serem as normas enunciadoras na previsão apenas das hipóteses mais frequentes, comuns ou típicas (*hoc sensu*) dos casos que se propõem regular – nem outras é possível prever – não fica excluída a possibilidade de se decidir concretamente da sua aplicabilidade em termos diversos daqueles que imediatamente imporia o sentido significativo e conceitual (ou interpretável em abstracto) das normas, já aplicando-as a situações e casos que aquele sentido não cobre, já afastando a sua aplicação de casos

---

[650] A. CASTANHEIRA NEVES [1979/1995: 130].
[651] A. CASTANHEIRA NEVES [1979/1995: 131].

Ensaio de resposta em face do sistema de direito português 277

e situações formalmente abrangidos por ele. Situações e casos esses não comuns ou atípicos relativamente às hipóteses determinantes das normas, e cuja atipicidade concreta justifica aqueles desvios.".

É dizer que tendo-nos auto-interrogado acerca da viabilidade de o operador atender a circunstâncias que escaparam a uma *expressa pré-visão regulamentadora*[652] e de, assim procedendo, pôr de lado o critério normativo *prima facie* mobilizado, o que aquela análise nuclearmente traduz é como, para uma linha fundamental do pensamento metodológico actual, por isso que "(…) a experiência problemática, enquanto experiência histórica, vem sempre a alargar-se e a aprofundar-se, em termos de exigir novas perguntas (problemas) e outro sentido para as respostas (…)", ao aplicador assiste a faculdade legítima – e que dá corpo ao *plus* que, alegadamente, a aplicação representa sempre – de considerar, para além das circunstâncias exemplares do caso e das comummente designadas circunstâncias do caso[653], também outras que, conquanto desprovidas de relevo na perspectiva da norma mobilizada, são responsáveis pela convolação do caso decidendo em caso atípico.

Esgrimir-se-á que serem as ordens de considerações precedentes pertinentes por relação com o objecto da investigação nada diz acerca da correspondente validade ou bondade intrínsecas, acontecendo que se tais validade ou bondade são indisputáveis no horizonte de um pensamento metodológico que coloca a ênfase na ideia de que "(...) a determinação e a elaboração sistemáticas [têm] de aferir-se pelo seu correcto (plausível) cumprimento na solução dos problemas (...)"[654], o mesmo não ocorre quando, postulando-se uma diferente maneira de perspectivar a relação

---

[652] Cfr. F. PINTO BRONZE [1994: 486].

[653] Faz uso da contraposição A. CASTANHEIRA NEVES [1967: 256], para quem, sendo as *circunstâncias exemplares* as que surgem "como determinações concretas das variáveis conceituais que são os elementos significativos integrantes do tipo ou hipótese legal", as singelamente denominadas *circunstâncias do caso* se apresentam como "aquelas que dão a fisionomia concreto-individual ao caso decidendo e que, como tais, já não se traduzem apenas em correlatos determinativos dos conceitos legais (…), pois não indo directamente previstas (nos termos em que o são o primeiro tipo de circunstâncias) nos tipos legais, o que por elas vemos é antes a realizarem-se os desenvolvimentos de concretização e individualização, a manifestarem-se aqueles momentos individualizados que, sem terem necessariamente de excluir carácter «típico» ao caso, o fazem, no entanto, no que toca a essas suas circunstâncias individualizadas, um caso infungível e próprio, a exigir uma decisão autónoma que só a ele convém.".

[654] A. CASTANHEIRA NEVES [1984b/1995: 288].

278 A Cláusula de Desvio no Direito de Conflitos

entre o "sistema" e o "problema", se entenda colocar o acento tónico na ideia de que é a correcção da concreta decisão do caso concreto que tem de aferir-se em face do sistema por isso que é neste e por este que aquela recebe justificação e validade. Crê-se diferentemente.

Certo, vai sem dizer que uma orientação que privilegia a consideração do *sistema pela mediação essencial do problema*[655] percebe a actualização das consequências de uma cláusula de desvio (implícita) como solução metodologicamente válida – e indisputável, na sua banalidade. Isso reconhecido, o que se acrescenta é que outrossim uma orientação pensadora do *problema pela mediação do sistema e em ordem ao sistema*[656] dispõe de razões que validamente suportam – *rectius*: necessariamente postulam – um juízo anuente à juridicidade da cláusula de desvio (implícita).

Impondo-se prestar contas das nossas afirmações, dir-se-á que a razão do que acaba de anotar-se se encontra de forma nuclear no reconhecimento de que é extensível ao Direito Internacional Privado o diagnóstico proporcionado pela auscultação dos demais quadrantes do jurídico: como para estes, vale para aquele a verificação de que, destacadíssimos critérios medianeiros muito embora, as correspondentes normas formalmente prescritas (de conflitos e outras) não se encontram isoladas na formação do sistema em cuja tessitura confluem. É que, para além dos mais elementos que agora podem ser deixados na sombra, concorrem com elas os princípios, os quais, aparecendo como precipitação e objectivação do "(...) momento axiológico que define a índole essencial da normatividade jurídica e verdadeiramente a constitui como direito."[657], provêem ao "travejamento axiológico da juridicidade do sistema (...)"[658] e, assim fazendo, infirmam o entendimento de que a disciplina instituída pelas normas de conflitos "(...) será simplesmente uma questão de tradição e, consequentemente, uma escolha em último termo *arbitrária*, que não será mais fácil de justificar através de argumentos lógicos que a regra que manda circular pela direita ou pela esquerda"[659]. Adiante-se que, reportando-nos a

---

[655] Pede-se de empréstimo modo de expressão de A. CASTANHEIRA NEVES [1984a/1995: 344].

[656] Cfr. A. CASTANHEIRA NEVES [1984a/1995: 344].

[657] A. CASTANHEIRA NEVES [1979/1995: 135].

[658] F. PINTO BRONZE [1994: 495].

[659] De novo se reproduz a bem-conhecida afirmação de W. WENGLER, colhida em J. BAPTISTA MACHADO [1970: 184].

Ensaio de resposta em face do sistema de direito português 279

princípios, tomamos por boa a lição de L. LIMA PINHEIRO: os princípios nesta sede visados são "proposições jurídicas com elevado grau de indeterminação que, exprimindo directamente um fim ou valor da ordem jurídica, constituem uma directriz de solução."[660].

Sendo fora de causa enveredar pela disquisição da multiplicidade de problemas suscitados pelos princípios ou, tão pouco, ensaiar proceder ao levantamento dos princípios do Direito Internacional Privado português – ocuparam-se desta empresa, com conclusões em largas medida convergentes, dois estudos muito próximos de nós no tempo[661] –, sublinha-se singelamente que, como noutra oportunidade já evidenciado, o Direito de Conflitos pátrio é efectivamente permeável à directriz da conexão mais estreita por isso que, desimplicando-se esta na "busca do laço mais significativo para individualizar o Direito competente" – aludiu-se, naquela oportunidade, a uma acepção forte do princípio da conexão mais estreita –, tal directriz efectivamente orienta a escolha de conexões no direito conflitual português. O mesmo é dizer que em função dela se mostram juridicamente fundadas e logram significação jurídica regras de conflitos integrantes do Direito de Conflitos português.

Posto isto que acaba de ser anotado, está-se agora mais perto de dar por cumprida a demonstração de que uma tomada de posição reconhecedora da vigência de cláusula de desvio implícita é irrepreensivelmente compatível com uma orientação sistémica.

Na verdade, aquilo que as dilucidações precedentes põem a descoberto é que, certo refractando-se na desvinculação do julgador relativamente à norma de conflitos *primo conspectu* mobilizada, a actualização da cláusula de desvio (implícita) não é, mesmo assim ou por isso, menos fiel ao sistema posto que na ocasião de semelhante desvinculação está (e na medida em que efectivamente esteja) "(…) o reflexo da (…) incondicional subordinação [do julgador] a critérios axiológico-jurídicos que (…) transcendem [a norma aplicável]."[662].

Contestar-se-á um tal ponto de vista chamando-se a atenção para distinção absolutamente pertinente e que, alegadamente, o parágrafo anterior não leva em linha de conta: uma coisa – dir-se-á – é a verificação de

---

[660] [2001: 236].

[661] Assim, veja-se L. LIMA PINHEIRO [2001a: 236 ss] e D. MOURA VICENTE [2001a: pp. 28 ss].

[662] Cfr. D. MOURA VICENTE [2001a: 534].

280 *A Cláusula de Desvio no Direito de Conflitos*

que determinados princípios são objecto de consagração – expressa ou implícita – no quadro de ordenamento dado; coisa diferente – prosseguir--se-á – é a disquisição das funções que a esses princípios são cometidas.

Com a implicação seguinte: podendo embora corresponder à verdade que o princípio da conexão mais estreita oriente a escolha de conexões no direito conflitual português, não resulta daí – sustentar-se-á –, ao menos como derivação necessária, que o mesmo possa legitimamente prover corpo – entenda-se: servir de fundamento – a cláusula de desvio implícita.

Não é outra a maneira de perspectivar de L. LIMA PINHEIRO, Autor que, como noutra oportunidade realçado, também entende, na linha da doutrina portuguesa em geral, que o princípio da conexão mais estreita presidiu à escolha de conexões do direito de conflitos português vigente[663]. Com efeito, aceitando que aos princípios são imputáveis várias funções – assim, em seu entendimento, a dilucidação de problemas interpretativos (*maxime* tratando-se de conceitos a demandar preenchimento valorativo), a integração de lacunas (ao menos quando seja impossível o recurso a norma aplicável a casos análogos) e a redução teleológica[664] –, o Professor de Lisboa não deixa de considerar que entre essas funções não se encontra a de derrogação de regras legais[665]. Mais ainda, faz valer que um entendimento como o por nós sufragado conduz à degradação das regras de conflitos em meras directrizes interpretativas[666], o que, para

---

[663] Assim, exemplificativamente, [2001a: 242-243] e [2002a: 359].

[664] Cfr. L. LIMA PINHEIRO [2001a: 237].

[665] L. LIMA PINHEIRO [2001a: 238]. As únicas excepções abre-as o Professor de Lisboa [2001a: 238, nota 510] para as hipóteses de inconstitucionalidade e, conquanto com reservas, de violação de limite supra-positivo.

[666] A verdade impõe reconhecer que o Professor de Lisboa não se encontra isolado na crítica que faz valer. Sejam apenas dois exemplos: 1.°) tem-se, de H. MUIR WATT, citada por M. VERWILGHEN [2001: 138-139], a afirmação de que "[d]ès lors (...) que la disposition codifiée reconnaît elle-même la relativité de sa propre valeur normative, elle n'est plus instrument de mesure, elle n'est plus règle de conduite. Il ne s'agit pas ici de porter un jugement sur la valeur intrinsèque des règles de conflit flexibles, mais seulement de constater que le Code qui rassemblerait de telles dispositions serait un pseudo-code, parce que ces dernières n'ont qu'une apparence normative. Mieux vaut s'abstenir dans ces conditions de donner une illusion de complétude, de certitude ou d'exhaustivité."; 2.°) tem-se, de J. C. CASTEL [1992: 630-631], por relação com o artigo 3082.° do Código Civil do Quebeque, a afirmação de que "[l]à réside le danger, car il n'y aura plus de règles fixes.", assim bem como a certificação de que "(...) le principe de proximité envahisse les règles de droit international privé au point de se substituer entièrement à elles par le biais d'une exception.".

Ensaio de resposta em face do sistema de direito português 281

além de considerar incompatível com as "exigências da supremacia do Direito", entende não ir de harmonia com a circunstância de serem as normas de conflitos tão vinculativas como as normas materiais[667]. Aduz, finalmente, que se lhe opõem – àquele nosso entendimento – o princípio da divisão de poderes e o dever de obediência à lei.

Porque se procurou guardar fidelidade à postura do cientista que, na mira da "solução metodologicamente adequada", não deve, a despeito dos pré-juízos que inevitavelmente constituem o seu ponto de partida, furtar--se à abertura à consideração de argumentos susceptíveis de conduzirem a tomadas de posição de sentido diferente, ponderou-se na conta devida as objecções por último alinhavadas, ensaiando manter-se a disponibilidade para, vindo a ser esse o caso, rever a "pré-compreensão" inicial. Contudo, eis justamente... que não veio a ser esse o caso. É que, mau grado aptas a gerar as maiores hesitações, as objecções referidas vêm a ser elidi-das – desnecessário dizê-lo, na perspectiva da signatária – por "contra--instâncias" que validamente se lhes opõem. Assim, tanto quanto o pen-samento jurídico comporta demonstrações, envidar-se-á demonstrar que a razão nos assiste.

Fosse-nos pedido brevíssimo apontamento sobre a origem de duas tão diferentes formas de entender e aludiríamos, julga-se que com acerto, a uma distinta maneira de perspectivar a relação entre princípios e regras.

Entendendo embora que o sistema jurídico – ou *sistema normativo*, como parece preferir referir-se-lhe[668] – é integrado por princípios aos quais funções são cometidas, L. LIMA PINHEIRO é do aviso de que entre estas funções não se encontra a de derrogação de normas legais (tão--pouco, depreende-se, a de afastamento de normas com origem em fonte de direito distinta da lei). Em seu juízo, se compete aos princípios actuarem ao nível da determinação das normas – assim, concorrendo para a consecução das actividades de interpretação e de integração –, já não lhes deve ser consentida intervenção no circuito metodomonológico quando se apure existir norma formalmente prescrita e de sentido já determinado a cuja previsão a situação concreta em presença se "subsume". É dizer que, em seu entendimento, sucedendo ser determinada

---

[667] L. LIMA PINHEIRO [2001a: 237].

[668] Assim, a fazer fé no texto que estudantes de Introdução ao Estudo do Direito da Faculdade de Direito da Universidade de Lisboa apresentam como reprodução do ensino oral do Professor de Lisboa.

situação individual e concreta reconduzível ao sentido abstracto de uma norma e ao aplicador não é legítimo, então, fazer operar intervenção de princípio conducente ao afastamento, *in casu*, de tal regra.

Por nossa parte, entende-se começar por concordar com L. LIMA PINHEIRO quando, além das normas, refere os princípios como elementos autónomos do sistema.

Outrossim, subscreve-se por inteiro ponto de vista do aludido Professor de harmonia com o qual os princípios existem em determinado *corpus iuris* na medida em que, directa ou indirectamente, o correspondente sistema de fontes os consagre. Em palavras do próprio, "(...) ou [o princípio] se encontra consagrado na lei – como se verifica em geral com os princípios constitucionais – ou tem de ser obtido a partir de uma (*sic*) exame das razões que justificam várias soluções particulares."[669].

Não menos importante, comungamos da ideia de que, posto não constituirem os princípios de Direito Internacional Privado objecto de consignação / nomeação legal entre nós, o seu desvelamento tem de assentar na auscultação das atrás mencionadas razões justificativas de várias soluções particulares.

Mas é tudo. Salvo o respeito devido, termina por aqui, pelo que ao ponto sob apreciação respeita, a nossa adesão à lição de L. LIMA PINHEIRO. Em termos mais precisos, não se acompanha o Autor no seu juízo acerca da ilegitimidade (alegadamente) implicada na e pela derrogação de uma regra – para o que ora importa, de conflitos – por princípio – para o que ora importa, pelo da conexão mais estreita. A implicação prática de um tal divergência é já conhecida: ao contrário de L. LIMA PINHEIRO, compreende-se a actualização das consequências de uma cláusula de desvio implícita como solução que, por sistemicamente fundada (no horizonte do direito português), é (entre nós) jurídica, não merecendo, assim, juízo reprovador.

Entende L. LIMA PINHEIRO que contra um tal entendimento depõe, para além do mais, a circunstância de as normas de conflitos serem tão vinculativas como as normas materiais.

Responde-se: é justamente porque são tão vinculativas como as normas materiais que, não sendo menos, as normas de conflitos também não são "mais vinculativas". Ora, sê-lo-iam quando se aceitasse valer para

---

[669] [2001a: 237].

elas aquilo que com relação às normas materiais se entende de plano rejeitar (e que, aparentemente, a L. LIMA PINHEIRO não repugna): poderem as mesmas aplicar-se quando manifestamente não estão cumpridos os respectivos pressupostos fundamentantes; poderem as mesmas aplicar-se quando manifestamente estão ultrapassados os seus "limites intencionais", entenderia dizer A. CASTANHEIRA NEVES.

Não sem alguma razão, pretender-se-á que o anotado no parágrafo anterior não "adianta nem atrasa" porquanto o *bottom-line* da questão – em cujo exame, justamente, o parágrafo anterior não entra – é saber se um princípio pode (em termos metodologicamente válidos) derrogar uma norma. Entendendo que não e por isso que imputa às normas de conflitos o grau de vinculatividade que é o das demais regras jurídicas, L. LIMA PINHEIRO conclui, em coerência, pela não vigência, entre nós, de cláusula de desvio implícita. Entendendo que o afastamento de norma por princípio corresponde a solução metodológica e sistemicamente fundada e por isso que, com L. LIMA PINHEIRO, entende serem as regras de conflitos tão vinculativas como as normas materiais, a signatária subscreve, com o mesmíssimo grau de coerência, ponto de vista de sentido oposto. De onde a exigência de, com prioridade em relação a tudo o resto, dizermos das razões por que, em nosso juízo, um princípio pode (validamente) derrogar uma regra.

Pois bem. "Teses" estruturantes de um tal modo de perspectivar são, numa apresentação esquemática, as seguintes:

- *Primeira*: Serem os sistemas jurídicos integrados por estrato composto por princípios (a uma "positiva normatividade jurídica translegal como momento essencial do *corpus iuris*" faz referência A. CASTANHEIRA NEVES[670]);
- *Segunda*: Em função desses princípios mostrarem-se juridicamente fundadas e lograrem significação jurídica as regras (quase todas as regras), elementos integrantes de outro estrato do sistema[671];

---

[670] [1979/1995: 127].

[671] Não se resiste a mais uma transcrição de excerto de A. CASTANHEIRA NEVES [1979/1995: 172], em cujas palavras o estrato formado pelos princípios manifesta "[o] momento em que a intenção axiológico-normativa se assume e, portanto, o momento verdadeiramente normativo ou de regulativa validade fundamentante (…), e graças ao qual

– *Terceira*: Diferentemente do que a uma primeira impressão pudesse parecer, não disporem os princípios, enquanto elementos do sistema – e na medida em que efectivamente o sejam –, de menos carácter vinculativo do que as normas concretamente objectivadas ("positivadas") por isso justamente que é nos princípios que as regras encontram o seu referente de sentido;

– *Quarta*: Assim acontecendo, terem as concretas manifestações da realização do direito, que não apenas as normas, de mostrar-se juridicamente fundadas, imediata ou mediatamente, em função dos princípios que àquelas vão subjacentes[672].

Aceitando como boas as "teses" primeira e segunda, L. LIMA PINHEIRO não acompanha a terceira e, em consequência, rejeita a quarta. Afigura-se que mal.

De harmonia com lição que é a sua, os princípios nesta sede visados são proposições jurídicas (indeterminadas) que, por exprimirem um fim ou valor da ordem jurídica, condicionam a modelação de soluções legais particulares[673]. As quais, assim, conformam. As quais, assim, configuram. Para as quais, assim, constituem um inesgotável referente de sentido.

Pois bem. Se assim se pensam as "coisas", como não reconhecer nos princípios integrantes do *corpus iuris* os alicerces que, sem "desamarramento" ou desvinculação do sistema, legitimam o operador a afastar-se de "(…) um comando legal que por si próprio e no caso não logra uma própria justificação(…)"[674]?

Certo, poder-se-ia pretender que, do mesmo passo que condicionam a modelação dos comandos legais particulares, os princípios são por estes comandos absorvidos; que resultam por eles consumptos; que ficam neles enquistados em termos de a respectiva influência ter a exacta medida das norma, as quais não extravasariam.

Não é esse, porém – e parece que bem – o ponto de partida de L. LIMA PINHEIRO. "Apoiante" das "teses" primeira e segunda atrás enun-

---

o direito não se esgotará num *normatum*; do mesmo modo que excluirá do próprio sistema a natureza apenas de um *ordinatum*, para impor antes, na normatividade jurídica que exprime, o dinamismo constitutivo de um *normans*, capaz de conferir ao direito-sistema a índole de um *ordinans*.".

[672] Cfr. A. CASTANHEIRA NEVES [1979/1995: 166].

[673] Assim, cfr. [2001a: 236].

[674] R. MOURA RAMOS [1991a: 569].

Ensaio de resposta em face do sistema de direito português 285

ciadas, o Professor de Lisboa perspectiva os princípios como elementos autónomos do sistema e, sinal e evidência desse juízo de autonomia, imputa-lhes funções que justamente pressupõem a sua exterioridade em relação às normas. Entre elas, porém e consoante já suficientemente alardeado, não se encontra a de derrogação de regras jurídicas. Ora, não apenas este entendimento cede a reconhecer aos princípios menos carácter vinculativo do que às normas concretamente objectivadas – resultado este em desarmonia com a circunstância, também por L. LIMA PINHEIRO certificada, de as normas encontrarem o seu referente de sentido nos princípios –, como, o que é mais, as razões aventadas para o sustentar – as aduzidas no quadro do direito em geral, como as pensadas para o horizonte do Direito Internacional Privado em particular – não logram procedência.

Seja, em primeiro lugar, o modo de avaliar que entende reconhecer no princípio geral do Estado de Direito, no princípio da separação de poderes e no princípio da obediência à lei – este último como síntese dos outros dois e entre nós prescritivamente projectado no artigo 8.°, número 2, do Código Civil – obstáculos à juridicidade da cláusula de desvio.

Não será impertinente registar, em primeiro lugar, que posto que "(...) as exigências jurídico-normativas da realização do Direito não podem suprimir-se metodologicamente nem iludir-se ideologicamente"[675], a moderna ênfase colocada no carácter normativamente constitutivo de toda a actividade jurisprudencial – e tradicionalmente apenas admitido no domínio da integração de lacunas – tem sido, aquém e além fronteiras, acompanhada por uma insistente chamada de atenção dirigida a sublinhar a necessidade de aqueles princípios serem pensados em termos fundamentalmente diferentes dos que eram particulares da "positívistica «ideologia da lei»", na expressão sugestiva de A. CASTANHEIRA NEVES[676]. E assim, corroborada com amplas remissões para literatura estrangeira, temos do jusfilósofo que vem de nomear-se a afirmação de que "(...) a evolução do princípio da separação dos poderes e o seu sentido actual fazem concluir que esse princípio atribui decerto ao legislador uma *prerrogativa* de criação do direito, mas não já o *monopólio* dessa mesma criação (...)"[677]. Assim como, do mesmo Autor, a certificação de que "(...) o princípio da legalidade e a obediência à lei deixaram de pensar-se

---

[675] A. CASTANHEIRA NEVES [1984a/1995: 340].
[676] [1979/1995: 133].
[677] [1984a/1995: 340].

em sentido meramente formal, para adquirirem também um sentido e uma intencionalidade materiais, ou em termos de essa obediência verdadeiramente significar, não simples e acrítica obediência à lei, mas antes obediência ao direito, e enquanto este se distingue da lei e se impõe para além e acima da lei (...)."[678]. Ou, do seu discípulo F. PINTO BRONZE, a garantia de que o princípio democrático e o princípio da separação de poderes "(...) não têm, nos nossos dias, qualquer sentido como sustentáculos de um perempto Estado-de-direito formal, mas como dimensões constitutivas de um autêntico Estado-de-direito material (...) [onde] os diversos poderes concorrem na – e são, portanto, interdependentemente co-responsáveis pela – instituição da normatividade predicativa do Estado (...) [e onde a judicatura é reconhecida] como a viva *vox iuris* (...)"[679].

Decerto, porém, mesmo semelhante admissão – em cuja apreciação não se entrará – da necessidade de repensar os sentido e alcance dos princípios do Estado de Direito, da separação de poderes e da obediência à lei não pode, sob pena do esvaziamento destes últimos, implicar a eliminação da distância que sempre permanecerá separando: (i) a política do direito, da jurisprudência; (ii) a criação do direito pela prescrição legislativa, da reconstituição do direito pela decisão jurisprudencial; (iii) a autonomia constitutiva da função legislativa, da índole vinculada da função jurisprudencial; (iv) a nomogénese, da realização prática do direito[680].

Ora, pergunta-se: anuir à juridicidade de uma cláusula de desvio implícita monta a converter em pura ficção, esvaziando-as de alcance efectivo, as nomeadas traves-mestras de um Estado de Direito? Noutros termos: corporiza a cláusula de desvio implícita a supressão ou anulação de uma discriminação que, mau grado todas as evoluções, não pode ser suprimida ou anulada?

O sentido da resposta, já pré-anunciado, é negativo.

À uma, porque o que está em cima da mesa é apenas admitir que face a hipóteses que não reproduzem a normalidade pressuposta pelo legislador – que em casos verdadeiramente excepcionais, o que o mesmo é dizer –, o aplicador possa desviar-se de preceito rígido de que partira.

---

[678] [1979/1995: 340-341].
[679] [1993: 183].
[680] Cfr. A. CASTANHEIRA NEVES [1984b/1995: 285].

Ensaio de resposta em face do sistema de direito português 287

Depois, porque, mesmo nestes casos excepcionais, a referida desvinculação não põe em crise qualquer uma das aludidas traves-mestras do Estado de Direito. Com efeito, o que o princípio da divisão de poderes e o dever de obediência à lei postulam – e que, insiste-se, não sai posto em causa pela actualização de cláusula de desvio implícita – é o "enquartelamento" do aplicador em espaço de subordinação ou sujeição (certamente não por acaso, reza o artigo 203.º da Constituição da República que "[o]s tribunais (...) estão sujeitos à lei."). Ora – e é esta mais uma peça da nossa explicação –, posto relevar da vinculação do aplicador ao princípio da conexão mais estreita subjacente a determinado preceito rígido; posto, o que o mesmo vale por dizer, corresponder a solução fundada em critério do sistema (ou, se nos quisermos acolher ao modo de expressão de F. PINTO BRONZE, posto equivaler a solução alicerçada em "ponto de apoio situado no hemisfério da juridicidade"[681]), a cláusula de desvio implícita não remete o aplicador para um espaço livre de sujeição; não o investe no exercício de discricionariedade incontrolável; não lhe permite ou tolera o arbítrio.

E não se argumente, para obstar ao afirmado, com o carácter indeterminado da proposição jurídica em que se analisa todo o princípio (e, portanto, também o da conexão mais estreita). Assim, pela mesmíssima razão por que o preenchimento de conceitos indeterminados não é percebido – e bem – como violação seja do princípio da separação de poderes, seja do dever de obediência à lei.

Tão-pouco se esgrima com o carácter implícito do princípio da conexão mais estreita (o qual, consoante bem sabido, não é, entre nós, objecto de consignação expressa). Assim, pela mesmíssima razão por que a aplicação das normas não expressas a que se chega por detecção e integração de lacunas também não é – e bem – entendida como violação seja do princípio da separação de poderes, seja do dever de obediência à lei[682].

De tudo deriva que, segundo se entende, os princípios constituem lei – são lei – para os efeitos, entre outros, dos artigos 203.º da Constituição e 8.º, número 2, do Código Civil. E que é assim mesmo pelo que respeita àqueles – como o da conexão mais estreita – que, não consignados, são

---

[681] [1994: 502].
[682] Assim, J.P. CHARTERS MARCHANTE [2001: 69].

288   *A Cláusula de Desvio no Direito de Conflitos*

desvelados a partir das razões justificadoras de soluções legais particulares.

Certifica a bondade de um tal entendimento o número 2 do artigo 4.º do Estatuto dos Magistrados Judiciais vigente, em cujos termos "[o] dever de obediência à lei compreende o de respeitar os juízos de valor legais, mesmo quando se trate de resolver hipóteses não especialmente previstas.". Com efeito, o que dele resulta é a susceptibilidade (conforme ao sistema) de se reconduzir o Direito legal implícito ao explícito.

De resto, era já também M. ANDRADE que, em bem conhecida passagem produzida em face dos artigos 8.º, número 2, do Código Civil assegurava que o princípio da obediência à lei não implica "(…) uma obediência cega, mecânica, servil, senão antes (…) uma obediência esclarecida, racional, colaborante (…) [u]ma obediência atida ao pensamento fundamental da autoridade legislativa, mais do que aos termos exactos da sua formulação textual; ao escopo que a moveu e inspirou, mais do que aos instrumentos com que pretendeu dar-lhes realização; à análise e valoração dos interesses conflituantes, mais do que à ordenação que em consequência ditou."[683].

Explicitado por que, em nosso ponto de vista e atento o que em causa está, a invocação do princípio da divisão de poderes e do dever de obediência à lei não colhe, importa agora deixar claro que a admitida intervenção do princípio da conexão mais estreita como fundamento da actualização das consequências de uma cláusula de desvio implícita não conduz à (des)consideração da norma de conflitos *primo conspectu* mobilizada como regra inválida[684].

Certo, L. LIMA PINHEIRO não comete a injustiça de afirmar que os defensores da natureza instrumental ou subordinada das regras de conflitos (em face da teleologia intrínseca do Direito Internacional Privado) vêem na actualização da cláusula de desvio a certificação de que dada norma de conflitos é inválida ou estranha ao sistema. Isto dito, o que não é menos verdade é que o Professor de Lisboa convoca para suas aliadas pas-

---

[683] [1972: 266].

[684] Seguiu-se de perto formulação de F. PINTO BRONZE [1994: 510], para quem "(…) a intervenção no circuito metodonomológico de um princípio, quando porventura conduza à inaplicabilidade da norma que nele encontra o respectivo fundamento material, não significa necessariamente que ela deva ser (des-)qualificada como uma regra "inválida", a banir do ordenamento jurídico (…)".

Ensaio de resposta em face do sistema de direito português   289

sagens de C.-W. CANARIS nas quais o Professor alemão sustenta "(…) que a «estranheza» da norma relativamente ao sistema não prejudica, em princípio, a sua vigência, e que a norma «contrária ao sistema» só não é válida se implicar uma violação do princípio constitucional da igualdade".[685].

Ora, tudo quanto está em causa – e, admite-se, não será já pouco – é fazer derivar da circunstância de as normas lograrem significação jurídica através dos princípios o corolário de que uma regra (de conflitos) não deve ser aplicada aí onde, em face das circunstâncias do caso, tal aplicação conduzisse a pôr em causa o respectivo fundamento. Mas apenas isso; não também que a norma de conflitos em causa perca vigência ou deva ser afastada do sistema.

Resultará do que já ficou posto, entretanto, a razão por que outrossim se afigura menos adequado afirmar que exigências relacionadas com a supremacia do Direito põem em crise a juridicidade da cláusula de desvio implícita. Certo, aceita-se – e como não? – que imperativos associados à função ordenadora-estabilizadora do Direito se desimplicam na proscrição, por ilegítimos, de juízos, decisões e outros actos concretos que, exorbitando do quadro de intenções do sistema em cujo horizonte têm lugar, sejam desprovidos de um ponto de apoio nele (nesse sistema). Ocorre não ser esse, consoante já sublinhado, o caso de uma decisão actualizadora das consequências de uma cláusula de desvio implícita, projecção como é – deve ser – da subordinação do aplicador ao fundamento axiológico-normativo – o princípio da conexão mais estreita – subjacente à norma de conflitos *prima facie* mobilizada.

Prossiga-se para registar que tão-pouco parece justo assacar a um entendimento como o por nós sufragado a degradação das regras de conflitos em "meras directrizes interpretativas"[686]. É que, uma de duas: a) Pretendendo-se sugerir ou significar que esse entendimento contemporiza com a possibilidade de o aplicador encarar as regras de conflitos como disposições que o mesmo pode, no exercício de uma discricionariedade incontrolável, considerar ou ignorar, falha-se o alvo, pois não é isso que está em cima da mesa; b) Emprestando-se à expressão "directrizes interpretativas" o significado de amarras de que o aplicador pode libertar-se

---

[685] Utilizou-se a síntese que o próprio L. LIMA PINHEIRO [2001a: 238, nota 512] faz do pensamento do Professor de Munique.

[686] L. LIMA PINHEIRO [2001a: 237 e 302].

quando verifique, mas só aí e atentos os seus fundamentos normativos, que a correspondente aplicação se revelaria, *in casu*, como de todo carecida de sentido, acerta-se na mira. Simplesmente, passa então a fazer menos sentido já a ressonância pejorativa ou desvalorizadora envolvida na referência a "meras directrizes interpretativas", já a pretensão de que, entendida a expressão nestes termos, só as normas de conflitos – e não, também, as normas materiais – são (meras) "directrizes interpretativas".

Seja, por último, afirmação de L. LIMA PINHEIRO nos termos da qual "[c]onsiderar as normas de conflitos como meras directrizes interpretativas só será defensável – mesmo *de iure condendo* – para quem lhes nega o carácter de normas de conduta (…)."[687]. Confirma o trecho transcrito que, na perspectiva do seu Autor, anuir à vigência de cláusula de desvio implícita monta a pactuar com a degradação das regras de conflitos à condição de "meras directrizes interpretativas". Do nosso juízo acerca de um tal entendimento disse-se já, pelo que abreviadamente se remete, nesta oportunidade, para o que então ficou dito. Mas há mais. Com efeito, também resulta da proposição acima reproduzida que, no aviso do seu Autor, a anuência à vigência de cláusula de desvio implícita apenas pode provir de quem, em contraste com o próprio, negue às regras de conflitos o carácter de normas de conduta.

Não cabendo tomar posição, nesta oportunidade, acerca do carácter das regras de conflitos, quedamo-nos por colocar em evidência aquilo que, se bem ajuizamos, consubstancia quebra de coerência e que, a efectivamente sê-lo, coloca em crise, também por isso, a bondade da afirmação transcrita. O motivo da perplexidade é simples.

Repudiando muito embora a vigência de cláusula de desvio implícita no horizonte actual do Direito Internacional Privado, o nomeado Professor de Lisboa nem por isso deixa de "(…) defend[er] a introdução no Direito de Conflitos português de uma cláusula geral de excepção, que permita afastar o Direito primariamente competente em benefício do Direito do Estado que apresenta laços manifestamente mais estreitos com a situação."[688]. De onde a interrogação: se o (alegado) carácter das regras de conflitos como normas de conduta proscreve, no juízo de L. LIMA PINHEIRO, a possibilidade legítima de se reconhecer, no horizonte actual

---

[687] [2001a: 237].

[688] [2001a: 236]. No mesmíssimo sentido, cfr. [2001a: 303], [2002a: 362] e [2002b: 369].

do Direito Internacional Privado português, a vigência de cláusula de desvio implícita, como compreender que o mesmíssimo carácter já não consubstancie entrave à consagração expressa, entre nós, de "claúsula geral de excepção"? Deve entender-se que, vindo uma tal cláusula a constituir objecto de consagração expressa, o ponto de vista de L. LIMA PINHEIRO acerca do carácter das regras de conflitos sofrerá alteração? Atentas as razões pelo Autor aduzidas em ordem a justificar serem as normas de conflitos verdadeiras *regulae agendi* (de regulamentação indirecta), está-se em crer que não. Mas se é como supomos, como compreender que uma cláusula de desvio geral objecto de consagração expressa seja irrepreensivelmente compatível com a (sustentada) natureza das regras de conflitos, já não o sendo, na perspectiva de L. LIMA PINHEIRO, cláusula de desvio implícita? Fica a dúvida.

§ 12.º AS COORDENADAS DO SISTEMA
DE DIREITO INTERNACIONAL PRIVADO, EM PARTICULAR

1. O longo excurso precedente permitiu desvelar razões que, segundo se entende, depõem solidamente no sentido da certificação da vigência, entre nós, de cláusula de desvio implícita. Ser-nos-á oposto, ainda assim, que, por inacabada, a almejada tarefa de fundamentação permanece incumprida. A razão é simples:

De harmonia com ponto de vista amplamente divulgado, é aos valores da certeza e da previsibilidade que, no Direito Internacional Privado, compete a primazia. Ora, assim se passando as coisas e não sendo menos verdade que o expediente da cláusula de desvio leva associada, em termos não passíveis de contestação, a redução da margem de certeza jurídica que é legítimo esperar de uma codificação de Direito Internacional Privado, pode suceder que se seja tentado a acompanhar Y. LOUSSOUARN na afirmação de que "[e]ntre une solution raffinée, mais incertaine, et une règle moins bien adaptée mais que l'on peut aisément connaître et qui permet de prévoir la solution, la préférence doit être accordée à la seconde."[689]. Ou a subscrever o sentido das secas palavras de L. JULLIOT DE LA MORANDIÈRE, de harmonia com as quais "[l]' opinion des hommes de pratique est très nette: peu nous importe la loi, pourvu que nous sachions à laquelle obéir."[690]. E, com efeito, entre muitos outros, acompanha aquela afirmação e subscreve estas palavras W. WENGLER, o qual, não se quedando por reparos brandos, "(...) va[] même jusqu'à considérer que la clause échappatoire constitue une violation de ce droit fondamental qu'est la certitude du droit."[691].

---

[689] [1973: 368].

[690] Afirmação recolhida em A. E. VON OVERBECK [1992: 87].

[691] [1991: 19].

294 *A Cláusula de Desvio no Direito de Conflitos*

O que pensar? É acertado aduzir os valores formais da certeza e da previsibilidade para *liminarmente* recusar juridicidade a uma solução cuja fundamentação metodológica e cabimento sistémico se afiguram – *rectius*: se afiguraram até ao momento – procedentes? Ou, enunciada a dúvida em outros termos: deve capitular-se ao reconhecimento de que, tal como a aplicação analógica de normas penais incriminadoras é entre nós interdita, assim também as nomeadas exigências de certeza e de previsibilidade são de molde a relegar a cláusula de desvio implícita para o limbo das soluções não jurídicas? Traduzidas as interrogações enunciadas por meio de metáfora farmacológica: comportar-se-á a cláusula de desvio como medicamento que, por isso que assistido de efeitos secundários nefastos, deve constituir remédio de prescrição interdita não obstante a correspondente aptidão para debelar ou aliviar mal determinado?

Note-se que não nos colocamos, nesta oportunidade, na perspectiva de quem se confina a reportar, enunciando-os e descrevendo-os, os inconvenientes, desvantagens ou contratempos de uma solução cuja bondade esteja definitivamente adquirida e cuja aceitação, portanto, já foi consumada. Antes, na perspectiva de quem, perpassado pela angústia do cientista sempre intranquilo, admite a possibilidade de que uma linha de investigação ainda não desenvolvida, mas que cumpre desenvolver, venha a colocar em crise resultados até agora certificados como válidos.

Renova-se a questão: é acertado aduzir os valores formais da certeza e da previsibilidade para *liminarmente* recusar juridicidade, entre nós, a cláusula de desvio implícita?

2. Responde-se com a negativa.

Decerto, é fora de causa pretender que um mecanismo como a cláusula de desvio não representa um aumento da imprevisibilidade sempre implicada no processo de determinação da lei aplicável às situações "atravessadas por fronteiras"- na expressão bem conhecida de I. MAGALHÃES COLLAÇO – ou que não leva associada qualquer ameaça aos valores da certeza e da previsibilidade a cuja realização vai orientado o Direito de Conflitos. Basta atentar, sucessivamente, em que: (i) a cláusula de desvio não contém, em si mesma, uma medida objectiva que permita antecipar, com justeza, a oportunidade da respectiva actualização; (ii) a intervenção da cláusula de desvio supõe, da parte do aplicador, uma liberdade de avaliação incompatível com qualquer forma rígida. Seria cego, pois, quem não divisasse aquela ameaça e teimoso, inerentemente,

Ensaio de resposta em face do sistema de direito português   295

quem persistisse em negá-la. Mas se nisso tem de convir-se, o que não parece menos evidente é a razoabilidade de algumas considerações que, tendo por alcance a redução da referida ameaça às suas devidas importância e proporção, logra justificar o bem-fundado do sentido da resposta enunciada no parágrafo anterior.

Sem embargo, é importante fazer notar que não se exclui – *rectius*: não é possível excluir – a eventualidade de os valores da certeza e da previsibilidade poderem ser determinantes do afastamento, num determinado caso de espécie ou no quadro de um particular grupo de matérias, da actualização do expediente da cláusula de desvio. Afinal, "(...) nenhuma categoria de valores ou interesses permite por si só explicar todo o sistema de conflitos, o qual (...) não assenta num fundamento exclusivo."[692]. Assim como não é menos sabido que, ademais de se complementarem reciprocamente, os princípios do Direito de Conflitos "(...) entram frequentemente em contradição entre si, exigindo limitações recíprocas."[693].

Não sai beliscada, como quer que seja, a justeza do ponto de vista atrás anunciado: exigências de certeza e de previsibilidade não são de molde a *liminarmente* relegar a cláusula de desvio implícita – e, para o que importa, entre nós – para o limbo das soluções não jurídicas. Procurarão demonstrá-lo os parágrafos subsequentes.

Começa-se por sublinhar que se em relação aos vários quadrantes do jurídico vale a observação de que "[la] certitude totale, de caractère mathématique, est impossible (...) et peu désirable(...)"[694] posto que "(...) le droit, comme toute oeuvre vivante ou destinée à la vie, veut quelque souplesse, une marge d'appréciation humaine dans les limites de l'honnêteté intellectuelle et du bon sens."[695], o que mais se impõe reconhecer é que, força da natureza das coisas, o grau de certeza jurídica alcançável no plano das situações jurídico-privadas internacionais nunca é semelhante, por defeito, ao alcançável no plano das situações puramente internas[696].

---

[692] Cfr. D. MOURA VICENTE [2001a: 33].

[693] Cfr. L. LIMA PINHEIRO [2001a: 248].

[694] Cfr. H. BATIFFOL [1960: 53].

[695] *Ibidem.*

[696] Colocando ênfase no valor tão-só relativo da certeza jurídica no âmbito do Direito Internacional Privado, cfr., entre outros, P. LALIVE [1977: 360 ss] e E. VASSILAKAKIS [1987: 186 ss], para quem o Direito Internacional Privado pode ser

Dir-se-á, porventura, que isso mesmo constitui motivação acrescida para que um já de per si muito frágil grau de segurança não seja adicionalmente comprometido.

Sob a instância tutelar de A. FERRER CORREIA, entende-se contra-argumentar no sentido de que o propósito de segurança jurídica não é de tal forma assegurado pelo método clássico – não por acaso, E. VASSILAKAKIS alude a uma "faiblesse congénitale du procédé conflictuel"[697]; e, com efeito, é olhar à imprecisão sempre associada a hipóteses como os conflitos de qualificações, a problemas como o da impossibilidade de determinação do conteúdo do direito estrangeiro, a institutos como o da ordem pública, a técnicas como a adaptação e a soluções como as que se analisam na atribuição de eficácia a disposições imperativas, *maxime* às dimanadas de Estados terceiros (como afirma A. FERRER CORREIA, "(…) tudo casos (…) em que as partes, se consideraram a hipótese de um litígio, terão de reconhecer que lhes é impossível prever, sequer por aproximação, o sentido em que o conflito virá a ser dirimido."[698]) – o propósito de segurança jurídica não é de tal forma assegurado pelo método clássico, dizia-se, que seja curial condenar, sem mais, o recurso a outros instrumentos que se limitam a também comprometer aquele objectivo de segurança.

Autor insuspeito, é de novo A. FERRER CORREIA a fazer notar que "(…) a atitude de pronunciada maleabilidade na interpretação e aplicação da norma de conflitos, que advogamos, a liberdade que reclamamos para o órgão incumbido da execução dessas tarefas – mas uma liberdade sempre limitada pela consideração dos interesses a cuja tutela vão dirigidas as normas do sistema relacionadas com a matéria em causa –, não nos parece que acrescente sobremaneira (…) àquela dose de incerteza jurídica que está inevitavelmente ligada ao direito internacional privado, produto que é da precariedade (também ela inevitável, no presente estádio da evolução jurídica) dos seus processos."[699].

---

considerado como o grau zero da segurança jurídica. Sublinhando o ponto em ordem a relativizar o inconveniente da insegurança sempre associado ao expediente da cláusula de desvio, cfr. F. VISCHER [1974b: 15 ss]; R. BARATTA [1991: 202]; S. SCHREIBER [2001: 216].

[697] [1987: 189].
[698] [1981: 108].
[699] [1981: 108].

Será tanto mais assim quanto se seja levado a admitir que a necessidade de segurança não se apresenta com a mesma premência em todos os domínios da regulamentação conflitual[700] e, ademais, que o inconveniente da insegurança jurídica associado à figura da cláusula de desvio é proporcionalmente contrabalançado por resultados positivos que, do ponto de vista de outros interesses gerais que norteiam a conformação do sistema de Direito Internacional Privado, outrossim importa alcançar[701].

Certamente não é desprezível, entre essas vantagens, a que se relaciona com a tutela da justiça conflitual.

Tão-pouco, a que se relaciona com a garantia do que por autores alemães é designado como a "honestidade de métodos" (*Methodenehrlichkeit*)[702], a ideia sendo a de que o recurso transparente e aberto a cláusula de desvio previne o recurso indevido, por injustificado, a instrumentos e técnicas que, permitindo actuar, de uma ou de outra forma, sobre as soluções a que a aplicação do sistema das normas de conflitos conduziria em linha recta, se abrem à possibilidade da correspondente utilização como *tricks, covert techniques* ou, segundo expressão mais celebrizada, como *escape devices*; para além de na técnica da qualificação – a uma "*novel or desingenuous characterisation*" faz referência B. CURRIE[703] –, pensa-se, naturalmente, na reacção contra a fraude à lei ou no instituto da ordem pública internacional[704].

Mas não só.

É que aceitar que a variabilidade da vida e a limitação da previsão humana impõem o alargamento, à área internacionalprivatística, de maleabilidade na aplicação da regra de conflitos[705] não significa afirmar – muito pelo contrário – que a actualização de cláusula de desvio possa ou deva ter lugar incondicionada ou irrestritamente. Como bem nota P. HAY,

---

[700] Cfr., inter alia, H. BATIFFOL [1986: 107] e P. HAY [1991: 292, nota 10].

[701] Parece ainda mais ousada a ideia subjacente à seguinte afirmação de L. LIMA PINHEIRO [2002c: 34]: "A nacionalidade deixa-se determinar com mais facilidade e certeza que a residência habitual. Esta vantagem ligada à segurança jurídica e à facilidade na administração da justiça não é, porém, decisiva, porque os valores formais não justificam o sacrifício de outras finalidades do Direito de Conflitos."

[702] Assim, por exemplo, S. SCHREIBER [2001: 218].

[703] [1963: 181].

[704] Fazendo valer o ponto, I. SCHWANDER [2000: 172]; J. KROPHOLLER [2001: 27].

[705] A expressão, já anteriormente reproduzida, pertence a A. FERRER CORREIA [1981: 108].

298 A Cláusula de Desvio no Direito de Conflitos

"[t]he point is not (...) that there should be predictability or flexibility. The question is rather whether the flexibility that has been introduced is focused or is so unguided as to undermine legal security."[706].

Ora, da mesma maneira que a necessidade de um mecanismo como a excepção de ordem pública internacional não torna dispensável ou sequer acessória "a necessidade da indicação de critérios juridicamente fundamentados que sejam aptos a conter, dentro dos limites convenientes, a corrente do livre sentimento jurídico do aplicador do direito"[707], assim também o reconhecimento da inevitabilidade de cláusula de desvio deve ir de paralelo com a cautelosa subordinação da respectiva intervenção a pressupostos determinados – e, acrescente-se, muito exigentes.

Na exacta medida em que assim deve suceder – enquanto, designadamente, se restrinja a intervenção da cláusula de desvio àquele conjunto de hipóteses no quadro das quais a persistência na aplicação da lei ordinariamente competente equivaleria a esvaziar de fundamento a pertinente regra de conflitos –, ser-se-á conduzido ao reconhecimento de que, se não logra ser eliminada, a margem de incerteza jurídica por ela implicada é, em todo o caso, limitada[708]. Desde logo, por isso que será tão-só do exercício de discricionariedade vinculada que a actualização de cláusula de desvio relevará. Apela-se, a este respeito, a lição clássica de K. ENGISCH: "Aqui podemos lançar mão do conceito evanescente de 'discricionariedade vinculada' e dizer que a discricionariedade é vinculada no sentido de que o exercício do poder de escolha deve ir endereçado a um escopo e resultado da decisão que é o «único ajustado», em rigorosa conformidade com todos as directrizes jurídicas, e particularmente legais, que são de tomar em conta, ao mesmo tempo que se procede a uma cuida-

---

[706] [1991: 361].

[707] Cfr. J. BAPTISTA MACHADO [1982: 259].

[708] Cp., porém, J. C. CASTEL [1992: 630-631]: "La difficulté soulevée par l'article 3082 [du Code Civil du Québec] est qu'en principe il ne peut être invoqué qu'à titre exceptionnel. Cependant, par titre exceptionnel, on entend les cas où, compte tenu de l'ensemble des circonstances, il est manifeste que la règle de droit international privé normalement applicable aboutit à un résultat contraire à la réalité en désignant une loi sans lien concret, réel avec la situation alors qu'une autre loi présente des liens plus étroits avec cette situation. Ces cas peuvent être extrêmement nombreuses. Il en résulte qu'inéluctablement chaque fois que la règle de droit international privé utilisée par le tribunal n'aboutira pas à l'application de la loi qui a les liens les plus étroits avec la situation juridique, le principe de proximité deviendra la règle et non pas l'exception.".

Ensaio de resposta em face do sistema de direito português

dosa pesquisa e a uma cuidadosa consideração de todas as «circunstâncias do caso concreto». A incerteza que em todo o caso frequentemente subsiste quanto à decisão «justa» seria então um «mal» que se tem de aceitar. Trata-se aqui de um «espaço residual» (portanto, de um espaço livre – restringido) da «subjectividade na apreciação do justo» que persiste depois de terem sido consideradas e atendidas todas as possíveis regras e circunstâncias e que não pode ser totalmente eliminado."[709].

Não despicienda será, ainda, chamada de atenção dirigida a sublinhar que, conquanto real, o inconveniente de insegurança associado a cláusula de desvio não logra reproduzir a qualidade da incerteza aliada seja a uma orientação do tipo da do *Restatement* – em mente vão, sobretudo, os preceitos que, no seio daquela compilação de carácter doutrinal, integram o por S.C. SYMEONIDES denominado *"ad-hoc group"* –, seja às regras – às «não-regras», outros entendem dizer – que, no contexto de sistemas normativos que propendem para a adopção do modelo tradicional da regra de conflitos, se limitam a consagrar o princípio da proximidade plasmado em cláusula geral. Explica-o de modo claríssimo R. MOURA RAMOS: "É que são os termos da questão que aqui aparecem de todo invertidos. Na verdade, o que agora temos perante nós é apenas a correcção de um processo guiado por preceitos fixos, quando uma tal correcção se afigure indispensável face à insatisfação dos resultados de um tal processo, uma vez vistos à luz da ideia-força que o justifica. O emprego da metodologia é assim de todo excepcional, destinando-se a ser utilizada apenas e só quando a aplicação da regra a que o legislador dera a sua preferência aparecesse *in casu* como de todo carecida de sentido, face às motivações que o haviam guiado. Diferentemente, a imprevisibilidade é muito maior quando o juiz é deixado de mãos vazias (ou quase, como no *Restatement Second*, atento o carácter vago e algo contraditório dos princípios da secção 6), em tal caso se justificando invocar os perigos ligados à apli-

---

[709] [1996: 220-221]. Escrevendo a propósito do artigo 4.° da Convenção de Roma sobre a Lei Aplicável às Obrigações Contratuais, R. BARATTA [1995: 963] assevera que "[n]aturalmente, il giudice viene a svolgere un compito discrezionale.". Porém, acrescenta logo em seguida: "Ma discrezionalità non vuol dire arbitrio nella selezione della legge regolatrice. Piuttosto, si tratta di adattare la norma di conflitto alla peculiarità del caso singolo, al fine di individuare la circostanza o le circostanze di collegamento che esprimono il legame spazialmente piú effettivo tra la fattispecie e un dato sistema normativo." *(idem)*.

300   A Cláusula de Desvio no Direito de Conflitos

cação deste sistema."[710]. De onde vem que, diferente de mecanismo por meio do qual a flexibilização (necessária) das regras de conflitos é conseguida à custa de integral sacrifício dos valores da certeza e previsibilidade, a cláusula de desvio, assim encarada como "(...) l'ultime remède, en cas d'iniquité flagrante que provoquerait l'application de la règle de conflit ordinaire"[711], "(...) revela-se um natural ponto de encontro entre as exigências dos sistemas jurídicos que privilegiam cada um [daqueles] pontos [: a flexibilização, por um lado, a certeza e previsibilidade, por outro] (...)."[712].

Mais tende a ser verdade que, consoante trazido à luz do dia pelos autores, o (inamovível) grau de insegurança associado à figura da cláusula de desvio propende, com o tempo, a diminuir. Reportando-se em geral às decisões que implicam para o julgador uma actividade criadora na decisão dos casos concretos, afirmou-o, entre nós e em momento recente no tempo, D. Moura Vicente. Assim, ao declarar que "[o] risco de incerteza associado a estas soluções tenderá a atenuar-se à medida que as decisões judiciais proferidas no uso do poder conformador que as mesmas facultam ao julgador assumirem, por via da sua reiteração, a natureza de usos ou de costume jurisprudencial e os interessados puderem, por conseguinte, pautar por elas a sua conduta em casos futuros (...)"[713].

---

[710] [1991a: 569-570]. Cfr. ainda, na mesma obra, pp. 408-409. Em sentido próximo, P. Hay [1991: 361] afirma que a correcção associada a cláusula de desvio é "(...) «principled» (...) [and not] as open-ended as [in] the American Restatement." Sem embargo de entender – do ponto já se deu conta – que "(...) la clause échappatoire constitue une violation de ce droit fondamental qu'est la certitude du droit.", também W. Wengler [1991: 18] reconhece que "[l'] incertitude des parties sur le point de savoir si un tel raisonnement va être suivi dans un litige à venir n'est certes pas aussi importante que lorsque le juge se voit octroyer toute latitude par le législateur à l'effer d'établir l'élement de rattachement le plus fort (...)". A favor do estabelecimento, no domínio dos contratos, de regras fixas *prima facie* aplicáveis acompanhadas de mecanismos de correcção por considerar que este sistema acarreta menor imprevisibilidade do que a mera enunciação do princípio da conexão mais estreita plasmado em cláusula geral, cfr., exemplificativamente, F. Vischer [1974: 52-62] e P. Lagarde [1986: 39-46].

[711] G. Droz [1991: 93].

[712] R. Moura Ramos [1991a: 572].

[713] [2001a: 532-533]. Cfr. ainda, do mesmo Autor e no mesmo estudo [2001a: 74], a afirmação de que "(...) a eficácia da decisão [que não corresponde à mera reprodução de soluções previamente determinadas por intermédio de uma regra de conflitos, antes é fruto de uma elaboração *ope iudicis*] se estende potencialmente para além do caso con-

Assinalando o ponto e reportando-se à cláusula de desvio em particular, refere-se a doutrina, nacional como estrangeira, a um seu *efeito mediato* ou *indirecto* analisável na elaboração, *modo legislatoris*, de *máximas ou modelos de decisão* que, redundando no aperfeiçoamento, afinamento ou desenvolvimento do direito legislado, têm como ponto de partida o agrupamento, por casos típicos – o mesmo é dizer, a tipicização – das soluções relativas aos casos (atípicos) que originaram a intervenção de uma cláusula de desvio[714]. Nas palavras felizes de E. JAYME, "[l]a clausola d'eccezione diventa cosí lo strumento di una Rechtsfortbildung istituzionalizzata."[715].

Tem-se vindo a fazer valer que exigências de certeza e de previsibilidade não são de molde a recusar juridicidade – para o que ora importa, entre nós – à figura da cláusula de desvio. Cabe a auto-reflexão: serão as razões já aduzidas de sorte a persuadir acerca da bondade dessa (nossa) tese?

Nunca facilitando, tem-se presente, em particular, entendimento que, para mais credor do nosso acordo, se analisa na recusa de uma visão judiciária ou patológica do Direito Internacional Privado; que se desentranha, o que o mesmo vale por dizer, na certificação de que, para além dos órgãos oficiais de aplicação do Direito, também "[o]s sujeitos das situações transnacionais necessitam de determinar o Direito aplicável para poderem orientar por ele as suas condutas."[716]; que não esquece que "[o] Direito (incluindo o Direito Internacional Privado) actua (...) nas relações sociais independentemente de uma definição prévia e heterónoma da conduta devida pelos respectivos sujeitos."[717]. Ora, pergunta-se: a afirmação de vigência de cláusula de desvio implícita é compatível com visão "desjurisdicionalizada" do Direito Internacional Privado?

---

creto – por exemplo, na medida em que a sua fundamentação sirva de paradigma a futuras decisões sobre casos iguais ou semelhantes, constituindo por essa via o esteio de uma jurisprudência constante.".

[714] Cfr., *inter alia*, C. DUBLER [1983: 101 ss]; C. CAMPIGLIO [1985: 82]; M. KELLER / D. GISBERGER[1993: 145]; R. MEYER [1994: 320-321].

[715] [1988: 432]. Cf., igualmente, A. K. SCHNYDER [1995: 64-65]: "Darüberhinaus soll Art. 15 auch kollisionsrechtliche *Rechtsfortbildung* ermöglichen, indem gegebenenfalls *modo legislatoris* festgefügte Anknüpfungen in bezug auf bestimmte Sachverhalte and Rechtsfragen weiterentwickelt bzw. Noch differenzierter gehandhabt werden könnten.".

[716] L. LIMA PINHEIRO [2001a: 33].

[717] D. MOURA VICENTE [2001a: 68].

302   *A Cláusula de Desvio no Direito de Conflitos*

Responde-se com a afirmativa.

Faz-se notar, em primeiro lugar, que a recusa de "lunetas judiciárias"[718] não tem impedido autores de sufragarem a consagração expressa de cláusula geral de excepção[719]. Assim, de resto, como não tem prevenido – entende-se que bem – tomadas de posição como a que se analisa na certificação de que é legítimo ao aplicador conferir relevância a normas imperativas estrangeiras de terceiro ordenamento mediante a criação, pelo intérprete, de soluções conflituais especiais que passam pela revelação de lacuna que, oculta, existe na(s) pertinenente(s) norma(s) de conflitos geral(is).

Mas não é tudo. É que admitindo-se embora sem reservas que as regras de conflitos podem funcionar como regras de conduta, o que mais se impõe ao espírito é o reconhecimento de que o inconveniente da insegurança sai enfraquecido quando a correcção da regra de conflitos tem na sua génese um desvio a favor do direito com o qual a situação mantém efectivamente a conexão mais estreita. Em palavras de D. MOURA VICENTE, é ainda o princípio da confiança a estar na base da figura da cláusula de desvio, a qual, "(…) além do mais, visa[] salvaguardar as legítimas expectativas das partes relativamente ao Direito aplicável, sempre que do conjunto das circunstâncias resultar que a relação *sub judice* apresenta uma conexão mais estreita com uma ordem jurídica que não a designada pela regra de conflitos relevante."[720]. No mesmíssimo sentido depõe afirmação de M.F. PROENÇA MANSO aduzida a propósito da consignação legal do princípio da conexão mais estreita. Como segue: "A adopção desta solução, seja enquanto regra geral, seja a título excepcional, foi criticada por pôr em crise a segurança jurídica que o método clássico, rígido, assegurava. Mas este argumento não procede pois a segurança jurídica e a protecção das expectativas das partes estarão garantidas se a lei aplicada for a lei que está mais próxima de determinada questão, pois foi com esta lei que as partes provavelmente contaram."[721].

Diremos, pois, em jeito de síntese dos últimos parágrafos: *em primeiro lugar*, que convir na (possível) natureza das regras de conflitos

---

[718] Colheu-se a expressão em L. LIMA PINHEIRO [2001a: 33, nota 32], o qual, por sua vez, a pedira de empréstimo a P. LALIVE.

[719] Consoante já referido, é o caso, entre nós, de L. LIMA PINHEIRO.

[720] [2001a: 49].

[721] [1998: 126, nota 305].

Ensaio de resposta em face do sistema de direito português 303

como normas de conduta não pode significar a eliminação da ciência jurídica ou, o que o mesmo é dizer, não pode significar a liminar postergação de possibilidades que o sistema jurídico concede, em nosso aviso, à doutrina e à jurisprudência[722]; *depois*, que o inconveniente da insegurança jurídica – real – até sai enfraquecido quando do que se trata é de, em lugar da *prima facie* competente, conferir aplicação à lei com a qual a situação se conecta em termos manifestamente mais estreitos.

Quase a terminar, seja referido que a consignação de cláusulas de desvio em vários instrumentos estaduais e convencionais de Direito Internacional Privado também parece dizer, ela própria, da improcedência da invocação dos valores formais da certeza e da previsibilidade em ordem a liminarmente recusar juridicidade a uma solução cujo cabimento metodológico e sistémico se afigura – a não ser por tais valores, concede-se – clara.

Obtemperar-se-á chamando-se a atenção para facto, de todos os juristas bem conhecido, que é o de nada aconselhar a importação cega de soluções acolhidas em sistemas de direito alienígenas. Sem razão, porém.

É que, se é bem verdade "[r]egista[rem-se] divergências mais ou menos profundas entre os sistemas nacionais de Direito Internacional Privado quer na escolha e hierarquização dos valores a realizar quer na conformação dos princípios orientadores.[723]", não é menos exacto existir "(...) um importante núcleo valorativo comum a muitos sistemas nacionais de Direito Internacional Privado (...)", precisamente acontecendo que, fora de dúvida, esse núcleo valorativo comum integra, nem mais nem menos, os ora considerados valores da certeza e da previsibilidade.

Tão-pouco se diga ser ilegítimo, atento o *quid demonstrandum*, chamar à colação exemplos de sistemas alienígenas onde uma ou várias cláusulas de desvio recebem acolhimento, sim, mas por meio de consignação expressa.

Com efeito, tudo quanto em causa está é tornar aparente como exigências de certeza e de previsibilidade – integrantes do tal núcleo valorativo comum a todos os sistemas de Direito Internacional Privado – não têm impedido a consignação expressa, estadual como convencional, de cláusulas de desvio.

---

[722] No mesmo sentido – entenda-se: reclamando o reconhecimento da missão criativa da jurisprudência e da doutrina, sem a qual se desembocaria na "cristalização do sistema de Direito Internacional Privado" –, conquanto naturalmente a outro propósito, cfr. L. LIMA PINHEIRO [1998: 783], [2000: 40] e [2001a: 218].

[723] L. LIMA PINHEIRO [2001a: 228].

§ 13.° A AUSCULTAÇÃO DO (AFERÍVEL) SENTIMENTO DA DOUTRINA INTERNACIONALPRIVATÍSTICA PÁTRIA EM FACE DE PONTOS DE VISTA ANTERIORMENTE AVENTADOS

1. Com ter tornado aparente a juridicidade, aferida em face das coordenadas do Direito português, de decisão actualizadora de cláusula de desvio, o longo excurso precedente escancarou as portas à necessidade de esforço de investigação posterior, qual seja, o dirigido à caracterização do *modo-de-actuar*, em primeiro lugar, e do *modo-de-ser*, depois, da cláusula de desvio.

Por ora, porém, o momento parece o adequado para levar a cabo a auscultação do (aferível) sentimento da doutrina internacionalprivatística pátria em face de cada um dos atrás aventados pontos de vista.

Certo, será legítimo apontar-se-nos que, já visto como tais pontos de vista divergem, total ou parcialmente, dos veiculados pela lição de mestres de autoridade insuspeita, semelhante diagnóstico resulta pré-conhecido. Pois não se disse já do modo como, a despeito de propugnar a consignação expressa de cláusula geral de excepção, L. LIMA PINHEIRO enjeita a vigência de tal figura no Direito de Conflitos actual? Ou, bem assim, (não se disse já) dos três perigos fundamentais por que, segundo A. MARQUES DOS SANTOS, a pureza funcional da cláusula de desvio ameaça sair fortemente comprometida?

Bem verdade que sim – entenda-se: bem verdade que, consoante ora muito sumariamente recordado, as soluções por nós aventadas divergem das veiculadas pela lição de mestres do Direito de autoridade insuspeita –, não sucede menos que olhar atento sobre o conjunto de afirmações dos autores pátrios permite verificação correlata: a de que, ademais de espelharem o entendimento de estudiosos tal-qualmente autorizados, as soluções (por nós) subscritas reflectem outras lições daqueles aludidos mestres.

Não é pouco, assegura-se, o conforto daí adveniente: para além da autopersuasão de assim se escapar ao libelo de ousadia ou irreverência – por muito se desejasse o contrário, a novidade não é nossa –, a certeza de não se pisar o caminho inaceitável do heretismo jurídico. Tornar aparente a medida em que as teses até ao momento advogadas vão ao encontro de pontos de vista e de contributos dos internacionalprivatistas pátrios, eis então o que constitui ambição fundamental dos parágrafos seguintes.

Duas notas apenas, antes de se avançar.

A primeira, para dar conta de que se nem todos se constituem em precipitado de uma reflexão direccionada ao tópico das cláusulas de desvio – leia-se: se nem todos se relacionam, em termos estritos, com as coordenadas particulares do nosso problema –, tais contributos têm a uni--los a circunstância de colocarem em evidência como, na perspectiva de quem é por eles responsável, as regras de conflitos (entre nós vigentes) não constituem a *ratio scripta* em matéria de regulamentação das relações privadas internacionais.

A segunda, para sublinhar que o discurso directo dos autores será, e não raro, privilegiado.

2. O entendimento de que à função designativa do princípio da conexão mais estreita corresponde correlata função correctiva encontra subscritor destacado na pessoa de R. MOURA RAMOS.

Com efeito, assim é que, já depois de em outras oportunidades haver alertado para a importância de não se confundir a regra de conflitos com os fins por ela servidos – assim, em estudo publicado corria o longínquo ano de 1974[724], assim bem como em Parecer datado de 1977[725] –, o

---

[724] Cfr. [1974/1995: 43 ou 44]: "(…) o autêntico imperativo de justiça (...), a ausência de necessidade lógica em considerar da forma referida a Regra de Conflitos, e a conveniência, evidente a todos os títulos, em a conceber simplesmente como meio ao serviço dos fins do DIP, da justiça conflitual, levam-nos a aderir a uma concepção da Regra de Conflitos com um papel instrumental, com uma actuação portanto subordinada aos fins do DIP.".

[725] [1977: 9-10]: "As normas de conflitos do sistema do foro não são a ratio scripta em matéria de regulamentação das relações privadas internacionais: elas têm antes um valor relativo ou limitado, pois escolhem em abstracto uma de entre várias conexões possíveis, sendo por isso a conexão eleita apenas a preferida, mas não a única possível, pelo que, desde que a conexão escolhida conduza a uma regra que, a ser aplicada, se revela chocante para as concepções do legislador do foro, haveria que ter desde logo em conta

Professor de Coimbra escreveu, em sede da respectiva dissertação para doutoramento:

"(...) uma vez assente esta ideia [a concernente à função localizadora da norma de conflitos e ao respectivo valor instrumental face aos fins que o DIP persegue] dificilmente se encontrará numa tal hipótese um outro meio de prosseguir esse objectivo que não seja o que passa pela admissão da possibilidade de o juiz corrigir, quando for caso disso, a escolha da lei efectuada pelo legislador, precisamente por se ter por certo que, atento o circunstancialismo de uma particular hipótese que à previsão do legislador escapara, a solução por este preferida não faz uma correcta aplicação, *in casu*, do princípio da localização."[726];

"A bondade de uma tal asserção [a afirmadora do afastamento da lei *prima facie* aplicável] parece impor-se sem dificuldade de maior uma vez assente que o recurso a qualquer elemento de conexão, nesta como noutra área utilizado, se apresenta apenas como a concretização da ideia de localização (ou do princípio de proximidade, para retomar a expressão de LAGARDE). Ora uma vez que se possa dizer que o critério retido não conduz *in concreto* ao fim para cuja obtenção foi chamado, não se justifica persistir então na sua utilização, havendo antes que o abandonar. É esta a justificação (...) das chamadas cláusulas de excepção (...)"[727];

"Seria persistir numa ficção insistir na aplicação de uma tal lei [a designada por uma regra de conflitos fixa] nesse caso, de todo esvaziando o fundamento respectivo e não se vendo portanto em nome de que ideia (mais que a pura expectativa resultante de um comando legal que por si próprio e no caso não logra uma própria justificação) sustentar a sua aplicação."[728].

No mesmo estudo – e, portanto, numa altura em que a Convenção de Roma de 1980 sobre a Lei Aplicável às Obrigações Contratuais não constituía ainda direito vigente em Portugal –, o Autor (re)afirmou o sentido daquelas ideias também no domínio circunscrito do contrato de

---

que, permanecendo válidas as demais conexões, as razões de preferência pela conexão escolhida desapareceriam, havendo que optar por uma das restantes.".

[726] [1991a: 381].
[727] [1991a: 568].
[728] [1991a: 569].

308 *A Cláusula de Desvio no Direito de Conflitos*

trabalho internacional. O modo como o fez não poderia ser mais explícito:

> "(...) uma vez que admitimos tal mecanismo a [cláusula de excepção] para os contratos em geral, ele só seria de afastar aqui se se devesse ter por excluído pela natureza particular do contrato de trabalho. Mas no plano em que a sua actuação se coloca – a busca da melhor localização possível da relação – não vemos em que é que a especificidade da espécie contratual sobre que raciocinamos possa implicar um tratamento particular. Na verdade, também neste nosso caso se não alteram os termos da ponderação que está na base da admissibilidade ou inadmissibilidade da cláusula de excepção: ela permite localizar mais correctamente uma situação, conquanto arraste um crescendo de imprevisibilidade na determinação da lei a aplicar. Não nos parece que o particularismo da relação de trabalho justifique qualquer alteração à posição que em geral tomámos, pelo que nos pronunciamos, também aqui, pela manutenção da cláusula de excepção."[729].

São outrossim sugestivas as palavras que proferiu em Atenas, corria o Verão de 1994, por ocasião do XIV.° Congresso Internacional de Direito Comparado. Afirmou, então:

> "Certes, on ne rencontrera pas dans ce système [o do DIP português] des clauses d'exception à nature générale ou spéciale, au moins avec nature explicite, tant d'origine interne que de source conventionnelle (...). Mais ça ne veut pas dire que des clauses ayant une telle fonction bien qu'avec un domaine plus restreint, soient complètement absentes, ni que la jurisprudence n'ait pas raisonné dans un ordre d'idées qui rappele beaucoup ce mécanisme. D'autre part (...) on ne devra pas ignorer que le dip portugais fait un appel direct à la notion des liens les plus étroits, dans certaines règles de conflits subsidiaires. En plus, que la construction du système portugais de conflits de lois trouve largement son fondement dans ce même principe de proximité, surtout dans la sphère nucléaire du statut personnel. Ceci étant, (...), on devra tenir compte de cette réalité lorsqu'on prétend porter un jugement d'ensemble sur l'importance que revêt la clause d'exception (et le principe de proximité) dans le système portugais."[730];

---

[729] [1991a: 917].
[730] [1994: 277-278].

Ensaio de resposta em face do sistema de direito português 309

"(...) le degré de sensibilité d'un ordre juridique donné à ce principe [o da conexão mais estreita] ne pourra pas être ignoré si l'on prétend évaluer la position d'un tel système face à la question de l'admissibilité d'un procédé à caractère correctif, même implicite, en vue de sa réalisation. / Or le système conflictuel portugais est nettement bien placé à ce propos, si on le soumet à une analyse sous un tel angle."[731];

"C'est cette importance reconnue au principe de proximité en dip portugais qui nous semble devoir être aussi tenue en compte le moment où on essaye de préciser le rôle des clauses d'exception – pas simplement celles explicitement formulées, mais aussi bien les autres, celles qu'on dirait implicites – en dip portugais."[732].

E, precisamente, a uma cláusula de desvio implícita entre nós vigente no domínio jurídico das relações entre os cônjuges faz referência o Autor, em 2000. Assim é que, referindo-se ao artigo 52.º, n.º 2, do Código Civil, entendeu afirmar:

"A flexibilidade da regra, pouco comum no nosso sistema que favorece as conexões rígidas, resulta da vontade do legislador de encontrar uma conexão comum aos dois cônjuges (no respeito do princípio constitucional da igualdade) e da dificuldade da sua determinação em geral, em tais hipóteses. Razão por que se optou por confiar uma tal escolha ao juiz, convidando-o a concretizar *in casu* o princípio geral da conexão mais estreita. O poder assim expressamente reconhecido ao juiz de concretizar este princípio geral parece justificar-se ainda quando os cônjuges tenham uma nacionalidade ou residência habitual comum – na hipótese, ainda que deveras excepcional, de se poder demonstrar de forma inequívoca que a

---

[731] [1994: 283].

[732] [1994: 285]. Parece possível registar uma certa evolução no pensamento de R. MOURA RAMOS pois que, em já referido Parecer datado de 1977, o então Assistente da Faculdade de Direito da Universidade de Coimbra afirmava que "[s]em embargo de reconhecermos o 'carácter subordinado da regra de conflitos no sistema do direito de conflitos' e de termos dado a nossa adesão a uma 'concepção que atribua à regra de conflitos um papel instrumental e lhe imponha portanto uma actuação subordinada aos fins do Direito Internacional Privado', não nos parece que deste ponto de partida se possam retirar as conclusões acima referidas. Com efeito, sendo a harmonia jurídica internacional e, por meio dela, a garantia da continuidade e unidade de valoração das situações jurídicas internacionais o interesse que o Direito Internacional Privado visa fundamentalmente servir, é apenas em relação a ele que a regra de conflitos é instrumental e a sua posição subordinada".

310   *A Cláusula de Desvio no Direito de Conflitos*

vida familiar se apresentava mais estreitamente conexa com uma outra ordem jurídica."[733].

Sem prejuízo do reconhecimento, que também é o seu, de que, lançado um olhar lúcido e actual sobre o sistema de Direito Internacional Privado português vigente, "(...) on s'accordera à constater la primauté reconnue aux valeurs de sécurité juridique à l'égard de celles se rapportant à la flexibilité dans les règles de conflit."[734], as passagens anteriormente reproduzidas parecem não deixar dúvidas quanto à legitimidade de incluir o nome de R. MOURA RAMOS entre o dos Autores que, ademais de muito provavelmente apoiarem a consignação futura de cláusula de desvio, reconhecem já que uma cláusula de desvio implícita encontra justificação como Direito nos quadros da ordem jurídica portuguesa vigente.

2. Não é qualitativamente distinto o entendimento de J. CUNHAL SENDIM.

Tendo feito incidir investigação, já lá vão dez anos, no domínio particular do Direito Internacional Privado matrimonial português, o Autor veio a concluir, munido dos devidos e valiosos suportes argumentativos, no sentido de que "(...) uma vez assente que no artigo 52 do Código Civil português se visa atribuir competência à lei que rege o meio social onde a família se desenvolve, a que tem com ela laços mais estreitos e significativos, parece que se deve considerar implícita no artigo 52 uma cláusula de excepção do seguinte teor: a lei da nacionalidade comum ou da residência habitual comum não são excepcionalmente aplicáveis se, em face das circunstâncias do caso concreto, se demonstrar de modo inequívoco que a vida familiar está mais estreitamente conexa com outro ordenamento jurídico."[735].

3. As últimas páginas – as primeiras dirigidas à afiançada auscultação do sentimento da literatura pátria – constituiram-se em eco do modo de perspectivar de R. MOURA RAMOS e de J. CUNHAL SENDIM. Não por acaso. Consoante tornado aparente, ambos são responsáveis por

---

[733] [2001: 716].
[734] [1998b: 100].
[735] [1993: 354].

Ensaio de resposta em face do sistema de direito português   311

pensamento direccionadamente desenvolvido em torno do tópico que, sobre todos os outros, nos ocupa: a cláusula de desvio e correspondente juridicidade no quadro do Direito português vigente.

Sabido ter sido no decurso das últimas décadas que "(...) les «clauses échappatoires» ont éveillé progressivement l'intérêt de la doctrine, de la jurisprudence et des législateurs."[736] e, mais ainda, sabido estar-se num tempo em que a figura da cláusula de desvio se encontra na entrecruzilhada de várias tendências reclamadas pela doutrina, não constitui coincidência que, sem excepção, as passagens atrás reproduzidas em texto integrem estudos publicados no decurso da última dezena e meia de anos. Uma vez optando-se – como se optou – por privilegiar contributos doutrinais pátrios adrede desenvolvidos com respeito ao tema das cláusulas de desvio, seria sempre altamente provável – para não dizer fatal – que, em detrimento de outros de nós mais distantes, menção inaugural acabasse por ser feita a estudos recentes (ou relativamente recentes). Confirmam-no, de resto, as referências feitas a trabalhos, também eles recentes, de A. MARQUES DOS SANTOS e de L. LIMA PINHEIRO.

Não significa isso, porém, que menção não possa e não deva ser feita a contributos menos recentes que, porventura apenas por isso, não *nomeiam* a figura da cláusula de desvio.

É o caso evidente daqueles escritos que, reflectindo o acolhimento, por alguma doutrina, da natureza instrumental das regras de conflitos em face da teleologia intrínseca do Direito Internacional Privado e dos objectivos particulares visados nos seus diferentes sectores, não podem deixar de ser encarados – assinala o ponto L. LIMA PINHEIRO[737] – como "ideologicamente" favoráveis ou propícios ao reconhecimento da vigência de cláusula de desvio implícita.

O destaque vai, a este propósito, para o pensamento de J. BAPTISTA MACHADO.

Como bem sabido, são (pelo menos) dois os planos em que, na construção deste Professor, aquela natureza instrumental das regras de conflitos se projecta. Assim é que, ademais de perspectivar as regras de conflitos como simples normas fornecedoras de critério preferencial para

---

[736] K. KREUZER [1996: 72].
[737] [2001a: 237].

312 *A Cláusula de Desvio no Direito de Conflitos*

prevenir ou resolver o problema secundário do conflito entre leis cujo título de atendibilidade já resulta do princípio, primicial, da não transactividade, J.B. MACHADO enjeita o entendimento de que as regras de conflitos absorvam ou esgotem os princípios e valorações próprios do sistema a que pertencem. Já nos tendo debruçado, tempestivamente, sobre aquele primeiro plano, a ênfase deve agora ser colocada no segundo. Actuando-se a já confessada intenção de privilegiar o discurso directo, retêm-se as seguintes afirmações do Autor do *Âmbito de Eficácia e Âmbito de Competência das Leis*:

> "Mas até onde irá a força ou a validade desta preferência da nossa regra de conflitos [a preferência da norma de conflitos por uma das conexões do caso]? Esta a questão. / Ora, para lhe respondermos, devemos começar por salientar o seguinte: por um lado, aquela opção é feita em abstracto, em termos gerais, tendo em vista os casos que revistam uma certa normalidade implicitamente pressuposta pelo legislador ao formular aquela regra geral; por outro lado, as demais "conexões", as conexões deixadas na sombra por força da referida opção, não perdem de modo algum a sua relevância potencial, antes, ficam apenas como que em estado de latência, para virem ao de cima designadamente quando o recurso à "conexão preferida", nos casos que poderemos dizer "excepcionais" (por não corresponderem àquela normalidade pressuposta pela regra de conflitos), seja posto em causa ou entre em crise por (....) esbarrar com os limites imanentes ao próprio sistema em que se integra (...)"[738];
>
> "(...) a conexão escolhida por uma Regra de Conflitos não é algo de absoluto e único: bem pode ser que, em face das circunstâncias do caso, essa conexão deva ceder lugar a outra, que aponte para uma outra lei dentro de cujo âmbito de eficácia a situação a regular também se situa. É que toda a teleologia intrínseca do DIP se inspira na ideia de garantir a continuidade ou *estabilidade* da vida jurídica dos indivíduos e a *uniformidade* de regulamentação das situações internacionais; e as Regras de Conflitos como simples critérios instrumentais que são para a resolução dos concursos de leis, não devem na sua actuação opor-se a essa teleologia intrínseca, antes se devem subordinar a ela."[739];
>
> "Quanto a tal desvalorização [a desvalorização da conexão por que optou o legislador do foro], há desde logo que ponderar o seguinte: a opção

---

[738] [1977: 4] (sublinhado no original).
[739] [1982: 162-163].

Ensaio de resposta em face do sistema de direito português   313

do legislador do foro por certa conexão não significa de forma alguma que outra ou outras conexões não possam ser subsidiariamente relevantes (cfr. os arts. 20.°, 2; 23.°, 2, 2ª parte, e 32.° do nosso Código); significa apenas que, em último termo, quando haja um conflito entre duas leis interessadas (e "eficazes"), se dará preferência àquela que tiver a seu favor essa conexão. Mas com isso não se faz desaparecer a realidade e o ponto de partida básico: os factos em causa também se passaram dentro da esfera de eficácia da lei que é preterida por força da Regra de Conflitos. Esta última lei permance, pode dizer-se, dotada de uma competência potencial. Atente--se sobretudo no que se passa com a opção que é preciso fazer entre a conexão nacionalidade e a conexão domicílio – duas conexões igualmente fundamentais e internacionalmente legítimas. Logo isto nos revela o papel *subordinado* e puramente *instrumental* da Regra de Conflitos no contexto do DIP."[740];

"Da pluralidade de elementos de facto que podem concorrer para a formação duma situação jurídica, *só interessa* à determinação da lei aplicável o facto com o qual se desencadeia o efeito de direito material (a constituição, modificação ou extinção da situação jurídica). É este facto que importa "localizar", é em relação a este facto que importa determinar a conexão concreta. E note-se que a exacta determinação deste facto é, em DIP, *de mais fundamental importância que a própria definição do tipo de conexão que é decisiva*. Com efeito, um erro na escolha da conexão (tomando por decisivo o domicílio em vez da nacionalidade, p. ex.), se aquele facto foi exactamente determinado, não pode conduzir à aplicação duma lei sem contacto com o facto que deu origem ao direito ou situação jurídica (e ao qual, por isso mesmo, se vinculou a expectativa dos interessados), ao passo que um erro na determinação daquele facto pode levar a tal."[741];

"(...) as Regras de Conflitos, por si mesmas, não são a expressão dos princípios e da teleologia essencial do DIP; representam, antes, simples critérios *instrumentais* de solução de conflitos que operam como que mecanicamente. No campo do DIP, elas jogam num plano *subordinado*. Logo, a referida intervenção poderá ser facilmente excluída quando a referida teleologia essencial do DIP – que não é imanente às fórmulas daquelas regras nem se exprime nelas, mas antes as transcende e lhes é como que *exterior* – postular ou aconselhar uma solução diversa daquela que resultaria da aplicação delas. Assim – e cremos que só assim – se

---

[740] [1982: 168].
[741] [1982: 234, nota (1)] (itálico no original).

poderá explicar a facilidade com que no DIP vemos afastar a aplicação duma Regra de Conflitos (...). Estamos convencidos de que, em todas aquelas hipóteses em que se exclui a aplicação da Regra de Conflitos do foro para respeitar os valores fundamentais do DIP, se não trata, como correntemente se afirma, de um abandono da competência em princípio inerente ao sistema de Direito de Conflitos do foro, mas pura e simplesmente de aplicar este sistema *tal como ele é*: com o princípio inspirador da sua teleologia intrínseca a controlar o jogo desses mecanismos de funcionamento automático que são as Regras de Conflitos."[742].

4. J. B. MACHADO não se encontra isolado. Para além do seu, outros nomes cobram alusão num momento, como o presente, em que do que se trata é de patentear como, assentando no valor tão-só relativo ou limitado da opção corporizada em regra de conflitos legal, alguma doutrina manifesta, nessa exacta medida, disponibilidade conceptual de base para reconhecer / apoiar a vigência de cláusula de desvio. É o caso de A. FERRER CORREIA.

Para além de lhe pertencer a certificação de que, vigorando em um Estado, para todo o domínio da responsabilidade extracontratual, a regra da *lex loci delicti commissi*, deve convir-se em que tal regra sofra desvio quando a tribunal desse Estado seja presente caso do tipo *Babcock*[743], o saudoso Professor deixou escrito, mais, que:

> "O capítulo de um código civil concernente ao direito internacional privado não pode ser, é manifesto, o perfeito equivalente de uma lei especial que abrace todo esse vasto domínio. Dada a extensão e a complexidade do assunto, facilmente se intuem as graves limitações com que se defronta o legislador, quando renuncia ao segundo procedimento indicado. É-lhe forçoso concentrar-se no essencial. Não se estranhará, por isso, que no Código português se não contenha um sistema completo de direito internacional privado. As lacunas são particularmente sensíveis no que tange à parte especial. (...) Cabe à doutrina e à jurisprudência a tarefa de desenvolver e concretizar essas regras, obviando às deficiências – conhecidas do legislador e de resto (pelo motivo indicado) inevitáveis – do sistema legal. / Aliás, os mesmos preceitos da parte geral do mencionado capítulo do Código, bem que revelem, ao menos na maioria dos casos, uma

---

[742] [1982: 169].
[743] [1981: 105-107].

Ensaio de resposta em face do sistema de direito português   315

tomada de posição firme e clara sobre os problemas versados, não deixam de requerer uma interpretação compreensiva e ágil, sob pena de conduzirem em certas hipóteses a resultados inaceitáveis, por não consentâneos com a *ratio legis*."[744];

"Vistas assim as coisas, as fórmulas legais aparecem-nos aqui – sobretudo aqui no quadro do DIP – não como algo de concluso, de definitivo e fechado, mas antes como tentativas de aproximação dos objectivos visados, aberturas para a descoberta de soluções novas, sinais ou marcos indicativos, cuja função é mais definir uma linha de rumo do que mostrar em toda a sua extensão o caminho a percorrer."[745];

"Por nós, é para o modelo tradicional da regra de conflitos que propendemos./ Todavia – há muito o pensamos – as normas de conflitos não devem ser olhadas como algo preciso, definitivo e concluso, senão como balizas ou marcos indicativos: a sua função não é tanto impor dogmaticamente um percurso sem desvios, como antes definir apenas uma linha de rumo: o rumo a observar em tanto quanto corresponder às razões que ditaram a opção."[746];

"É fundamental aceitar a ideia de que as normas de conflitos são regras instrumentais relativamente aos valores axiais do direito inter-nacional privado e aos objectivos específicos visados nos seus diversos sectores. Se por hipótese se constata, quanto a um tipo de situações compreendidas no âmbito de certa norma de conflitos, que a aplicação desta regra contraviria aos juízos de valor determinantes do sistema, deverá operar-se nesse âmbito a restrição que se mostrar necessária a fim de que semelhante resultado não se produza."[747];

"Claro que o recurso a um conceito tão indeterminado e vago, como esse da conexão mais estreita ou mais significativa, vibrará sempre um golpe profundo na necessária clareza e certeza do direito: na desejada previsibilidade das decisões judiciais. Todavia, casos haverá decerto (pensemos na imensa variedade das situações com que deparamos em matéria de contratos) em que muito dificilmente se poderá renunciar a tal expediente."[748].

Reproduzidas estas passagens de alguém da autoridade de A. FERRER CORREIA, dever-se-ia à verdade caso acto contínuo não se

---

[744] [1972/1982: 8-9].
[745] [1973: 433].
[746] [1981: 104-105].
[747] [1981: 105].
[748] [s.d./1989: 360].

316   *A Cláusula de Desvio no Direito de Conflitos*

acrescentasse que, sem embargo do que nelas e por elas vai dito, o Autor se afirma opositor severo do que apelida de "casuísmo de tipo conflitual". Assim, designadamente, ao verberar contra a orientação que, em alternativa ao modelo tradicional da regra de conflitos, consiste em "(…) confiar ao juiz a tarefa de definir ele próprio, tendo em conta certos factores entre os quais a natureza e circunstâncias do caso *sub iudice* e as expectativas dos interessados, a lei mais estreitamente conexionada com a situação a regular."[749]. Ou, mais abrangentemente, ao afirmar que, no domínio do Direito Internacional Privado, a primazia compete a valores de certeza e estabilidade jurídica.

6. Não é menos devida alusão ao pensamento de D. MOURA VICENTE, Autor em cuja dissertação de doutoramento parece legítimo reconhecer sinais de alguma abertura, mesmo benevolência, para com a ideia de uma cláusula de desvio (implícita) vigente, entre nós, no domínio das regras de conflitos de leis no espaço. Dúvidas existissem e teríamos, do Autor ele próprio, a certificação de que a sua linha de orientação vai "(…) de certo modo ao encontro de pontos de vista sustentados entre nós por autores como FERRER CORREIA, BAPTISTA MACHADO e MOURA RAMOS, que conferem à regra de conflitos um papel instrumental relativamente aos fins do Direito Internacional Privado e aos valores axiais que o informam, admitindo o seu afastamento ou restrição sempre que a realização concreta de tais valores assim o exija (…)"[750].

---

[749] [1981: 98]. Assim, por exemplo, são conhecidas as reservas que ao Autor suscitaram soluções como as vertidas nos artigos 52.º, número 2, *in fine*, 55.º, número 1, e 60.º, número 2, *in fine*, todos do Código Civil. Em face da certificação, contida no quinto parágrafo do n.º 5 do preâmbulo do DL n.º 496/77, de 25 de Novembro, de que "[a]lgumas das soluções acolhidas – como a da escolha da lei em mais estreita conexão com a relação – (…) correspondem a orientação que hoje tende a ganhar o favor da melhor doutrina e das legislações e projectos mais recentes.", A. FERRER CORREIA [1979b/1982: 289] entendeu afirmar: "Não sei se a orientação tende, de facto, a ganhar o favor da melhor doutrina. Sei que está consagrada nalguns projectos de convenções internacionais (…).". E mais à frente, a páginas 293: "Antevejo que da orientação perfilhada vai resultar a flutuação da jurisprudência, a imprevisibilidade das decisões judiciais – ao fim e ao cabo a incerteza jurídica. O sistema utilizado afectará também inevitavelmente a harmonia internacional de julgados, harmonia que constitui, no entanto, a meta para que o direito internacional privado tende em última linha.".

[750] [2001a: 538].

Bem verdade, faz-se referência a Autor que coloca em evidência, sublinhando-os, os inconvenientes do subjectivismo e do casuísmo inevitavelmente associados a orientação metodológica como o realismo jurídico[751]. Não menos vivamente, tem-se presente que o Autor de *Da Responsabilidade Pré-Contratual em Direito Internacional Privado* assevera – e como não? – que as exigências de segurança jurídica e de certeza que atravessam todo o sistema jurídico são extensíveis ao domínio do Direito Internacional Privado[752]. Outrossim, que, fazendo coro com voz entre nós uníssona, D. MOURA VICENTE certifica valer, na ordem jurídica portuguesa, o primado das normas e princípios sobre as concepções pessoais de justiça e razoabilidade do julgador[753]. Finalmente, e o que aparece como derivação do anotado, que o Professor de Lisboa é do aviso de que o sistema português apenas consente que o operador se oriente pelo justo concreto nos casos previstos na lei[754], acontecendo que, "(…) em princípio, a disciplina das situações plurilocalizadas deve ser levada a efeito na base das regras de conflitos, pois que só deste modo será possível aos interessados antever com um mínimo de segurança o Direito aplicável a essas situações e planear a sua vida em conformidade, confiando na realização desses planos."[755].

Tudo subsídios, observar-se-á, que infirmam a bondade da afirmação inaugural. Insiste-se, sem embargo, em que parece legítimo reconhecer nos escritos de D. MOURA VICENTE sinais de boa vontade para com juízo afirmador da vigência, entre nós, de cláusula de desvio (implícita). Dos fundamentos de uma tal insistência dizem os próximos parágrafos.

Começa-se pelo essencial. Para dar conta de que, partidário muito embora da ideia de *imprescindibilidade do recurso a regras de conflitos como ponto de partida da disciplina das relações privadas internacionais*[756], D. MOURA VICENTE não é menos sensível à evidência proporcionada por hipóteses que, patenteadoras da insuficiência das regras de conflitos, tornam legítima *a elaboração jurisprudencial do Direito com carácter complementar relativamente à lei*[757]. Levando em comum

---

[751] [2001a: 67-69].
[752] [2001a: 531].
[753] [2001a: 531].
[754] [2001a: 531].
[755] [2001a:70].
[756] [2001a: 73].
[757] [2001a: 74].

318 *A Cláusula de Desvio no Direito de Conflitos*

tratar-se de casos em cujos quadros "[o] Direito [] afirmado pelo julgador não corresponde à mera reprodução de soluções previamente determinadas por intermédio de uma regra de conflitos, antes é fruto de uma elaboração *ope iudicis* (...)"[758], tais hipóteses são tanto aquelas em que a regra de conflitos se queda pela enunciação de uma cláusula geral (como a de conexão mais estreita), como aqueloutras em que "(...) a solução da questão privada internacional [não] se obtém pela subsunção da espécie decidenda sob as normas da lei designada pela regra de conflitos: é o que ocorre, nomeadamente, quando ao julgador caiba corrigir o resultado da sua aplicação (v.g. por apelo à reserva de ordem pública internacional), combinar ou cumular normas materiais em concurso ou integrar, *modo legislatoris*, lacunas rebeldes à analogia (como as que se verificam nas situações que denominamos de falta de normas aplicáveis)."[759].

Chamar-se-á a atenção para a circunstância que é a de a conformação judicial implicada em algumas das hipóteses atrás referidas relevar da actualização de critério legal formalmente consignado. Assim acontecendo, alertar-se-á para a improcedência da invocação de tais hipóteses – que, certo, são por D. MOURA VICENTE percebidas como expressão da insuficiência da regra de conflitos e pelo mesmo Autor consideradas como ocasião para a adopção, também no plano do Direito Internacional Privado, de uma *desejável via média entre normativismo e decisionismo*[760] – alertar-se-á para a improcedência da invocação de tais hipóteses, dizia-se, em ordem a fundamentar o que se admite ser a "simpatia" de D. MOURA VICENTE relativamente a cláusula de desvio implícita.

E, com efeito, não há como negar pertinência a uma tal (eventual) chamada de atenção.

Isso reconhecido, o que mais se dá, todavia, é a circunstância de corresponder ao modo de entender de D. MOURA VICENTE aviso nos termos do qual, para "(...) além dos casos em que específicas normas legais ou convencionais de Direito Internacional Privado expressamente reclamem do julgador a valoração das consequências da aplicação da regra de conflitos ao caso *sub iudice*, lhe será legítimo empreendê-la sempre que isso seja exigido quer pela desejável congruência entre as normas

---

[758] [2001a: 74].

[759] [2001a: 73-74]. Cfr., também, [2001a: 31-32].

[760] [2001a: 74].

Ensaio de resposta em face do sistema de direito português   319

materiais aplicáveis, *quer pelo imperativo de respeitar os juízos de valor objectivados nas regras de conflitos individualmente consideradas e no Direito de Conflitos considerado como um todo* (...)"[761]. É dizer que, auto-interrogando-se "(...) sobre a admissibilidade, *de jure constituto*, da relativa emancipação do julgador perante o sentido literal da regra de conflitos (...)[762]" – auto-interrogando-se acerca da "medida em que ao julgador é legítimo chegar à solução justa dos casos concretos com apoio em critérios alheios à lei (...)[763] –, D. MOURA VICENTE conclui por que deve estender-se ao campo do Direito Internacional Privado a certificação de que o julgador português não há-de "(...) limitar-se a uma actividade recognoscitiva de um Direito pré-constituído[,] antes lhe cabe contribuir – posto que apenas em situações excepcionais e frequentemente só por via indirecta – para a criação do Direito."[764].

Certo, é em tema da subordinação da responsabilidade extracontratual a lei distinta da *lex loci*[765], assim bem como em sede dos problemas do concurso e da falta de normas em matéria de responsabilidade pré--contratual emergente de relações plurilocalizadas[766] – que não, pois, *ex professo*, com respeito à figura da cláusula de desvio – que o Professor de Lisboa retira os que, porventura, são os frutos mais destacados daquele seu modo de entender. Tal não belisca, todavia, a verdade do que ficou posto (e que será suficiente para caracterizar o posicionamento do Autor em tema de cláusula de desvio implícita). Na perspectiva de D. MOURA VICENTE, "(...) deve ter-se por admissível que na decisão das questões privadas internacionais o julgador pondere, à luz dos valores fundamentais que inspiram o Direito de Conflitos, a adequação das consequências da

---

[761] [2001a: 536] (itálico meu).

[762] [2001a: 524].

[763] [2001a: 527].

[764] [2001a: 532].

[765] Como sabido, o Autor sustenta, no quadro do Direito Internacional Privado português e *de iure constituto*, a legitimidade da subordinação da responsabilidade *ex delicto* à lei reguladora de relação jurídica existente entre agente e lesado uma vez verificado que a pretensão indemnizatória se funda em violação de dever emergente da referida relação. Do que tecnico-juridicamente se trata, segundo o Autor, é de detectar e integrar lacuna oculta em seu aviso existente no quadro do artigo 45.°, número 1, do Código Civil. Para uma exposição de motivos, cfr. [2001a: 497-509].

[766] Cfr. o Capítulo V de *Da Responsabilidade Pré-Contratual em Direito Internacional Privado*.

aplicação da regra de conflitos ao caso concreto; e que com fundamento no juízo assim empreendido proceda, se necessário, à correcção do resultado dessa aplicação quando este contravenha àqueles valores (…)"[767]. É que – é ainda D. MOURA VICENTE –, "[n]o quadro de uma interpretação e aplicação da lei que atribua o devido relevo aos juízos de valor subjacentes às normas jurídicas afigura-se (...) metodologicamente correcta a relativa emancipação [em face] do sentido literal da disposição em causa (...)."[768].

Juntam-se duas notas mais.

A primeira, para dar conta de que o poder de correcção por D. MOURA VICENTE advogado em proveito do aplicador não coloca em crise, na perspectiva do Autor, a certeza e a segurança jurídicas que, mesmo se não as únicas[769], constituem exigências inequívocas (também) deste sector normativo. Assim é que, distinguindo entre diversos graus de incerteza, D. MOURA VICENTE põe empenho em apartar a insegurança adveniente do que designa por "livre construção pelo julgador do regime aplicável às situações plurilocalizadas"[770], daqueloutra que, consubstanciando-se em resultado da (alegadamente) necessária e sistémica "elaboração jurisprudencial do Direito com carácter complementar relativamente à lei"[771], é tão-só um resultado – inamovível – da insuficiência da regra de conflitos apregoada pelo Autor. Acresce que, segundo entende D. MOURA VICENTE, é ainda o princípio da confiança a estar na base de figura como a cláusula de desvio, a qual, "(…) além do mais, visa[] salvaguardar as legítimas expectativas das partes relativamente ao Direito aplicável, sempre que do conjunto das circunstâncias resultar que a relação *sub iudice* apresenta uma conexão mais estreita com uma ordem jurídica que não a designada pela regra de conflitos relevante."[772].

Em nota muito breve, dirige-se o segundo apontamento a tornar presente que, para D. MOURA VICENTE, "(…) a proximidade não constitui um valor (*hoc sensu*, um bem que se estime por si mesmo) do Direito Internacional Privado, mas uma fórmula, que apenas ganha sentido por referência a valores."[773].

---

[767] [2001a: 537].
[768] [2001: 507].
[769] Para uma demonstração, cfr. D. MOURA VICENTE [2001: 30-32].
[770] Exemplificativamente, cfr. [2001a: 70].
[771] Exemplificativamente, cfr. [2001a: 74].
[772] [2001a: 49].
[773] [2001a: 81, nota 228].

Ensaio de resposta em face do sistema de direito português   321

7. Referência feita a juscientistas pátrios – por ordem de apresentação, R. MOURA RAMOS, J. CUNHAL SENDIM, J. BAPTISTA MACHADO, A. FERRER CORREIA e D. MOURA VICENTE – cujo pensamento, se não escancaradamente favorável, tolera ao menos ser interpretado como "ideologicamente propício" ao reconhecimento da vigência de cláusula de desvio implícita, regista-se agora que semelhante "facilidade de caracterização" – suposto, naturalmente, que a tenhamos empreendido em termos adequados – contrasta com alguma dificuldade que temos em imputar a A. MARQUES DOS SANTOS juízo favorável – ou desfavorável – à vigência de cláusula de desvio implícita no quadro do direito de conflitos português actual.

A uma primeira vista, pode parecer estranho que assim suceda pois que, a pretexto do que designa como *novas formas de relativização do método conflitual*, este Professor de Lisboa desenvolveu, em sede da respectiva dissertação de doutoramento, estudo assaz pormenorizado – e entre nós pioneiro – acerca da figura da cláusula de desvio (ou *cláusula de excepção*, como se lhe refere)[774]. Facto, porém, é que o fez – assumidamente, note-se – na perspectiva fundamental de um observador *neutral* da jurisprudência, da doutrina e da legislação suíças, país onde – desnecessário reiterá-lo – recebeu consagração prototípica, em letra de forma, a figura da cláusula de excepção. Vai justificada, por esta razão, aquela nossa dificuldade.

Confessadas as nossas hesitações, sempre se acrescenta que propendemos, tudo ponderado, a incluir o nome de A. MARQUES DOS SANTOS entre os dos autores que tendem a encarar a actualização de cláusula de desvio implícita como solução entre nós jurídica.

Certo, não seria sério deixar passar sem registo a circunstância de, ao ponderar o significado das *cláusulas de excepção*, o Professor de Lisboa afirmar que a relativização da regra de conflitos a que, em seu entendimento, aquelas conduzem, "(...) é obra do próprio legislador."[775]. Assim bem como o sublinhar enfático dos três perigos fundamentais que, também em seu julgamento, ameaçam a pureza funcional do expediente. E que são: "(...) em primeiro lugar, a incerteza e a insegurança jurídicas, em seguida, a inclusão na cláusula de excepção de parâmetros de justiça material

---

[774] [1991a I: 397 ss].
[775] [1991a I: 475].

(*better law approach*) e, por fim, o fomento da tendência permanente para a maximização da aplicação da lei do foro por parte dos órgãos de aplicação do direito (*Heimwärsstreben, lex-forismo*)."[776]. Da mesma forma que não será menos pertinente dar conta de como, em outro escrito, o Professor de Lisboa faz renovada alusão às dificuldades intrínsecas ao manejo da figura da cláusula de excepção[777]. No fundo, as que atrás ficaram enunciadas e aquelas que, em escrito muito perto de nós no tempo, A. MARQUES DOS SANTOS volta a destacar, em afirmação que se reproduz: "No que toca (…) às *cláusulas de excepção*, seja-nos permitido lembrar àqueles que preconizam, em tese geral, a sua adopção entre nós, *de jure condendo*, que, além do risco de uma *complexidade acrescida no recurso ao método conflitual* por parte dos órgãos de aplicação do direito, esta técnica pode igualmente redundar tanto numa *maximização da aplicação da lei do foro* (*lex-forismo, homeward trend, Heimwärtsstreben*), como numa materialização acentuada das soluções conflituais, que se aproxime de uma espécie de *better law approach*."[778].

Pretender-se-á mesmo que, afirmando o que vem de transcrever-se, o Professor de Lisboa se autodemarca até daqueles – caso de L. LIMA PINHEIRO – que, muito embora não reconhecendo a juridicidade de cláusula de desvio implícita, defendem ao menos, *de iure condendo*, a introdução no direito de conflitos português de uma cláusula geral de excepção. Admite-se que a leitura não é destituída de argumentos em seu favor. Ocorre, porém, que, se bem se avalia, indícios vários existem que – afirmámo-lo já há pouco – legitimam a inclusão do nome de A. MARQUES DOS SANTOS entre os dos autores que tendem a encarar a actualização de cláusula de desvio implícita como solução entre nós jurídica. Senão, veja-se.

Começa por que é A. MARQUES DOS SANTOS ele mesmo quem qualifica como *muito pertinentes* os argumentos por J. CUNHAL SENDIM aduzidos no seu estudo acerca do direito internacional privado matrimonial português[779].

Segue-se que, apontando a insegurança como um perigo que ameaça a pureza funcional da cláusula de desvio – do ponto já se deu conta –, A.

---

[776] [1991a I: 488] (itálicos no original).
[777] [1997b: 29].
[778] [2001: 324] (itálico no original).
[779] A. MARQUES DOS SANTOS [2001: 316].

Marques dos Santos não afirma menos ser tão-só natural "(...) que os autores que atacam a cláusula de excepção em nome da certeza e da segurança do Direito também combatam a relevância dada às normas de aplicação imediata – em especial estrangeiras – em nome dos mesmos valores estabilizadores."[780]. Ora, consabidamente, a incerteza jurídica não demove A. Marques dos Santos de sufragar a relevância de normas de aplicação imediata estrangeiras, mesmo na ausência de título legal adrede editado tendo em vista o seu reconhecimento *in foro*. Não será a incerteza, pois, a excluir A. Marques dos Santos do apoio à cláusula de desvio, nomeadamente implícita.

Afigura-se ser tanto mais assim quanto, em ocasiões diversas, A. Marques dos Santos entendeu afirmar, visando uma decisão do Supremo Tribunal de Justiça de que oportunamente daremos conta, que este alto tribunal poderia ter chegado ao resultado do afastamento da lei espanhola *prima facie* designada – e à inerente aplicação da lei portuguesa – "(...) não em nome da reserva de ordem pública internacional, mas tão-só por força do mecanismo da *cláusula de excepção em DIP*, que se baseia no princípio de justiça conflitual (e não de justiça material, como a ordem pública) da *conexão mais estreita*, também chamado *princípio de proximidade*."[781]. Resulta claríssima a ideia de que, para A. Marques dos Santos, conquanto o Supremo Tribunal de Justiça não tenha lançado mão da figura da cláusula de desvio, esta estava – e, se bem se interpreta o Autor, persiste em estar – ao seu dispor como solução válida e legítima no quadro do Direito Internacional Privado português[782]. De resto,

---

[780] [1991a I: 496].

[781] [1998a: 130] (itálicos no original).

[782] Não é distinta a conclusão que transparece a partir de passagens que, também respeitantes à aludida decisão do Supremo Tribunal de Justiça, o Autor incluiu em outros trabalhos. Assim, [1991a I: 455]: "Este caso foi decidido com base na intervenção da *ordem pública internacional do Estado português* (artigo 22.° do Código Civil) e/ou dos *princípios constitucionais* (artigo 36.°, 4 da Constituição da República Portuguesa); pela *cláusula de excepção* ter-se-ia chegado à mesma solução – aplicação da lei material portuguesa em vez da lei material espanhola –, pois os contactos com o ordenamento português eram largamente prevalentes no caso em análise." (itálicos no original). Bem assim como [1998b: 375, nota 30]; [2001: 316]: "Um exemplo de uma decisão jurisprudencial que, entre nós, poderia ter sido igualmente alcançada através da cláusula de excepção – sendo, no entanto, certo que foi obtida por recurso à figura da ordem pública internacional ou aos princípios constitucionais –, é o acórdão proferido no caso jul-

324   *A Cláusula de Desvio no Direito de Conflitos*

sabe-se como, mesmo na ausência de disposição que expressamente a consagre, a mesma figura é vista por A. MARQUES DOS SANTOS como solução sistemicamente válida no quadro do Direito da Nacionalidade vigente entre nós.

Enfim, seja-nos permitido invocar a lição oral do Professor de Lisboa – mesmo se irremediavelmente filtrada pela nossa compreensão, cujo acerto é impossível aferir – para adicionalmente justificar a leitura que fazemos acerca do modo de entender de A. MARQUES DOS SANTOS[783].

8. Conquanto atinentes a problemas que extravasam o dos conflitos de leis – domínio em função do qual, segundo se recorda, foram delimitadas as fronteiras deste trabalho –, julga-se não ser possível prescindir da referência adicional a entendimentos doutrinais favoráveis já à consignação expressa, já ao reconhecimento, da figura da cláusula de excepção. Faz-se referência:

– Em matéria processual, designadamente em sede de competência internacional directa dos tribunais portugueses, à sugestão de A. FERRER CORREIA e de F. FERREIRA PINTO no sentido de que o critério da causalidade – hoje sedeado no artigo 65.°, número 1, alínea c), do Código de Processo Civil – fosse temperado com ressalva que permitisse aos tribunais portugueses declinar competência sempre que "(…) a conexão existente entre a situação controvertida e a ordem jurídica nacional não [fosse] suficiente, segundo um critério de razoabilidade, para fundar a competência dos tribunais portugueses."[784]. Mais importa anotar

---

gado pelo Supremo Tribunal de Justiça em 27.6.1978, em que a lei portuguesa tinha manifestamente uma conexão muitíssimo mais estreita com a situação *sub iudice* do que a lei espanhola, a qual, *in casu*, era competente como *lex successionis*, por força dos artigos 62.° e 31.°, n.° 1, do Código Civil."

[783] Faz-se referência à lição ministrada por A. MARQUES DOS SANTOS num Seminário que, tendo tido lugar no dia 2 de Dezembro de 2002 na Faculdade de Direito da Universidade de Lisboa, ia subordinado ao tema *"Contrato internacional e normas imperativas"*. O referido Seminário constituiu parte integrante de um *Curso de Formação sobre Contratos Internacionais* organizado por aquela Faculdade, no ano lectivo de 2002--2003, sob a coordenação de L. LIMA PINHEIRO.

[784] Cfr. a parte final do artigo 27.°, c), de um articulado elaborado pelos dois Autores por ocasião da apreciação de algumas disposições do Anteprojecto do Código de

Ensaio de resposta em face do sistema de direito português   325

que, conquanto não recebida pelo legislador, semelhante sugestão ainda hoje encontra eco no aviso de outros juscientistas portugueses. De entre estes, se só alguns vão ao ponto de expressamente sublinhar a conveniência de limitar o alcance do princípio da causalidade através da introdução de cláusula de excepção[785], não deixam, outros, de chamar a atenção para a forma demasiadamente abrangente como, sobretudo na medida em que acresce aos critérios do domicílio e da competência, aquele princípio foi recebido por lei[786];

– Ainda em matéria processual mas, desta feita, em sede de competência internacional indirecta, quer aos posicionamentos que advogam a consignação de cláusula de excepção permitindo obstacular ao reconhecimento de sentença estrangeira sempre que a competência do tribunal de origem se funde numa manifestamente insuficiente ligação com a relação litigiosa[787], quer aos que

---

Processo Civil, constante de A. FERRER CORREIA – F. FERREIRA PINTO [1987: 58 e 34]. Para uma exposição de motivos, consulte-se, ainda, A. FERRER CORREIA [1993: 52].

[785] Assim, R. MOURA RAMOS, Autor que chama a atenção para o carácter *quase imperialista* da competência internacional dos tribunais portugueses, "cujas" regras se aproximariam das *catch-as-catch-can rules* prevalecentes no direito norte-americano. Cfr., do Autor, [1991a: 124-128]; *idem* [1994: 291]; *idem* [1998a: 19-21 e 51].

[786] Assim, por exemplo, M. TEIXEIRA DE SOUSA (em face do Projecto) [1995: 368]; L. LIMA PINHEIRO [2002a: 199].

Propondo-se averiguar da permeabilidade da ordem jurídica portuguesa à doutrina do *forum non conveniens*, M. TEIXEIRA DE SOUSA, que escrevia em 1993 [1993: 61-63], afirmava que a única possibilidade de correcção dos critérios determinativos da competência internacional dos tribunais portugueses na hipótese de existência de jurisdição estrangeira com a qual a lide mantivesse relação mais forte consistia na bilateralização das regras de competência exclusiva dos artigos 65.º, alíneas a) e b), do Código do Processo Civil. Ponto é, concluiu, que, ademais de carecida de fundamentação legal, semelhante bilateralização poderia conduzir a situações de denegação de justiça.

[787] Assim, R. MOURA RAMOS [1994: 292-293]; *idem* [1998: 43-44], estudo em que, depois de aplaudir a referência legal às «competências exorbitantes" e de manifestar reservas quanto à previsão da fraude à lei, faz saber como, em seu juízo, teria sido preferível que do artigo 1096.º, alínea c), do Código de Processo Civil, constasse "(...) a indicação de um critério geral (que poderia estar na noção de conexão séria ou estreita da questão decidida com o tribunal sentenciador) que pudesse inspirar a jurisprudência na detecção, no futuro, de competências exorbitantes.". Em sentido que não se nos afigura substancialmente divergente, cfr. D. MOURA VICENTE [1997: 92], Autor que sugere a

introdução de cláusula geral que, em alternativa, "(...) subordinasse o reconhecimento da sentença estrangeira à condição de existir entre o objecto do litígio e a ordem jurídica de que a sentença dimana uma conexão julgada suficiente à luz dos critérios de competência aceites na ordem interna e internacional; ou que exceptuasse esse reconhecimento não só nas situações actualmente previstas mas também sempre que o tribunal verificasse ser a conexão existente na espécie manifestamente insuficiente de acordo com os mesmos critérios.". *De iure condito,* o referido Professor de Lisboa (*ibidem*) entende que na medida em que da aplicação pelo tribunal *a quo* de critérios de competência anómalos tenha decorrido violação séria dos direitos de defesa do réu, o teor da alínea f) do artigo 1096.° é invocável como obstáculo ao reconhecimento da sentença revidenda.

Em sentido fundamentalmente contrário, cfr. A. MARQUES DOS SANTOS [1997: 132--133], Autor que não apenas desvaloriza a omissão de previsão, pelo aritigo 1096.°, alínea c), da figura das competências exorbitantes como, mais ainda, repudia a inserção, naquela sede, de cláusula de excepção. No aviso do Autor, ademais de consistir em mecanismo de manejo complexo, semelhante cláusula "(...) equivaleria, no fundo, a afastar a competência internacional (indirecta) do tribunal estrangeiro, sempre que este fosse considerado, *à tort ou à raison*, pelo órgão português de aplicação do direito, um *forum non conveniens*". Também se opõe à consagração de cláusula geral de conexão suficiente no quadro da competência internacional indirecta dos tribunais L. LIMA PINHEIRO [2001b: 603-611], [2002a: 355-363] e [2002b: *maxime* 367-369]. Os termos desta oposição, porém, não são reconduzíveis aos sufragados por A. MARQUES DOS SANTOS. Começa por que aí onde A. MARQUES DOS SANTOS não reconhece inconveniente na omissão de referência às competências exorbitantes, L. LIMA PINHEIRO é peremptório na crítica ao que designa por *renúncia ao controlo da competência internacional indirecta* (por razões que indica, não se lhe afigura que este controlo saia garantido pela referência legal à fraude à lei; tão pouco, mediante a invocação da alínea f) do artigo 1096.°). É que – entende –, não apenas essa renúncia se vem a revelar em contradição com um Direito de Conflitos, caso preciso do português, permeável ao princípio da conexão mais estreita, como, mais ainda – garante –, posto que a revisão formal das sentenças estrangeiras importa limitações à esfera de aplicação do sistema de conflitos do foro, é também o interesse público que, nessa medida, sai posto em causa por aquela renúncia. Julgando "(...) ser claro ter-se evitado a consagração de uma cláusula geral que suscitasse dificuldades de aplicação", L. LIMA PINHEIRO pronuncia-se *de lege ferenda* favorável a solução semelhante à consagrada na legislação suíça. De rejeitar é, em seu aviso, a alternativa potencial que passaria pela consagração de cláusula de excepção: à uma, porque este mecanismo, se garante conexão suficiente, não garantiria conexão adequada; depois, atentos os inconvenientes da incerteza e da instabilidade aos quais precisamente visa obstar o reconhecimento de sentenças estrangeiras. *De iure condito*, é de opinião que "(...) o reconhecimento da decisão só pode ser recusado com fundamento no carácter exorbitante da competência exercida pelo tribunal de origem quando esta competência exceda os limites fixados pelo Direito Internacional Público." (questão sucedânea, de resolução difícil, é a de saber quais sejam esses limites).

Ensaio de resposta em face do sistema de direito português 327

de iure constituendo se revelam favoráveis à possibilidade de impugnação do pedido de reconhecimento da decisão estrangeira com fundamento no carácter anómalo ou exorbitante da competência do tribunal de origem[788];
– Pelo que respeita ao problema do concurso de nacionalidades – no que se refere, nomeadamente, ao concurso entre a nacionalidade portuguesa e a nacionalidade estrangeira –, ao entendimento de A. MARQUES DOS SANTOS pormenorizadamente exposto em "Nacionalidade e Efectividade", escrito integrante de *Estudos em memória do Professor Doutor João de Castro Mendes*[789]. Como sabido, pertence ao artigo 27.° da Lei da Nacionalidade[790] fixar o critério de determinação da nacionalidade relevante em caso de concurso entre a nacionalidade do Estado do foro português e a de outro(s) Estado(s). Reiterando solução fundamentalmente conhecida do direito português anterior[791], assim bem como do direito

---

[788] Neste sentido, A. FERRER CORREIA e F. FERREIRA PINTO [1987: 52], defendendo que a norma do artigo 1096 c) fosse complementada com disposição que, em sede de «fundamentos de oposição», previsse a possibilidade de denúncia das chamadas «competências exorbitantes". E, com efeito, era o seguinte o teor do artigo 930.°, alínea b), do já referido articulado elaborado pelos dois Autores por ocasião da apreciação de algumas disposições do Anteprojecto do Código de Processo Civil (*idem*, p. 60 s): "A parte contra a qual se pretende o reconhecimento só poderá impugnar o pedido por um dos fundamentos seguintes: / b) Provir a sentença de tribunal cuja competência seja gravemente anómala ou exorbitante, nomeadamente quando ela se funde, de modo exclusivo, no facto de o réu ter podido ser citado para a acção no estado de origem por aí se encontrar temporariamente nesse momento, ou na existência de bens pertencentes ao réu no território do Estado de origem, a menos que, neste último caso, se trate de alguma das acções referidas no n.° 1 do art. 32.° e que seja relativa àqueles bens.". Cfr., ainda, A. FERRER CORREIA [1991: 141].

[789] A. MARQUES DOS SANTOS [1995: 429 ss].

[790] Aprovada pela Lei n.° 37/81, de 3 de Outubro, e posteriormente alterada pela Lei n.° 25/94, de 19 de Agosto, e pela Lei 2/2006, de 17 de Abril, as quais, porém, deixaram incólumes o artigo 27.° visado em texto.

[791] Assim, atente-se na Base LVII da Lei n.° 2098, de 29 de Julho de 1959, a qual dispunha: "Se um indivíduo tiver duas ou mais nacionalidades e uma delas for a portuguesa, prevalecerá sempre esta, salvo o disposto na Base seguinte.". Para uma muito interessante leitura comparativa entre os dois preceitos, da qual o Autor conclui pelo carácter mais limitado do artigo 27.°, cfr. R. MOURA RAMOS [1992: 227-229 e nota 390]. Em sentido aparentemente convergente, embora com outra fundamentação, vd. A. MARQUES DOS SANTOS [1989: 100-102]; *idem* [1995: 435-436].

internacional convencional[792] e de legislações nacionais várias[793], tal preceito dispõe no sentido de que tendo um indivíduo duas ou mais nacionalidades e sendo uma delas a portuguesa, só esta releva face à lei portuguesa. Pois bem. Movendo a respectiva análise no plano do direito constituído e entendendo que o artigo 27.° estabelece uma presunção de efectividade em favor da nacionalidade portuguesa[794], o Autor de "Nacionalidade e Efectividade" considera que tal presunção deve sofrer relativização – e, portanto, (considera) que a nacionalidade portuguesa do indivíduo deve ceder perante a nacionalidade do Estado estrangeiro de que o indivíduo também seja nacional – quando, no caso de espécie, a ligação do plurinacional com o Estado estrangeiro seja manifestamente mais estreita do que a por ele mantida com o Estado português; quando, o que o mesmo é dizer, aquela nacionalidade estrangeira tenha manifestamente maior *efectividade* do que a nacionalidade portuguesa[795]. Ora, justamente, eis que na conformação técnica desta solução intervém, segundo o ilustre Professor, a figura da cláusula de excepção[796]. A qual, deste modo, é vista

---

[792] Assim, o artigo 3.° da Convenção da Haia de 12 de Abril de 1930 sobre Certas Questões Relativas aos Conflitos de Leis sobre a Nacionalidade.

[793] Assim, v.g., a solução consagrada no artigo 9.°, número 9, § 2 do Título Preliminar do Código Civil espanhol, não alterado pelas reformas introduzidas nesse diploma, em matéria de nacionalidade, pela Ley 18/1990, de 17 de Dezembro; no artigo 5.° da Lei de Introdução ao BGB alemão, após a reforma de 25 de Julho de 1986; no artigo 19.°, número 2, da recente Lei de Direito Internacional Privada italiana. Em sentido diferente – comandando a relevância da nacionalidade com a qual o interessado apresenta o vínculo mais forte, ainda que uma das nacionalidades em causa seja a do Estado do foro –, cfr. o artigo 1.°, número 3, da Lei holandesa de 25 de Março de 1981 sobre os Conflitos de Leis em Matéria de Divórcio e de Separação e o artigo 23.°, número 2, da Lei suíça de Direito Internacional Privado.

[794] Afirma o Professor de Lisboa [1995: 447] que "(...) no artigo 27 da Lei n.° 37/81, de 3 de Outubro, há como que uma ficção ou uma presunção absoluta da maior efectividade da nacionalidade do Estado do foro relativamente à de outro Estado estrangeiro de que o interessado seja também nacional (...)".

[795] Ensina A. MARQUES DOS SANTOS [1995: 433-434] que enquanto numa acepção ampla o termo "efectividade" se predica de uma exigência qualitativa do Direito Internacional em ordem à atribuição, por um Estado, da respectiva nacionalidade, já numa acepção mais restrita – utilizada em texto – o termo *efectividade* é designativo da medida variável da intensidade de vínculos de pertença que une um indivíduo a um Estado

[796] Conquanto não lançando mão do *nomen iuris* "cláusula de excepção", A. MARQUES DOS SANTOS reitera o entendimento referido em texto num seu Parecer que versou o problema da determinação da lei aplicável a uma sucessão por morte aberta

Ensaio de resposta em face do sistema de direito português 329

por A. MARQUES DOS SANTOS como solução sistemicamente válida no quadro do Direito da Nacionalidade vigente entre nós. E assim, note-se, mesmo na ausência de disposição que expressamente a consagre.

9. Conclui-se com referência a decisão proferida pela mais alta instância jurisdicional comum portuguesa. Trata-se da sentença proferida pelo Supremo Tribunal de Justiça, em 27 de Junho de 1978, num processo de inventário obrigatório[797].

Em causa estava a determinação da lei aplicável à sucessão de espanhol que residira habitualmente, durante décadas, em Lisboa, cidade onde também veio a falecer, intestado. Separado judicialmente de pessoas e bens de sua mulher, de quem tivera um filho, o *de cujus* vivera maritalmente, durante mais de vinte anos, com senhora de nacionalidade portuguesa. Desta união resultaram quatro filhos, os quais o *de cujus* perfilhara. Sobreviveram-lhe, portanto, cinco descendentes: um legítimo, maior, de nacionalidade espanhola; quatro ilegítimos perfilhados, menores, de nacionalidade portuguesa.

Sendo o *de cujus* espanhol, a lei aplicável à respectiva sucessão seria, em princípio, a espanhola (artigos 62.° e 31.°, número1, ambos do Código Civil). Segundo esta (artigos 807.° e 845.° do Código Civil espanhol), aos filhos adulterinos não assistia qualquer direito à legítima. Não assim, porém, de acordo com a lei portuguesa (artigos 2139.° e 2158.° do Código Civil), a qual chama(va) à sucessão os filhos ilegítimos, fossem ou não adulterinos.

Tendo afirmando que a regra do artigo 62.° do Código Civil "não é absoluta"[798] e tendo verificado, ademais disso, que a atribuição de competência à lei espanhola normalmente competente conduziria a privar os

---

em Hong Kong. Seja, por exemplo, a seguinte passagem: "(…) entendemos que, em certos casos, o artigo 27.° da Lei da Nacionalidade pode ser objecto de uma interpretação restritiva, quando a nacionalidade estrangeira for manifestamente mais efectiva do que a cidadania portuguesa, de modo que, em tais casos excepcionais, possa prevalecer a nacionalidade estrangeira em relação à portuguesa." [1998: 132]. E, justamente, eis que, no caso sobre que versou o Parecer em questão, o Professor de Lisboa admitiu a possibilidade de, verificados que fossem determinados pressupostos, semelhante doutrina receber aplicação (*ibidem*, ponto 42).

[797] E publicada no *Boletim do Ministério da Justiça* [278: 232 ss].

[798] *Boletim do Ministério da Justiça* [278: 233].

330 *A Cláusula de Desvio no Direito de Conflitos*

filhos adulterinos do autor de sucessão do direito a suceder-lhe em pé de igualdade com o seu único filho legítimo, o tribunal entendeu que a aplicação daquela lei estrangeira importaria, *in casu*, uma "(...) briga frontal e irremediável[] com a concepção e princípios fundamentais do nosso direito familiar e sucessório (...)"[799]. Foi sua decisão, em consequência, pôr travão àquela aplicação mediante a invocação da excepção de ordem pública internacional do Estado português[800].

De sublinhar é o empenho colocado pelo Supremo Tribunal de Justiça na demonstração de que, em contraste com a conexão isolada com Espanha, o caso de espécie apresentava um número significativo de conexões com o nosso país: para além das resultantes da residência habitual do *de cujus* e da situação dos bens da herança – factores amiúde eleitos pelos legisladores conflituais para definir o estatuto sucessório –, também a nacionalidade e a residência habitual de quatro dos possíveis herdeiros, se não mesmo também a do quinto (não por acaso, J. B. MACHADO sublinhou em Parecer junto aos autos que o caso vertente era "(...) bem mais um <u>caso português</u> que um <u>caso espanhol</u>.")[801].

Sabendo-se constituir doutrina corrente o entendimento de que o efeito preclusivo do artigo 22.º se desencadeia tanto mais provavelmente quanto mais intensas e numerosas forem as ligações do caso com o ordenamento do foro, dir-se-á que a individualização e ponderação daquelas conexões apenas diz da forma correcta como, no caso em apreço, o Supremo Tribunal de Justiça equacionou a pertinência da intervenção daquele expediente da Parte Geral do Direito de Conflitos.

Ocorre que se assim, tão-só razoavelmente, é legítimo entender-se, não é menos possível verificar que algumas considerações desenvolvidas por aquele Tribunal deixam admitir/entrever que um idêntico afastamento da lei espanhola pudesse ter tido lugar mediante a via técnica da cláusula de desvio. Deixam admitir, o que o mesmo é dizer, que, não fora a possibilidade de invocação da excepção de ordem pública internacional do

---

[799] *Boletim do Ministério da Justiça* [278: 235-236].

[800] Já havia sido esse o entendimento do 4.º Juízo Cível da Comarca de Lisboa consubstanciado na sentença que, proferida a 15 de Fevereiro de 1977, foi publicada na *Colectânea de Jurisprudência* do ano de 1979 (ano IV), tomo 2, p. 684 ss. Em sentido diferente pronunciou-se o acórdão da Relação de Lisboa, não publicado, de 22 de Fevereiro de 1978.

[801] [1977: 10] (sublinhado no original).

Estado português e a *filosofia* subjacente à cláusula de desvio teria, então, recebido actualização[802].

É facto, porém, que o Supremo Tribunal de Justiça não fez menção, ao menos expressa, da figura.

Permitimo-nos, como quer que seja, pôr em destaque as seguintes três passagens do aresto:

> "E se olharmos às conexões que a relação jurídica dos autos tem com o ordenamento da *lex fori*, a portuguesa, mais se nos arreiga a ideia do afastamento da lei material espanhola, pois elas são em grande número e de alto significado, criando uma expectativa legítima da sua regulamentação pela lei portuguesa."[803];
>
> "Ora, este conjunto de significativo relevo de conexões com o nosso ordenamento impõe, como bem se expressa no douto parecer do Prof. Baptista Machado, (...), que se afaste aquela única conexão existente com o ordenamento espanhol, a nacionalidade do *de cujus*, a que a lei de conflitos em princípio dá preferência (...)"[804];
>
> "(...) no caso dos autos e dadas as conexões referidas, a estabilidade e continuidade aludidas [a dos actos e relações jurídicas internacionais] estava perspectivada na lei portuguesa, pois toda a vida familiar e patrimonial do *de cujus* e seus filhos se desenvolveu e consumou em Portugal, daí resultando uma expectativa de regulamentação desses actos e relações jurídicas pela lei portuguesa."[805].

---

[802] Neste sentido, A. Marques dos Santos [1991: 455]; J. Cunhal Sendim [1993: 366, nota 142]; R. Moura Ramos [1994: 283]; A. Marques dos Santos [1998: 130].

[803] *Boletim do Ministério da Justiça* [278: 236].

[804] *Ibidem.*

[805] *Boletim do Ministério da Justiça* [278: 237].

§ 14.° TOMADA DE POSIÇÃO EM FACE DE EVENTUAL FUTURA REVISÃO DO CÓDIGO CIVIL PORTUGUÊS

1. O conjunto de dilucidações precedentes teve como escopo evidenciar por que, segundo se entende, a actualização de cláusula de desvio implícita corresponde a solução que, por sistémica e metodologicamente fundada, não é proscrita – e, portanto, não deve ser entendida como proscrita[806] – dos quadros do Direito português vigente. Deve reconhecer-se num tal entendimento tomada de posição hostil em relação à eventual consignação futura, entre nós e em letra de forma, de cláusula geral de desvio?

À pergunta quadra, como bem se adivinhará, resposta de sentido negativo[807].

À uma, porque semelhante consignação expressa permitirá esvaziar de sentido uma controvérsia que subsiste, hoje em dia, actual e viva. Com isso, facilitar a apreensão do Direito. Depois, porque uma tal consagração expressa permitirá providenciar resposta segura para questões – assim, por exemplo, as atinentes aos pressupostos de actualização e ao âmbito de actuação da cláusula de desvio – que não ficam resolvidas – muito antes pelo contrário – com o simples reconhecimento da vigência implícita de tal mecanismo.

---

[806] Com toda a razão, J. P. CHARTERS MARCHANTE [2001: 220] afirma que "(…) se [um]a solução tem cabimento sistémico, a sua qualificação como 'reprovável' ou 'absurda' é arbitrária.".

[807] No aviso de J. D. GONZÁLEZ CAMPOS [2000: 366], uma das tomadas de posição que se impõe a uma eventual futura lei espanhola de Direito Internacional Privado respeita ao esclarecimento da questão de saber "(…) si el Juez debe contar o no con una cláusula correctora de la localización o «cláusula de excepción» de ciertas normas de conflicto y, en caso afirmativo, si es conveniente que ésta sea de índole general (…) o, por el contrario, de carácter especial para determinadas materias.".

334   *A Cláusula de Desvio no Direito de Conflitos*

2. Isto dito, o que mais se acrescenta e se insiste em sublinhar é que, em nosso ponto de vista, a tal eventual consignação futura não assistirá o significado da criação/constituição/introdução de possibilidade jurídica hoje em dia entre nós inexistente, senão, antes, o reconhecimento da validade de resultado a que sempre (legitimamente) se chegaria pela necessária consideração do princípio da conexão mais estreita que não pode deixar de ser tido em conta aquando (também) da aplicação das soluções conflituais especiais[808]. Fazem-se nossas, por conseguinte, (quase todas) as seguintes palavras do autor de *A Metodonomologia entre a Semelhança e a Diferença*: "(…) como bem se percebe, a justaposição de uma «cláusula geral de reserva» às prescrições normativas equivale, funcionalmente, à utilização de normas desprovidas desse apêndice, mas consideradas em articulação com os princípios integrantes do sistema de que fazem parte. Com efeito, na medida em que se limita a consagrar explicitamente aquilo que já valeria implicitamente sem a sua intromissão – pois, como vimos, as normas carecem dos princípios para lograrem uma suficiente pertinência prática e uma adequada significação jurídica –, a cláusula em questão não é mais do que um passe de mágica destinado a iludir os incautos e a retirar da cartola o que nela se havia prévia e disfarçadamente introduzido."[809].

---

[808] Supõe-se ser também esse o entendimento de quem, escrevendo contra o pano de fundo dos "respectivo" sistema, entende a cláusula de desvio como *simples* projecção, no Direito de Conflitos, de possibilidades metodológicas já consentidas nos quadros do Direito em geral. Afirma, por exemplo, P. RODRÍGUEZ MATEOS [1988: 111]: "Sólo la compatibilidad que la norma jurídica pueda presentar con estos índices [– os valores que a informam –] determina su verdadera eficacia jurídica, legitimándose así la función correctora cuando dicha compatibilidad sea inexistente. Lo cierto es que la coherencia de nuestras normas de conflicto con los cimientos ideológicos del sistema español debe ser potenciada, procediéndose así a la búsqueda del verdadero sentido de aquéllas. Lo logico y satisfactorio es que sea el propio legislador quien asuma esta tarea creando normas que asimilen ciertas actitudes o intereses, sin perjuicio de que ante las carencias de esta creación legislativa estimemos oportuna la corrección judicial basada en los principios de proximidad y oportunidad." (sublinhado meu). Cf., também, I. SCHWANDER [2000: 172]: "Solche Ausnahmen sind, weil sie dem kollisionsrechtlichen Ziel (engster Zusammenhang, Entscheidungseinklang u.a.) dienen und mit kollisionsrechtlichen Instrumentarium arbeiten, *selbst dann zulässig, wenn sie vom Gesetz nicht ausdrücklich vorgesehen sind*." (itálico no original).

[809] F. PINTO BRONZE [1994: 511].

Ensaio de resposta em face do sistema de direito português   335

3. Seja, a terminar, *explicitação* de ponto de vista (de resto) já descortinável a partir do que atrás ficou posto:

Em face da elementar alternativa entre a consignação de singular cláusula *geral* de desvio *ou* a consignação de sectoriais cláusulas *especiais* de desvio, aplaude-se, como via preferível, a opção legislativa que favoreça o primeiro termo da alternativa (ocioso afirmá-lo, a relevância do ponto esgota-se na hipótese em que da revisão do Código Civil, enquanto fonte *geral* das regras de conflitos de origem interna, se trate / venha a tratar-se)[810].

Para lá de razões de economia e de elegância de técnica legislativa – por si só não decisivas –, assim como do carácter "não lacunoso" de uma cláusula geral, motivação determinante da orientação advogada reside na circunstância – admite-se que aparentemente paradoxal – de, com vantagem sobre a consignação de um número plural de cláusulas de desvio sectoriais, a normativização de *singular* cláusula geral de desvio – idealmente acompanhada de uma especialização acrescida das regras de conflitos de leis – favorecer o sublinhar do emprego excepcional da metodologia (da cláusula de desvio), nunca deixando esquecer que aquilo de que se trata é, *apenas* e *só*, da "correcção de um processo guiado por preceitos fixos"[811]. Não é outro, afinal, o sentido das seguintes palavras de S. SCHREIBER: "Die Statuierung zahlreicher spezieller Ausweichklauseln (…) birgt die Gefahr in sich, dass durch diese Kumulation der Ausnahmen beim Rechtsanwender der Eindruck erweckt wird, die Anknüpfungen insgesamt sind lediglich Vermutungen des ersten Anscheins und nicht der kollisionsrechtlich vorgegebene Anknüpfungspunkt wäre die Regel, sondern dessen Korrektur."[812].

---

[810] No mesmo sentido – embora, naturalmente, no quadro dos sistemas jurídicos em que se movimentam –, cfr. K. KREUZER [1982: 319-320] – para quem "(…) da es wenig sinnvoll erscheint, an jede detaillierte Einzelregel eine Ausnahmeregel anzufügen." – e S. SCHREIBER [2001: 222-224]. No contexto de estudo votado ao exame da lei alemã de 21 de Maio de 1999 – a qual, como bem sabido, introduziu na Lei de Introdução do Código Civil alemão, duas (novas) cláusulas de desvio sectoriais –, também A. SPICKHOFF [1999: 2210] lança a questão de saber "(…) ob nicht die Normierung einer allgemeinen Ausweichklausel wie in Art. 15 des Schweizer IPR-Gesetzes die konsequentere Lösung gewesen wäre.".

[811] A formulação, já anteriormente pedida de empréstimo, é de R. MOURA RAMOS [1991a: 569].

[812] [2001: 222-223].

336   *A Cláusula de Desvio no Direito de Conflitos*

Sendo tal o nosso parecer, sempre se regista que, na doutrina, chamadas de atenção têm sido formuladas dirigidas a sublinhar que a consignação de algumas – poucas – cláusulas sectoriais *em cumulação* com a normativização de cláusula geral permite lograr a *adaptação* dos pressupostos de intervenção desta última às especificidades de determinado sector de regulamentação. Assim, por exemplo, pertence ao acima nomeado S. SCHREIBER a referência à "(...) Anpassung der tatbestandsmäßigen Voraussetzungen einer solchen Ausweichklausel (...)"[813]. Dá como exemplo o § 48. (1), segunda frase, da Lei austríaca de Direito Internacional Privado, "(...) zum Teil jede engere Verbindung (stärkere Beziehung) ausreichend sein, um eine Korrektur zu begründen."[814].

---

[813] [2001: 223].

[814] [2001: 223]. Escrevendo em 1982, também K. KREUZER [1982: 320] exprimira já o entendimento de que, preferível à consignação de um número avantajado de cláusulas sectoriais, adequado é "(...) eine generelle Ausnahmeklausel vorzusehen und diese *dort* durch speziellere Ausnahmeklauseln zu ergänzen, wo dies zur Klarstellung – auch hinsichtlich einer eventuellen Einschränkung der Generalklausel – angebracht erscheint oder wo besondere Gesichtspunkte beachtet werden müssen." (itálico no original).

BIBLIOGRAFIA

ADRIÁM ARNAÍZ, A.J.
[1987] "Las conexiones subsidiarias en las obligaciones contractuales: sus fundamentos y estructuras juridicas", *Revista espanola de derecho internacional*, XXXIX, 1, p. 45 ss.

AGO, R.
[1957] "Observations au sujet du rapport provisoire de M. Georges S. Maridakis du 1er février 1956", *Annuaire de l'Institut de droit international*, vol. 47 – II, p. 54 ss.

AKEHURST, M.
[1976] "Equity and General Principles of Law", *International and Comparative Law Quaterly*, 25, p. 801 ss.

ALDO MENICOCCI, A. e A. SOARES DA SILVA
[1994] "Mitigación del alcance de la regla de doble accionabilidad en los hechos ilícitos cometidos en el extranjero en el derecho internacional privado inglés", *DYE-Derecho y Empresa*, p. 81 ss.

ALKEMADE, J. van
[1989] "La codification du droit international privé des Pays-Bas", *L'unificazione del diritto internazionale privato e processuale. Studi in memoria di Mario Giuliano*, Padova, CEDAM, p. 983 ss.
[1994] Intervenção recolhida em "De algemene exceptieclausule in de IPR-Schets", *Studiedag. Schets von een algemene wet betreffende het Internationaal Privaatrecht. Nederlands Internationaal Privaatrecht – NIPR*, 1994, p. 85 ss.

ALMEIDA, C. FERREIRA DE
[1998] *Introdução ao Direito Comparado*, 2ª edição, Coimbra, Almedina.

ALTES, E. K.
[1980] "Les réactions de la doctrine à la création de droit par les juges en droit international privé", *Les réactions de la doctrine à la création du droit par les juges, Travaux de l'Association Henri Capitant des amis de la culture juridique française*, t. XXXI, p. 451 ss.

ALVAREZ GONZÁLEZ, S.

[1995] "Objeto del derecho internacional privado y especializacion normativa", *Revista de derecho privado*, p. 768 ss.

AMARAL, D. FREITAS do

[1998] *Sumários de Introdução ao Estudo do Direito*, Lisboa, Principia.

[2000] "Da necessidade de revisão dos artigos 1.° a 13.° do Código Civil", *Themis*, ano 1, n.° 1, p. 9 ss.

AMSELEK, P.

[1988] "À propos de la théorie kelsenienne de l'absence de lacunes dans le droit", *Archives de Philosophie du Droit*, t. XXXIII, p. 283 ss.

ANCEL, M.

[1937] "Les conflits de nationalités. Contribution à la recherche d'une solution rationelle des cas de multi-nationalité", *Journal du droit international*, n.° 1, p. 19 ss.

ANCEL, M.E.

[1998] Recensão a *La Convenzione di Roma sulla legge applicabile ai contratti*, por U. Villani, *Revue critique de droit international privé*, 1998, p. 376 ss.

ANCEL, B. e Y. LEQUETTE

[1998] *Grands arrêts de la jurisprudence française de droit international privé*, Paris, Dalloz, 3ª ed..

ANDRADE, M. DE

[1933] *Ensaio sobre a Teoria da Interpretação das Leis*", inicialmente o prefácio a *Interpretação e Aplicação das Leis*, de F. Ferrara, Coimbra, Arménio Amado – Editor sucessor, 4ª ed., 1987.

[1946] "Sobre a recente evolução do Direito Privado português", *Boletim da Faculdade de Direito*, XXII, p. 284 ss.

[1948] "Sobre o Conceito de «Especificação da Coisa» na Promessa de Compra e Venda" (Comentários aos Acs. da Rel. do Porto, de 13-4-1946, e do S.T.J., de 7-3-1947), *Revista de Legislação e Jurisprudência*, 80.°, pp. 273-283, 289-295, 305-311.

[1953/1972] "Sentido e Valor da Jurisprudência "(oração de sapiência lida em 30 de Outubro de 1953), *Boletim da Faculdade de Direito*, XLVIII (1972), p. 255 ss.

[1961] "Fontes de Direito. Vigência, Interpretação e Aplicação da Lei", *Boletim do Ministério da Justiça*, n.° 102, p. 141 ss.

[1979] *Noções elementares de processo civil*, 4ª ed (com a colaboração de Antunes Varela. Nova ed. revista e actualizada por Herculano Esteves), Coimbra, Coimbra Editora Lda.

ANSAY, T. e E. SCHNEIDER

[1990] "The New Private International Law of Turkey", *The Netherlands International Law Review*, 37, p. 139 ss.

ANTON, A.E.

[1996] "Loi du Royaume-Uni portant diverses dispositions en matière de droit international privé", *Revue critique de droit international privé*, 85, p. 267 ss.

APPEL, A.

[1997] "Reform und Kodifikation des Liechtensteinischen Internationalen Privatrechts", *Rabels Zeitschrift für ausländisches und internationales Privatrech*, 61, p. 510 ss.

ARNOLD, K.W., P. A. KARRER e P. M. PATOCCHI

[1994] *Switzerland's Private International Law: private international law statute, Lugano Convention and related legislation*, Deventer, Schulthess Kluwer, 2ª ed..

ASCENSÃO, J. OLIVEIRA

[1968a] *A tipicidade dos direitos reais*, Lisboa.

[1968b] *A Integração das Lacunas da Lei e o Novo Código Civil*, separata de *O Direito*, ano 100.°, fasc. n.° 3, Julho-Setembro.

[1991] "A Reserva Constitucional da Jurisdição",. separata de *O Direito*, ano 123.°, II-III.

[1997] "Interpretação das leis. Integração das Lacunas. Aplicação do princípio da analogia", *Revista da Ordem dos Advogados*, ano 57, p. 913 ss.

[2001] *O Direito. Introdução e Teoria Geral – Uma Perspectiva Luso-Brasileira*, 11ª ed., Coimbra, Almedina.

AUBERT, J.F.

[1962] "Les contrats internationaux dans la doctrine et la jrisprudence suisses", *Revue critique de droit international privé*, p. 19 ss.

AUDIT, B.

[1984] "Le caractère fonctionnel de la règle de conflit (Sur la «crise des conflits de lois»), *Recueil des cours de l'Académie de droit intenational de La Haye*, vol. 186, p. 219 ss.

[1998] "Le droit international privé a [*sic*] fin du XXe siècle: progrès ou recul", *Revue internationale de droit comparé*, n.° 2, p. 421 ss.

[2000] *Droit international privé*, Paria, Ed. Economica, 3ª ed.

BALLARINO, T.

[1990] "Le codificazioni recenti del diritto internazionale privato in Europa", *Il nuovo diritto internazionale privato in Svizzera*, Milano, Giuffrè, p. 361 ss.

[1991] "La Convenzione di Roma sulla legge applicabile alle obbligazioni contrattuali entra in vigore", *Banca, borsa e titoli di credito*, I, p. ss.

[1996] *Diritto internazionale privato – seconda edizione aggiornata sulla legge 218/1995 (con la colaborazione di Andrea Bonomi)*, Padova, CEDAM.

BAPTISTA, J.J.

[1994] *Introdução às Ciências Jurídicas*, Lisboa, SPB.

340 *A Cláusula de Desvio no Direito de Conflitos*

BAR, Ch. von
[1987] "Das deutsche IPR vor, in und nach der Reform: Rechtsprechung zum Kollisionsrecht seit 1984", *Juristen Zeitung*, 42, pp. 755-761 e 814-818.
[1995] "Der Einfluss des Verfassungsrecht auf die westeuropäischen Deliktsrecht", *Rabels Zeitschrift für ausländisches und internationales Privatrecht*, 2, p. 204 ss.

BARATTA, R.
[1991] *Il collegamento più stretto nel diritto internazionale privato dei contratti*, Publicazioni dell'Istituto di diritto internazionale dell'Università di Roma, Milano, Giuffrè.
[1995] Anotação ao artigo 4.° da Convenção de Roma de 19 de Junho de 1980, *Le nuove leggi civili commentate*, 5, p. 953 ss.

BARNICH, L.
[2002] "La clause d'exception dans la proposition de loi portant le code de droit international privé" (dactilografado)

BASTOS, J.F. RODRIGUES
[1978] *Das Leis, sua Interpretação e Aplicação, segundo o Código Civil de 1966*, 2ª ed., [s.loc.].
[1987] *Notas ao Código Civil*, vol. I, Lisboa.

BATIFFOL, H.
[1956] *Aspects philosophiques du droit international privé*, Paris, Dalloz.
[1960] "Subjectivisme et Objectivisme dans le droit international privé des contrats", *Mélanges offerts à Jacques Maury*, t. 1 – *Droit international privé et public*, Paris, Dalloz & Sirey, p. 39 ss.
[1971] "La règle de droit en droit international privé", *La règle de droit*, Bruxelles, Bruylant, p. 214 ss.
[1973a] "L' avenir du droit international privé", *Institut de Droit International, Livre du centennaire 1873-1973 – Evolution et perspectives du droit international*, Basel, Editions S. Karger, p. 162 ss.
[1973b] "Le pluralisme des méthodes en droit international privé", *Recueil des cours de l'Académie de Droit International de l'Haye*, t. 139, p. 75 ss.
[1975] "Projet de convention C.E.E. sur la loi applicable aux obligations contractuelles", *Revue trimestrielle de droit européen*, 11, p. 181 ss.
[1977] "Les intérêts de droit international privé", *Internationales Privatrecht und Rechtsvergleichung im Ausgang des 20. Jahrhunderts: Bewahrung oder Wende? – Festschrift für Gerhard Kegel*, Frankfurt, Metzner, p. 11 ss.
[1978] "Quelques précisions sur le domaine de l'exception de l'ordre public", *Studi in Onore di Giorgio Balladore Pallieri*, vol. II, Milano, Vita e Pensiero – Universittà Cattolica del Sacro Cuore, p. 34 ss.

Bibliografia 341

[1979a] "Unilatéralisme et contrats en droit international privé", *Liber Amico-rum Adolf F. Schnitzer offert à l'occasion de son 90e anniversaire le 30 juillet 1979 par la Faculté de Droit de l'Université de Genève*, p. 7 ss.

[1979b] *Problèmes de base de philosophie du droit*, Paris, LGDJ.

[1981a] *Les contrats en droit international privé comparé*, Montréal, McGill University.

[1981b] "Actualité des intéréts du droit international privé", *Festschrift für Konrad Zweigert*, Tübingen, J.C.B. Mohr (Paul Siebeck), p. 23 ss.

[1986a] "De l'usage des principes en Droit International Privé", *Estudos em homenagem ao Prof. Doutor A. Ferrer-Correia*, vol. I, Coimbra, Faculdade de Direito da Universidade de Coimbra, p. 103 ss.

[1986b] "Analogies et relations entre raisonnements sur les principes et raisonnements sur les fins", *Mélanges offerts à Raymond Vander Elst*, Bruxelles, Editions Nemesis, p. 43 ss.

[1989] "Remarques sur l'opposition des directives aux règles en droit international privé", *L' unificazione del diritto internazionale privato e processuale. Studi in memoria di Mario Giuliano*, Padova, CEDAM, p. 27 ss.

[1990] "Cadres et orientations dans l'élaboration du droit", *Mélanges dédiés à Dominique Holleaux*, Paris, Litec, p. 1 ss.

BATIFFOL, H. e P. LAGARDE

[1972] "L'improvisation de nouvelles règles de conflits de lois en matière de filiation", *Revue critique de droit international privé*, p. 1 ss.

[1993] *Droit International Privé*, t. I, 8ª ed., Paris, Librairie Générale de Droit et Jurisprudence.

BECKER, Ch.

[1991] *Theorie und Praxis der Sonderanknüpfung im Internationalen Privatrecht*, Tübingen, Diss..

BEITZKE, G.

[1952] "Betrachtungen zur Methodik im Internationale Privatrecht", *Recthsprobleme in Staat und Kirsche, Festschrift für R. Smend*, Göttingen, p. 1 ss.

[1965] "Les obligations délictuelles en droit international privé", *Recueil des cours de l'Académie de droit international de La Haye*, vol. 115, p. 63 ss.

[1979] "Neues österreichisches Kollisionsrecht", *Rabels Zeitschrift für ausländisches und internationales Privatrecht*, 43, p. 245 ss.

BELEZA, T. PIZARRO

[1998] *Direito Penal*, Lisboa, Associação Académica da Faculdade de Direito de Lisboa, 1.º vol. 2ª ed..

342 *A Cláusula de Desvio no Direito de Conflitos*

BELLET, P.

[1979] Intervenção registada em *Freiburger Kolloquium über den schweizerischen Entwurf zu einem Bundesgesetz über das internationale Privatrecht: Freiburg (Schweiz), 27-28 April 1979 = Colloque de Fribourg relatif au projet suisse de loi fédérale sur le droit international privé: Fribourg (Suisse), 27-28 avril 1979*, Zürich, Schulthess Polygraphischer Verlag.

BENÍTEZ DE LUGO, M.A. / F.J. ZAMORA CABOT

[1980] "Anotaciones a los recientes textos centroeuropeos de derecho internacional", *Revista Espanola de Derecho Internacional*, p. 97 ss.

BENNETT, T. J

[1980] "The Draft Convention on the Law Applicable to Contractual Obligations", *Common Market Law Review*, vol. 17, p. 269 ss.

BENTIVOGLIO, L. M.

[1956] "Sulla natura dei criteri di collegamento utilizzati dalla norma di diritto internazionale privato", *Comunicazioni e Studi*, vol. 8, p. 143 ss.

BINDER, H.

[1955] "Zur Auflockerung des Deliktsstatuts", *Rabels Zeitschrift für ausländisches und internationales Privatrecht*, 20, p. 401 ss.

BISCHOFF, J. – M.

[2001] Intervenção ocorrida por ocasião dos trabalhos do *Comité français de droit international privé* e que encontra registo em *Droit international privé. Travaux du Comité français de droit international privé, Années 1998-1999, 1999-2000*, Paris, Pedone, p. 157.

BOELE-WOELKI, K.

[1982] *Die Effektivitätsprüfung der Staatsangehörigkeit im Niederländischen Internationalen Familienrecht*, T.M.C.Asser Instituut, Kluwer Law and Taxation Publishers, Alfred Metzner Verlag.

[1994a] Intervenção registada em "De algemene exceptieclausule in de IPR-Schets", *Studiedag. Schets von een algemene wet betreffende het Internationaal Privaatrecht. Nederlands Internationaal Privaatrecht – NIPR*, 1994, p. 85 ss.

[1994b] "Exception Clauses in Private International Law – Netherlands", *Les Clauses d'Exception en matière de Conflits de Lois et de Conflits de Juridictions – ou le principe de proximité. Exception Clauses in Conflicts of Laws and Conflicts of Jurisdictions – or the Principle of Proximity*, Dordrecht/London/Boston, Martinus Nijhoff Publishers, p. 235 ss.

[1995] "Kodifikation des niederländischen Internationalen Privat- und Verfahrensrecht", *Praxis des Internationalen Privat-und Verfahrensrechts*, 4, p. 264 ss.

BOELE-WOELKI, K. / C. JOUSTRA / G. STEENHOFF
[2000] "Dutch Private International Law at the End of the 20th Century: Progress or Regress", *Private International Law at the End of the 20th Century: Progress or Regress? Le droit international privé à la fin du XXe siècle: progrès ou recul?*, XVth International Congress of Comparative Law, Xve Congrès International de droit comparé, The Hague – London – Boston, Kluwer Law, p. 295 ss.

BOER, Th. M. de
[1987] *Beyond lex loci delicti. Conflicts Methodology and Multistate torts in American case law*, Kluwer, Deventer.
[1990a] "The Evolution of Postwar Private International Law in Europe", *Forty Years On: the Evolution of Postwar Private International Law in Europe, Symposium in Celebration of the 40th Anniversary of the Centre of Foreign Law and Private International Law, 27 October 1989*, Amsterdam, Ed.Kluwer-Deventer, p. 1 ss.
[1990b] "The E.E.C. Contracts Convention and the Dutch Courts. A Methodological Perspective", *Rabels Zeitschrift für ausländisches und internationales Privatrecht*, 54, p. 24 s.
[1991] "Internationale echtscheiding: het kennelijk ontbreken van een maatschappelijke band", *Ars Aequi*, p. 252 ss.
[1993] "Een Hollandse kijk op het EEG-Overeenkomstenverdrag: het Balenpers-arrest", *Ars Aequi*, p. 207 ss.
[1994] "Her COVA-arrest: een mijlpaal voor de internationale onrechtmatige dadd", *Ars Aequi*, p. 165 ss.

BOGDANOVA, N. / LITVINSKI, D.
[2002] "Note sur les nouvelles règles de conflit du droit international privé russe", *Revue critique de droit international privé*, 91, p. 192 ss.

BOGGIANO, A.
[1981] *Del viejo al nuevo Derecho Internacional Privado,* Buenos Aires, Depalma.

BORGIOLI, A.
[1983] "La convenzione di Roma sulla legge applicabile alle obbligazioni contrattuali", *Giurisprudenza Commerciale*, I, p. 149 ss.

BORRÁS, A.
[1996] "La Convention de La Haye de 1989 sur la loi applicable aux succéssions à cause de mort et l'Espagne", *E Pluribus Unum. Liber Amicorum Georges A.L. Droz*, Martinun Nijhoff Publishers, The Hague – Boston – London, p. 7 ss.

BOSCHIERO, N.
[1986] "La Nuova Convenzione dell'Aja sulla legge applicabile alla vendita internazionale", *Rivista di diritto internazionale privato e processuale*, p. 507 ss.

344   *A Cláusula de Desvio no Direito de Conflitos*

[1993] "Norme di diritto internazionale «facoltative»", *Rivista di diritto internazionale privato e processuale*, 29, p. 541 ss.

BOUREL, P.

[1961] *Les conflits de lois en matière d'obligations extracontractuelles*, Paris, L.G.D.J..

[1989] "Du rattachement de quelques délits spéciaux", *Recueil des cours de l'Académie de droit intenational de La Haye*, t. 214, p. 263 ss.

BRITO, M. H.

[1993] "Os contratos bancários e a convenção de Roma de 19 de Junho de 1980 sobre a lei aplicável às obrigações contratuais", *Revista da Banca*, 28, p. 75 ss.

[1999] *A representação nos contratos internacionais. Um contributo para o estudo do princípio da coerência em direito internacional privado*, Coimbra, Almedina.

BROGGINI, G.

[1988] "La nouvelle loi fédérale sur le droit international privé – Considérations comparées", *Schweizerisches Jahrbuch für Internationales Rech/ /Annuaire suisse de droit international*, vol. XLIV, p. 132 ss.

[1990a] "Presentazione", *Il nuovo diritto internazionale privato in Svizzera*, Milano, Giuffrè, p. IX ss.

[1990b] "L'illecito civile", *Il nuovo diritto internazionale privato in Svizzera*, Milano, Giuffrè, p. 251 ss.

BRONZE, F. J. PINTO

[1993] "Breves considerações sobre o estado actual da questão metodonomológica", *Boletim da Faculdade de Direito*, Universidade de Coimbra, vol. LXIX p. 177 ss.

[1994] *A Metodonomologia entre a Semelhança e a Diferença (Reflexão Problematizante dos Pólos da Radical Matriz Analógica do Discurso Jurídico)*, Coimbra, Coimbra Editora.

[1996] *Apontamentos sumários de Introdução ao Direito*, Coimbra, polic..

[2002] *Lições de Introdução ao Direito*, Coimbra, Coimbra Editora.

BROZOLO, L.

[1985] "Qualche riflessione sulla disciplina dei contratti internazionali: il caso degli eurodepositi", *Rivista di diritto internazionale privato e processuale*, 3, p. 529 ss.

BUCHER, A.

[1975] *Grundfragen der Anknüpfungsgerechtigkeit im internationalen Privatrecht (aus kontinentaleuropäischer Sicht)*, Basel/Stuttgart, Helbing & Lichtenhahn.

[1977] "Conséquences de la supression de l'article 8 LRDC", *Revue de l'état civil/Zeitschrift für Zivilstandswesen/Rivista dello stato civile*, p. 323 ss.

Bibliografia

[1979a] "Sur les règles de rattachement à caractère substantiel", *Liber amicorum Schnitzer*, Genève, p. 37 ss.

[1979b] Intervenção recolhida em *Freiburger Kolloquium über den schweizerischen Entwurf zu einem Bundesgesetz über das internationale Privatrecht: Freiburg (Schweiz), 27-28 April 1979 = Colloque de Fribourg relatif au projet suisse de loi fédérale sur le droit international privé: Fribourg (Suisse), 27-28 avril 1979*, Zürich, Schulthess Polygraphischer Verlag.

[1982] "Auslegungsregeln in der neueren Gesetzgebung des schweizerischen internationalen Privatrechts", *Freiheit und Verantwortung im Recht, Festschrift zum 60. Geburstag von Arthur Meier-Hayoz*, Zurich, Verlag Stämpfli & Cie AG., p. 45 ss.

[1983] "Über die räumlichen Grenzen der Kollisionsnormen", *Festschrift für Frank Vischer zum 60. Geburtstag*, Herausgegeben von Peter Böckli / Kurt Eichenberger / Hans Hinderling / Hans Peter Tschudi, Zürich, Schulthess Polygraphischer Verlag, p. 93 ss.

[1992] *Droit international privé suisse, t. II, Personnes, Famille, Successions*, Bâle, Helbing & Lichtenhahn.

[1993] "L'ordre public et le but social des lois", *Recueil des cours de l'Académie de Droit International de La Haye*, p. 13 ss.

[1995a] *Droit international privé suisse, t. I/2, Partie générale – Droit applicable*, Bâle, Helbing & Lichtenhan.

[1995b] "L'attente légitime des parties", *Festschrift für Anton Heini zum 65. Geburtstag*, Herausgegeben von Isaak Meier / Kurt Siehr, Zürich, Schulthess Polygraphischer Verlag, p. 95 ss

[1996] "Vers l'adoption de la méthode des intérêts? Réflexions à la lumière des codifications récentes", *Travaux du Comité Français de Droit International Privé*, 1993-1994/1994-1995, Paris, Éditions A. Pédone, p. 209 ss.

CAMPIGLIO, C.

[1985] "L'esperienza svizzera in tema di clausola d'eccezione: l'art. 14.° del progetto di riforma del diritto internazionale privato", *Rivista di diritto internazionale privato e processuale*, 21, p. 47 ss.

[1992] "Prime applicazioni della clausola d' eccezione "europea" in materia contrattuale", *Rivista di diritto internazionale privato e processuale*, 28, p. 241 ss.

CANARIS, C.-W.

[1968] "De la manière de constater et de combler les lacunes de la loi en droit allemand", *Le problème des lacunes en droit*, Bruxelles, Bruylant, p. 161 ss.

[1983] *Die Festellung von Lücken im Gesetz. Eine methodologische Studie über Voraussetzungen und Grenzen der richterlichen Rechtsforbildung praeter legem*, 2ª ed., Berlin, Duncker & Humblot.

346 *A Cláusula de Desvio no Direito de Conflitos*

[1989] *Pensamento sistemático e conceito de sistema na ciência do direito*, tradução de A. Menezes Cordeiro, Lisboa, Fundação Calouste Gulbenkian.

CANE, P.

[1995] "Choice of Law in Tort: The Supreme Court of Canada Enters the Fray", *The Law Quaterly Review*, 111, p. 397 ss.

CARBONE, S.

[1980] "L' ambito di applicazione e il criteri interpretativi della Convenzione di Vienna sulla vendita internazionale", *Rivista di diritto internazionale privato e processuale*, 4, p. 513 ss.

[1983] "Il contratto senza legge e la Convenzione di Roma del 1980", *Rivista di diritto internazionale privato e processuale*, 19, p. 261 ss.

[1995] Anotação ao artigo 18.° da Lei italiana de 31 de Maio de 1995 relativa à reforma do direito internacional privado inserida em "Riforma del sistema italiano di diritto internazionale privato: legge 31 maggio 1995", *Rivista di diritto internazionale privato e processuale*, 4, p. 990 ss.

CARRILLO POZO, L. F.

[1994] *El contrato internacional: la prestacion caracteristica*, Bolonia, Publicaciones del Real Colegio de España.

CARRILLO SALCEDO, J. A.

[1985] *Derecho Internacional Privado – Introducción a sus problemas fundamentales*, 3ª ed., reimpr., Madrid, Tecnos.

CARTER, P.B.

[1991] "Choice of Law in Tort and Delict", *The Law Quaterly Review*, vol. 107, p. 405 ss.

[1993] "Choice of Law: Methodology or Mythology", *Études de droit international en l' honneur de Pierre Lalive*, Bâle/Francfort-sur-le-Main, Heilbing & Lichtenhan, p. 11 ss.

[1996] "The Private International Law (Miscellaneous Provisions) Act 1995", *The Law Quaterly Review*, vol. 112, p. 190 ss.

CARVALHO, P. NUNES DE

[1993] *Introdução ao Estudo do Direito*, Lisboa, SPB.

CASTANGIA, I.

[1983] *Il criterio della cittadinanza nel diritto internazionale privato*, Napoli, Casa Editrice Dott. Eugenio Jovene.

CASTEL, J.G.

[1992] "Commentaire sur certaines dispositions du Code Civil du Quebec se rapportant au droit international privé", *Journal du droit international*, 119, 3, p. 625 ss.

[1993] "Some Recent Important Trends in Canadian Private International Law", *Netherlands International Law Review*, 40, p. 15 ss.

[1997] *Canadian Conflict of Laws*, 4ª ed., Toronto / Vancouver, Butterworths.

Bibliografia 347

CHESHIRE, G.C.
[1957] "Observations au sujet du rapport provisoire de M. Georges S. Maridakis du 1er février 1956", *Annuaire de l'Institut de droit international*, vol. 47 – II, p. 62 ss.

CHESHIRE, G.C. / P. M. NORTH / J. J. FAWCETT
[1999] *Cheshire and North's Private International Law*, 13ª ed., London – Edinburgh – Dublin, Butterworths.

CHORÃO, M. E. BIGOTTE
[1984] "Integração de lacunas", *PÓLIS – Enciclopédia Verbo da Sociedade e do Estado*, vol. 3, Lisboa/S.Paulo, Verbo, cols. 591-618.
[1986] *Temas Fundamentais de Direito*, Coimbra, Almedina.
[1989] *Introdução ao Direito*, vol. I. *O Conceito de Direito*, Coimbra, Almedina.
[1998/9] *Introdução ao Estudo do Direito*, vol. III – *A Norma Jurídica*, Lisboa, Centro de Publicações da Universidade Católica Portuguesa.

CLERICI, R.
[1992] "La nuova legge organica sulla cittadinanza: prime riflessioni", *Rivista di diritto internazionale privato e processuale*, 28, 4, p. 741 ss.
[1994] "Criteri di parità e principio di eguaglianza nel disegno di legge", *La riforma del diritto internazionale privato e processuale – Raccolta in ricordo di Edoardo Vitta*, Milano, Giuffrè, p. 309 ss.
[1995] Anotação ao artigo 19 da Lei italiana de 31 de Maio de 1995 relativa à reforma do direito internacional privado inserida em "Riforma del sistema italiano di diritto internazionale privato: legge 31 maggio 1995", *Rivista di diritto internazionale privato e processuale*, 1995, 4, p. 997 ss.

COHEN, D. / B. UGHETTO
[1986] "La nouvelle Convention de La Haye relative à la loi applicable aux ventes internationales de marchandises", *Recueil Dalloz*, n.° 20, p. 149 e n.° 21, p. 157.

COHN, E.J.
[1957] "The Objectivist Practice on the Proper Law of the Contract", *The International and Comparative Law Quaterly*, vol. 6, p. 373 ss.

COLLAÇO, I. DE MAGALHÃES
[1954] *Da Compra e Venda em Direito Internacional Privado, Aspectos Fundamentais*, vol. I (Dissertação de Doutoramento), Lisboa.
[1958/1963] *Direito Internacional Privado* (Lições proferidas ao 5.° ano jurídico de 1958-1959), Lisboa (vol. I – 1958, vol. II – 1959, vol. III – 1963).
[1964] *Da qualificação em direito internacional privado*, Lisboa.
[1966] *Direito Internacional Privado*, 2 vols., reedição das lições proferidas ao 5.° ano jurídico de 1958-1959, Lisboa, Associação Académica da Faculdade de Direito de Lisboa.

348 *A Cláusula de Desvio no Direito de Conflitos*

[1967] *Direito Internacional Privado*, vol. II, parte I, título I – "Estrutura da norma de conflitos de leis"; título II – "A teoria da interpretação e aplicação da norma de conflitos" (Lições proferidas no ano lectivo de 1966-1967), Lisboa.

[1968] *Direito Internacional Privado. Problemas Especiais de Interpretação e Aplicação da Norma de Conflitos – A Conexão* (Lições proferidas no ano lectivo 1967/1968), Lisboa.

[1970] *Direito Internacional Privado.Determinação da ordem local aplicável em caso de remissão para ordenamentos plurilegislativos.* Apontamentos das lições proferidas pela Professora Doutora D. Isabel de Magalhães Collaço ao 5.º ano jurídico de 1969-1970, coligidos pelos alunos Pedro Vasconcelos e J. Pimentel, Lisboa, Associação Académica da Faculdade de Direito.

[1991] "L'arbitrage internationale dans la récente loi portugaise sur l'arbitrage voluntaire (loi n.º 31/86, du 29 août 1986)", *Droit International et Droit Communautaire – Actes du Colloque Paris, 5 et 6 avril 1990*, Paris, Fondation Calouste Gulbenkian – Centre Culturel Portugais, p. 55 ss.

COLLINS, L.

[1976] "Contractual and Non Contractual Obligations. The EEC Preliminary Draft Convention on Private International Law", *The International and Comparative Law Quaterly*, p. 35 ss.

[1982] "Practical Implications in England of the E.E.C. Convention on the Law Applicable to Contractual Obligations", *Contract Conflicts. The E.E.C. Convention on the Law Applicable to Contractual Obligations: A Comparative Study*, Amsterdam – New York – Oxford, North Holland Publishing Company, p. 205 ss.

COMISSÃO DAS COMUNIDADES EUROPEIAS

[2003] *Livro Verde relativo à transformação da Convenção de Roma de 1980 sobre a lei aplicável às obrigações contratuais num instrumento comunitário e sua modernização*, «www. europa.eu.int/comm/ justice...home/unit/civil

[2003] *Proposta de Regulamento do Parlamento Europeu e do Conselho sobre a lei aplicável às obrigações extracontratuais ("Roma II")*, http:/ /europa.eu.int/eur...lex/pt/com/pdf/2003/com/2003...0427pt 01.pdf

CONETTI, G.

[1977] "L'arrêt Martini: considerazioni sulla scelta del criterio di collegamento", *Rivista di diritto internazionale privato e processuale*, 2, p. 257 ss.

[2000] "La legge sul diritto internazionale privato della Repubblica di Slovenia", *Rivista di diritto internazionale privato e processuale*, 3, p. 569 ss.

CONNEL-THOEZ, K.

[1980] "Les réactions de la doctrine à la création du droit par les juges en droit international privé", *Les réactions de la doctrine à la création du droit par les juges, Travaux de l'Association Henri Capitant des amis de la culture juridique française*, t. XXXI, p. 425 ss.

CONTE, A.

[1968] "Décision, complétude, clôture. A propos des lacunes en droit", *Le Problème des Lacunes en Droit*, Bruxelles, Bruylant, p. 67 ss.

CORDEIRO, A. MENEZES

[1984] *Da boa fé no Direito Civil*, 2 vols., Coimbra, Almedina.

[1986] "Norma Jurídica", *PÓLIS – Enciclopédia Verbo da Sociedade e do Estado*, vol. 4, col. 669 ss, Lisboa/S.Paulo, Verbo.

[1987] "Tendências actuais da interpretação da lei: do juiz autómato aos modelos de decisão jurídica", *Revista Jurídica*, n.º 9-10 (Jan-Jun), p. 14 ss.

[1988] "Ciência do Direito e metodologia jurídica nos finais do século XX", *Revista da Ordem dos Advogados*, 48, p. 697 ss.

[1989] "Introdução à edição portuguesa de pensamento sistemático e conceito de sistema na ciência do direito de Claus-Wilhelm Canaris", Separata de Manuais Universitários da Fundação Calouste Gulbenkian, Lisboa, s.n.

[1990] "A decisão segundo a equidade", *O Direito*, ano 122, n.º 2, p. 261 ss.

[2000] *Tratado de Direito Civil, I – Parte Geral*, Tomo I, Coimbra, Almedina, 2ª ed..

CORDOPATRI, X.

[1986] "Presunzione (teoria generale e diritto processuale civile")", *Enciclopedia del Diritto*, vol. XXXV, Milano, p. 274 ss.

CORRAO, M.E.

[1984] "I rapporti di lavoro nella convenzione europea sulla legge applicabile alle obbligazioni contrattuali", *Rivista di diritto internazionale privato e processuale*, 20, p. 79 ss.

CORREIA, A. FERRER

[1947/1948] "O estatuto pessoal dos plurinacionais e dos apólides", *Revista de Direito e de Estudos Sociais*, p. 73 ss.

[1951] "Direito Internacional Privado (anteprojecto de 1951, artigos 14.º a 65.°)", *Boletim do Ministério da Justiça*, 24, 9 ss.

[1954] "Unidade do estatuto pessoal", *Boletim da Faculdade de Direito*, XXX, p. 101 ss.

[1962] "O problema do reenvio (devolução) em Direito Internacional Privado", *Boletim da Faculdade de Direito*, XXXVIII, p. 143 ss.

[1970a] "O problema das qualificações em Direito Internacional Privado", *Estudos Jurídicos III – Direito Internacional Privado*, Coimbra, Atlântida, p. 1 ss.

350 *A Cláusula de Desvio no Direito de Conflitos*

[1970b] "O problema da qualificação segundo o novo Direito Internacional Privado português", *Estudos Jurídicos III – Direito Internacional Privado*, Coimbra, Atlântida, p. 43 ss.

[1970c] "Principais interesses a considerar na resolução dos conflitos de leis", *Estudos Jurídicos III – Direito Internacional Privado*, Coimbra, Atlântida, p. 84 ss.

[1972a] "O Novo Direito Internacional Privado Português (Alguns Princípios Gerais)", *Boletim da Faculdade de Direito*, XLVIII, p. 1 ss.

[1972b] "Les problèmes de codification en droit international privé", *Recueil des cours de l'Académie de La Haye de Droit International*, vol. 145, p. 72 ss.

[1973a] *Lições de Direito Internacional Privado*, Coimbra, copiograf..

[1973b] *Lições de Direito Internacional Privado – Aditamentos – Do reconhecimento e execução das sentenças estrangeiras*, Coimbra, copiograf..

[1975] *Lições de Direito Internacional Privado – Aditamentos – I Nacionalidade – doutrina geral e direito português; – II Lei reguladora do estatuto pessoal*, Coimbra, copiograf..

[1973/1982] "La Doctrine des Droits Acquis dans un Système de Règles de Conflit Bilatérales", *Estudos Vários de Direito*, Coimbra (2ª tiragem), 59 ss.

[1979a/1982] "Miaja de la Muela e a Tendência «Substancialista» em Direito Internacional Privado, *Estudos Vários de Direito*, Coimbra (2ª tiragem), 255 ss.

[1979b/1982] "A revisão do Código Civil e o Direito Internacional Privado", *Estudos vários de direito*, Coimbra (2ª tiragem), p. 279 ss.

[1981] *Direito Internacional Privado – Alguns Problemas*, Coimbra

[1987] "Une codification nationale du droit international privé à l'épreuve du principe de l'égalité: le Code Civil portugais de 1966 "revisited", *Le droit international à l'heure de sa codification – Etudes en l'honneur de Roberto Ago*, vol. IV, Milano, A. Giuffrè, p. 63 ss.

[1983/1989] "O reconhecimento das sentenças estrangeiras no direito brasileiro e no direito português", *Temas de Direito Comercial e Direito Internacional Privado*, Coimbra, Almedina, 255 ss.

[1987-88/89] "O direito internacional privado português e o princípio da igualdade", *Temas de Direito Comercial e Direito Internacional Privado*, Coimbra, Almedina, 413 ss.

[s.d./1989] "Direito internacional privado matrimonial (Direito português", *Temas de Direito Comercial e Direito Internacional Privado*, Coimbra, Almedina, 331 ss.

[1990] "Algumas considerações acerca da Convenção de Roma de 19 de Junho de 1980 sobre a Lei Aplicável às Obrigações Contratuais", *Revista de Legislação e Jurisprudência*, Ano 122.°, 1990, n.° 3787, 1.2.1990, pp. 289--292; n.° 3788, 1.3.1990, pp. 321-322; n.° 3789, 1.4.1990, pp. 362 ss.

Bibliografia

[1991a] "A Obra de J. Baptista Machado na Área do Direito Internacional Privado", *Scientia Iuridica*, tomo XL – n.ᵒˢ 229/234, p. 281 ss.

[1991b] "Quelques réflexions sur le système portugais concernat la reconaissance et l'exécution des jugements étrangers en matière civile et commerciale", *Droit international et droit communautaire*, p. 135 ss.

[1993] "Le système portugais sur la compétence internationale (directe)", *Études de droit international en l'honneur de Pierre Lalive*, Bâle/ /Francfort-sur-le-Main, Heilbing & Lichtenhan, 1993, pp. 49 ss.

[2000] *Lições de Direito Internacional Privado*, Coimbra, Almedina.

CORREIA, A. FERRER e J. BAPTISTA MACHADO

[1964] "Direito Internacional Privado (anteprojecto de 1964)", *Boletim do Ministério da Justiça*, n.º 136, p. 17 ss.

CORREIA, A. FERRER e F. A. FERREIRA PINTO

[1987] "Breve apreciação das disposições do anteprojecto do código de processo civil que regulam a competência internacional dos tribunais portugueses e o reconhecimento das sentenças estrangeiras", *Revista de Direito e Economia*, 13, p. 1 ss.

[1988] *Direito Internacional Privado – Leis e Projectos de Leis – Convenções Internacionais*, Coimbra, Almedina.

CORREIA, J. GOMES

[1995] *Introdução ao Estudo do Direito*, Coimbra, Livraria da Universidade.

COSTA, M.A.G. FERNANDES

[1986] "Direitos adquiridos e reconhecimento de sentenças estrangeiras (Da interpretação da al. g) do art. 1096.º do Código de Processo Civil)", *Estudos em homenagem ao Prof. Doutor A. Ferrer Correia*, vol. I, *Boletim da Faculdade de Direito*, número especial, p. 121 ss.

COSTA, M. J. de ALMEIDA

[1967] *Introdução ao Estudo do Direito e Elementos de Direito Civil*, Coimbra (dactilogr.).

COURBE, P.

[2000] *Droit international privé*, Paris, Éditions Dalloz.

COUSSIEU, D.

[2000] *La clause d'exception de l'article 4 de la Convention de Rome, Mémoire sous la direction du Professeur Yves Lequette*, DEA de Droit International Privé, Université Paris II (polic.).

CUNHA, P. FERREIRA DA

[1998] "Hermenêutica Jurídica: do problema em geral e da classica visão "factualista" e "interpretativa", *Instituições de Direito*, vol. I, Coimbra, Almedina.

CURRIE, B.

[1963] "Notes on Methods and Objectives in the Conflict of Laws", *Selected Essays on the Conflict of Laws*, Durham, p. 177 ss.

DAVÌ, A.

[1994] "Le questioni generali del diritto internazionale privato nel progetto italiano", *La riforma del diritto internazionale privato e processuale – Raccolta in ricordo di Edoardo Vitta*, Milano, Giuffrè, p. 45 ss.

DE NOVA, R.

[1966] "Historical and Comparative Introduction to Conflict of Laws", *Recueil des cours de l'Académie de droit international de La Haye*, t. 118, p. 435 ss.

[1978a] "Rilevanza del contenuto delle norme in conflitto nella determinazione tradizionale della legge applicabile", *Rivista di diritto internazionale privato e processuale*, 2, p. 241 ss.

[1978b] "Quando un contratto è internazionale?", *Rivista di diritto internazionale privato e processuale*, p. 665 ss.

DÉBY-GERARD, F.

[1973] *Le rôle de la règle de conflit dans le règlement des rapports internationaux*, Paris, Dalloz.

DELAUME, G.R.

[1981] "The European Convention on the Law Applicable to Contractual Obligations: Why a Convention?", *Virginia Journal of International Law*, p. 105 ss.

DÉPREZ, J.

[1995] "Rattachements rigides et pouvoir d'appréciation du juge dans la détermination de la loi applicable au contrat de travail international (articles 3, 6 et 7 de la Convention de Rome du 19 juin 1980)", *Droit social*, 4, p. 323 ss.

DI MARCO, G.

[1981] "La convenzione di Roma del 19 giugno 1980 sulla legge applicabile alle obbligazioni contrattuali", *Diritto Comunitario e degli Scambi Internazionale*, 20, p. 141 ss.

DIAMOND, A.

[1979] "Conflict of Laws in the EEC", *Current Legal Problems*, p. 155 ss.

[1986] "Harmonization of Private International Law relating to Contractual Obligations", *Recueil des cours de l'Académie de droit international de La Haye*, 199, p. 233 ss.

Dicey and Morris on the Conflict of Laws

[2000] 13ª ed. por L. Collins, A. Briggs, J. Hill, J. McClean e C. Morse, Londres.

DIETZI, H. P.

[1973] "Zur Einführung einer generellen Ausweichklausel im schweizerischen IPR", *Festgabe zum Schweizerischen Juristentag 1973*, Basel e Stuttgart, Verlag Helbing & Lichtenhahn, p. 49 ss.

Bibliografia

DROBNIG, U.

[1983] "Der Entwurf eines IPR-Gesetzes und das Ausland. Mehr Klarheit im Internationalen Rechtsverkehr", *Neue Zurcher Zeitung*, 115 (19 Mai), p. 35 ss.

DROZ, G.

[1989] "Note introductive à la Convention de La Haye sur la loi applicable aux succéssions à cause de mort", *Revue de droit uniforme*, p. 213 ss.

[1991] "Regards sur le droit international privé comparé – Cours général de droit international privé", *Recueil des cours de l'Académie de droit international de La Haye*, 229, p. 9 ss.

DU PASQUIER

[1951] *Les lacunes de la loi et la jurisprudence du Tribunal Fédéral suisse sur l'article 1er du code civil suisse*, Bâle, Helbing & Lichtenhahn.

DUARTE, Mª LUÍSA

[2003] *Introdução ao Estudo do Direito. Sumários Desenvolvidos*, Lisboa, Associação Académica da Faculdade de Direito de Lisboa.

DUBLER, C.E.

[1980] "Le divorce des Suisses en France et sa reconnaissance en Suisse", *Revue critique de droit international privé*, 3, p. 503 ss.

[1983] *Les clauses d'excéption en droit international privé*, Genève, Georg & Cie- Librairie de L'Université.

DUCHEK, A

[1981] "Die österreichische IPR-Kodifikation", *Acta Jur. Acad. Sci. Hungariae*, p.

DUCHEK, A. e F. SCHWIND

[1979] *Internationales Privatrecht – Das IPR-Gesetz vom 15.6.1978 samt einschlägigen sonstigen Rechtsvorschriften und zwischenstaatlichen Abkommen mit ausfürlichen Erläuterungen*, Wien, Manz Verlag.

DUTOIT, B.

[1985] "L'ordre public: caméléon du droit international privé? Un survol de la jurisprudence suisse", *Mélanges Guy Flattet – Recueil de travaux offerts à M. Guy Flattet, Professeur honoraire à l'Université de Lausanne*, Lausanne, Payot, p. 455 ss.

[1989] "La lex loci delicti à travers le prisme des deux Conventions de La Haye sur les accidents de la circulation routière et la responsabilité du fait des produits", *L' unificazione del diritto internazionale privato e proces-suale. Studi in memoria di Mario Giuliano*, Padova, CEDAM, p. 417 ss.

[1993] "Le nouveau droit international privé suisse des contrats à l'aume de la convention (CEE) de Rome du 19 juin 1980 sur la loi applicable aux obli-gations contractuelles", *Études de droit international en l'honneur de*

Pierre Lalive, Bâle/Francfort-sur-le-Main, Helbing & Lichtenhahn, p. 31 ss.

[1997] *Droit international privé suisse: Commentaire de la loi fédérale du 18 décembre 1987*, 2ª ed., Bâle/Francfort-sur-le-Main, Helbing & Liechtenhahn.

[2001] *Droit international privé suisse: Commentaire de la loi fédérale du 18 décembre 1987*, 3ª ed., Bâle / Genève / Munich, Helbing & Liechtenhahn.

EIRÓ, P.

[1997] *Noções Elementares de Direito*, Lisboa, Editorial Verbo.

EKELMANS, M.

[1986] "Le dépeçage du contrat dans la convention de Rome du 19 juin 1980 sur la loi applicable aux obligations contractuelles", *Mélanges offerts à Raymond Vander Elst*, t. 1, Bruxelles, Editions Nemesis, p. 243 ss.

EHRICKE, U.

[1989] Recensão a *Personalstatut, Staatsangehörigkeit und Effektivität*, de H.-P. Mansel, *Journal du droit international*, 2, p. 539 s.

EINSELE, D.

[1996] "Rechtswahlfreiheit im Internationalen Privatrecht", *Rabels Zeitschrift für ausländisches und internationales Privatrecht*, 3, p. 418 ss.

ENGISCH, K.

[1996] *Introdução ao pensamento jurídico*, Lisboa, Fundação Calouste Gulbenkian, tradução portuguesa da 8ª edição do original alemão (*Einführung in das juristische Denken*), por J. Baptista Machado.

ESSER, J

[1961] *Principio y norma en la elaboración jurisprudencial del derecho privado*, Barcelona, Bosch.

EVRIGENIS, D.

[1966] "Tendances actuelles en droit international privé", *Recueil des cours de l'Académie de droit international de La Haye*, t. 118, p. 313 ss.

[1973] "Regards sur la doctrine contemporaine de droit international privé", *Multitudo Legum Ius Unum. Festschrift für W. Wengler*, vol. II, Berlin, Inter-Recht, p. 269 ss.

FACH GÓMEZ, K.

[1999] "La nueva regulación de las obligaciones extracontratuales y del derecho de cosas en derecho internacional privado alemán.", *Revista Española de Derecho Internacional*, vol. LI, p. 287 ss.

FALLON, M.

[1975] "Les dispositions de l'avant-projet C.E.E. relatives à la loi applicable aux obligations aquiliennes", *European International Law of Obligations*, Tübingen, J.C.B. Mohr (Paul Siebeck), p. 87 ss.

[1984] "Un 'Restatement' européen du droit des conflits de lois en matière de contrats: la Convention de Rome du 19 juin 1980 sur la loi applicable aux obligations contractuelles", *Assuntos Europeus*, 3, p. 155 ss.

FALLON, M. / J. MEEUSEN

[2000] "Belgian Private International Law at the End of the 20th Century: Progress or Regress", *Private International Law at the End of the 20th Century: Progress or Regress? Le droit international privé à la fin du XXe siècle: progrès ou recul?*, XVth International Congress of Comparative Law, Xve Congrès International de droit comparé, The Hague – London – Boston, Kluwer Law, p. 109 ss.

FERNÁNDEZ ARROYO, D.

[1994] "La convencion interamericana sobre derecho aplicable a los contratos internacionales aprobada por la CIDIP V (hecha en Mexico, D.F., el 17 de Marzo de 1994)", *Revista española de derecho internacional,* vol. XLVI, 2, p. 929 ss.

[1995] "La convention interaméricaine sur la loi applicable aux contrats internationaux: certains chemins conduisent au-delà de Rome", *Revue critique de droit international privé*, 1, p. 178 ss.

FERNANDEZ ROZAS, J.C. e S. SANCHEZ LORENZO

[1996] *Curso de Derecho internacional privado*, 3ª ed., Madrid, Ed. Civitas.

FERREIRA, M. CAVALEIRO DE

[1972/3] *Noções Gerais de Direito*, Lições proferidas ao Curso de Ciências Empresariais, Lisboa.

FIKENTSCHER, W.

[1988] "L'applicazione giurisprudenziale dell'analogia e dei principi generali del diritto", *La Sentenza in Europa: metodo, tecnica e stile: atti del convegno internazionale per l'inaugurazione della nuova sede della Facoltà, Ferrara 10-12 ottobre 1985*, Università degli Studi di Ferrara, Facoltà di Giurisprudenza, p. 529 ss.

FISCHER, G.

[2002] "Die Neuregelung des Kollisionsrechts der ungerechtfertigten Bereicherung und der Geschäftsführung ohne Auftrag im IPR-Reformgesetz von 1999", *Praxis des Internationalen Privat-und Verfahrensrechts*, 1, p. 1 ss.

FLESSNER, A.

[1990] *Interessenjurisprudenz im Internationalen Privatrecht*, Tübingen, Mohr.

FORIERS, P.

[1968] "Les lacunes du droit", *Le problème des lacunes en droit*, Bruxelles, Bruylant, p. 9 ss

356 *A Cláusula de Desvio no Direito de Conflitos*

FOYER, J.

[1976] "L'avant-projet de convention CEE sur la loi applicable aux obligations contractuelles et non-contractuelles", *Journal du droit international*, 103, p. 555 ss.

[1991] "Entrée en vigueur de la Convention de Rome du 19 juin 1980 sur la loi applicable aux obligations contractuelles", *Journal du droit international*, p. 601 ss.

FRANX, J. K.

[1994] Intervenção recolhida em "De algemene exceptieclausule in de IPR-Schets", *Studiedag. Schets von een algemene wet betreffende het Internationaal Privaatrecht. Nederlands Internationaal Privaatrecht – NIPR*, 1994, p. 85 ss.

FRIGO, M.

[1993] "La determinazione della legge applicabile in mancanza di scelta dei contraenti e le norme imperative nella Convenzione di Roma", *La Convenzione di Roma sul diritto applicabile ai contratti internazionale*, Milano, Giuffrè, p. 17 ss.

FUNCKE, A. von

[1988] "La nueva ley de la Republica Federal de Alemania de derecho internacional privado", *Revista espanola de derecho internacional*, 40, p. 303 ss.

GANNAGÉ, P.

[1980] "Les réactions de la doctrine à la création du droit par les juges en droit international privé", *Les réactions de la doctrine à la création du droit par les juges, Travaux de l'Association Henri Capitant des amis de la culture juridique française*, t. XXXI.

[1989a] "L'égalité de traitement entre la loi du for et la loi étrangère dans les codifications nationales de droit international privé" – Rapport provisoire", *Annuaire de l'Institut de Droit International*, vol. 63-I (Sessão de Santiago de Compostela), p. 205 ss.

[1989b] "L'égalité de traitement entre la loi du for et la loi étrangère dans les codifications nationales de droit international privé" – Rapport définitif", *Annuaire de l'Institut de Droit International*, vol. 63-I (Sessão de Santiago de Compostela), p. 275 ss.

GARCIMARTÍN ALFÉREZ, F.J.

[1995] "Caben reductiones teleologicas o "abuso de derecho" en las normas sobre competencia judicial internacional?", *Revista espanola de derecho internacional*, vol. XLVII, 2, p. 121 ss.

GARCÍA SOTO, L.

[1999] "La justicia en Aristóteles", *En torno a la justicia. Las aportaciones de Aristóteles, el pensamiento español del XVI, J.S. Mill, la fenomenologia y Rawls*, La Coruña, Associación Cultural Eris.

Bibliografia 357

GARCIA VELASCO, I.
[1994] *Derecho Internacional Privado (Reflexiones Introductorias)*, Salamanca, Libreria Cervantes.

GAUDEMET-TALLON, H.
[1981] "Le nouveau droit international privé européen des contrats (Commentaire de la convention C.E.E. n.° 80/934 sur la loi applicable aux obligations contractuelles, ouverte à la signature à Rome le 19 juin 1980)", *Revue trimestrielle de droit européen*, 17, p. 215 ss.
[1985] "La convention de Rome de 1980 sur la loi applicable aux obligations contractuelles", *Journées de la Societé de Législation Comparée*, p. 287 ss.
[1992] "Convention de Rome du 19 juin de 1980 sur la loi applicable aux obligations contractuelles. Chronique de jurisprudence", *Revue trimestrielle de droit européen*, 3, p. 529 ss.
[1997] "Convention de Rome du 19 juin de 1980 sur la loi applicable aux obligations contractuelles", *Revue trimestrielle de droit européen*, 33, p. 295 ss.

GEC-KOROSEC, M.
[2002] "Die Reform des slowenischen Internationalen Privat-und Verfahrensrechts und seine Anpassung an das Recht der Europäischen Union", *Rabels Zeitschrift für ausländisches und internationales Privatrecht*, 66, p. 710 s.

GIARDINA, A.
[1981] "La convenzione comunitaria sulla legge applicabile alle obbligazioni contrattuali e il diritto internazionale privato italiano", *Rivista di diritto internazionale*, 64, p. 795 ss.
[1982] "The Impact of the E.E.C. Convention on the Italian System of Conflict of Laws", *Contract Conflicts. The E.E.C. Convention on the Law A ppli-cable to Contractual Obligations: A Comparative Study*, Amsterdam – New York – Oxford, North Holland Publishing Company, p. 237 ss.
[1983] "Volontà delle parti, prestazione caratteristica e collegamento più significativo", *Verso una Disciplina Comunitaria della Legge Applicabile ai Contratti. Con particolare riferimento ai contratti bancari, assicurativi, di trasporto, di lavoro e con I consumatori nella convenzione di Roma del 19 giugno 1980*, Padova, CEDAM, p. 3 ss.
[1996] "Les caractères généraux de la réforme", *Revue critique de droit international privé*, t. 85, 1, p. 1 ss.

GIULIANO, M.
[1977] "La loi applicable aux contrats: problèmes choisis", *Recueil des cours de l'Académie de droit international de La Haye*, t. 158, p. 183 ss.

GIULIANO, M. / P. LAGARDE

[1980] "Rapport concernant la convention sur la loi applicable aux obligations contractuelles", *Journal officiel des Communautés européennes* 1980, C 282, 31 de Outubro, p. 1 ss.

GIULIANO, M., P. LAGARDE e Th. VAN YSSELT

[1975] "Rapport concernant l'avant-projet de convention sur la loi applicable aux obligations contractuelles et non-contractuelles", *European International Law of Obligations*, Tübingen, J.C.B. Mohr (Paul Siebeck), p. 241 ss.

GLENN, H.P.

[1994] "Codification of Private International Law in Quebec", *Praxis des Internationalen Privat- und Verfahrensrechts*, 308 ss.

[1996] "Codification of Private International Law in Quebec", *Rabels Zeitschrift für ausländisches und internationales Privatrecht*, 60, p. 231 ss.

GOMES, N. SÁ

[1979/80] *Introdução ao Estudo do Direito*. Apontamentos das lições proferidas ao 1.º ano do ano lectivo de 1979/1980, Lisboa, Associação Académica da Faculdade de Direito de Lisboa (copiogr).

[1983] "Interpretação autêntica e interpretação normativa oficial", *Ciência e Técnica Fiscal*, n.os 283/288 (Jul-Dez).

GONZÁLEZ CAMPOS, J.D.

[2000] "La Reforma del Sistema Español de Derecho Internacional Privado. Algunas Propuestas para un Debate", *Revista Española de Derecho Internacional*, vol. LII, 2, p. 351 ss.

GONZÁLEZ CAMPOS, J.D., J.C. FERNÁNDEZ ROZAS, A.L. CALVO CARAVACA, M. VIRGOS SORIANO, M.A. AMORES CONRADI e P. DOMINGUEZ LOZANO

[1995] *Derecho internacional privado – Parte Especial*, 6ª ed. rev., Madrid, Eurolex.

GROFFIER, E.

[1980] "Les réactions de la doctrine à la création du droit par les juges en droit international privé", *Les réactions de la doctrine à la création du droit par les juges, Travaux de l'Association Henri Capitant des amis de la culture juridique française*, t. XXXI, p. 349 ss.

[1992] "La réforme du droit international privé québécois", *Revue critique de droit international privé*, t. 81, p. 584 ss.

GUTZWILLER, M.

[1953] "Internationales Obligationen und Handelsrecht", *Schweizerische Jahrebuch für Internationales Privatrecht/Annuaire suisse de droit international*, p. 273 ss.

[1968] "Von Ziel und Methode des IPR", *Schweizerische Jahrebuch für Internationales Privatrecht/Annuaire suisse de droit international*, p. 161 ss.

[1979] "Der Entwurf zu einer Kodifikation des schweizerischen Internationalprivatrechts", *Zeitschrift für schweizerisches Recht*, 1, p. 1 ss.

HAAK, W.E.

[1975] "International Contract Law and the Draft E.E.C. Convention", NIRL, 22, p. 183 ss.

HAMBOURG GROUP FOR PRIVATE INTERNATIONAL LAW

[2003] "Comments on the European Commission's Draft Proposal for a Council Regulation on the Law Applicable to Non-Contractual Obligations", *Rabels Zeitschrift für ausländisches und internationales Privatrecht*, 67, p. 1 ss.

HAMMJE, P.

[1994] *La contribution des principes généraux du droit à la formation du droit international privé*, Thèse, Paris I (dact.).

HANOTIAU, B.

[1979] *Le droit international privé américain (Du premier au second Restatement of the Law, Conflict of Laws)*, Paris, L.G.D.J./Bruxelles, Bruylant.

[1982] "The American Conflicts Revolution and the European Tort Choice of Law Thinking", *American Journal of Comparative Law*, p. 205 ss.

HARTLEY, T.C.

[1982] "Consumer Protection Provisions in the E.E.C. Convention", *Contract Conflicts. The E.E.C. Convention on the Law Applicable to Contractual Obligations: A Comparative Study*, Amsterdam – New York – Oxford, North Holland Publishing Company, p. 111 ss.

HARTWIEG, O.

[1996] "Forum Shopping zwischen Forum Non Conveniens und «hinreichendem Inlandsbezug»", *Juristen Zeitung*, 51, 2.2. 1996, 3, p. 109 ss.

HAY, P.

[1991] "Flexibility versus Predictability and Uniformity in the Conflict of Laws. Reflections on Current European and United States Conflicts Law", *Recueil des cours de l'Académie de Droit International*, 226, p. 281 ss.

HAYTON, D.

[1987] "The Hague Convention on the Law Applicable to Trusts and on their Recognition", *The International and Comparative Law Quaterly*, 36, p. 260 ss.

[1996] "The Significance of the Hague Convention on Trusts and on Successions: a Common Law Perspective", *E Pluribus Unum. Liber Amicorum Georges A. L. Droz*, The Hague / Boston, M. Nijhoff, p. 121 ss.

HECKE, G. van

[1969] "Principes et méthodes de solutions des conflits de lois", *Recueil des cours de l'Académie de Droit International*, t. 126, I, p. 399 ss.

VON HEIN, J.

[2000] "Rück- und Weiterverweisung im neuen deutschen Internationalen Deliktsrecht", *Zeitschrift für Vergleichende Rechtswissenschaft. Archiv für Internationales Wirtschaftsrecht*, 99, p. 251 ss.

HEINI, A.

[1978] "Der Entwurf eines Bundesgesetzes über das internationale Privat-und Zivilprozessrecht (IPR-Gesetz), *Schweizerische Juristen-Zeitung*, p. 249 ss.

[1983] "Vertrauensprinzip und Individualanknüpfung im internationalen Vertragsrecht", *Festschrift für Frank Vischer zum 60. Gebürstag*, Zurich, p. 149 ss.

HEINI, A., M. KELLER, K. SIEHR, F. VISCHER e P. VOLKEN

[1993] *IPRG Kommentar zum Bundesgesetz über das Internationale Privatrecht (IPRG) vom 1. Januar 1989*, Zürich, Schulthess Polygraphischer Verlag.

HERZOG, P.

[1976] "La théorie du forum non conveniens en droit anglo-américain: un aperçu", *Revue critique de droit international privé*, 1, p. 1 ss.

HEUZÉ, V.

[1990] *La réglementation française des contrats internationaux. Étude critique des méthodes,* Paris, GLN Joly Éditions.

[1996] "La loi applicable aux actions directes dans les groupes de contracts: l'exemple de la sous-traitance internationale", *Revue critique de droit international privé*, 85, p. 243 ss.

HOFFMANN, B. von

[1975] "General Report on Contractual Obligations", *European International Law of Obligations*, Tübingen, J.C.B. Mohr (Paul Siebeck), p. 1 ss.

[1982] "Assessment of the E.E.C. Convention from a German Point of View", *Contract Conflicts. The E.E.C. Convention on the Law Applicable to Contractual Obligations: A Comparative Study*, Amsterdam – New York – Oxford, North Holland Publishing Company, p. 221 ss.

[1999] *Internationales Privatrecht*, 6ª ed., Verlag C.H. Beck.

HOMEM, A. P. BARBAS

[2001] *O justo e o injusto*, Associação Académica da Faculdade de Direito de Lisboa, Lisboa.

HOTTELIER, M.

[1991] "La loi fédérale du 23 mars 1990 sur la nationalité suisse", *Revue de droit international et de droit comparé*, 68, p. 247 ss.

Bibliografia

HOYER, H.

[1977] "Neue Wege des Arbeitskollisionsrechts", *Zeitschrift für Arbeitsrecht und Sozialrecht*, p. 171 ss.

[1988] "Über die Folgen des Mangels weltbürgrelicher Haltung des Gesetzgebers des IPR", *Festschrift für Murad Ferid zum 80. Geburtstag*, Frankfurt a. M., p. 187 ss.

HUANG, D.

[1987] "Note sur les règles chinoises en matière de conflit de lois", *Revue critique de droit international privé*, 76, p. 466 ss.

HUBER,

[1990] Intervenção oral por ocasião de simpósio ocorrido em Heidelberg, em 1988, e registada em *Nation und Staat im Internationalen Privatrecht. Zum kollisionsrechtlichen Staatsangehörigkeitsprinzip in verfassungsrechtlicher und internationalprivatrechtlicher Sicht*, Herausgegeben E. Jayme / H.-P. Mansel, Heidelberg, C.F. Müller, p. 360.

HUET, A.

[2001] Intervenção ocorrida por ocasião dos trabalhos do *Comité français de droit international privé* e que encontra registo em *Droit international privé. Travaux du Comité français de droit international privé, Années 1998-1999, 1999-2000*, Paris, Pedone, p. 159.

HUMBERLANT, C.

[1968] "Les mécanismes institués pour combler les lacunes de la loi", *Le problème des lacunes en droit*, Bruxelles, Bruylant.

IGLESIAS BUIGUES, J. L.

[1980] "Proyecto de convenio C.E.E. sobre la ley aplicable a las obligaciones contractuales", *Revista de instituciones europeas*, 7, p. 995 ss.

JACQUET, J.-M.

[1994] "Aperçu de l'oeuvre de la Conférence de la Haye de Droit International Privé dans le domaine économique", *Journal du droit international*, 121, p. 5 ss.

[1996] "Aperçu de la convention de Rome", *L'européanisation du droit international privé, Europaeisierung des internationalen Privatrechts, Europeanisation of International Private Law, Série de publications de l'Académie de Droit Europeen de Trèves*, Köln, Bundesanzeiger, p. 21 ss.

JAFFEY, A.J.E.

[1984] "The English Proper Law Doctrine and the E.E.C. Convention", *The International and Comparative Law Quaterly*, 33, p. 531 ss.

JALLES, M.I.

[1975] "A plurilocalização e a deslocalização espacial das situações jurídicas internacionais", *Revista de Direito e Economia*, Ano 1, n.º 1, p. 65 ss.

362 *A Cláusula de Desvio no Direito de Conflitos*

JANEIRO, D.
[1981] "A interpretação das leis no Direito Civil português", *Revista do Notariado*, ano I, n.° 5, p. 2 ss.
[1982] "A interpretação das leis no Direito Civil português", *Revista do Notariado*, ano II, n.° 9, p. 17 ss..

JANIS, M.W.
[1987] "The Doctrine of Forum Non Conveniens and the Bhopal Case", *Netherlands International Law Review*, p. 192 ss.

JAYME, E.
[1982] "Considérations historiques et actuelles sur la codification du droit international privé", *Recueil des cours de l'Académie de droit international de La Haye*, t. 177, p. 9 ss.
[1986] "Richterliche Rechtsfortbildung im Internationalen Privatrecht", *Richterliche Rechtsfortbildung. Festschrift der Juristischen Fakultät zur 600-Jahr-Feier der RuprechtKarls-Universität Heidelberg*, p. 567 ss.
[1987] "Betrachtungen zur dépeçage im Internationalen Privatrecht", *Festschrift für Gerhard Kegel zum 75. Geburtstag 26. Juni 1987*, Stuttgard/Berlin/Köln/Mainz, Verlag W. Kohlhammer, p. 253 ss.
[1988] "Formazione progressiva del diritto internazionale privato da parte dei giudici: l'esperienza americana e tedesca", *Contratto e Impresa*, 4, p. 423 ss.
[1990a] "The American Conflicts Revolution and the Impact on European Private International Law", *Forty Years On: the Evolution of Postwar Private International Law in Europe, Symposium in Celebration of the 40th Anniversary of the Centre of Foreign Law and Private International Law, 27 October 1989*, Amsterdam, Ed. Kluwer-Deventer, p. 15 ss.
[1990b] Intervenção oral por ocasião de simpósio ocorrido em Heidelberg, em 1988, e registada em *Nation und Staat im Internationalen Privatrecht. Zum kollisionsrechtlichen Staatsangehörigkeitsprinzip in verfassungsrechtlicher und internationalprivatrechtlicher Sicht*, Herausgegeben E. Jayme / H.-P. Mansel, Heidelberg, C.F. Müller, p. 359 s.
[1991] "Les contrats conclus par les consommateurs et la Convention de Rome sur la loi applicable aux obligations contractuelles", *Droit international et droit communautaire*, p. 7 ss.
[1995] "Identité culturelle et intégration: le droit international privé postmoderne – Cours général de droit international privé", *Recueil des cours de l'Académie de droit international de La Haye*, t. 251, p. 13 ss.

JESSURUN D'OLIVEIRA, H.U.
[1975] "International Contract Law – Observations concerning the preliminary draft E.E.C. Convention on the law applicable to contractual and extra--contractual obligations", 22.

[1977] "Characteristic Obligation in the Draft EEC Convention", *The American Journal of Comparative Law*, 25, p. 303 ss.

JESSURUN D'OLIVEIRA, H.U. / I.S. JOPPE / A.G. LUBBERS / P. W. VAN DER PLOEG / J.C. SCHULTSZ

[1977] *Veto over de lex fori en andere interessante kanten van HR 10 december 1976, Symposium gehouden op 24 juni 1977*, Kluwer – Deventer.

JOKELA, H.

[1975] "Some General Remarks on the Policy of the Draft Convention and the Law Applicable to Contractual Obligations", *European International Law of Obligations*, Tübingen, J.C.B. Mohr (Paul Siebeck), p. 118 ss.

JOPPE, I.S.

[1994] Intervenção recolhida em "De algemene exceptieclausule in de IPR-Schets", *Studiedag. Schets von een algemene wet betreffende het Internationaal Privaatrecht. Nederlands Internationaal Privaatrecht – NIPR*, 1994, p. 85 ss.

JORGE, M.

[1991] "Rattachements alternatifs et principe de proximité: les apports récents du droit international privé portugais", *Droit International et Droit Communautaire – Actes du Colloque Paris, 5 et 6 Avril 1990*, Paris, Fondation Calouste Gulbenkian – Centre Culturel Portugais, p. 213 ss.

JUENGER, F.K.

[1977] "The Conflicts Statute of the German Democratic Republic: an Introduction and Translation", *The American Journal of Comparative Law*, 25, p. 332 ss.

[1981] "The European Convention on the Law Applicable to Contractual Obligations: Some Critical Observations", *Virginia Journal of International Law*, 22, p. 123 ss.

[1982a] "The E.E.C. Convention on the Law Applicable to Contractual Obligations: An American Assessment", *Contract Conflicts. The E.E.C. Convention on the Law Applicable to Contractual Obligations: A Comparative Study*, Amsterdam – New York – Oxford, North Holland Publishing Company, p. 295 ss.

[1982b] "Parteiautonomie und Objektive Anknüpfung im EG-Übereikommen zum Internationalen Vertragsrecht – Eine Kritik aus Amerikanischer Sicht", *Rabels Zeitschrift für ausländisches und internationales Privatrecht*, 46, p. 57 ss.

[1982c] "American and European Conflict of Laws", *The American Journal of Comparative Law*, 30, p. 117 ss.

[1994] "The Inter-American Convention on the Law Applicable to International

Contracts: Some Highlights and Comparisons", *The American Journal of Comparative Law*, 42, p. 381 ss.

JUNKER, A.

[2000] "Die IPR-Reform von 1999: Auswirkungen auf die Unternehmens-praxis", RIW, p. 241 ss.

JUSTO, A. SANTOS

[2001] *Introdução ao Estudo do Direito*, Coimbra, Coimbra Editora.

KAAS, R.J.

[1994] Intervenção registada em "De algemene exceptieclausule in de IPR--Schets", *Studiedag. Schets von een algemene wet betreffende het Internationaal Privaatrecht. Nederlands Internationaal Privaatrecht – NIPR*, 1994, p. 85 ss.

KACZOROWSKA, A.

[1995] "L'internationalité d'un contrat", *Revue de droit international et de droit comparé*, 3, p. 204 ss.

KAHN, Ph.

[1981] "La Convention de Vienne du 11 avril 1980 sur les contrats de vente internationale de marchandises", *Revue internationale de droit comparé*, 4, p. 951 ss.

KAHN-FREUND, O.

[1968] "Delictual Liability and the Conflict of Laws", *Recueil des cours de l'Académie de droit international de La Haye*, p. 1 ss.

[1973] "La notion anglaise de la proper law of the contract devant les juges et devant les arbitres. Ses développements récents et ses affinités avec l'avant-projet européen d'unification des règles de conflit en la matière", *Revue critique de droit international privé*, p. 607 ss.

KARGADOS, P.

[1994] "Rules for Declining to Exercise Jurisdiction on Civil and Commercial Matters in Greece: Forum non Conveniens and Foreign Choice of Jurisdiction Clauses", *Revue hellénique de droit international*, p. 161 ss.

KARRER, P. A. / K.W. ARNOLD

[1989] *Switzerland's private international law statute of December 18, 1987: the Swiss code on conflict of laws and related legislation*, Deventer – Boston Kluwer.

KASSIS, A.

[1993] *Le nouveau droit européen des contrats internationaux*, Paris, L.G.D.J..

KAUFMANN, A. e C. KOHLER

[1989] "La prestation caractéristique en droit international privé des contrats et l'influence de la Suisse", *Annuaire suisse de droit international*, p. 195 ss.

KAYE, P.

[1992] *The New Private International Law of Contract of the European Community*, Aldershot et al., Dartmouth Publishing Company.

[1995] "Recent Developments in the English Private International Law of Tort", *Praxis des Internationalen Privat- und Verfahrensrechts*, 6, p. 406 ss.

KEGEL, G.

[1953] "Begriffs-und Interessenjurisprudenz im internationalen Privatrecht", *Festschrift Hans Lewald bei Vollendung des vierzigsten Amtsjahres als ordentlicher Professor im Oktober 1953*, Basel, Verlag Helbing & Liechtenhahn, p. 259 ss.

[1964] "The Crisis of Conflict of Laws", *Recueil des cours de l'Académie de droit international de La Haye*, t. 112, p. 91 ss.

[1979] "Vaterhaus und Traumhaus. Herkömmliches internationales Privatrecht und Hauptthesen der amerikanischen Reformer", *Festschrift für Gunther Beitzke zum 70. Geburtstag*, Berlin/New York, de Gruyter, p. 551 ss.

[1988] *Internationales Privatrecht – ein Studienbuch*, 6ª ed., Verlag, C.H. Beck, München.

[1995] *Internationales Privatrecht – ein Studienbuch*, 7ª ed., Verlag, C.H. Beck, München.

KEGEL, G. / K. SCHURIG

[2000] *Internationales Privatrecht*, 8ª ed., München, C.H. Beck, Verlagsbuchhandlung.

KELLER, M. / D. GISBERGER

[1993] Comentário ao art. 15.° da Lei suíça de Direito Internacional Privado *in IPRG Kommentar*, Herausgegeben A. Heini, M. Keller, K. Siehr, F. Vischer, P. Volken, Zürich, Schulthess Polygraphischer Verlag, p. 118 ss.

KELLER, M. / C. SCAULZE / M. SCHAETZLE

[1976/1977] Die Rechtsprechun des Burdesgerichts im internationalen Privatrechts und in verwandten rechtsgebirten: eine systematische Auswerturg, Zürich, Schulthess.

KELLER, M. / K. SIEHR

[1986] *Allgemeine Lehren des internationalen Privatrechts*, Zürich, Schulthess Polygraphischer Verlag.

KELSEN, H.

[1957] "Observations au sujet du rapport provisoire de M. Georges S. Maridakis du 1er février 1956", *Annuaire de l'Institut de droit international*, vol. 47 – II, p. 115 ss.

KIM, C.

[1992] "New Japanese Private International Law: the 1990 Horei", *The American Journal of Comparative Law*, 40, 1, p. 1 ss.

KLUG, U.

[1968] "Observations sur le problème des lacunes en droit", *Le problème des lacunes en droit,* Bruxelles, Bruylant, p. 85 ss.

KNOEPFLER, F.

[1976] "Le droit international privé: froideur mécanique ou justice casuistique", *Conférences Universitaires,* Université de Neuchâtel, Faculté de Droit et des Sciences Économiques, p. 16 ss.

[1979] "Le projet de loi fédérale sur le droit international privé helvétique", *Revue critique de droit international privé,* 68, p. 31 ss.

[1982] "Utilité et dangers d'une clause d'exception en droit international privé", *Hommage à Raymond Jeanprêtre – Recueil de travaux offerts par la Faculté de droit et des sciences économiques de l'Université de Neuchâtel,* Neuchâtel, Éditions Ides et Calendes, p. 113 ss.

[1992] Anotação jurisprudencial, *Revue critique de droit international privé,* t. 81, p. 493 ss.

KNOEPFLER, F. / P. SCHWEIZER

[1988] "La nouvelle loi fédérale suisse sur le droit international privé", *Revue critique de droit international privé,* 77, 2, p. 207 ss.

[1990] *Précis de droit international privé suisse,* Berne, Stämpfli.

[1995] *Droit international privé suisse,* 2ª ed., Berne, Stämpfli.

KOHLER, Ch.

[1991] "Rigueur et souplesse en droit international privé: les formes prescrites pour une convention attributive de jurisdiction "dans le commerce international" par l'article 17 de la Convention de Bruxelles dans sa nouvelle rédaction", *Droit International et Droit Communautaire – Actes du Colloque Paris, 5 et 6 Avril 1990,* Paris, Fondation Calouste Gulbenkian – Centre Culturel Portugais, p. 159 ss.

[1997] "Kodifikation und Reform des Internationalen Privatrechts in Liechtenstein", *Praxis des Internationalen Privat- und Verfarensrechts,* 5, p. 309 ss.

KOKKINI-IATRIDOU, D.

[1990] "L'adoption en droit international privé neerlandais", *Netherlands Reports to the Thirteenth International Congress of Comparative Law, Montreal 1990,* The Hague, E.H.Hondius / G.J.W. Steenhoff, p. 93 ss.

[1994] "Les clauses d'exception en matière de conflits de lois et de conflits de juridictions -Rapport général ", *Les Clauses d'Exception en matière de Conflits de Lois et de Conflits de Juridictions – ou le principe de proximité. Exception Clauses in Conflicts of Laws and Conflicts of Jurisdictions – or the Principle of Proximity,* Dordrecht/London/Boston, Martinus Nijhoff Publishers, p. 3 ss.

KOKKINI-IATRIDOU, D. e K. BOELE-WOELKI
[1992]   "Opmerkingen over de "Schets van een algemene wet betreffende het ipr". Een rechtsvergelijkende studie naar algemene bepalingen en niet-contractuele verbintenissen", *Nederlands Internationaal Privaatrecht, Repertorium op verdragenrecht, wetgeving, rechtspraak en literatuur*, p. 511 ss.

KOKKINI-IATRIDOU, D e E.N. FROHN
[1989]   "De Exceptieclausules in het Verdragenrecht, een Verkenning", *Eenvormig en vergelijkend privaatrecht*, Lelystad, p. 215 ss.

KOZYRIS, P. J.
[1988]   "Choice of Law in the American Courts in 1987: an Overview", *The American Journal of Comparative Law*, 36, p. 547 ss.
[1992]   "Multinational Litigation and the Notion of Forum Non Conveniens as a Remedy against Jurisdictional Abuse", *Revue hellénique de droit international*, p. 7 ss.

KRAMER, X.E.
[2002]   "Dutch Private International Law. Overview 1998 – August 2002", *Praxis des Internationalen Privat- und Verfahrensrechts*, 6, p. 537 ss.

KREUZER, K.
[1982]   "Berichtigungsklauseln im Internationalen Privatrecht", *Festschrift für Imre Zajtay – Mélanges en l'honneur d'Imre Zatjay*, Tübingen, J.C.B. Mohr (Paul Siebeck), p. 295 ss.
[1984]   Intervenção registada em *Lausanner Kolloquium über den deutschen und den schweizerischen Gesetzentwurf zur Neuregelung des Internationalen Privatrechts – Lausanne 14.-15 Oktober 1983*, Zürich, Schulthess Polygraphischer Verlag, 1984.
[1992]   "Zur Fonktion von Kollisionsrechtichen Berichtigungsnormen", *Zeitschrift für Rechtsvergleichung*, 33, p. 168 ss.
[1996]   "La propriété mobilière en droit international privé", *Recueil des cours de l'Académie de droit intenational de La Haye*, t. 259, p. 13 ss.
[2001a] "La loi allemande du 21 mai 1999 relative au droit international privé des obligations non contractuelles et des biens", *Travaux du comité français de droit international privé*, Années 1998-1999, 1999-2000, Paris, Éditions A. Pedone, p. 279 ss.
[2001b] "Die Vollendung der Kodifikation des deutschen Internationalen Privatrechts durch das Gesetz zum Internationalen Privatrecht der ausservertraglichen Schuldverhältnisse und Sachen vom 21.5.1999", *Rabels Zeitschrift für ausländisches und internationales Privatrecht*, 65, p. 383 ss.

KROPHOLLER, J.
[1978]   "Das kollisionsrechtliche system des Schutzes der schwacheren

Vertragspartei", *Rabels Zeitschrift für ausländisches und internationales Privatrecht*, p. 635 ss.

[2002] *Internationales Privatrecht. Einschliesslich der Grundbegriffe des Internationalen Zivilverfahrensrechts*, 4ª ed., Tübingen, Mohr Siebeck.

KRÜGER, H.

[1982] "Neues internationales Privatrecht in der Turkei", *Zeitschrift für Rechtsvergleichung*, p. 173 ss.

LAGARDE, P.

[1974] "Examen de l'avant-projet de la Convention C.E.E. sur la loi applicable aux obligations contractuelles et non contractuelles", *Travaux du comité français de droit international privé 1971-1973*, Paris, Dalloz, p. 147 ss.

[1975] "Le 'dépeçage' dans le droit international privé des contrats", *Rivista di diritto internazionale privato e processuale*, p. 649 ss.

[1979] "Les contrats dans le projet suisse de codification du droit international privé", *Schweizerische Jahrebuch für Internationales Privatrech/ /Annuaire Suisse de Droit International Privé*, XXXV, p. 72 ss.

[1981] "The European Convention on the Law Applicable to Contractual Obligations: an Apologia", *Virginia Journal of International Law*, p. 91 ss.

[1985a] "La nouvelle Convention de la Haye sur la loi applicable aux contrats de vente internationale de marchandises", *in* Journées de la Societé de Legislation Comparée, *Revue internationale de droit comparé*, n.° especial, vol. 7, p. 327 ss.

[1985b] Recensão a *Les clauses d'exception en droit international privé*, de C.E. Dubler, *Revue critique de droit international privé*, 1985, p. 787 ss.

[1986] "Le principe de proximité dans le droit international privé contemporain – Cours général de droit international privé", *Recueil des cours de l'Académie de droit intenational de La Haye*, vol. 196, p. 9 ss.

[1988] "Vers une approche fonctionnelle du conflit positif de nationalités (à propos notamment de l'arrét Dujaque de la Première chambre civile du 22 juillet 1987", *Revue critique de droit international privé*, 77, p. 29 ss.

[1989a] Recensão a *Internationales Vertragsrecht – Das internationale Privatrecht der Schuldverträge*, de C. REITHMANN-D. MARTINY et al., Köln, 4ª ed., 1988, *in Revue critique de droit international privé*, t. 78 (1989), p. 835 ss.

[1989b] *La nationalité française*, Paris, Dalloz, 2ª ed..

[1989c] "La nouvelle Convention de La Haye sur la loi applicable aux successions", *Revue critique de droit international privé*, t. 78, p. 249 ss.

[1991a] "Le contrat de travail dans les conventions européenes de droit international privé", *Droit International et Droit Communautaire – Actes du Colloque Paris, 5 et 6 Avril 1990*, Paris, Fondation Calouste Gulbenkian – Centre Culturel Portugais, p. 67 ss.

[1991b] "Le nouveau droit international privé des contrats après l'entrée en vigueur de la Convention de Rome du 19 juin 1980", *Revue critique de droit international privé*, 80, p. 287 ss.

[1993] "Les limites objectives de la Convention de Rome (conflits de lois, pri-mauté du droit communautaire, rapports avec les autres conventions)", *Rivista di diritto internazionale privato e procesuale*, 29, p. 33 ss.

LALIVE, P.

[1964] "Regards sur le droit international privé suisse"*in Regards sur le droit suisse. Aujourd'hui et demain. Das schweizerische Recht. Besinnung und Ausblick*, Bâle, Helbing & Lichtenhahn, p. 181 ss.

[1977] "Tendances et méthodes en droit international privé. Cours général", *Recueil des cours de l'Académie de droit international de La Haye*, t. 155, p. 1 ss.

[1980] "Les réactions de la doctrine à la création du droit par les juges en droit international privé", *Les réactions de la doctrine à la création du droit par les juges, Travaux de l'Association Henri Capitant des amis de la culture juridique française*, t. XXXI, p. 483 ss.

[1988] "Jurisprudence suisse en droit international privé", *Schweizerisches Jahrbüch für Internationales Recht/ Annuaire Suisse de Droit International*, XLIV, p. 449 ss.

[1991] "Le droit applicable au fond par l'arbitre international", *Droit International et Droit Communautaire – Actes du Colloque Paris, 5 et 6 Avril 1990*, Paris, Fondation Calouste Gulbenkian – Centre Culturel Portugais, p. 33 ss.

[1994] "Nouveaux regards sur le droit international privé, aujourd'hui et demain", *Schweizerisches Zeitschrift für Internationales and Europäisches Recht*, 4, p. 3 ss.

LAMEGO, J.

[1985] "A discussão sobre os princípios jurídicos", *Revista Jurídica*, n.° 4 (Out./Dez.), p. 103 ss.

[1986] "Fundamentação «material» e justiça da decisão", *Revista Jurídica*, n.° 8 (Out. / Dez.), p. 69 ss.

[1990] *Hermenêutica e Jurisprudência*, Lisboa, Editorial Fragmentos.

LANDO, O.

[1974a] "The EC Draft Convention on the Law Applicable to Contractual and Non-Contractual Obligations. Introduction and Contractual Obligations", *Rabels Zeitschrift für ausländisches und internationales Privatrecht*, 38, p. 6 ss.

[1974b] "The Interpretation of Contracts in the Conflict of Laws", *Rabels Zeitschrift für ausländisches und internationales Privatrecht*, 38, p. 388 ss.

370   *A Cláusula de Desvio no Direito de Conflitos*

[1975] "Les obligations contractuelles", *European International Law of Obligations*, Tübingen, J.C.B. Mohr (Paul Siebeck), p. 125 ss.

[1982] "New American Choice-of-Law Principles and the European Conflict of Laws of Contracts", *The American Journal of Comparative Law*, 30, 1, p. 19 ss.

[1984] "The Conflict of Laws of Contracts. General Principles", *Recueil des cours de l'Académie de droit international de La Haye*, t. 189, p. 223 ss.

[1987a] "The E.E.C. Convention on the Law Applicable to Contractual Obligations", *Common Market Law Review*, 24, p. 159 ss.

[1987b] "The 1985 Hague Convention on the Law Applicable to Sales", *Rabels Zeitschrift für ausländisches und internationales Privatrecht*, 51, p. 60 ss.

[1993] "The 1955 and the 1985 Hague Conventions on the Law Applicable to the International Sale of Goods", *Rabels Zeitschrift für ausländisches und internationales Privatrecht*, p. 155 ss.

[1998] "The eternal crisis", *Festschrift für Ulrich Drobnig zum siebzigsten Geburtstag*, Herausgegeben von J. Basedow, K. Hopt, H. Kötz, Tübingen, Mohr Siebeck, 1998, p. 361 ss.

LANG, G.A.

[1984] *La fraude à la loi en droit international privé suisse*, Lausanne, Chabloz.

LANGE, K. D.

[1994] Intervenção recolhida em "De algemene exceptieclausule in de IPR-Schets", *Studiedag. Schets von een algemene wet betreffende het Internationaal Privaatrecht. Nederlands Internationaal Privaatrecht – NIPR*, 1994, p. 85 ss.

LARENZ. K.

[1997] *Metodologia da Ciência do Direito*, 2ª ed., Lisboa, Fundação Calouste Gulbenkian (tradução, por J. Lamego, da 6ª ed. de *Methodenlehre der Rechtswissenschaft*).

LECLERC, F.

[1995] "Les chaînes de contrats en droit international privé", *Journal de Droit International*, 2, p. 267 ss.

LEITÃO, L. MENEZES

[2003] *Código do Trabalho Anotado*, Coimbra, Almedina.

LEONHARDT, P.

[1994] "Das neue Internationale Privatrecht Rumäniens", *Praxis des Internationalen Privat- und Verfahrensrechts*, 2, p. 156 ss.

LEQUETTE, Y.

[1989] "L'abandon de la jurisprudence *Bisbal* (à propos des arrêts de la Première Chambre Civile des 11 et 18 octobre 1988)", *Revue critique de droit international privé*, 78, p. 277 ss.

[1994] "Le droit international privé de la famille à l'épreuve des conven-tions internationales", *Recueil des cours de l'Académie de droit international de La Haye*, t. 246, p. 9 ss.

LI, H.

[1990] "Some Recent Developments in the Conflict of Laws of Succession", *Recueil des cours de l'Académie de droit international de La Haye*, t. 224, p. 9 ss.

LIÉNARD-LIGNY, M.

[1995] "Jurisprudence belge de droit international privé: nationalité et relations familiales 1990-1994. Choix de décisions", *Revue belge de droit international*, 2, p. 694 ss.

LIMA, F. PIRES DE – VARELA, J. ANTUNES

[1973] *Noções Fundamentais de Direito Civil*, vol. I, 7ª ed. revista e ampliada (reimp.), Coimbra, Coimbra Editora Limitada.

[1984] *Código Civil Anotado*, vol. I, 4ª ed. revista e actualizada, Coimbra, Coimbra Editora, Limitada, 1987.

LIPSTEIN, K.

[1975] "Comments on Arts. 1 to 21 of the Draft Convention", *European International Law of Obligations*, Tübingen, J.C.B. Mohr (Paul Siebeck), p. 155 ss.

[1981a] "Private International Law with a Social Content – A Super Law?", *Festschrift für Konrad Zweigert zum 70. Geburtstag*, Tübingen, J.C.B. Mohr (Paul Siebeck), p. 179 ss.

[1981b] "Characteristic Performance: A New Concept in the Conflict of Laws in Matter of Contracts for the European Community", *Northwestern Journal of International Law*, p. 402 ss.

LOPEZ DE GONZALO, M.

[1988] "La Convenzione dell'Aja del 1985 sulla legge applicabile ai contratti di vendita internazionale", *Diritto del commercio internazionale*, p. 49 ss.

LORENZ, W.

[1990] "AGB- Kontrolle bei gewerbsmäiger Überlassung von Ferienwo-hnungen im Ausland: Internationale Zuständigkeit für Verbandsklage", *Praxis des Internationalen Privat und Verfahrensrecht*, p. 292 ss.

[1995] "Verträge über im Ausland zu erbringende Bausleistungen: Vertragsstatut bei fehlender Rechtswahl" (anotação a sentença do OGH austríaco de 7 de Setembro de 1994), *Praxis des Internationalen Privat und Verfahrensrecht*, 5, p. 329 ss.

LOUIS-LUCAS, P.

[1938] "Conflits de nationalités", *Recueil des cours de l'Académie de droit international de La Haye*, p. 5 ss.

372 A Cláusula de Desvio no Direito de Conflitos

LOUSSOUARN, Y.

[1969] "La Convention de La Haye sur la loi applicable en matière d' accidents de la circulation routière", *Journal de droit international*, 1, p. 5 ss.

[1973] "Cours général de droit international privé", *Recueil des cours de l'Académie de droit international de La Haye*, p. 269 ss.

[1986] "La Convention de La Haye d'octobre 1985 sur la loi applicable aux contrats de vente internationale de marchandises", *Revue critique de droit international privé*, 2, p. 271 ss.

[1987] "La dualité des principes de nationalité et de domicile en droit international privé" (Rapport définitif et projet de résolution), *Annuaire de l'Institut de Droit International*, vol. 62-I, Paris, Pedone, p. 295 ss.

[1990] "La réforme du droit international privé du divorce et de la filiation", *La Terre, La Famille, Le Juge. Études offertes à Henri-Daniel Cosnard*, Paris, Economica, p. 135 ss.

LOUSSOUARN, Y. / P. BOUREL

[1993] *Droit international privé*, 4ª ed., Paris, Dalloz.

[1996] *Droit international privé*, 5ª ed., Paris, Dalloz.

LÜDERITZ, A.

[1977] "Wechsel der Anknüpfung in Bestehenden Schuldvertrag", *Internationales Privatrecht und Rechtsvergleichung im Ausgang des 20. Jahrhunderts: Bewahrung oder Wende? – Festschrift für Gerhard Kegel*, Frankfurt, Metzner, p. 459 ss.

[1987] "Internationales Privatrecht im Ubergang. Theoretische und Praktische Aspekte der Deutschen Reform", *Festschrift für Gerhard Kegel zum 75. Geburtstag 26. Juni 1987*, Stuttgard/Berlin/Köln/Mainz, Verlag W. Kohlhammer, p. 343 ss.

LUPONE, A.

[1993] "Prime applicazioni della Convenzione di Roma: la giurisprudenza tedesca", *La Convenzione di Roma sul diritto applicabile ai contratti internazionale*, Milano, Giuffrè, p. 119 ss.

MACHADO, J. BAPTISTA

[1970] *Âmbito de Eficácia e Âmbito de Competência das Leis (Limites das Leis e Conflitos de Leis)*, Coimbra, Almedina.

[1971] "Autonomia do Problema do Reconhecimento dos Direitos Adquiridos em Machado Vilela e suas Implicações", *Scientia Iuridica*, t. XX, p. 398 ss.

[1973] "Les faits, le droit des conflits et les questions préalables", *Multitudo Legum. Ius Unum. Festschrift für Wilhelm Wengler*, vol. II, Berlin, Interrecht, p. 443 ss.

[1977] "Parecer" constante dos autos de recurso de agravo apensos ao processo de inventário obrigatório que, sob o n.° 759/76, correu termos pela 2ª Secção do 4.° Juízo Cível do Tribunal da Comarca de Lisboa, p. 73-84.

[1982] *Lições de Direito Internacional Privado*, 2ª ed., Coimbra, Almedina.
[1985] "O Sistema Científico e a Teoria de Kelsen", *Revista da Faculdade de Direito da Universidade de Lisboa*, vol. XXVI, p. 13 ss.
[1993] *Introdução ao Direito e ao Discurso Legitimador*, 6ª reimp., Coimbra, Almedina.
[s./d.] *Prefácio* à tradução portuguesa de K. Engisch, *Introdução ao Pensamento Jurídico*.

MÄCHLER-ERNE, M.
[1996] Comentário ao artigo 15.° da Lei suíça de Direito Internacional Privado *in Kommentar zum schweizerischen Privatrecht. Internationales Privatrecht*, org. por H. Honsell, N.P. Vogt e A.K. Schnyder, Basel – Frankfurt am Main, Helbing & Lichtenhahn, p. 130 ss.

MADL, F.
[1991] "System and Principles of the Hungarian Code of Private International Law", *Revue hellénique de droit international*, p. 227 ss.

MAGAGNI, M.
[1989] *La prestazione caratteristica nella Convenzione di Roma del 19 giugno 1980,* Milano, Giuffrè, 1989.

MAGNUS, U.
[1991] "Englisches Kündigungsrecht auf deutschem schiff. Probleme des internationalen Seearbeitsrechts", *Praxis des internationalen Privat und Verfahrensrecht*, p. 382 ss.

MAKAROV, A.
[1957] "Observations au sujet du rapport provisoire de M. Georges S. Maridakis du 1er février 1956", *Annuaire de l'Institut de droit international*, vol. 47 – II, p. 69 ss.

MALATESTA, A.
[1992] "Considerazioni sull'ambito di applicazione della Convenzione di Roma del 1989: il caso dei titoli di credito", *Rivista di diritto internazionale privato e processuale*, 28, p. 887 ss.

MALINTOPPI, A.
[1987] "Les rapports de travail en droit international privé", *Recueil des cours de l'Académie de droit international de La Haye*, t. 205, p. 331 ss.

MANKOWSKI, P.
[1991] "Zur Analogie im internationalen Schulvertragsrecht", *Praxis des internationalen Privat und Verfahrensrecht*, p. 305 ss.
[2002] "Rechtssicherheit, Einzelfallgerechtigkeit und Systemgerechtigkeit bei der objektiven Anknüpfung im Internationalen Schuldvertragsrecht – Zur Reichweite des Artikel 4 Absatz 5 EVÜ, Entscheidungen des High Court of Justice vom 30. März 2001 und des Court of Session vom 9. März 2001", *Zeitschrift für Europäisches Privatrecht*, 4.

374   *A Cláusula de Desvio no Direito de Conflitos*

[2003] "Die Ausweichklausel des Art. 4 V EVÜ und das System des EVÜ (zu Kenburg Waste Management Ltd. v. Heinz Bergmann [2002] I.L.Pr. 588 [C.A.] und Ennstone Building Products Ltd. v. Stanger Ltd. [2002] 2 All ER (Comm) 479 [C.A.])", *Praxis des internationalen Privat und Verfahrensrecht*, 5, p. 464 ss.

MANN, F.A.

[1979] "Sonderanknüpfung und zwingendes Recht im internationalem Privatrecht", *Festschrift für Günther Beitzke zum 70. Geburtstag am 26 April 1979*, Berlin/New York/, Walter de Gruyter, p. 607 ss.

[1983] "Der Entwurf eines IPR-Gesetzes und das Ausland. Ein Beitrag zur Diskussion", *Neue Zurcher Zeitung*, Freitag, 15 April 1983, n.° 87, p. 33.

[1986] "The Formal Validity of Wills in Case of Dual Nationality", *The International and Comparative Law Quaterly*, 35, part 2, p. 423 ss.

[1987] "The Proper Law in the Conflict of Laws", *The International and Comparative Law Quaterly*, 36, p. 437 ss.

[1991] "The Proper Law of the Contract – An Obituary", *The Law Quaterly Review*, 107, p. 353 s.

MANSEL, H.-P.

[1985] "Doppelstaater mit drittstaatenaufenthalt und die Bestimmung ihrer effektiven Staatsangehörigkeit im Rahmen des Art. 3 MSA", *Praxis des internationalen Privat und Verfahrensrecht*, p. 209 ss.

MANSO, Mª F. PROENÇA

[1992] *Da lei subsidiariamente aplicável aos contratos em geral nas Convenções de Roma, sobre a lei aplicável às obrigações contratuais (19 de Junho de 1980) [e da] Haia, sobre a lei aplicável à compra e venda internacional de mercadorias (22 de Dezembro de 1986)*, Relatório de Mestrado, Faculdade de Direito da Universidade de Lisboa (polic.).

[1998] *A Convenção da Haia de 1 de Agosto de 1989 sobre a Lei Aplicável à sucessão por morte (a uniformização das normas de conflitos de leis relativas à sucessão legal e testamentária)*, Dissertação de Mestrado, Faculdade de Direito da Universidade de Lisboa (polic.).

MARCHANTE, J.P. CHARTERS

[2001] *Das lacunas da lei de iure constituto: noção, maxime, da delimitação da juridicidade aferidora do dever de juridificar implícito nas lacunas / Tema em sede da detecção de lacunas da lei*, Dissertação de Mestrado, Faculdade de Direito da Universidade de Lisboa, Lisboa (polic.).

MARIDAKIS, G.

[1957a] "Le renvoi en droit international privé – Rapport provisoire", *Annuaire de l'Institut de droit international*, vol. 47 – II, p. 17-53.

[1957b] "Le renvoi en droit international privé – Rapport définitif", *Annuaire de l'Institut de droit international*, vol. 47 – II, p. 1-16.

[1962] "Introduction au droit international privé", *Recueil des cours de l'Académie de droit international de L Haye*, 105, p. 375 ss.

MARÍN LÓPEZ, A.

[1988] "El Convenio sobre la ley aplicable a la venta internacional de mercancias de 1985", *Revista de Derecho Mercantil*, n.ºs 189-190, p. 463 ss.

MARQUES, J. DIAS

[1986] *Introdução ao Estudo do Direito*, Lisboa, Ed. Danúbio.

MARTINEZ, P. ROMANO / L.M. MONTEIRO / J. VASCONCELOS / P. M. BRITO / G. DRAY / L. G. SILVA

[2003] *Código do Trabalho Anotado*, Coimbra, Almedina.

MARTINS, J.P. FAZENDA

[1989] "A Jurisprudência dos Interesses em Portugal", *Revista Jurídica, Nova Serie*, n. 11-12, p. 5 ss.

MASI, L. FICARI

[1995] Anotação ao artigo 6.° da Convenção de Roma de 19 de Junho de 1980, *Le nuove leggi civili commentate*, 5, p. 1001 ss.

MASMEJAN, D.

[1994] *La localisation des personnes physiques en droit international privé. Étude comparée des notions de domicile, de résidence habituelle et d'établissement en droit suisse, français, allemand, anglais, américain et dans les Conventions de La Haye*, Thèse, Faculté de droit de l'Université de Lausanne, Lausanne.

MAYER, P.

[1973] *La distinction entre règles et décisions et le droit international privé*, Paris, Dalloz.

[1980] "Les réactions de la doctrine à la création du droit par les juges en droit international privé", *Les réactions de la doctrine à la création du droit par les juges, Travaux de l'Association Henri Capitant des amis de la culture juridique française*, t. XXXI, p. 385 ss.

[1994] *Droit international privé*, Paris, Montchrestien, 5ª ed.

McCAFFREY, S.

[1980] "The Swiss Draft Conflict of Laws", *The American Journal of Comparative Law*, 28, p. 235 ss.

McDOUGAL III, LL.

[1990] "Private International Law: Ius Gentium Versus Choice of Law Rules or Approaches", *The American Journal of Comparative Law*, 3, p. 521 ss.

McLACHLAN, C.

[1986] "The New Hague Sales Convention and the Limits of the Choice of Law Process", *The Law Quaterly Review*, p. 591 ss.

376 *A Cláusula de Desvio no Direito de Conflitos*

MEDEIROS, R.
[1999] *A Decisão de Inconstitucionalidade. Os Autores, O Conteúdo e Os Efeitos da Decisão de Inconstitucionalidade da Lei*, Lisboa, Universidade Católica Editora.

MEINERTZHAGEN-LIMPENS
[1994] "Les clauses d'exception en matière de conflits de lois et de conflits de juridictions – Belge", *Les Clauses d'Exception en matière de Conflits de Lois et de Conflits de Juridictions – ou le hprincipe de proximité. Exception Clauses in Conflicts of Laws and Conflicts of Jurisdictions – or the Principle of Proximity*, Dordrecht/London/Boston, Martinus Nijhoff Publishers, p. 57 ss.

MENDES, J. CASTRO
[1983] *Direito Comparado*. Lições dadas ao curso da Faculdade de Direito de 1982-83. Com a colaboração de A. Ribeiro Mendes e Mª F. Rodrigues, Lisboa, Associação Académica da Faculdade de Direito de Lisboa.
[1984] *Introdução ao Estudo do Direito*, Lisboa, Danúbio.

MEYER, R.
[1994] "Les clauses d'exception en matière de conflits de lois et de conflits de juridictions – Suisse", *Les Clauses d'Exception en matière de Conflits de Lois et de Conflits de Juridictions – ou le principe de proximité. Exception Clauses in Conflicts of Laws and Conflicts of Jurisdictions – or the Principle of Proximity*, Dordrecht/London/Boston, Martinus Nijhoff Publishers, p. 299 ss.

MEIER-HAYOZ, A.
[1966] *Schweizerisches Zivilgesetbuch, Berner Kommentar*, Bd. I/I., *ad* Art. 1.

MINDACH, C.
[2002] "Neuregelung des IPR im Dritten Teil des Zivilgesetzbuches der Russischen Föderation", *Praxis des Internationalen Privat- und Verfahrensrechts*, 309 s.

MONCADA, L. CABRAL DE
[1954] "Integração de lacunas e interpretação do direito", *Revista de Direito e Estudos Sociais*, VII, p. 159 ss.
[1995] *Lições de Direito Civil*, Coimbra, Almedina, 4ª ed.

MONTEIRO, A. PINTO
[1978] *Sumários de Introdução ao Estudo do Direito (de harmonia com as Lições proferidas pelo Prof. Doutor Castanheira Neves ao 1.º ano jurídico de 1977-78)*, Coimbra.

MOREAU, M.-A.
[1997] Anotação ao aresto da *Cour d'appel* de Paris, proferido a 7 de Junho de 1996, no caso *A. Boikov c. Soc. Black Sea and Baltic General Insurance*

Company Ltd et Soc. Ingosstrackh, Revue critique de droit international privé, 1, p. 55 ss.

MOREIRA, G. ALVES

[1907] *Instituições do Direito Civil Português*, vol. I, Coimbra, Imprensa da Universidade.

MORRIS, J.H.C.

[1951] "The Proper Law of a Tort", *Harvard Law Review*, p. 881 ss.

MORRIS, J.H.C – CHESCHIRE, G.C.

[1940] "The Proper Law of a Contract in the Conflict of Laws", *The Law Quaterly Review*, LVI, p. 320 ss.

MORSE, C.G.J.

[1982] "Contracts of Employment and the E.E.C. Contractual Obligations Convention", *Contract Conflicts. The E.E.C. Convention on the Law Applicable to Contractual Obligations: A Comparative Study*, Amsterdam – New York – Oxford, North Holland Publishing Company, p. 143 ss.

[1983] "The EEC Convention on the Law Applicable to Contractual Obligations", *Yearbook of European Law*, 2, Oxford, Clarendon Press, p. 107 ss.

[1992] "Consumer Contracts, Employment Contracts and the Rome Convention", *The International and Comparative Law Quaterly*, 41, p. 1 ss.

MORVIDUCCI, C.

[1986] "Presunzione (diritto internazionale privato)", *Enciclopedia del Diritto*, vol. XXXV, Milano, p. 321 ss.

MOSCONI, F.

[1983] "La convenzione di Roma e le recenti teorie americane sui conflitti di leggi", *Verso una Disciplina Comunitaria della Legge ʾApplicabile ai Contratti. Con particolare riferimento ai contratti bancari, assicurativi, di trasporto, di lavoro e con I consumatori nella convenzione di Roma del 19 giugno 1980*, Padova, CEDAM, p. 47 ss.

[1989] "Exceptions to the Operations of Choice of Law Rules", *Recueil des cours de l'Académie de droit international de La Haye*, t. 217, p. 9 ss.

[1993] "Quando la vacanza finisce in tribunale: competenza giurisdizionale e legge regolatrice della locazione di immobili all'estero", *Rivista di diritto internazionale privato e processuale*, 29, p. 5 ss.

[1994] "Qualche considerazioni sugli effetti dell'eccezione di ordine pubblico", *Rivista di diritto internazionale privato e processuale*, 30, p. 5 ss.

[1996] *Diritto Internazionale Privato e Processuale. Parte Generale e Contratti*, Torino, UTET.

MOSER, R.

[1981] "Methodologische Fragen und ihre Beantwortung im Entwurf einem

378   *A Cláusula de Desvio no Direito de Conflitos*

Schweizerischen IPR-Gesetz", *Beiträge zur Methode des Rechts, Festgabe zum Schweizerischen Juristentag*, St. Galler, p. 319 ss.

Mosgo, O.

[2000] "Das neue internationale Privatrecht Weissrusslands", *Praxis des Internationalen Privat- und Verfahrensrechts*, 148 s.

Mummenhoff, W.

[1965] "Ausnahmen von der lex loci delicti im internationalen Privatrecht", *Neue Juristische Wochenschrift*, p. 476 ss.

Múrias, P. Ferreira

[2001] *Exercícios de Introdução ao Estudo do Direito*, Lisboa, Associação Académica da Faculdade de Direito da Universidade de Lisboa.

Nadelmann, K H.

[1976] "Impressionism and Unification of Law: The EEC Draft Convention on the Law Applicable to Contractual and Non-Contractual Obligations", *American Journal of Comparative Law,* 24, p. 1 ss.

[1985] "Choice of Law Resolved by Rules or Presumptions with an Escape Clause", *The American Journal of Comparative Law*, 33, p. 297 ss.

Neto, A.

[2003] *Código do Trabalho e Legislação Conexa Anotados*, Lisboa, Ediforum.

Neuhaus, P.H.

[1963] "Legal Certainty Versus Equity in the Conflict of Laws", *Law and Contemporary Problems*, 28, p. 795 ss.

[1971] "Neue Wege im europäischen IPR?", *Rabels Zeitschrift für ausländisches und internationales Privatrech*, 35, p. 401 ss.

[1976] *Die Grunbegriffe des Internationalen Privatrechts,* 2ª ed., Tübingen, J.C.B. Mohr (Paul Siebeck).

[1977] "Entwicklungen im Allgemeinen Teil des Internationalen Privatrechts", *Internationales Privatrecht und Rechtsvergleichung im Ausgang des 20. Jahrhunderts. Bewahrung oder Wende?- Festschrift für G. Kegel*, Frankfurt, Alfred Metzner, p. 23 ss.

[1979] "Der Schweizer IPR-Entwurf – ein Internationales Modell?", *Rabels Zeitschrift für ausländisches und internationales Privatrecht*, 43, p. 277 ss.

Neuhaus, P. H. / J. Kropholler

[1980] "Entwurf eines Gesetzes über internationales Privat- und Verfahrensrecht (IPR-Gesetz)", *Rabels Zeitschrift für ausländisches und internationales Privatrecht*, 44, p. 326 ss.

Neves, A. Castanheira

[1967] *Questão-de-Facto – Questão-de-Direito ou o Problema Metodológico da Juridicidade (Ensaio de uma Reposição Crítica)*, vol. I, *A Crise*, Coimbra, Almedina.

[1971-72] *Curso de Introdução ao Estudo do Direito*, Coimbra, polic..

Bibliografia 379

[1976] *Curso de Introdução ao Estudo do Direito*, Coimbra, polic..

[1977] *Sumários de introdução ao estudo do direito de harmonia com as lições proferidas pelo Prof. Doutor Castanheira Neves ao 1.º ano jurídico de 1977-78.*

[1979/1995] *A unidade do sistema jurídico: o seu problema e o seu sentido, in Digesta: escritos acerca do direito, do pensamento jurídico, da sua metodologia e outros*, 2 vols., Coimbra, Coimbra Editora, p. 95 ss.

[1984a/1995] "Interpretação Jurídica", *in Digesta: escritos acerca do direito, do pensamento jurídico, da sua metodologia e outros*, 2 vols., Coimbra, Coimbra Editora, p. 337 ss.

[1984b/1995] "Método Jurídico", *in Digesta: escritos acerca do direito, do pensamento jurídico, da sua metodologia e outros*, 2 vols., Coimbra, Coimbra Editora, p. 283 ss.

[1998] "Entre o «legislador», a «sociedade» e o «juiz» ou entre «sistema», «função» e «problema» – os modelos actualmente alternativos da realização jurisdicional do Direito", *Revista de Legislação e Jurisprudência*, ano 130, n.os 3883 (p. 290-300), 3884 (p. 322-329) e 3886 (p. 8-14).

[2003] *O actual problema metodológico da interpretação jurídica*, Coimbra, Coimbra Editora.

NIORT, J.-F.

[1996] "Le nouveau code civil du Québec et la théorie de la codification", *Droits – Revue Française de Théorie, de Philosophie et de Culture Juridiques*, 24, p. 135 ss.

NORTH, P.M.

[1982] "The E.E.C. Convention on the Law Applicable to Contractual Obligations (1980): Its History and Main Features", *Contract Conflicts. The E.E.C. Convention on the Law Applicable to Contractual Obligations: A Comparative Study*, Amsterdam – New York – Oxford, North Holland Publishing Company, p. 3 ss.

[1993] "Torts in the Dismal Swamp: Choice of Law Revisited", *Essays in Private International Law*, Oxford, Clarendon Press, p. 69 ss.

OPPETIT, B.

[1987] "Les principes généraux en droit international privé", *Archives de philosophie du droit*, t. 32, p. 179 ss.

[1992] "Le droit international privé, droit savant", *Recueil des cours de l'Académie de droit international de La Haye*, t. 234, p. 339 ss.

ORTIZ-ARCE, A.

[1979] "El anteproyecto de convenio de la CEE sobre la ley aplicable a las obligaciones contractuales. Análisis del nuevo texto de marzo de 1978", *Revista de instituciones europeas*, 6, p. 79 ss.

OTERO, P.
[1998] *Lições de Introdução ao Estudo do Direito*, volume I, 1.º tomo, Lisboa.
[1999] *Lições de Introdução ao Estudo do Direito*, volume I, 2.º tomo, Lisboa.
[2001] "A crise na concretização jurisdicional da justiça", *O debate da justiça* (org. A. P. Barbas Homem e J. Bacelar Gouveia), Viseu, Vislis, p. 157 ss.

OVERBECK, A.E. VON
[1976-77] "Some Observations on the Role of the Judge under the Swiss Civil Code", *Louisiana Law Review*, vol. 37, p. 681 ss.
[1977] "The Role of the Judge under the Swiss Civil Code", *Problems of Codification*, Camberra, p. 135 ss.
[1978a] "Der schweizerische Entwurf eines Bundesgesetzes über das internationale Privatrecht", *Rabels Zeitschrift für ausländisches und internationales Privatrecht*, 42, p. 601 ss.
[1978b] "Zwischenbericht über die schweizerische IPR-Reform", *Zeitschrift für Rechtsvergleichung*, p. 94 ss.
[1979] "L'intérêt de l'enfant et l'évolution du droit international privé de la filiation", *Liber Amicorum Alfred F. Schnitzer*, Genève, Georg, p. 361 ss.
[1981] "Quelques solutions générales du projet suisse de loi sur le droit international privé et premières réactions à leur égard", *Travaux du Comité français de droit international privé, Année 1980-1981*, p. 79 ss.
[1982a] "Les questions générales du droit international privé à la lumière des codifications et projets récents – Cours général de droit international privé", *Recueil des cours de l'Académie de droit international de La Haye*, t. 176, p. 9 ss.
[1982b] "Contracts: The Swiss Draft Statute Compared with the E.E.C. Convention", *Contract Conflicts. The E.E.C. Convention on the Law Applicable to Contractual Obligations: A Comparative Study*, Ams-terdam – New York – Oxford, North Holland Publishing Company, p. 269 ss.
[1988] "Le droit des personnes, de la famille, des régimes matrimoniaux et des succéssions dans la nouvelle loi fédérale suisse sur le droit international privé", *Revue critique de droit international privé*, t. 77, p. 237 ss.
[1989] "La Convention du 1er août sur la loi applicable aux succéssions pour cause de mort", *Annuaire suisse de droit international*, p. 138 ss.
[1990] "Le norme di applicazione necessaria", *Il nuovo diritto internazionale privato in Svizzera*, Milano, Giuffrè, p. 21 ss.
[1991] "The New Swiss Codification of Private International Law", *Forum Internationale on Commercial Law and Arbitration*, 16, p. 1 ss.
[1992] "La contribution de la conférence de La Haye au développement du droit international privé", *Recueil des cours de l'Académie de droit international de La Haye*, t. 233, p. 9 ss.

Bibliografia

[1993] "L'irrésistible extension de l'autonomie en droit international privé", *Nouveaux itinéraires en droit – Hommage à F. Rigaux*, Bruxelles, p. 619 ss.

[1994a] "L'article 8 du projet néerlandais et la clause d'exception", *Studietag over das Schets von eine Allgemeine Wet bettreffende het International Privatrecht op. 10 Dec. 1993 – Journée d'études consacrée à l'esquisse d'une loi générale sur le DIP*, Instituut T.M.C.Asser, p. 36 ss.

[1994b] "La famosissima quaestio resolue? Obervations sur le rattachement des régimes matrimoniaux à propos de deux arrêts récents", *Comparability and Evaluation: Essays on Comparative Law, Private International Law and International Commercial Arbitration in Honour of Dimitra Kokkini-Iatridou*, Dordrecht, Nijhoff, p. 251 ss.

OVERBECK, A.E.VON – VOLKEN, P.

[1975] "Les actes illicites dans l'avant-projet de la C.E.E.", *European International Law of Obligations*, Tübingen, J.C.B. Mohr (Paul Siebeck), p. 165 ss.

PALMER, E.

[1980] "The Austrian Codification of Private International Law", *The American Journal of Comparative Law*, 28, p. 197 ss.

PAMBOUKIS, C.H.

[1994] "Les clauses d'exception en matière de conflits de lois et de conflits de juridictions – Grèce", *Les Clauses d'Exception en matière de Conflits de Lois et de Conflits de Juridictions – ou le principe de proximité. Exception Clauses in Conflits of Laws and Conflicts of Jurisdictions – or the Principle of Proximity*, Dordrecht/London/Boston, Martinus Nijhoff Publishers, p. 221 ss.

PAPADIAMANTIS, K.P.

[1994] "Le style de la loi: normes narratives et normes contraignantes", *Revue hellénique de droit international*, 47, p. 27 ss.

PARIS, F.

[1998] *Le juge et la clause d'exception, Mémoire sous la direction du Professeur Yves Lequette, DEA de droit international privé*, Université Paris II.

PARRA-ARANGUREN, G.

[1988] "General Course of Private International Law", *Recueil des cours de l'Académie de droit international de La Haye*, t. 210, p. 13 ss.

[1989] "The Fourth Inter-American Specialized Conference on Private International Law (CIDIPI-IV, Montevideo, 9-15 July, 1989)", *Netherlands International Law Review*, 36, p. 269 ss.

PATOCCHI, P. M.

[1985] *Règles de rattachement localisatrices et règles de rattachement à caractère substanciel. De quelques aspects récents de la diversification de la méthode conflictuelle en Europe*, Genève, Georg.

382   *A Cláusula de Desvio no Direito de Conflitos*

[1990] "I contratti internazionali", *Il nuovo diritto internazionale privato in Svizzera*, Milano, Giuffrè, 1990, pp. 183 ss.

[1993] "Characteristic Performance: A New Myth in the Conflict of Laws? Some Comments on a Recent Concept in the Swiss and European Private International Law of the Contract", *Études de droit international en l'honneur de Pierre Lalive*, Bâle/Francfort-sur-le-Main, Helbing & Liechtenhahn, p. 113 ss.

PATOCCHI, P.M.- GEISINGER, E.

[1995] *Code de droit international privé suisse annoté*, Lausanne, Éditions Payot.

PELICHET, M.

[1986] "Note introductive à la Convention de La Haye sur la loi applicable aux contrats de vente internationale de merchandises", *Revue de droit uniforme*, vol. I, p. 90 ss.

[1987] "La vente internationale de marchandises et le conflit de lois", *Recueil des cours de l'Académie de droit international de La Haye*, t. 201, p. 9 ss.

PERASSI, T.

[1957] "Observations au sujet du rapport provisoire de M. Georges S. Maridakis du 1er février 1956", *Annuaire de l'Institut de droit international*, vol. 47 – II, p. 85 ss.

PEREIRA, M. NEVES

[1992] *Introdução ao Direito e às Obrigações*, Coimbra, Almedina.

PERELMAN, Ch.

[1968] "Le problème des lacunes en droit. Essai de synthèse", *Le problème des lacunes en droit*, Bruxelles, Bruylant, p. 537 ss.

PEREZNIETO CASTRO, L.

[1994] "Introduccion a la convención interameriacana sobre derecho aplicabile a los contratos internacionales", *Rivista di diritto internazionale privato e processuale*, p. 765 ss.

PÉREZ ALVAREZ, M.A.

[1994] *Interpretación y Jurisprudencia. Estudio del Articulo 3.1 del Codigo Civil*, Aranzadi Editorial.

PÉREZ VERA, E. / A. ABARCA JUNCO / J. GONZÁLEZ CAMPOS / GUZMÁN ZAPATER / P. MIRALLES SANGRO / M. VIRGÓS SORIANO

[2002] *Derecho Internacional Privado*, vol. I, reimp. da 3ª ed., Colex.

PFEIFFER, T.

[2000] "Der Stand des Internationalen Sachenrechts nach seiner Kodifikation", *Praxis des Internationalen Privat- und Verfahrensrechts*, p. 270 ss.

PHILIP, A.

[1994] "First Danish Decisions on the Rome Convention", *Praxis des internationalen Privat und Verfahrensrecht*, p. 150 ss.

Piçarra, N.
[1989]   *A separação dos poderes como doutrina e princípio constitucional: um contributo para o estudo das suas origens e evolução*, Coimbra, Coimbra Editora.
Pinheiro, L. de Lima
[1986]   *A Jurisprudência dos Interesses e o Direito Internacional Privado* – Relatório apresentado no Seminário de Filosofia do Direito do Curso de Mestrado da Faculdade de Direito de Lisboa, no ano lectivo de 1985/1986 (dactilografado).
[1991]   *A Venda com Reserva da Propriedade em Direito Internacional Privado*, s.l., McGraw Hill..
[1998]   *Joint Venture. Contrato de Empreendimento Comum em Direito Internacional Privado*, Lisboa, Ed. Cosmos.
[2000]   "Apontamento sobre as normas de aplicação necessária perante o direito internacional privado português e o artigo 21.° do Código Civil de Macau", *Revista da Ordem dos Advogados*, ano 60, n.° 1, p. 23 ss.
[2001a] *Direito Internacional Privado. Volume I. Introdução e Direito de Conflitos. Parte Geral*, Coimbra, Almedina.
[2001b] "Regime interno de reconhecimento de decisões judiciais estrangeiras", *Revista da Ordem dos Advogados*, 61, p. 561 ss.
[2001c] "Direito aplicável aos contratos celebrados por consumidores", *Revista da Ordem dos Advogados*, 61, p. 155 ss.
[2002a] *Direito Internacional Privado. Volume III. Competência Internacional e Reconhecimento de Decisões Estrangeiras*, Coimbra, Almedina.
[2002b] "A triangularidade do direito internacional privado: ensaio sobre a articulação entre o direito de conflitos, o direito da competência internacional e o direito de reconhecimento", *Estudos em Homenagem à Professora Doutora Isabel de Magalhães Collaço*, vol. 1, Coimbra, Almedina, p. 311 ss.
[2002c] *Direito Internacional Privado. Vol. II. Parte Especial*, 2ª ed., Coimbra, Almedina.
[2002d] "Direito aplicável aos contratos com consumidores", *Estudos do Instituto de Direito do Consumo*, Coimbra, p. 93 ss.
Pinto, C. Mota
[1988]   *Teoria Geral do Direito Civil*, 3ª edição actualizada, Coimbra, Coimbra Editora, Limitada.
Pinto, F. Ferreira
[1992]   *Do Conflito de Leis em Matéria de Obrigação de Alimentos (Estudo de DIP Convencional)*, Lisboa, Livraria Petrony, Lda.
Pocar, F.
[1979a] "L'unification des règles de conflit en matière de contrats dans la

384 A Cláusula de Desvio no Direito de Conflitos

Communauté économique européenne", *Comunicazioni e studi dell'Istituto di Diritto internazionale e straniero dell'Università di Milano*, vol. XVI, p. 165 ss

[1979b] "Kodifikation der Kollisionsnormen auf dem Gebiet des Vertragsrechts im Rahmen der Europäischen Gemeinschaften", *Recht der internationalen Wirtschaft*.

[1983] "La legge applicabile ai contratti con I consumatori", *Verso una Disciplina Comunitaria della Legge Applicabile ai Contratti. Con particolare riferimento ai contratti bancari, assicurativi, di trasporto, di lavoro e con I consumatori nella convenzione di Roma del 19 giugno 1980*, Padova, CEDAM, p. 303 ss.

[1984] "La protection de la partie faible en droit international privé", *Recueil des cours de l'Académie de droit international de La Haye*, t. 188, p. 341 ss.

[1989] "La nuova legge svizzera sul diritto internazionale privato", *Rivista di diritto internazionale privato e processuale*, 25, p. 5 ss.

[1991] "L'entrata in vigore della convenzione di Roma del 1980 sulla legge applicabile ai contratti", *Rivista di diritto internazionale privato e processuale*, 27, p. 249 ss.

[1996] "Le droit des obligations dans le nouveau droit international privé italien", *Revue critique de droit international privé*, p. 41 ss.

POLAK, M.

[1991] "Towards Codified Dutch Private International Law Review, *Netherlands International Law Review*, 38, p. 312 ss.

[1994] Intervenção recolhida em "De algemene exceptieclausule in de IPR--Schets", *Studiedag. Schets von een algemene wet betreffende het Internationaal Privaatrecht. Nederlands Internationaal Privaatrecht – NIPR*, 1994, p. 85 ss.

POMMIER, J.-C.

[1992] *Principe d'autonomie et loi du contrat en droit international privé conventionnel*, Paris, Economica.

PONSARD

[1972] "La loi française du 3 janvier 1972 et les conflits de lois en matière de filiation", *Journal de droit international*, p. 765 ss.

PROENÇA, J. GONÇALVES

[1995] *Introdução ao Estudo do Direito*, Lisboa, SPB.

PRUJINER, A.

[1993] "Le droit international privé: un droit du rattachement", *Études de droit international en l'honneur de Pierre Lalive*, Bâle/Francfort-sur-le-Main, Helbing & Liechtenhahn, p. 161 ss.

QUEIROZ, C.

[1997] *Interpretação Constitucional e Poder Judicial. Sobre a Epistemologia da Construção Constitucional*, Dissertação de Doutoramento, Faculdade de Direito da Universidade de Lisboa, 1997 (polic.).

QUINTAS, P. / H. QUINTAS

[2003] *Código do Trabalho Anotado e Comentado*, Coimbra, Almedina.

RAMMELOO, S.

[1992] *Das neue EG-Vertragskollisionsrecht. Die Artt. 4, 5 und 6 des Übereinkommens über das auf vertragliche Schulverhältnisse anzuwendende Recht vom 19.6.1980. Eine rechtsvergleichende Analyse objektiver Vertragsanknüpfungen*, Köln – Berlin – Bonn – München, Carl Heymanns.

[1994] "Die Auslegung von Art. 4, Abs. 2 und Abs. 5 EVÜ: eine Niederländische Perspektive", *Praxis des Internationalen Privat- und Verfahrensrechts*, 14, p. 243 ss.

RAMOS, R.M. MOURA

[1977] "Parecer" constante dos autos de recurso de agravo apensos ao processo de inventário obrigatório que, sob o n.° 759/76, correu termos pela 2ª Secção do 4.° Juízo Cível do Tribunal da Comarca de Lisboa, p. 16-46.

[1978] "Portugal – Droit de la famille – Dispositions intéressant le droit international privé", *Revue critique de droit international privé*, 67, p. 598 ss.

[1980] *Direito Internacional Privado e Constituição – Introdução a uma análise das suas relações*, Coimbra, Coimbra Editora.

[1984] "La double nationalité d'après le droit portugais", Sep. do vol. LIX (1983) do *Boletim da Faculdade de Direito da Universidade de Coimbra*.

[1985] "L'adoption dans les principales législations européennes, II – Droit International Privé. Portugal", *Revue internationale de droit comparé*, 37, p. 845 ss.

[1988a] "Aspects récents du droit international privé au Portugal", *Revue critique de droit international privé*, t. 77, p. 473 ss.

[1988b] "Validade do Casamento. Português casado com espanhola divorciada na Venezuela" (Parecer), *Colectânea de Jurisprudência*, 5, p. 18 ss.

[1991a] *Da Lei Aplicável ao Contrato de Trabalho Internacional*, Coimbra, Almedina.

[1991b] "La protection de la partie la plus faible en droit international privé", *Droit International et Droit Communautaire – Actes du Colloque Paris, 5 et 6 Avril 1990*, Paris, Fondation Calouste Gulbenkian – Centre Culturel Portugais, p. 97 ss.

[1991c] "A Obra de J. Baptista Machado na área do Direito Internacional Privado", *Scientia Iuridica, Revista de Direito Comparado Português e Brasileiro*, t. XL, p. 281 ss.

386   *A Cláusula de Desvio no Direito de Conflitos*

[1992]   *Do Direito Português da Nacionalidade*, Coimbra, Coimbra Editora, Limitada, 1ª reimpr..

[1994]   "Les clauses d'exception en matière de conflits de lois et de conflits de juridictions – Portugal", *Les Clauses d'Exception en matière de Conflits de Lois et de Conflits de Juridictions – ou le principe de proximité. Exception Clauses in Conflicts of Laws and Conflicts of Jurisdictions – or the Principle of Proximity*, Dordrecht/London/Boston, Martinus Nijhoff Publishers, p. 273 ss.

[1974/95] "Dos direitos adquiridos em Direito Internacional Privado", *Das Relações Privadas Internacionais. Estudos de Direito Internacional Privado*, Coimbra, Coimbra Editora, p. 11 ss.

[1995]   "A Adopção no Direito Internacional Privado Português", *Das Relações Privadas Internacionais. Estudos de Direito Internacional Privado*, Coimbra, Coimbra Editora, p. 55 ss.

[1987/95] "Aspectos Recentes do Direito Internacional Privado Português", *Das Relações Privadas Internacionais. Estudos de Direito Internacional Privado*, Coimbra, Coimbra Editora, p. 85 ss.

[1993/95] "The Impact of the Hague Conventions on Portuguese Private International Law", *Das Relações Privadas Internacionais. Estudos de Direito Internacional Privado*, Coimbra, Coimbra Editora, p. 277 ss.

[1996a] "Nationalité, plurinationalité et supranationalité en droit portugais", *Archiv des Völkerrechts*, Band 34, Heft 1, p. 96 ss.

[1996b] "Remarques sur les développements récents du droit international privé portugais en matière de protection des consommateurs", *E pluribus unum. Liber amicorum Georges A. Droz*, Martinus Nijhoff Publishers, Kluwer Law International, p. 235 ss.

[1997]   "Contratos internacionais e protecção da parte mais fraca no sistema jurídico português", *Contratos: Actualidade e Evolução*, Porto, Universidade Católica Portuguesa – Centro Regional do Porto, p. 331 ss.

[1998a] *A reforma do direito processual civil internacional*, separata de *Revista de Legislação e de Jurisprudência*, Coimbra, Coimbra Editora.

[1998b] "Droit international privé vers la fin du vingtième siècle: avancement ou recul?", Relatório ao XV Congresso Internacional de Direito Comparado, *Documentação e Direito Comparado*, n.os 73-74, p. 86 ss.

[1998c] "O contrato individual de trabalho em Direito Internacional Privado", *Juris et de Jure. Nos vinte anos da Faculdade de Direito da Universidade Católica Portuguesa – Porto*, Universidade Católica Portuguesa, Porto, p. 41 ss.

Bibliografia 387

[1998d] "Previsão normativa e modelação judicial nas convenções comunitárias relativas ao direito internacional privado", *O Direito Comunitário e a Construção Europeia*, Coimbra.

[2001] "Limites à aplicação das regras de direito português: a recepção do direito internacional convencional e a aplicação do direito estrangeiro e do direito comunitário", *Curso de Direito da Família*, F. Pereira Coelho e Guilherme de Oliveira, 2ª ed., Coimbra, Coimbra Editora.

RATTALMA, M. F. di

[1992] "Le prime esperienze giurisprudenziali sulla Convenzione di Roma del 19 Giugno 1980", *Rivista di diritto internazionale privato e processuale*, 28, p. 819 ss.

REESE, W. L. M.

[1976] "General Course on Private International Law", *Recueil des cours de l'Académie de droit international de La Haye*, t. 150, p. 9 ss.

[1982] "American Choice of Law", *The American Journal of Comparative Law*, 30, p. 135 ss.

[1983] "The Influence of Substantive Policies on Choice of Law", *Festschrift für Frank Vischer zum 60. Geburtstag*, Zürich, Schulthess Polygraphischer Verlag, p. 287 ss.

REGO, C. LOPES DO

[1999] *Comentários ao Código de Processo Civil*, Coimbra, Almedina.

REITHMANN, C. – MARTINY, D. et. al.

[1996] *Internationales Vertragsrecht – Das internationale Privatrecht der Schuldverträge*, Köln, 1996, 5 ed..

RÉMY-CORLAY, P.

[1997] *Étude critique de la clause d'exception dans les conflits de lois (Application en droit des contrats et des délits)*, Thèse, Faculté de Droit et de Sciences Sociales de l'Université de Poitiers (polic.).

[2001] Anotação à decisão do *Tribunal de grande instance de Poitiers* de 22 de Dezembro de 1989, *Revue critique de droit international privé*, 90, p. 670 ss.

[2003] "Mise en oeuvre et régime procédural de la clause d'exception dans les conflits de lois", *Revue critique de droit international privé*, 92, p. 37 ss.

REVILLARD, M.

[1994] "Les nouvelles conventions de La Haye et le droit patrimonial de la famille", *Annuaire de La Haye de droit international privé / Hague Yearbook of International Law*, p. 53 ss.

RIGAUX, F.

[1977] *Droit international privé*, vol. 1: *Théorie générale*, Bruxelles, Larcier.

[1979] Intervenção no *Freiburger Kolloquium über den schweizerischen Entwurf zu einem Bundesgesetz über das internationale Privatrecht: Freiburg (Schweiz), 27-28 April 1979 = Colloque de Fribourg relatif au*

388   *A Cláusula de Desvio no Direito de Conflitos*

projet suisse de loi fédérale sur le droit international privé: Fribourg (Suisse), 27-28 avril 1979, Zürich, Schulthess Polygraphischer Verlag.

[1980] "Les réactions de la doctrine à la création du droit par les juges en droit international privé", *Les réactions de la doctrine à la création du droit par les juges, Travaux de l'Association Henri Capitant des amis de la culture juridique française*, t. XXXI, p. 326 ss.

[1985] "La méthode des conflits de lois dans les codifications et projets de codification de la dernière décennie", *Revue critique de droit international privé*, 74, p. 1 ss.

[1988] "Examen de quelques questions laissées ouvertes par la Convention de Rome sur la loi applicable aux obligations contractuelles", *Cahiers de Droit Européen*, 24, p. 306 ss.

[1989] "Les situations juridiques individuelles dans un système de relativité générale – Cours général de droit international privé", *Recueil des cours de l'Académie de droit international de La Haye*, t. 213, p. 9 ss.

[1996] "Quelques problèmes d'interprétation de la Convention de Rome", *L'européanisation du droit international privé, Europaeisierung des internationalen Privatrechts, Europeanisation of International Private Law, Série de publications de l'Académie de Droit Europeen de Trèves*, Köln, Bundesanzeiger, p. 33 ss.

RIGAUX, F. – FALLON, M.

[1993] *Droit international privé*, vol. 2: *Droit positif belge*, Bruxelles, Lancier, 2ª ed.

ROCACHER, I.

[1991] *La Convention de Rome du 9 octobre 1980 et les consommateurs*, Mémoire, Faculté de droit de l'Université de Genève.

RODRIGUÉZ MATEOS, P.

[1988] "Una perspectiva funcional del metodo de atribución", *Revista española de derecho internacional*, XL, p. 78 ss.

RED, O.

[1975] "Comments on Arts. 10 and 11 of the Draft Convention", *European International Law of Obligations*, Tübingen, J.C.B. Mohr (Paul Siebeck), p. 81 ss.

ROGERSON, P.

[1995] "Choice of Law in Tort: A Missed Opportunity?", *International and Comparative Law Quaterly*, 44, p. 650 ss.

ROOIJ, R. van – POLAK, M.

[1987] *Private international law in the Netherlands*, Deventer, Kluwer.

RUDOLF, C.

[2003] "Slowenien: neues internationales Privat- und Prozessrecht", *Praxis des Internationalen Privat- und Verfahrensrechts*, 2, p. 158 ss.

SÁ, ALMENO DE

[1977] "A revisão do Código Civil e a Constituição", *Revista de Direito e Economia*, Ano 3. número 2, p. 425 ss.

[1999] *Cláusulas Contratuais Gerais e Directiva sobre Cláusulas Abusivas*, Coimbra, Almedina.

[2003] *Introdução ao Direito. Aditamentos*, Coimbra (policop.).

SACERDOTI, G. / FRIGO, M.

[1993] *La Convenzione di Roma sul Diritto Applicabile ai Contratti Internazionali*, Milão, Giuffrè.

SACK, R.

[1992] "Marktortprinzip und allgemeine Ausweichklausel im internationalen Wettbewerbsrecht, am Beispiel der sog. Gran-Canaria-Fälle (zu BGH, 15.11.1990 – I ZR 22/89, unten S. 45, Nr. 6)", *Praxis des internationalen Privat und Verfahrensrecht*, p. 24 ss.

SAINTOURENS, B.

[1997] Anotação ao aresto da *Cour d'appel* de Paris, proferida a 7 de Junho de 1996, no caso *A. Boikov c. Soc. Black Sea and Baltic General Insurance Company Ltd et Soc.*, *Journal de droit international*, 2, p. 435 ss.

SAMUEL, A

[1988] "The New Swiss Private International Law Act", *The International and Comparative Law Quaterly*, 37, p. 681 ss.

SÁNCHEZ LORENZO, S.

[1994] "Postmodernismo y derecho internacional privado", *Revista española de derecho internacional*, p. 557 ss.

SANTOS, A. MARQUES DOS

[1988] *Breves considerações sobre a adaptação em Direito Internacional Privado*, separata dos *Estudos em memória do Prof. Doutor Paulo Cunha*, Lisboa, Faculdade de Direito, 1988.

[1989] *Direito Internacional Privado – Sumários das Lições ao 5.° ano, Turma da Noite, da Faculdade de Direito de Lisboa, no ano lectivo de 1986-1987*, Lisboa, Associação Académica da Faculdade de Direito de Lisboa, copiograf..

[1991a] *As Normas de Aplicação Imediata no Direito Internacional Privado – Esboço de uma Teoria Geral*, Coimbra, Almedina (2 vols).

[1991b] "Les règles d'application immédiate dans le droit international privé portugais", *Droit International et Droit Communautaire – Actes du Colloque Paris, 5 et 6 avril 1990*, Paris, Fondation Calouste Gulbenkian – Centre Culturel Portugais, p. 187 ss.

[1995] "Nacionalidade e efectividade", *Estudos em memória do Professor Doutor João de Castro Mendes*, Lisboa, Faculdade de Direito da Universidade de Lisboa/Lex, 1995, pp. 429 ss.

390   *A Cláusula de Desvio no Direito de Conflitos*

[1997a] Direito Internacional Privado. Sumários das Lições ao 5.° Ano, Turma de Dia, da Faculdade de Direito de Lisboa, no ano lectivo de 1996--1997, Lisboa, Associação Académica da Faculdade de Direito de Lisboa.

[1997b] *Revisão e confirmação de sentenças estrangeiras no novo código de processo civil de 1997 (alterações ao regime anterior)*, separata de *Aspectos do Novo Processo Civil (actas do Curso sobre o Novo Processo Civil promovido pela Faculdade de Direito da Universidade de Lisboa entre 20 e 31 de Janeiro de 1997)*, Lisboa, Lex.

[1998a] "Lei aplicável a uma sucessão por morte aberta em Hong Kong", *Revista da Faculdade de Direito da Universidade de Lisboa*, vol. XXXIX, n.° 1, p. 115 ss.

[1998b] "Constituição e Direito Internacional Privado. O estranho caso do artigo 51.°, n.° 3 do Código Civil", *Perspectivas Constitucionais nos 20 anos da Constituição de 1976*, vol. III, org. Jorge Miranda, Coimbra, Coimbra Editora, p. 367 ss.

[2000] "A Aplicação do Direito Estrangeiro (conferência proferida na Ordem dos Advogados em 19.10.1999)", *Revista da Ordem dos Advogados*, ano 60, p. 647 ss.

[2001] *Direito Internacional Privado. Introdução – I Volume*, Lições do Professor Doutor António Marques dos Santos ao 5.° ano – Turma de Dia, da Faculdade de Direito da Universidade de Lisboa, no ano lectivo de 2000-2001, Associação Académica da Faculdade de Direito de Lisboa.

[2002a] *Direito Internacional Privado: colectânea de textos legislativos de fonte interna e internacional*, 2ª ed. rev. e act., Coimbra, Almedina.

[2002b] "Algumas considerações sobre a autonomia da vontade no Direito Internacional Privado em Portugal e no Brasil", *Estudos em Homenagem à Professora Doutora Isabel de Magalhães Collaço*, vol. 2, Coimbra, Almedina, p. 379 ss.

[2002c] "Quem manda mais – a residência ou a nacionalidade?", Separata de *Estatuto Jurídico da Lusofonia*, A. Marques dos Santos et. al., Studia iuridica Colloquia, Coimbra, Coimbra Editora.

SARAIVA, H. J.
[1966] "Apostilha Crítica ao Projecto de Código Civil (Capítulos I e II)", *Revista da Ordem dos Advogados*, 27, p. 5 ss.

SARAVALLE, A.
[1991] "Conflitti di leggi nei contratti internazionali di costruzione", *Rivista di diritto internazionale e processuale*, p. 895 ss.

[1995a] "Clausole con scelta di legge variabile e Convenzione di Roma del 1980", *Rivista di diritto internazionale privato e processuale*, p. 17 ss.

Bibliografia 391

[1995b] "Recenti sviluppi in materia di responsabilità civile in diritto internazionale privato comparato", *Rivista di diritto internazionale privato e processuale*, p. 657 ss.

SAUVEPLANNE, J.G.

[1975] "Quelques remarques relatives à l'avant-projet de convention sur la loi applicable aux obligations contractuelles et non-contractuelles", *European International Law of Obligations*, Tübingen, J.C.B. Mohr (Paul Siebeck), p. 186 ss.

SCHNABEL, K.

[1994] "Exception Clauses in Conflicts Law and International Law of Procedure – Germany", *Les Clauses d'Exception en matière de Conflits de Lois et de Conflits de Juridictions – ou le principe de proximité. Exception Clauses in Conflicts of Laws and Conflicts of Jurisdictions – or the Principle of Proximity*, Dordrecht/London/Boston, Martinus Nijhoff Publishers, p. 47 ss.

SCHNITZER, A.F.

[1955] "La loi applicable aux contrats internationaux", *Revue critique de droit international privé*, p. 459 ss.

[1968] "Les contrats internationaux en droit international privé suisse", *Recueil des cours de l'Académie de droit intenational de La Haye*, t. 123, p. 541 ss.

[1979] "Zum Entwurf eines neuen schweizerischen IPR-Gesetzes", *Schweizerische Juristen-Zeitung*, p. 265 ss.

[1980] "Gegenentwurf für ein schweizerisches IPR-Gesetz", *Schweizerische Juristen Zeitung*, p. 309 ss.

SCHNYDER, A.K.

[1988] *Das neue IPR-Gesetz. Eine Einführung in das Bundesgesetz vom 18. Dezember 1987 über das Internationale Privatrecht (IPRG)*, Zürich, Schulthess Polygraphischer Verlag.

[1990] Intervenção oral por ocasião de simpósio ocorrido em Heidelberg, em 1988, e registada em *Nation und Staat im Internationalen Privatrecht. Zum kollisionsrechtlichen Staatsangehörigkeitsprinzip in verfassungsrechtlicher und internationalprivatrechtlicher Sicht*, Herausgegeben E. Jayme / H.-P. Mansel, Heidelberg, C.F. Müller, p. 359.

[1995] "Ausweichklausel und Verbraucherschutz – Herausforderung des Schweizer Internationalprivatrechts", *Internationales Verbraucherschutzrecht: Referate und Diskussionsberichte der Kolloquiums zu Ehren von "Fritz Reichert-Facilides"*, org. A. K. Schnyder, H. Heiss und B. Rudische, Tübingen, J.C.B. Möhr, p. 57 ss.

SCHNYDER, A.K. / M. LIATOWITSCH

[2000] *Internationales Privat- und Zivilverfahrensrecht*, Zürich, Schulthess.

392   *A Cláusula de Desvio no Direito de Conflitos*

SCHREIBER, S.

[2001] *Ausweichklauseln im deutschen, österreichischen und schweizerischen Internationalen Privatrecht*, Hamburg, Verlag Dr. Kovac.

SCHULTSZ, J.C.

[1979] Intervenção registada no *Freiburger Kolloquium über den schweizerischen Entwurf zu einem Bundesgesetz über das internationale Privatrecht: Freiburg (Schweiz), 27-28 April 1979 = Colloque de Fribourg relatif au projet suisse de loi fédérale sur le droit international privé: Fribourg (Suisse), 27-28 avril 1979*, Zürich, Schulthess Polygraphischer Verlag.

[1982] "The Concept of Characteristic Performance and the Effect of the E.E.C. Convention on Carriage of Goods", *Contract Conflicts. The E.E.C. Convention on the Law Applicable to Contractual Obligations: A Comparative Study*, Amsterdam – New York – Oxford, North Holland Publishing Company, p. 185 ss.

[1994] "De algemene exceptieclausule in de IPR-Schets", *Studietag Schets van een Algemene Wet betreffende het Internationaal Privaatrecht, Gehouden op 10 december 1993 in het Ministerie van Buitenlandse Zaken te 's-Gravenhage, Nederlands Internationaal Privaatrecht, Repertorium op verdragenrecht, wetgeving, rechtspraak en literatuur (Speciale aflevering)*, p. 30 ss.

SCHURIG, K.

[1981] *Kollisionsnorm und Sachrecht – Zu Struktur, Standort und Methode des Internationalen Privatrechts*, Berlin, Duncker & Humblot.

[1995] "Interessenjurisprudenz contra Interessenjurisprudenz im IPR – Anmerkungen zu Flessners Thesen", *Rabels Zeitschrift für ausländisches und internationales Privatrecht*, p. 229 ss.

SCHWANDER, I.

[1975] *Lois d'application immédiate, Sonderanknüpfung, IPR-Sachnormen und andere Ausnahmen von der gewöhnlichen Anknüpfung im internationalen Privatrecht*, Études suisses de droit international privé, vol. 1, Zürich, Schulthess Polygraphischer Verlag.

[1987] "Internationales Vertragsschuldrecht. Direkte Zuständigkeit und objektive Anknüpfung", *Beiträge zum neuen IPR des Sachen-, Schuld- und Gesellschaftsrechts, Festschrift für Prof. Rudolf Moser*, Zürich, Schulthess, p. 79 ss.

[1988] "Die Handhabung des neuen IPR-Gesetzes", *Die allgemeinen Bestimmungen des Bundesgesetzes über das internationale Privatrecht*, Veröffentlichungen des Schweizerischen Instituts für Verwaltungskurse an der Hochschule St. Gallen, vol. 29, St. Gall.

[1990]   *Einführung in das internationale Privatrecht – Erster Band: Allgemeiner Teil*, 2ª ed., St. Gallen, Dike Verlag AG.

[2000]   *Einführung in das internationale Privatrecht – Erster Band: Allgemeiner Teil*, 3ª ed., St. Gallen / Lachen SZ, Dike Verlag AG.

SCHWIMANN, M.

[1978]   "Zu den allgemeinen Bestimmungen des österreichischen IPR-Entwurfes 1975", *Juristische Blätter*, 100, p. 1 ss.

[1982]   *Grundriss des internationalen Privatrechts.Mit besonderer Berücksichtigung der IPR – Staatsverträge*, Wien, Manzche Verlags- und Universitätsbuchhandlung.

[2001]   *Internationales Privatrecht einschliesslich Europarecht*, 3ª ed., Wien, Manzsche Verlags- und Universitätsbuchhandlung.

SCHWIND, F.

[1971]   "Entwurf eines Bundesgesetzes über das internationale Privat- und Prozessrecht", *Zeitschrift für Rechtsvergleichung*, 12, p. 161 ss.

[1976]   "Zwischenbilanz der Reformstrebungen des österreichischen internationalen Privatrechts", *Das Standesamt (Zeitschrift für Standeamtswesen)*, p. 121 ss.

[1977a] "La codification du droit international privé en Autriche", *Revue de droit international et de droit comparé*, p. 176 ss.

[1977b] "Tendenzen im österreichischen internationalen Privatrecht", *Internationales Privatrecht und Rechtsvergleichung im Ausgang des 20. Jahrhunderts. Bewahrung oder Wende? Festschrift für Gerhard Kegel*, Frankfurt am Main, Alfred Metzner Verlag, p. 305 ss.

[1979a] "Autriche – Droit international privé", *Revue critique de droit international privé*, vol. 68, p. 174 ss.

[1979b] "Prinzipien des Neuen Österreichischen IPR-Gesetzes", *Das Standesamt (Zeitschrift für Standesamtswesen)*, p. 109 ss.

[1982]   "Systembegriff und Funktionsbegriff – Miszelle zur Theorie des IPR", *Europäisches Rechtsdenken in Geschichte und Gegenwart – Festschrift für Helmut Coing zum 70. Geburtstag*, vol. II, München, C.H. Beck, p. 483 ss.

[1984]   "Aspects et sens du droit international privé (Cours général de droit international privé)", *Recueil des cours de l'Académie de droit international de La Haye*, vol. 187, p. 9 ss.

[1986]   "Die funktionelle Anknüpfung im IPR", *Festschrift für W. Müller-Freienfells*, Baden-Baden, Nomos, p. 547 ss.

[1987]   "Aperçu de la partie générale du droit international privé en occasion du projet italien 'Vitta'", *Le droit international à l'heure de sa codification – Éudes en l'honneur de Roberto Ago*, vol. IV, Milano, Giuffrè, p. 339 ss.

[1989] "Die Grenzen des Vertragsstatuts. Zur Bedeutung der Ausweichklausel des § 48 Abs. 1 Satz 2 IPRG", *Praxis des Internationalen Privat und Verfahrensrecht*, p. 401.

[1990a] *Internationales Privatrecht. Lehr und Handbuch für Theorie und Praxis*, Wien, Manz Verlag.

[1990b] "Neue Tendenzen im IPR", *Conflits et harmonisation. Kollision und Vereinheitlichung. Conflicts and Harmonization. Mélanges en l'honneur d'Alfred e. Von Overbeck à l'occasion de son 65ème anniversaire*, Fribourg, Éditions Universitaires, p. 103 ss.

[1991a] "§ 1 IPRG – Rechtssicherheit und Funktionalität im Licht der historischen Entwicklung", *Zeitschrift für Rechtsvergleichung*, 4, p. 255 ss.

[1991b] "Darlehen und ungerechtfertigte Bereicherung im österreichischen IPR", *Praxis des Internationalen Privat- und Verfahrensrechts*, p. 201 ss.

[1993] "Funktionalität als Grundproblem des Rechts – Das Entstehen des juristischen Weltbildes eines Juristen", *Zeitschrift für Rechtsvergleichung, International Privatrecht und Europarecht*, p. 89 ss.

[1997] "Recht und Gesetz im Rahmen der EU. Ein Weg vom Gesetzstaat zum Rechtsstaat", *Zeitschrift für Rechtsvergleichung,*, 6, p. 237 ss.

SCOLES, E.F.

[1994] "The Hague Convention on Succession", *American Journal of Comparative Law*, 1, p. 185 ss.

SCYBOS, G. e GILLIÉRON, P.-R.

[1977] *Code civil suisse et code des obligations annotés*, Lausanne, Editions Payot Lausanne, p. 1 ss.

SENDIM, J. CUNHAL

[1993] "Notas sobre o princípio da conexão mais estreita no Direito Internacional Privado Matrimonial Português", *Direito e Justiça*, vol. VII, p. 311 ss.

SERRA, A. VAZ

[1941] "O papel do juiz na interpretação da lei", *Revista da Ordem dos Advogados*, n.° 1, p. 2 ss.

[1946] *A Revisão Geral do Código Civil. Alguns Factos e Comentários*, Coimbra.

[1967] *Código Civil. Texto revisto, prefácio e notas*, Coimbra, Atlântida Editora.

SIEHR, K.

[1973] "Zum Vorentwurf eines EWG-Übereikommens über das Internationale Schuldrecht", *Aussenwirtschaftdienst des Betriebs.Beraters*, Nov. 1973, p. 569 ss.

[1975] "General Report on Non-Contractual Obligations (Arts. 10-14), General Problems (Arts. 21-23) and the Final Provisions (Arts. 24-36)",

European Private International Law of Obligations, Tübingen, J.C.B. Mohr (Paul Siebeck), p. 42 ss.

[1979a] Intervenção registada em *Freiburger Kolloquium über den schweizerischen Entwurf zu einem Bundesgesetz über das internationale Privatrecht: Freiburg (Schweiz), 27-28 April 1979 = Colloque de Fribourg relatif au projet suisse de loi fédérale sur le droit international privé: Fribourg (Suisse), 27-28 avril 1979*, Zürich, Schulthess Polygraphischer Verlag.

[1979b] "Zum Entwurf eines Schweizerischen Bundesgesetzes über das Internationale Privatrecht", *Recht der Internationalen Wirtschaft*, Nov. 1979, p. 279 ss.

[1982] "Domestic Relations in Europe: European Equivalents to American Evolutions", *American Journal of Comparative Law*, 30, 1, p. 37 ss.

[1994] Intervenção recolhida em "De algemene exceptieclausule in de IPR-Schets", *Studiedag. Schets von een algemene wet betreffende het Internationaal Privaatrecht. Nederlands Internationaal Privaatrecht – NIPR*, 1994, p. 85 ss.

[2001] *Internationales Privatrecht. Deutsches und europäisches kollisionsrecht für Studium und Praxis*, Heidelberg, C.F. Müller Verlag.

[2002] *Das Internationale Privatrecht der Schweiz*, Zürich, Schulthess.

SILVA, N. ASCENSÃO

[1993] "O estabelecimento da filiação no direito internacional privado português", *Boletim da Faculdade de Direito*, Universidade de Coimbra, 69, pp. 647 ss.

SILVA, N.J. ESPINOSA GOMES DA

[1991] *História do Direito Português*, 2ª ed., Lisboa, Fundação Calouste Gulbenkian.

SINGER, J. W.

[1991] "Facing Real Conflicts", *Cornell International Law Journal*, vol. 24, p. 197 ss.

SLAGTER, W. J.

[1994] Intervenção recolhida em "De algemene exceptieclausule in de IPR-Schets", *Studiedag. Schets von een algemene wet betreffende het Internationaal Privaatrecht. Nederlands Internationaal Privaatrecht – NIPR*, 1994, p. 85 ss.

SOARES, F. LUSO – D. ROMEIRA MESQUITA – W. FERRAZ DE BRITO

[2001] *Código de Processo Civil Anotado*, 12ª ed., Coimbra, Almedina.

SONNENBERGER, H.-J.

[1987] "Introduction générale à la réforme du droit international privé dans la République fédérale d'Allemagne selon la loi du 25 Juillet 1986", *Revue critique de droit international privé*, t. 76, p. 1 ss.

396   *A Cláusula de Desvio no Direito de Conflitos*

[1999] "La loi allemande du 21 mai 1999 sur le droit international privé des obligations non contractuelles et des biens", *Revue critique de droit international privé*, 88, p. 647 ss.

[2001] "Das Internationale Privatrecht im dritten Jahrtausend – Rückblick und Ausblick", *Zeitschrift für Vergleichende Rechts-wissenschaft*, 100, p. 107 ss.

SOUSA, M. REBELO / GALVÃO, S.

[2000] *Introdução ao Estudo do Direito*, 5ª ed., Lisboa, Lex.

SOUSA, M. TEIXEIRA DE

[1993] *A Competência Declarativa dos Tribunais Comuns*, Lisboa, Lex.

[1995] "Apreciação de Alguns Aspectos da «Revisão do Processo Civil – Projecto»", *Revista da Ordem dos Advogados*, ano 55, II, p. 353 ss.

[1997] *Estudos sobre o Novo Processo Civil*, Lisboa, Lex.

[2000] "Sobre a competência indirecta no reconhecimento de sentenças estrangeiras. Anotação ao acórdão do STJ de 21 de Maio de 1998", *Revista da Ordem dos Advogados*, ano 60, p. 757 ss.

SPICKHOHH, A.

[1999] "Die Restkodifikation des Internationalen Privatrechts: Außervertragliches Schuld- und Sachenrecht", *Neue Juristische Wochenschrift*, 31, p. 2209-2215.

[2000] "Die Tatortregel im neuen Deliktskollisionsrecht", *Praxis des internationalen Privat und Verfahrensrecht*, p. 1 ss.

SPIEGEL, N.

[1994] "Les clauses d'exception en matière de conflits de lois et de conflits de juridictions – France", *Les Clauses d'Exception en matière de Conflits de Lois et de Conflits de Juridictions – ou le principe de proximité. Exception Clauses in Conflicts of Laws and Conflicts of Jurisdictions – or the Principle of Proximity*, Dordrecht/London/Boston, Martinus Nijhoff Publishers, p. 197 ss.

SPIRO, E.

[1984] "The Proper Law of the Contract and Renvoi: Further Comments on the *Amin Rasheed Shipping* Case", *International and Comparative Law Quaterly*, 33, p. 199 ss.

STARACE, V.

[1996] "La procura nel diritto internazionale privato", *Rivista di diritto internazionale privato e processuale*, 3, p. 421 ss.

STAATSCOMMISSIE VOOR HET INTERNATIONAAL PRIVAATRECHT

[2002] *Rapport aan de minister van justitie. Algemene Bepalingen wet internationaal privaatrecht.*

STOJANOVIC, S.

[1988] "Le droit des obligations dans la nouvelle loi fédérale suisse sur le droit international privé", *Revue critique de droit international privé*, 77, p. 261 ss.

STOLL. H.

[2000] "Zur gesetzlichen Regelung des internationalen Sachenrechts in Artt 43-46 EGBG", *Praxis des internationalen Privat und Verfahrensrecht*, 4, p. 259 ss.

STURM, F.

[1987a] "Personnes, famille et succéssions dans la loi du 25 Juillet 1986 portant réforme du droit international privé allemand", *Revue critique de droit international privé*, p. 1 ss.

[1987b] "Die Allgemeinen Grundsätze im schweizerischen IPR-Gesetzesentwurf. Eine Kritische Analyse", *Beiträge zum neuen IPR des Sachen-, Schuld- und Gesellschaftsrechts, Festschrift für Prof. Rudolf Moser*, Zürich, Schulthess, p. 3 ss.

[1989] "Codification et unification des règles de conflit dans la Suisse du XIXe siècle", *Liber Memorialis François Laurent 1810-1887*, p. 1099 ss.

[1995] "Zur liechtensteinischen IPR-Reform", *Festschrift für Anton Heini zum 65. Geburtstag*, Zürich, Schulthess Polygraphischer Verlag, p. 445 ss.

SUNDSTRÖM, G.O. ZACHARIAS

[1975] "Comment on the Provisions on Extra-Contractual Liability of the Draft Convention", *European International Law of Obligations*, Tübingen, J.C.B. Mohr (Paul Siebeck), 1975, p. 214 ss.

SYMEONIDES, S.C.

[1989] "The New Swiss Conflict Codification: an Introduction", *American Journal of Comparative Law*, 2, p. 187 ss.

[1992] "Les grands problèmes de droit international privé et la nouvelle codification de Louisiane", *Revue critique de droit international privé*, t. 81, p. 223 ss.

[1994] "Exception Clauses in Conflicts Law – United States", *Les Clauses d'Exception en matière de Conflits de Lois et de Conflits de Juridictions – ou le principe de proximité. Exception Clauses in Conflicts of Laws and Conflicts of Jurisdictions – or the Principle of Proximity*, Dordrecht/London/Boston, Martinus Nijhoff Publishers, p. 77 ss.

[1995] "Choice of Law in the American Courts in 1994: A View from the Trenches", *American Journal of Comparative Law*, 1, p. 1 ss.

[2000] "General Report", *Private International Law at the End of the 20th Century: Progress or Regress? Le droit international privé à la fin du XXe siècle: progrès ou recul?*, XVth International Congress of Comparative Law, Xve Congrès International de droit comparé, The Hague – London – Boston, Kluwer Law, p. 3 ss.

TAMBÁ, V. POROBO

[1971] *A Jurisprudência – Seu Sentido e Limites. I- Do problema da «injustiça» da lei e da «certeza» do direito*, Coimbra, Almedina.

398   *A Cláusula de Desvio no Direito de Conflitos*

TAMMELO, I.

[1971] "La ratio decidendi et la règle de droit", *La Règle de Droit*, Bruxelles, Bruylant, p. 123 ss.

TEKINALP, G.

[1983] "Das türkische Gesetz über internationales Privatrecht und Zivilverfahrensrecht von 1982", *Rabels Zeitschrift für ausländisches und internationales Privatrecht*, p. 74 ss.

TELES, E. GALVÃO

[1995] "A prestação característica: um novo conceito para determinar a lei subsidiariamente aplicável aos contratos internacionais. O artigo 4.º da Convenção de Roma sobre a Lei Aplicável às Obrigações Contratuais", *O Direito*, 127, n.ᵒˢ 1-2 (Jan.-Jun. 1995), p. 71 ss.

[1997] *A protecção do consumidor nos contratos internacionais*, Dissertação de mestrado, Faculdade de Direito da Universidade de Lisboa (polic.).

TELLES, I. GALVÃO

[2000] *Introdução ao Estudo do Direito*, vol. II, 10ª ed. ed (refundida e actualizada), Coimbra, Coimbra Editora.

TEYSIÉ, B.

[1975] *Les groupes de contrats*, Paris, L.G.D.J..

TINY, N.

[2002] "Tornar Justo o Direito Injusto. A Criação Metodológica do Direito pelos Tribunais. O Caso Aquaparque do Restelo", Faculdade de Direito da Universidade Nova de Lisboa, *Working Paper 5/02*.

TOMASZEWSKI, M.

[1980] "Les réactions de la doctrine à la création du droit par les juges en droit international privé", *Les réactions de la doctrine à la création du droit par les juges, Travaux de l'Association Henri Capitant des amis de la culture juridique française*, t. XXXI, p. 467 ss.

TORRES, A. M. PINHEIRO

[1998] *Introdução ao Estudo do Direito*, Lisboa, Rei dos Livros.

TRICOT, J.

[1979] *Éthique à Nicomaque*, 4ª ed., Paris, J. Vrin.

ULUOCAK, N.

[1983] Anotação ao texto da Lei turca de Direito Internacional Privado, *Revue critique de droit international privé*, 72, p. 141 ss.

VALLINDAS, P. G.

[1957] "Observations au sujet du rapport provisoire de M. Georges S. Maridakis du 1er février 1956", *Annuaire de l'Institut de droit international*, vol. 47 – II, p. 94 ss.

VAN COMPERNOLLE, J.

[1993] "Vers une nouvelle définition de la fonction de juger: du syllogisme à la pondération des intérêts", *Nouveaux itinéraires en droit. Hommage à François Rigaux*, Bruxelles, Bruylant, p. 495 ss.

VAN DER PLOEG, P. W.

[1977] "The Netherlands Supreme Court and International Matrimonial Property Law", *Netherlands International Law Review*, p. 474 ss.

VAN LOON, J.H.A.

[1988] "Towards a Convention on the Law Applicable to Succession to the Estates of Deceased Persons", *Hague Yearbook of International Law*, p. 270 ss.

[1989] "The Hague Convention on the Law Applicable to Succession to the Estates of the Deceased Persons", *Hague Yearbook of International Law*, p. 48 ss.

VANDER ELST, R.

[1968] "Lacunes en droit international privé", *Le problème des lacunes en droit*, Bruxelles, Bruylant, p. 401 ss.

[1973] "L'unification des règles de conflit de lois dans la CEE", *Journal des tribunaux*, p. 249 ss.

[1975] "Projet de convention C.E.E. sur la loi applicable aux obligations non contractuelles", *Revue trimestrielle de droit européen*, 11, p. 187 ss.

[1989] "Le rattachement accessoire en droit international privé", *L'unificazione del diritto internazionele privato e processuale. Studi in memoria di Mario Giuliano*, Padova, CEDAM, p. 963 ss.

VARELA, J. ANTUNES

[1950] *Ineficácia do Testamento e Vontade Conjectural do Testador*, Coimbra, Coimbra Editora, Limitada.

[1966a] "Comunicação sobre o Projecto de Código Civil" – Discurso proferido no salão nobre do Supremo Tribunal de Justiça por ocasião da sessão solene de 10 de Maio de 1966, *Boletim do Ministério da Justiça*, n.° 156, p. 8 ss.

[1966b] "Os tribunais e o sistema jurídico" (discurso proferido na inauguração do Tribunal de comarca de Pombal, em 30 de Julho de 1966), *Boletim do Ministério da Justiça*, n.° 158, p. 20 ss.

[1966c] *Do Projecto ao Código Civil – Comunicação feita na Assembleia Nacional no dia 26 de Novembro de 1966*, Lisboa, Imprensa Nacional Casa da Moeda.

VARELA, J. ANTUNES / J. MIGUEL BEZERRA / SAMPAIO E NORA

[1985] *Manual de Processo Civil*, 2ª ed., Coimbra, Coimbra Editora.

VASSILAKAKIS, E.

[1987] *Orientations méthodologiques dans les codifications récents du droit International privé en Europe*, Paris, L.G.D.J..

400 A Cláusula de Desvio no Direito de Conflitos

VERWILGHEN, M
[2001] "Vers un code belge de droit international privé. Présentation de l'avant--projet de loi portant Code de droit international privé", *Travaux du Comité Français de droit international privé, Années 1998-1999/1999-2000*, Éditions A. Pedone, p. 123 ss.

VIARENGO, I.
[1994] "In tema di legge regolatrice del divorzio e localizzazione del rapporto matrimoniale", *Rivista di diritto internazionale privato e processuale*, 2, p. 303 ss.

VICENTE, D. MOURA
[1990] *Da Arbitragem Comercial Internacional – Direito Aplicável ao Mérito da Causa*, Coimbra, Coimbra Editora, Limitada.
[1997] *A competência internacional no Código de Processo Civil revisto: aspectos gerais*, separata de *Aspectos do Novo Processo Civil (actas do Curso sobre o Novo Processo Civil promovido pela Faculdade de Direito da Universidade de Lisboa entre 20 e 31 de Janeiro de 1997)*, p. 71 ss.
[2001a] *Da Responsabilidade Pré-Contratual em Direito Internacional Privado*, Coimbra Almedina.
[2001b] "Lei pessoal das pessoas singulares", *Scientia iuridica*, t. 50, n.° 290, p. 125 ss.
[2002] *Direito Internacional Privado: ensaios*, Coimbra, Almedina.

VILLANI, U.
[1983] "I contratti di lavoro", *Verso una Disciplina Comunitaria della Legge Applicabile ai Contratti. Con particolare riferimento ai contratti bancari, assicurativi, di trasporto, di lavoro e con I consumatori nella convenzione di Roma del 19 giugno 1980*, Padova, CEDAM, p. 265 ss.
[1993] "Aspetti problematici della prestazione caratteristica", *Rivista di diritto internazionale privato e processuale*, 29, p. 513 ss.
[1997] *La Convenzione di Roma sulla legge applicabile ai contratti*, Cacucci, Bari.

VIRGÓS SORIANO, M.
[1986] "El convenio de Roma de 19 de junio de 1980 sobre ley aplicable a las obligaciones contractuales", *Tratado de Derecho Comunitario Europeo*, vol. III, dirigido por E. Garcia de Enterria, J.D. González Campos, S. Muñoz Machado, Madrid, Editorial Civitas, p. 753 ss.

VISCHER, F.
[1956] "Der Richter als Gesetzgeber im Internationalen Privatrecht. Zum Problem der richterlichen Rechtsfindung im internationalen Privatrecht", *Schweizerisches Jahrbüch für Internationales Recht/Annuaire suisse de droit international*, vol. XII, p. 75 ss.

Bibliografia | 401

[1957] "Methodologische Fragen bei der objektiven Anknüpfung im internationalen Vertragsrecht", *Schweizerisches Jahrbuch für Internationales Recht/Annuaire suisse de droit international*, vol. XIV, p. 43 ss.

[1971] *Das Problem der Kodifikation des schweizerischen internationalen Privatrechts: Gesamtkodifikation des internationalen Privatrechtes der Schweiz oder Revision des Bundesgesetzes betreffend die zivilrechtlichen Verhältnissen der Niedergelassenen und Aufenthalter (NAG), Zeitschrift für schweizerisches Recht.*, Band 90, Basel, Helbing und Lichtenhahn.

[1974a] "Das Neue Restatement 'Conflict of Laws'", *Rabels Zeitschrift für ausländisches und internationales Privatrecht*, p. 128 ss.

[1974b] "The Antagonism between Legal Security and the Search for Justice in the Field of Contracts", *Recueil des cours de l'Académie de droit international de La Haye*, t. 142, p. 1 ss.

[1977] "Drafting National Legislation on Conflict of Laws: the Swiss Experience", *Contemporary Perspectives in Conflict of Laws, Essays in Honor of David F. Cavers*, Durham North Carolina: Duke University School of Law, p. 131 ss.

[1987] "Das Deliktsrecht des IPR-Gesetzes unter besonderer Berücksichtigung der Regelung der Produktehaftung", *Beiträge zum neuen IPR des Sachen-, Schuld- und Gesellschaftsrechts. Festschrift für Prof. Rudolf Moser*, p. 119 ss

[1989] "La loi fédérale de droit international privé: introduction générale", *Le nouveau droit international privé suisse*, Travaux des Journées d'étude organisées par le Centre du droit de l'enterprise les 9 et 10 octobre 1987, à l'Université de Lausanne, Lausanne, 1988, p. 11 ss.

[1990] "Introduzione alla legge", *Il nuovo diritto internazionale privato in Svizzera*, Milano, Giuffrè, p. 1 ss.

[1992] "General Course on Private International Law", *Recueil des cours de l'Académie de droit international de La Haye*, vol. 232, p. 9 ss.

[1993] Anotação ao artigo 17.° da Lei suíça de Direito Internacional Privado *in IPRG Kommentar*, Herausgegeben A. Heini, M. Keller, K. Siehr, F. Vischer, P. Volken, Zürich, Zürich, Schulthess Polygraphischer Verlag, p. 179 ss.

[1995] "Kollisionsrechtliche Verweisung und materielles Resultat. Bemerkungen zur Auslegung der Ausnahmeklausel (Art. 15 IPRG)", *Festschrift für Anton Heini zum 65. Geburtstag*, Herausgegeben von Isaak Meier und Kurt Siehr, Zürich, Schulthess Polygraphischer Verlag, p. 479 ss.

VITTA, E.

[1970] "Réflexions sur quelques théories récentes aux États-Unis d'Amérique en matière de conflits de lois", *Revue de droit international et de droit comparé*, t. XLVII, p. 201 ss.

402   *A Cláusula de Desvio no Direito de Conflitos*

[1979] "Cours général de droit international privé", *Recueil des cours de l'Académie de droit international de La Haye*, I, 162, p. 9 ss.

[1980] *Les réactions de la doctrine à la création du droit par les juges, Travaux de l'Association Henri Capitant des amis de la culture juridique française*, t. XXXI, p. 313 ss.

[1981] "La Convenzione C.E.E. sulle obbligazioni contrattuali e l'ordinamento italiano", *Rivista di diritto internazionale privato e processuale*, 4, p. 837 ss.

[1982] "The Impact in Europe of the American «Conflicts Revolution"», *American Journal of Comparative Law*, vol. 30, p. 1 ss.

[1983] "Influenze americane nella Convenzione C.E.E. sulle obbligazioni contrattualli", *Rivista di diritto internazionale privato e processuale*, p. 261 ss.

VLAS, P.

[1994] Intervenção registada em "De algemene exceptieclausule in de IPR-Schets", *Studiedag. Schets von een algemene wet betreffende het Internationaal Privaatrecht. Nederlands Internationaal Privaatrecht – NIPR*, 1994, p. 85 ss.

VOLKEN, P.

[1983] "Von Analogien und ihren Grenzen im internationalen Privatrecht der Schweiz", *Festschrift für F. Vischer zum 60. Geburtstag*, Zürich, Schulthess Polygraphischer Verlag, p. 335 ss.

VON HEIN, J.

[2000] "Rück-und Weiterverweisung in deutschen Internationalen Deliktsrecht", *Zeitschrift für vergleichende Rechtswissenschaft*, 99, p. 251 ss.

VONKEN, A.

[1994] Intervenção registada em "De algemene exceptieclausule in de IPR-Schets", *Studiedag. Schets von een algemene wet betreffende het Internationaal Privaatrecht. Nederlands Internationaal Privaatrecht – NIPR*, 1994, p. 85 ss.

VOSKUIL, C.

[1979] "Emancipation of Dutch Conflicts Law, *Rabels Zeitschrift für ausländisches und internationales Privatrech*, p. 346 ss.

VRELLIS, S.

[1980] "Les réactions de la doctrine à la création du droit par les juges en droit international privé", *Les réactions de la doctrine à la création du droit par les juges, Travaux de l'Association Henri Capitant des amis de la culture juridique française*, t. XXXI, p. 405 ss.

XAVIER, L. BARRETO

[1991] *Sobre Ordem Pública Internacional e Reconhecimento de Sentenças*

Estrangeiras, Dissertação de Mestrado em Ciências Jurídicas, Universidade Católica Portuguesa, Lisboa (polic.).

WAGNER, N.

[1980] "Les réactions de la doctrine à la création du droit par les juges en droit international privé et public", *Les réactions de la doctrine à la création du droit par les juges, Travaux de l'Association Henri Capitant des amis de la culture juridique française*, t. XXXI, p. 437 ss.

WATT, H. MUIR

[1995] Recensão a *Les Clauses d'Exception en matière de Conflits de Lois et de Conflits de Juridictions – ou le principe de proximité. Exception Clauses in Conflicts of Laws and Conflicts of Jurisdictions – or the Principle of Proximity, Revue critique de droit international privé*, 84, p. 631 ss.

[1997] "Les principes généraux en droit international privé", *Journal de droit international*, p. 403 ss.

WEINTRAUB, R. J.

[1982] "How to Choose Law for Contracts and How Not to: The EEC Convention", *Texas International Law Journal*, 17, p. 155 ss.

[1990] "The Contributions of Symeonides and Kozyris to Making Choice of Law Predictable and Just: an Appreciation and Critique", *American Journal of Comparative Law*, vol. 38, p. 511 ss.

WENGLER, W.

[1951] "Die Funktion der richterlichen Entscheidung über internationale Rechtsverhältnisse – Feststellung und Gestaltung im internationalen Privatrecht", *Rabels Zeitschrift für ausländisches und internationales Privatrecht*, 16, p. 1 ss.

[1952/53] "Les principes généraux du droit international privé et leurs conflits", *Revue critique de droit international privé*, 1952, p. 595 ss; *idem*, 1953, p. 37 ss.

[1957a] "Observations au sujet du rapport provisoire de M. Georges S. Maridakis du 1er février 1956", *Annuaire de l'Institut de droit international*, vol. 47 – II, p. 104 ss.

[1957b] "La situation des droits", *Revue critique de droit international privé*, 1957, p. 185-212; p. 409 ss.

[1961a] "The General Principles of Private International Law", *Recueil des cours de l'Académie de droit international de La Haye*, t. 104, p. 273 ss.

[1961b] Intervenção registada em *Annuaire de l'Institut de droit international*, vol. 49 – II, p. 284.

[1967] "O projecto de um novo Código Civil Português", *Boletim do Ministério da Justiça*, n.º 168.

[1991] "L'évolution moderne du droit international privé et la previsibilité du droit applicable", *Droit international et droit communautaire. Actes du*

Colloque Paris, 5 et 6 Avril 1990, Paris, Fondation Calouste Gulbenkian – Centre Culturel Portugais, p. 11 ss.

WESER, M.

[1974]   "Présomptions et fictions en droit international privé", *Les présomptions et les fictions en droit*, Bruxelles, Bruylant, p. 144 ss.

[1986]   "Le droit est l'art du bien et du juste. Quelques refléxions sur le projet de loi sur le divorce en droit international privé", *Mélanges offerts à Raymond van der Elst*, vol. II, Bruxelles, Nemesis, p. 929 ss.

WILDERSPIN, M.

[1996]   "The Rome Convention: Experience to Date before the Courts of Member States, and Interpretation by the Court of Justice of the european Communities of the Brussels Convention and its Possible Impact on the Interpretation of the Rome Convention", *L'européanisation du droit international privé, Europaeisierung des internationalen Privatrechts, Europeanisation of International Private Law, Série de publications de l'Académie de Droit Europeen de Trèves*, Köln, Bundesanzeiger, p. 47 ss.

WILLIAMS, P.R.

[1986]   "The EEC Convention on the Law Applicable to Contractual Obligations", *International and Comparative Law Quaterly*, vol. 35, p. 1 ss.

WINTER, L. I. DE

[1968]   "La nouvelle version du projet Benelux de loi uniforme de droit international privé", *Revue critique de droit international privé*, p. 577 ss.

WOLF, E.

[1968]   "Les lacunes du droit et leur solution en droit suisse", *Le problème des lacunes en droit*, Bruxelles, Bruylant, p. 105 ss.

WROBLEWSKI, J.

[1971]   "La règle de décision dans l'application judiciaire du droit", *La règle de droit*, Bruxelles, Bruylant, p. 68 ss.

YANGUAS MESSÍA, J. DE

[1957]   "Observations au sujet du rapport provisoire de M. Georges S. Maridakis du 1er février 1956", *Annuaire de l'Institut de droit international*, vol. 47 – II, p. 113 ss.

ZANOBETTI, L.

[1990]   "Protezione del consumatore e giurisdizione nella CEE", *Giurisdizione e legge applicabile ai contratti nella CEE*, Quaderni del Centro di Documentazione e Studi sulle Comunità Europee, Università degli Studi di Ferrara, CEDAM, Padova, p. 51 ss.

ZIPPELIUS, REINHOLD

[1983]   "Auslegung als Legitimationsproblem", *Festschrift für Karl Larenz zum 80. Geburtstag am 23. April 1983*, München, C.H. Beck, p. 739 ss.

ÍNDICE

PONTO DE PARTIDA: O PROBLEMA, SUA DEFINIÇÃO E PRESSUPOSTOS

CAPÍTULO I. A EMERGÊNCIA DO PROBLEMA A PARTIR DE CASUÍSTICA EXTRAÍDA DA JURISPRUDÊNCIA

§ 1.º EXEMPLIFICAÇÃO PROBLEMATIZANTE 13

§ 2.º DELIMITAÇÃO DO PROBLEMA 19

CAPÍTULO II. A VALIDAÇÃO DA POSSIBILIDADE DO PROBLEMA: OS PRESSUPOSTOS DO PROBLEMA

§ 3.º A SUPERAÇÃO DO MODELO SUBSUNTIVO DE APLICAÇÃO DO DIREITO 23

§ 4.º O CARÁCTER NÃO-ABSOLUTO DA REGRA DE CONFLITOS 27

§ 5.º A PERMEABILIDADE DO SISTEMA DE DIREITO INTERNACIONAL PRIVADO PORTUGUÊS AO PRINCÍPIO DA CONEXÃO MAIS ESTREITA 35

UMA RESPOSTA NO HORIZONTE: A FIGURA DA CLÁUSULA DE DESVIO

CAPÍTULO I. A CLÁUSULA DE DESVIO

§ 6.º BREVE INTRODUÇÃO À FIGURA 63

406   *A Cláusula de Desvio no Direito de Conflitos*

§ 7.° FIXAÇÃO DE TERMINOLOGIA 69

§ 8.° ESTABELECIMENTO DE UMA TIPOLOGIA DE BASE..................... 75

CAPÍTULO II. A CLÁUSULA DE DESVIO EM
ALGUNS SISTEMAS DE DIREITO INTERNACIONAL PRIVADO:
EXCURSO POR MODELOS JUSPOSITIVOS
(LEGAIS, DOUTRINAIS E JURISPRUDENCIAIS) DE RESPOSTA

§ 9.° SISTEMAS ESTADUAIS DE DIREITO INTERNACIONAL PRIVADO   83

SECÇÃO I. CLÁUSULAS DE DESVIO GERAIS

(A) O §1 DA LEI AUSTRÍACA DE DIREITO INTERNACIONAL PRI-
VADO (LEI FEDERAL DE 15 DE JUNHO DE 1978 SOBRE O DI-
REITO INTERNACIONAL PRIVADO)... 83

(B) O ARTIGO 15.° DA LEI SUÍÇA DE DIREITO INTERNACIONAL
PRIVADO (LEI FEDERAL SOBRE O DIREITO INTERNACIONAL
PRIVADO, DE 18 DE DEZEMBRO DE 1987)..................................... 93

(C) O ARTIGO 3082.° DO CÓDIGO CIVIL DO QUEBEQUE, APROVADO
EM 18 DE DEZEMBRO DE 1991 113

(D) O ARTIGO 2.° DA LEI ESLOVENA SOBRE O DIREITO INTERNA-
CIONAL PRIVADO, APROVADA EM 30 DE JUNHO DE 1999 115

(E) O ARTIGO 19.° DO CÓDIGO BELGA DE DIREITO INTERNACIO-
NAL PRIVADO.. 117

(F) O ARTIGO 11.° DO ESBOÇO HOLANDÊS DE LEI GERAL SOBRE
O DIREITO INTERNACIONAL PRIVADO... 126

SECÇÃO II. CLÁUSULAS DE DESVIO ESPECIAIS

§ 10.° SISTEMAS DE DIREITO INTERNACIONAL PRIVADO DE FONTE
SUPRA-ESTADUAL... 157

(A) A CONVENÇÃO DE ROMA DE 1980 SOBRE A LEI APLICÁVEL
ÀS OBRIGAÇÕES CONTRATUAIS 158

(B) O PARÁGRAFO TERCEIRO DO ARTIGO 8.° DA CONVENÇÃO
SOBRE A LEI APLICÁVEL AOS CONTRATOS DE VENDA INTER-
NACIONAL DE MERCADORIAS, CONCLUÍDA NA HAIA EM
22 DE DEZEMBRO DE 1986 193

Bibliografia 407

(C) OS PARÁGRAFOS SEGUNDO E TERCEIRO DO ARTIGO 3.° DA CONVENÇÃO SOBRE A LEI APLICÁVEL ÀS SUCESSÕES POR MORTE, CONCLUÍDA NA HAIA EM 1 DE AGOSTO DE 1989........ 199

(D) OS ARTIGOS 5.°, NÚMERO 3, E 10.°, NÚMERO 4, E 11, NÚMERO 4, DE PROPOSTA (ALTERADA) DE REGULAMENTO SOBRE A LEI APLICÁVEL ÀS OBRIGAÇÕES EXTRACONTRATUAIS, APROVADA PELA COMISSÃO EM 21 DE FEVEREIRO DE 2006, PARA SUBMISSÃO AO PARLAMENTO EUROPEU E AO CONSELHO (PROJECTO "ROMA II")... 204

ENSAIO DE RESPOSTA EM FACE DO SISTEMA DE DIREITO PORTUGUÊS

CAPÍTULO ÚNICO. O ACOLHIMENTO, PELO SISTEMA, DA FIGURA DA CLÁUSULA DE DESVIO GERAL IMPLÍCITA

§ 11.° AS COORDENADAS DO SISTEMA DE DIREITO PORTUGUÊS, EM GERAL 217

§ 12.° AS COORDENADAS DO SISTEMA DE DIREITO INTERNACIONAL PRIVADO, EM PARTICULAR.. 293

§ 13.° A AUSCULTAÇÃO DO (AFERÍVEL) SENTIMENTO DA DOUTRINA INTERNACIONALPRIVATÍSTICA PÁTRIA EM FACE DE PONTOS DE VISTA ANTERIORMENTE AVENTADOS 305

§ 14.° TOMADA DE POSIÇÃO EM FACE DE EVENTUAL FUTURA REVISÃO DO CÓDIGO CIVIL PORTUGUÊS 333